京都御所造営録

——造内裏御指図御用記（五）

詫間直樹　編

中央公論美術出版

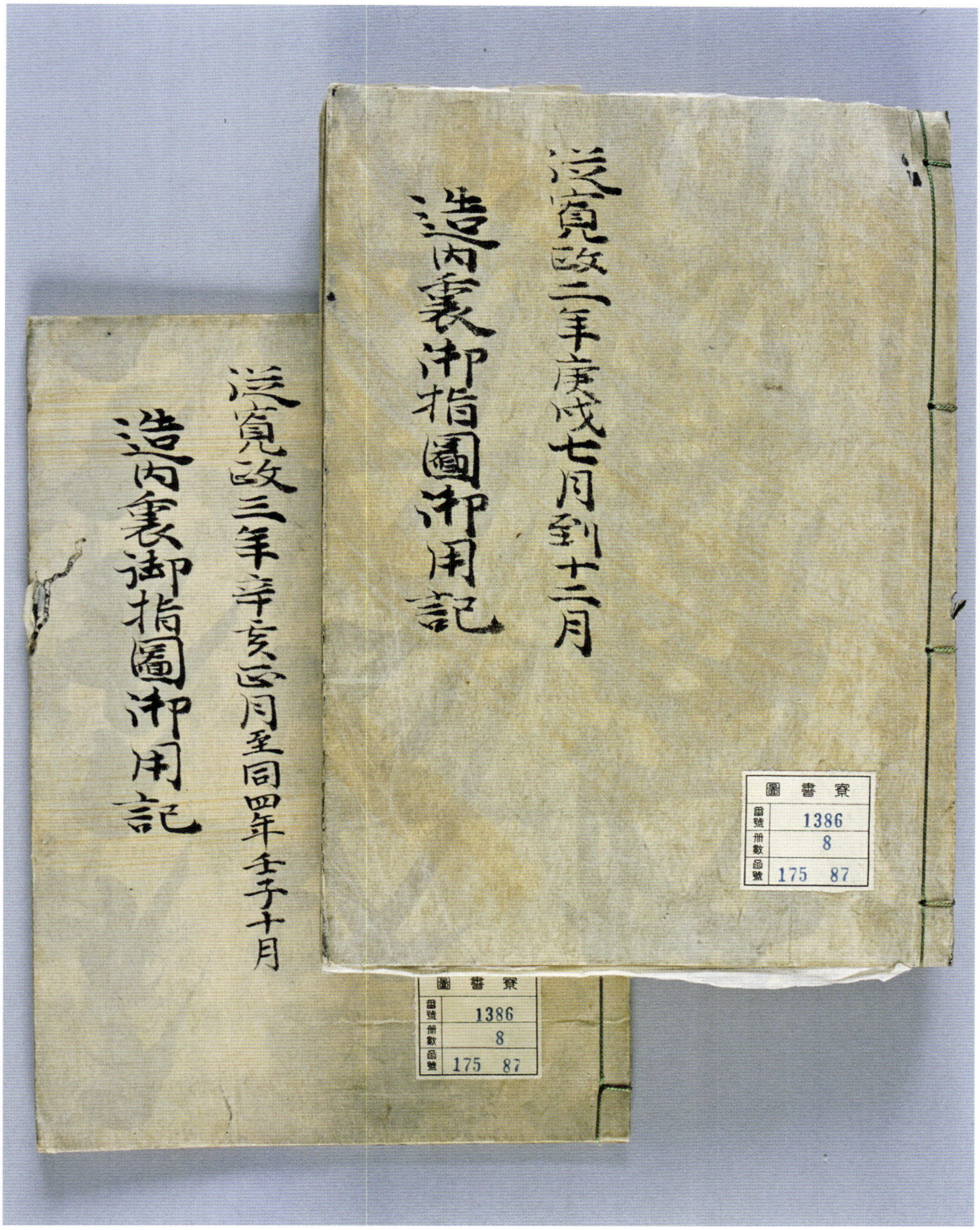

造内裏御指図御用記　第七冊、第八冊　表紙（宮内庁書陵部蔵）

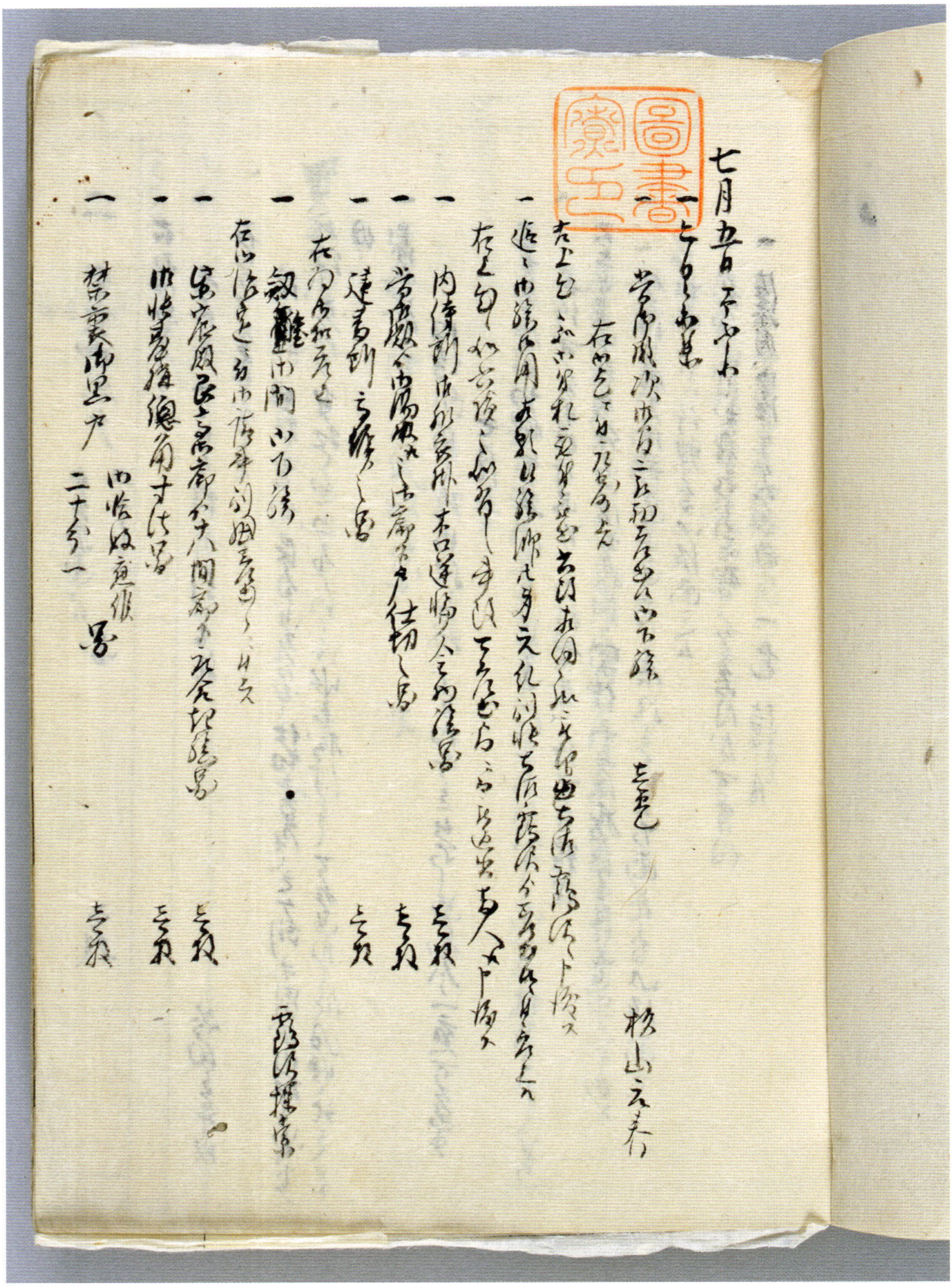

造内裏御指図御用記　第七冊　第1丁表（宮内庁書陵部蔵）

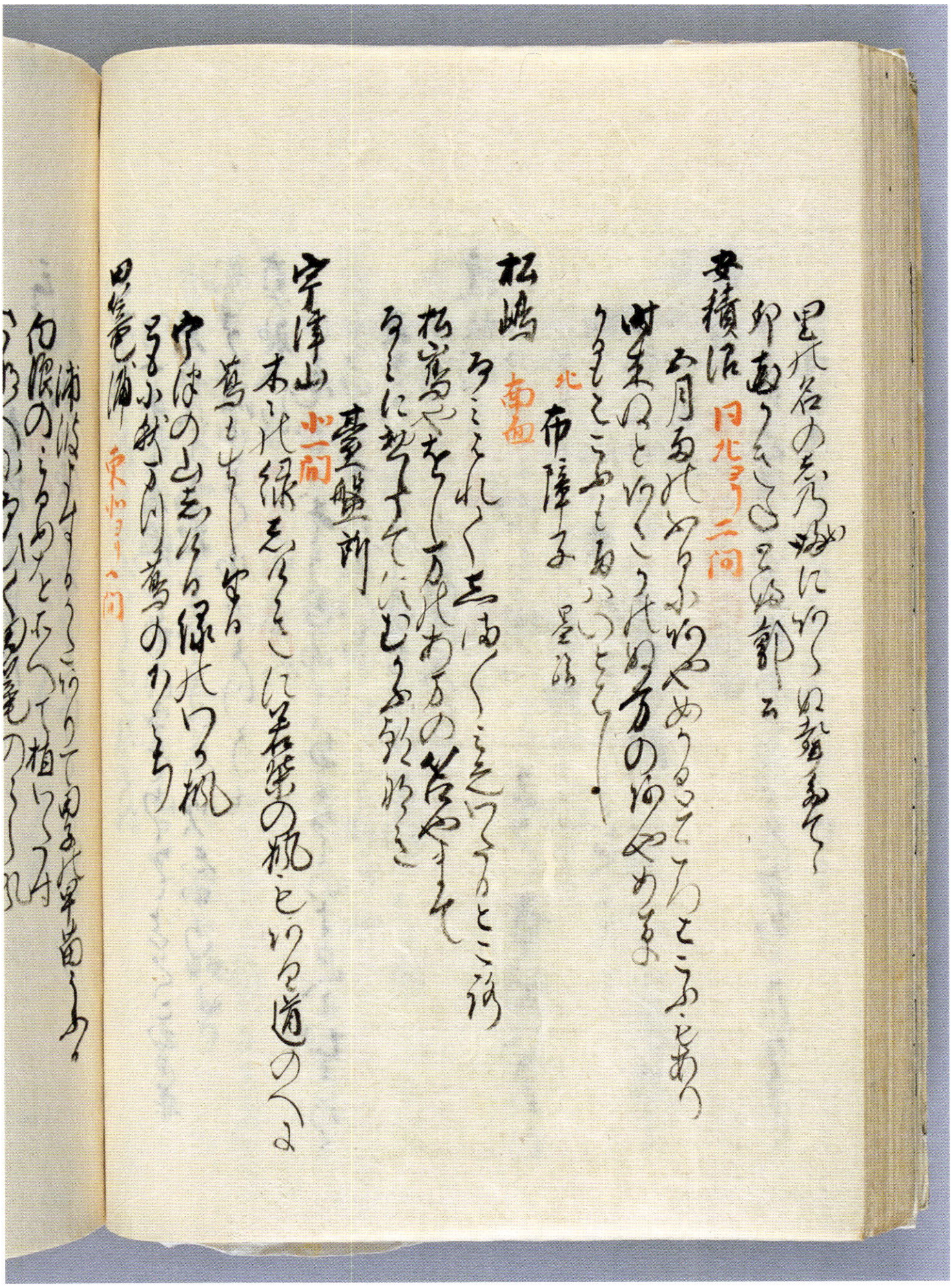

造内裏御指図御用記　第七冊　第43丁裏（宮内庁書陵部蔵）

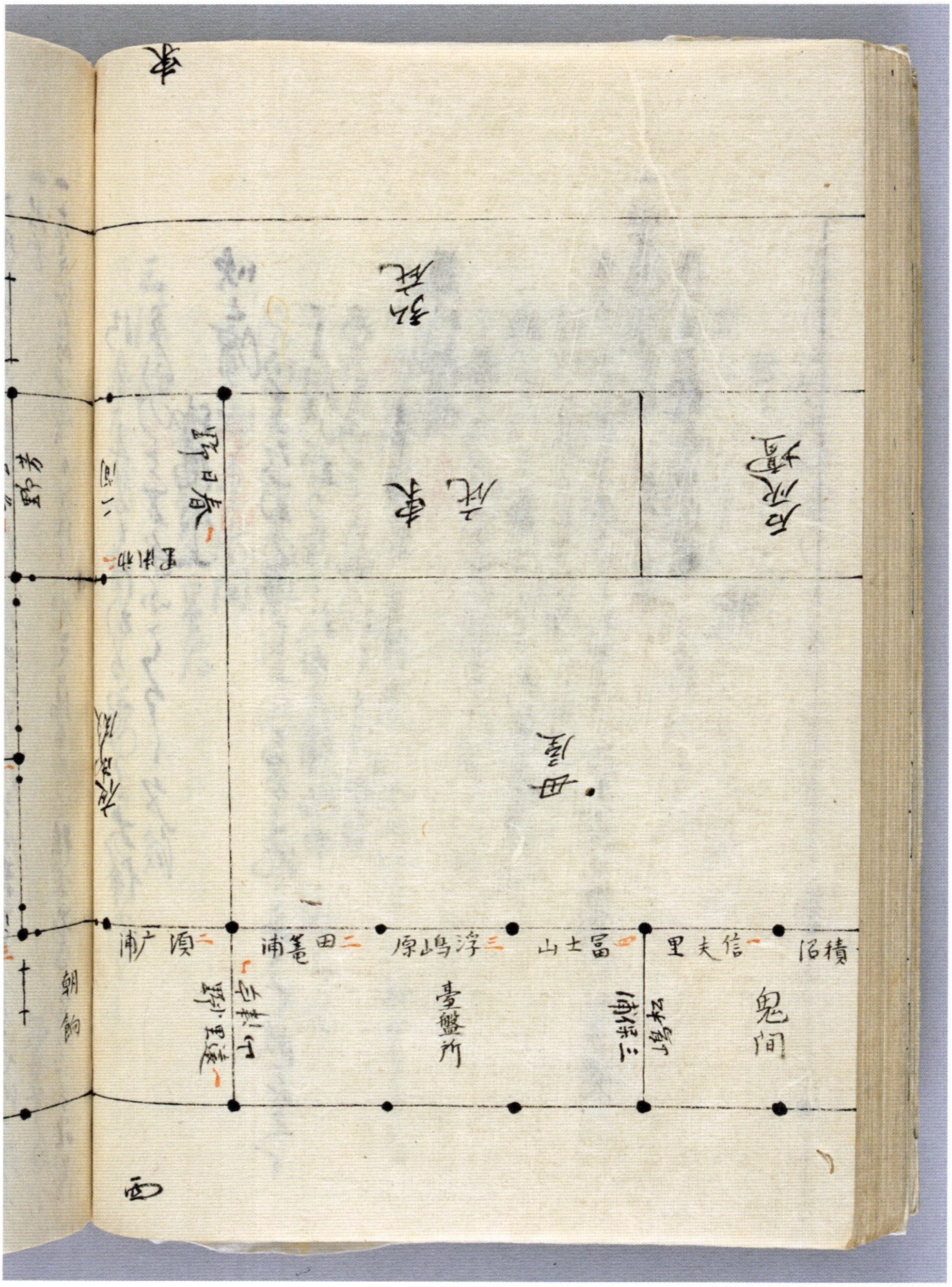

造内裏御指図御用記　第七冊　第45丁裏（宮内庁書陵部蔵）

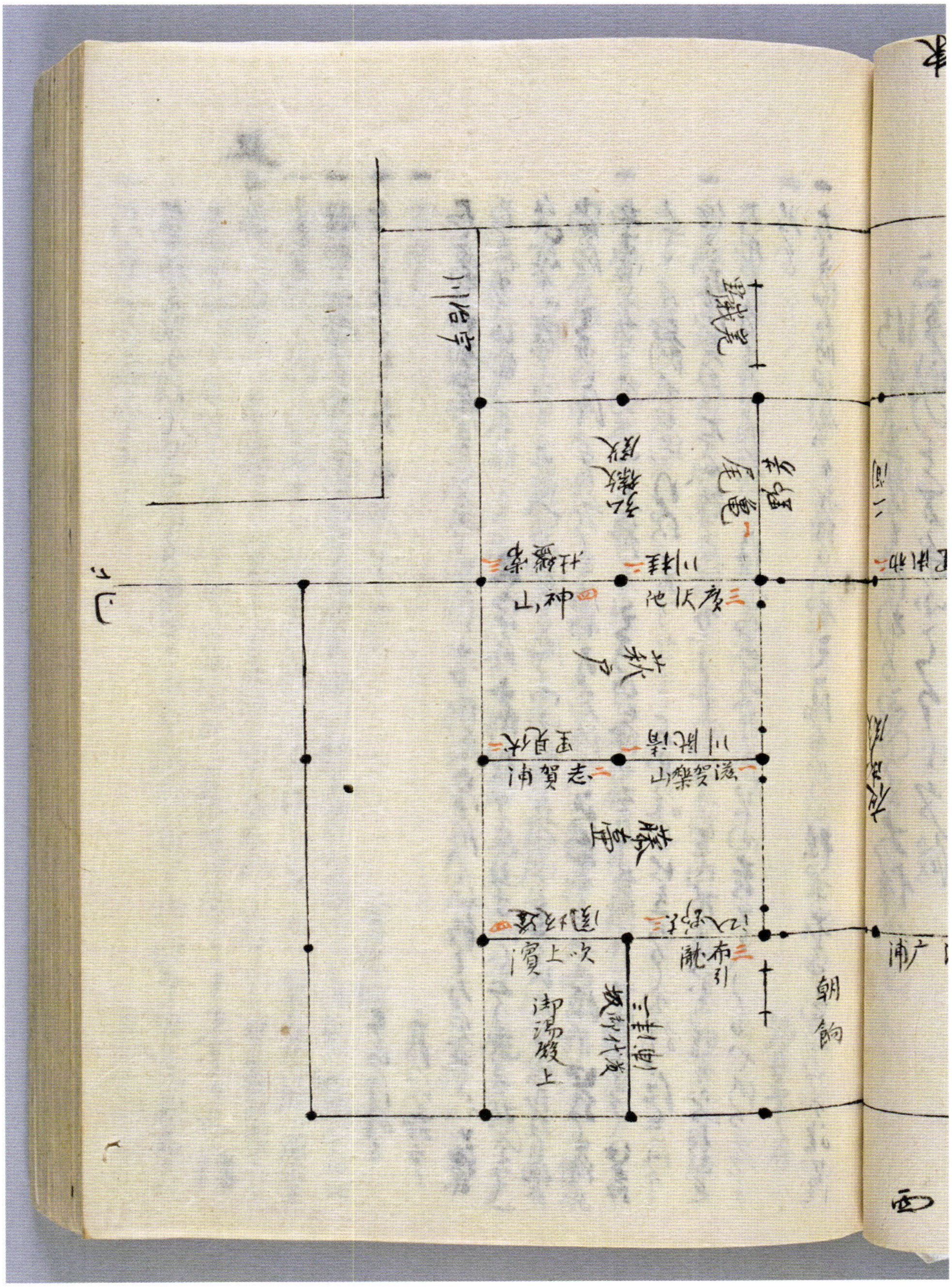

造内裏御指図御用記　第七冊　第46丁表（宮内庁書陵部蔵）

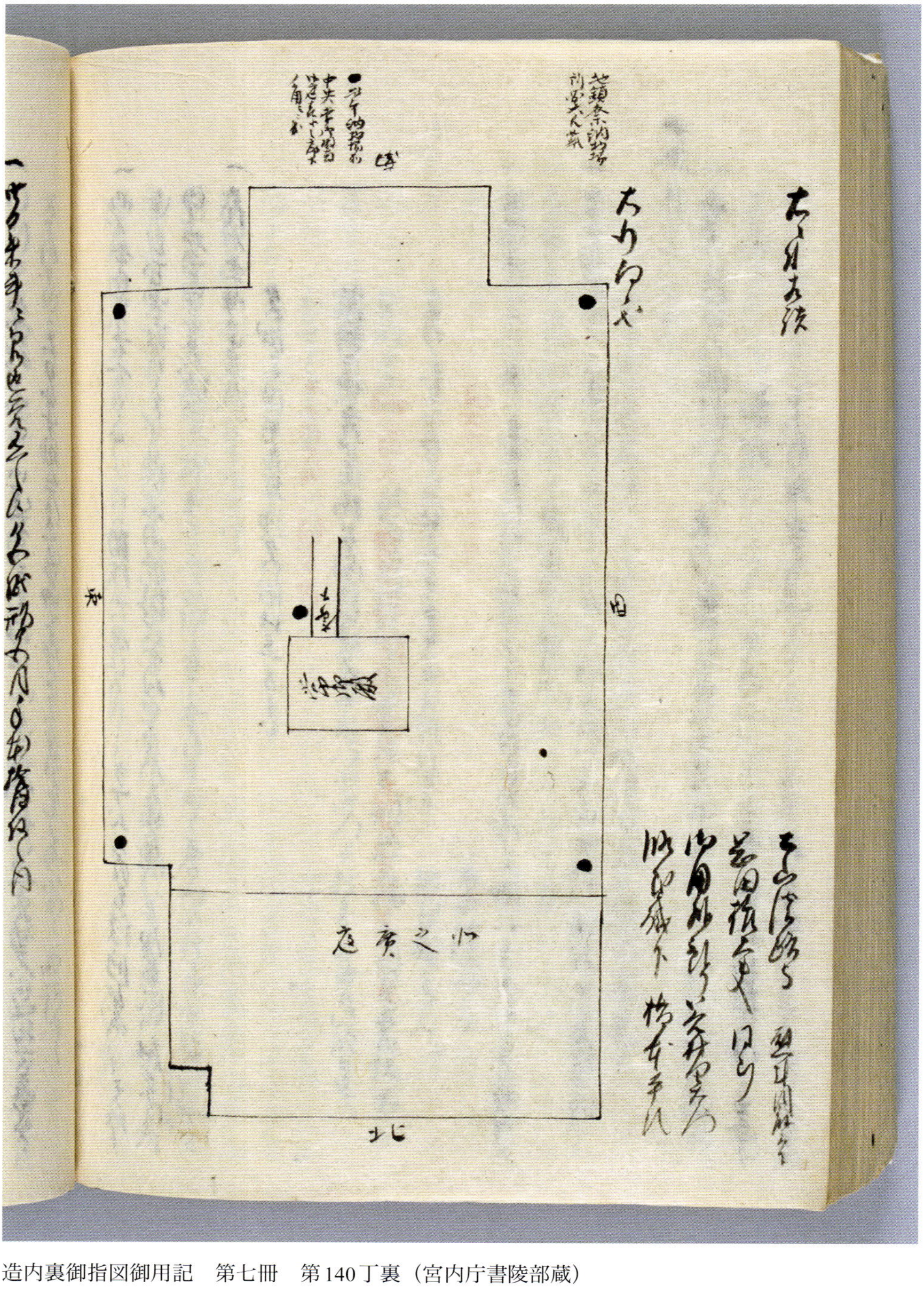

造内裏御指図御用記　第七冊　第140丁裏（宮内庁書陵部蔵）

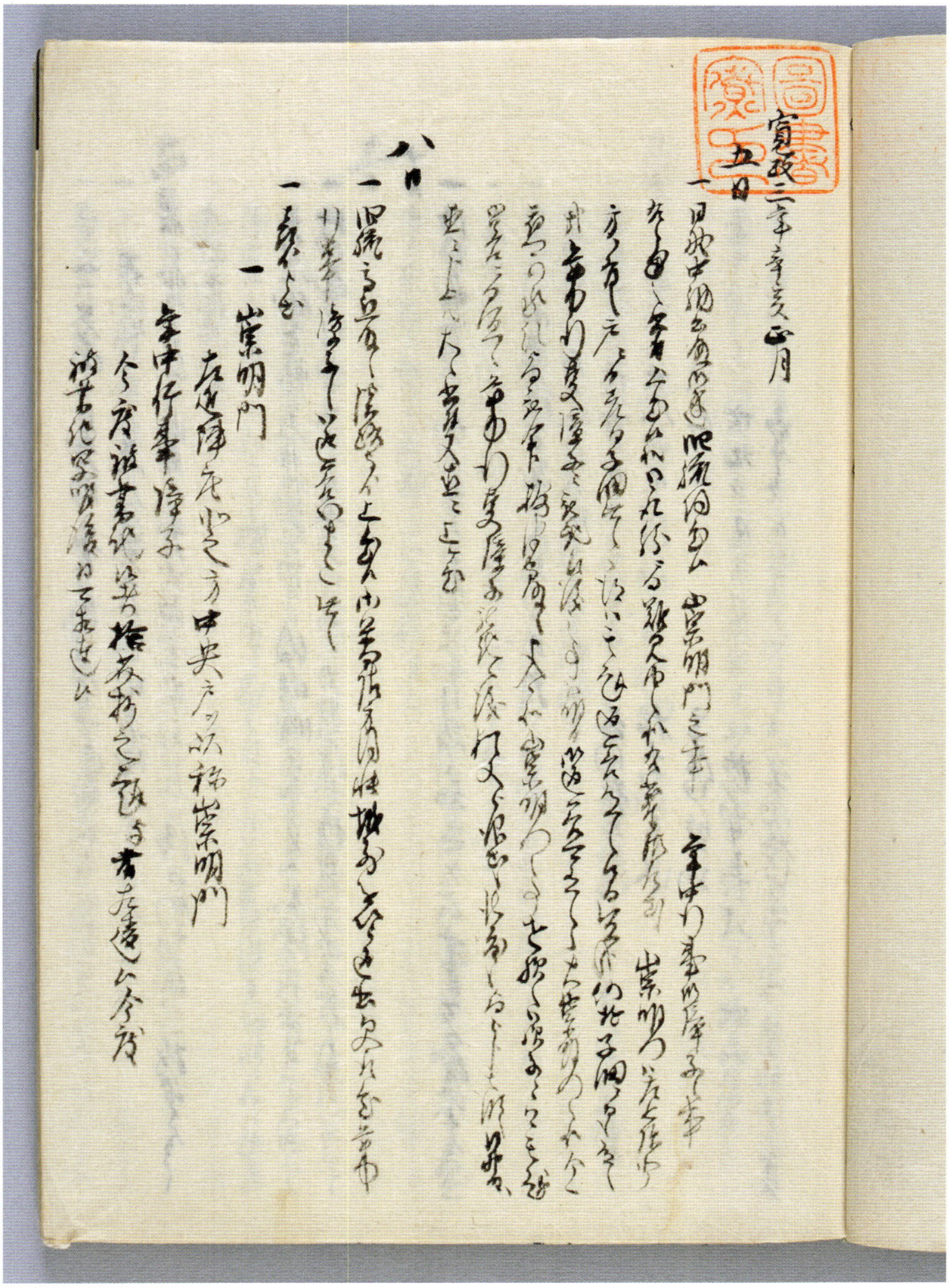

造内裏御指図御用記　第八冊　第1丁表（宮内庁書陵部蔵）

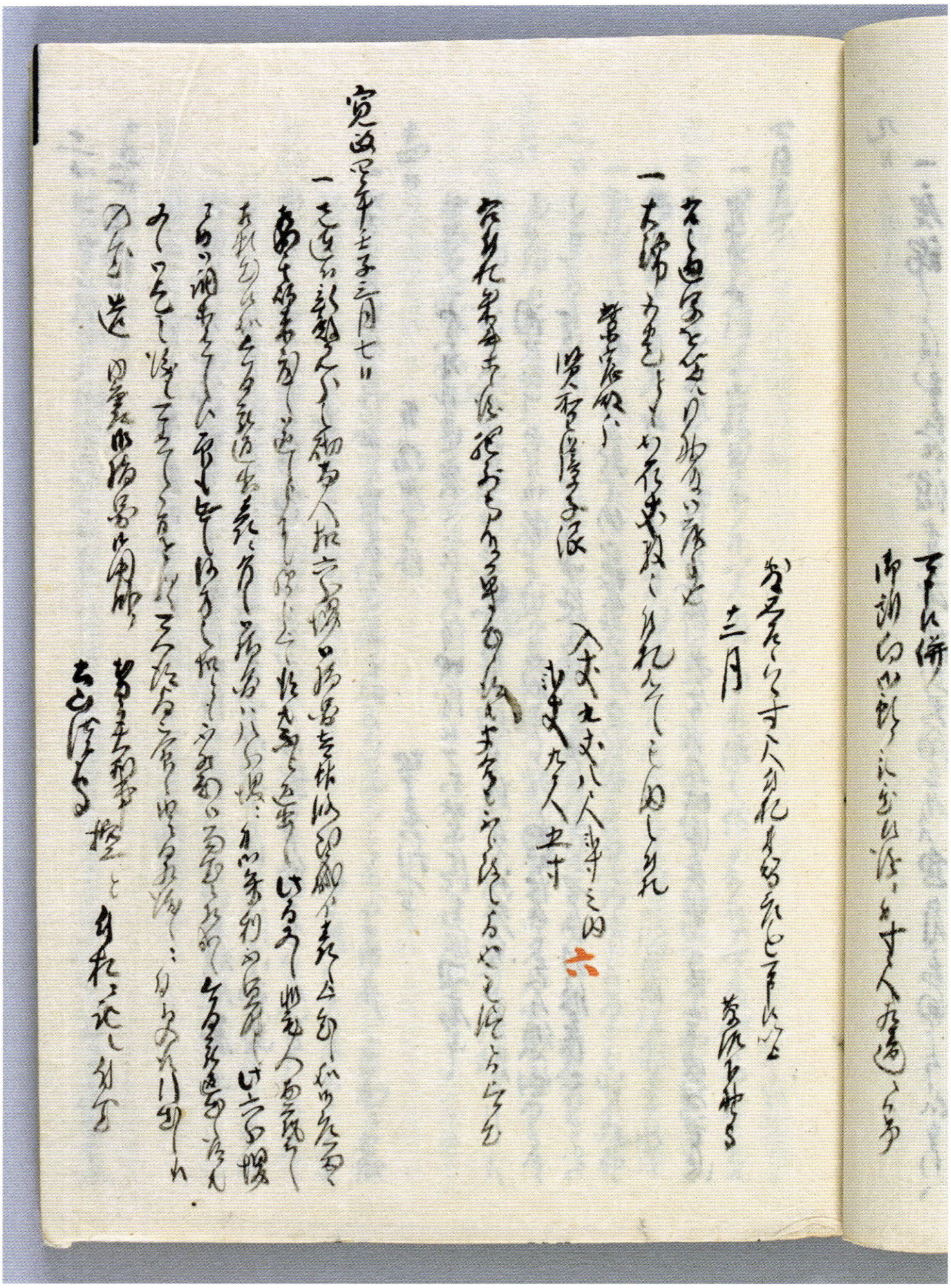

造内裏御指図御用記　第八冊　第10丁表（宮内庁書陵部蔵）

目次

序説……詫間直樹 i

翻刻

長坂良宏
詫間直樹

寛政二年 七月……5
同年 八月……61
同年 九月……161
同年 十月……207
同年 十一月……256
同年 十二月……302
寛政三年……325
寛政四年……339

論　考

裏松固禅『大内裏図考証』の補正について――内藤広前の補正本を中心に――……詫間直樹　357
近世中期における御殿造営――緋宮御殿造作を中心に――……長坂良宏　383
寛政度内裏造営と裏松固禅……詫間直樹　401
総索引……450

序説

「京都御所造営録」は、近世以降の内裏すなわち近世京都御所の造営に関する重要史料を選定して編修・刊行するものである。『造内裏御指図御用記』（勢多章純《のりずみ》自筆記録、宮内庁書陵部所蔵）の第一冊（天明八年四月～十二月）を翻刻した第一巻、同記第二冊（寛政元年正月～六月）を翻刻した第二巻、同記第三冊（寛政元年閏六月～十月）及び第四冊（寛政元年十一月～十二月）を翻刻した第三巻、同記第五冊（寛政二年正月～三月）及び第六冊（寛政二年四月～六月）を翻刻した第四巻に続き、この第五巻では、同記の第七冊（寛政二年七月～十二月）及び第八冊（寛政三年～同四年）の全文翻刻を行うものである。[1] 記主の勢多章純（一七三四～一七九五）は禁裏執次を務め、天明八年（一七八八）正月の内裏焼亡後、同年四月七日に造内裏御指図御用掛に任じられ、寛政二年後半以降も引き続きその任にある。本巻は、章純五十七歳から五十九歳の記録となる。

一、『造内裏御指図御用記』第七冊・第八冊の概要

『造内裏御指図御用記』の記主である勢多章純について、また同記の全般的な概要については、第一巻の「序説」において述べたので、ここで

は、第七冊及び第八冊の書誌の概要等について触れておく。

【第七冊】

袋綴の装幀で、法量は縦二四・二㎝、横一七・二㎝。外題は表紙左上に「従寛政二年庚戌七月到十二月／造内裏御指図御用記」と打付け書きされる。本文墨付は一九五丁。遊紙が末尾に二丁。本文中には所々に朱書がある。奥書・識語の類が記されていないのは第一冊から第六冊までと同様である。

第七冊には図面類として、賢聖御障子色紙形絵図（二丁表～三丁表）、賢聖御障子色紙形色目の図（三丁表～四丁裏）、内裏御寝所の天井絵図（二七丁表）、清涼殿和絵和歌間の図（四五丁裏～四六丁表）、御遣水御池掛伏樋の図（六一丁表～六二丁裏）、平巾冠の図（六九丁裏）、鎌槍の図（七〇丁表～七一丁表）、天井絵図（一一六丁表）、地鎮祭納物場所の図（一四〇丁裏）、高廊下吹抜の図（一四九丁表～一四九丁裏）、内侍所清棚の図（一七一丁表～一七一裏）、剣璽之御間御灯籠釣鉄打箇所の図（一七二表）などが存する。

【第八冊】

袋綴の装幀で、法量は縦二四・五㎝、横一七・一㎝。外題は表紙左上に「従寛政三年辛亥正月至同四年壬子十月／造内裏御指図御用記」と打付け書きされる。本文墨付は二〇丁。遊紙が末尾に四丁。第八冊には朱書がなく、図面類も記されていない。奥書・識語等がないのは第一冊から第七冊までと同じである。

第八冊には寛政三年正月から翌四年十月までの記録が存するが、そこに収録される記事は日付がかなり飛んでいるので、以下に第八冊に所収される日次を列記しておく。

寛政三年

〔正月〕五日、八日、十日、十一日、十四日、十六日、二十日、二十一日、二十二日、二十三日、二十六日〔二月〕四日、九日、十日

〔三月〕十九日〔十一月〕二十七日、二十九日〔十二月〕一日、九日、十日

寛政四年

〔三月〕七日、十一日〔七月〕十三日、十四日、十五日〔九月〕一日、二日、九日〔十月〕十三日、十五日、十六日、十七日、十八日、

二十二日、二十三日、二十四日、二十五日、二十六日、三十日

第七冊・第八冊においては、これまでの冊と同様に書付や付札などが多く記されており（特に第七冊）、また第七冊に掲載された図面類の中には朱線が用いられているものもある。

記録された日付の特徴としては、前巻までに指摘したように、記主勢多章純が非番等の日については、記録がないか、もしくは簡略な記述となっている。しかし、章純と共に御用掛を命じられた土山淡路守武辰（一七五九～一八二七）が記した同種の記録が国立国会図書館所蔵『禁裏御所御用日記[2]』の中に伝わっており、それが本史料と内容的に補完し合う関係にある。[3]土山の記録は天明八年より寛政二年まで存するが、『造内裏御指図御用記』にある寛政三年・同四年の記事は残されていない。

本巻で扱う寛政二年七月以降の時期で見ると、休日等で両記録ともに記事がない日付（七月十五日・二十二日・八月二日・二十九日・十月十日・十六日・二十二日・十一月二十四日・二十五日・十二月十四日）を除き、七月一日・二日・三日・四日・八日・九日・十日・九月十日・十月二十五日・十一月二十日・二十一日・二十二日・二十三日・二十六日・十二月二日・三日・四日・二十二日条は『造内裏御指図御用記』に記事がない。このうち特に七月十日までほとんど記事がないのは、勢多章純の娘が六月二十六日に死去したためと、その後の所労によるものである。また新造内裏還御がなった十一月二十二日とその前後の記事も欠けている。この点は残念であるが、こうした重要な時期の記事がない理由については、章純自身が遷幸御用を仰せつかっており（八月十三日条）、それに忙殺されたことが考えられる。しかし、『禁裏御所御用日記』にはそれらの日付の記事が概ね存するので、『造内裏御指図御用記』の欠を補うことができる。

一方、『禁裏御所御用日記』に記事がなく、『造内裏御指図御用記』のみに記事がある日付は、七月十六日・十八日・八月九日・十六日・九月六日・十九日・三十日・十月一日・三日・九日・十七日・十一月十一日・二十九日・三十日・十二月十三日・十六日・十七日・二十日・二十一日の各条であり、勢多の記録は土山の記録に比べて記録日数が多い。また記述内容の点から見ても、勢多の記録は土山の記録に比べ、かなり詳細かつ丁寧に記されている。図面類についても勢多の記録には前述のように要所要所にて掲載されるが、土山の記録には図面類がほとんど記されてない。こうした点からも本史料に大きな価値を見出すことができる。

二、寛政二年後半以降の造内裏の様相

天明八年（一七八八）正月三十日に内裏が焼亡。その後、朝廷では内裏を再建するに当たり、幕府に対して平安朝の復古様式を採用することを強く求め、幕府との折衝の結果、紫宸殿・清涼殿・承明門など儀式を行う上での主要殿舎や門に限定してそれが認められることとなった。『造内裏御指図御用記』第一冊では、天明八年中に造営体制が整い、それが軌道に乗るまでの初期の様子が記された。また第二冊では、翌寛政元年（一七八九）の前半、内裏造営の前提となる地形築堅めなどの基礎的工事や殿舎の雛形・木形の作成等が具体的に進展する様子が記述された。ついで第三冊・第四冊では、寛政元年後半期における造営過程が詳しく記されている。さらに第五冊・第六冊では、寛政二年前半期における内裏各殿舎等の造営過程、及び各殿舎内の障壁画作成過程などが詳細に記録されている。

そして、これに続く本巻収録の第七冊では、寛政二年八月二十六日の上棟、九月二十六日からの安鎮法の修法、十月十五日の地鎮祭、十一月四日の新造内裏見分、翌五日の引渡しなど、内裏完成に至るまでの造営経過や各殿舎内の障壁画作成過程などが詳しく記録されている。また第八冊では、翌寛政三年から同四年にかけて年中行事御障子や賢聖御障子等の作成過程などが記録されている。すなわち、第七冊及び第八冊の記録により、寛政度復古内裏造営という大事業が成し遂げられるまでの在り様が、建築と絵画の二つの大きな流れで捉えることが可能となるのである。

いま『造内裏御指図御用記』により、寛政二年七月以後の造内裏関係等の事項を摘記すると次のごとくである（△は絵師・絵画関係記事。「造内裏御指図御用記」以外の典拠については（　）内に記した）。

寛政二年

七月

△　十一日　諸鳥舎の儀につき伺いを出す

　同日　御涼所一宇の下絵を提出

　十四日　高欄金物の事につき修理職より書付を差し出す

△　十六日　常御殿次之間の下絵の書き改め出来

　十七日　内侍所御肌衣掛について検討

　十八日　禁裏御釜殿について検討

　十九日　禁裏御常御殿・長橋局等の御蚊帳釣鈲の取付箇所につき検討

　二十日　禁裏御所各所の竃について検討

△二十三日　土佐土佐守以下三名、色紙形泥絵の下絵等を提出

△二十四日　土佐土佐守、昆明池障子の写しを持参

　同日　地鎮につき表よりの書付あり

△二十五日　土佐、分配伺書を持参

　二十八日　御文庫引渡し

△　同日　賢聖御障子の写し出来

△二十九日　土佐より絵師の分配伺書を持参。色紙形泥絵も同様に分配を伺う

八月

　三日　昆明池障子・年中行事障子につき十分の一の雛形を作成

△　四日　御涼所の下絵を進上

　同日　漢竹・呉竹につき伺い

△　同日　清涼殿の弘徽殿上御壺祢・二間・萩戸・昆明池障子北面・荒海障子北面・藤壺上御壺祢・鬼間・布障子・台盤所・朝餉・御手水間・御湯殿上等につき、大和絵の和歌が示される

六日　中立売惣御門下番所井戸につき絵図により検討
七日　常御殿前の高塀取立絵図が出来
八日　非蔵人詰所建具絵図が出来
九日　御遣水並びに御池への水筋の絵図が出来
△　十日　土佐三人に清涼殿の唐絵・和絵の色紙形泥絵を仰せ付ける
十一日　諸門の額について検討
十二日　御遣水御池伏樋の図につき確認
△　十六日　土佐土佐守、平巾冠・鎌槍の絵図二枚を返上
△　十七日　土佐土佐守、竹台の図を日野殿に進上
二十日　昨夜の風雨により御文庫板囲が残らず倒れる
△　同日　土佐土佐守、竹台の図の書き改めを仰せ付けられる
二十一日　乾口惣御門並びに下番居所の仮引渡し
同日　禁裏御庭埋樋の修復につき、明日より見聞を行う
二十二日　造内裏上棟日時定につき陣儀あり。上棟は八月二十六日と治定
二十三日　御階の桜の儀につき検討
同日　昆明池障子・小障子図の控えの進上につき、修理職の控えを提出
二十六日　造内裏上棟

九月

一日　紫宸殿南庭への橘植付けにつき検討
三日　紫宸殿の桜接木の事につき検討
五日　仙洞御所（後桜町上皇御所）新御殿の上棟

同日　女院御所（恭礼門院御所）新御殿の上棟
十一日　堺口惣御門御普請
△十三日　土佐土佐守、色紙形唐絵下絵の儀につき、願書を差し出す
△十四日　土佐土佐守、唐絵の色紙形下絵拝見の願書を差し出す
十五日　下絵等付札につき、内々に裏松固禅に聞き合う
十六日　御階の桜木振絵図出来するも画体に相違あり
十九日　御池庭南方の御文庫一棟修復出来。御池庭東方の御文庫修復に取掛り
同日　新内裏の賢聖障子簡等本文以下の筆者を仰せ出す（柳原均光日次記）
二十日　御池庭南方の御文庫、本日引渡し
同日　対屋廊下上連子左右見隠・銅網張につき検討
同日　禁裏地鎮祭の儀の時期等につき伺い。禁裏地鎮は十月中旬に幸徳井に勤修を仰せ付ける
二十三日　剣璽の間御床前襖引手へ取付けの総角につき検討
同日　竹台に植える河竹につき検討
二十四日　蚊帳釻の打方につき検討
二十五日　桜・橘の植付けを十月七日と治定
同日　下長押と地覆貫の間の白壁箇所につき検討
△二十六日　御手水間小障子の猫の図につき確認
同日　地鎮祭十月十五日と治定
同日　石薬師惣御門出来
同日　この日より七箇日、新造内裏において安鎮法を行う（禁裏御所御用日記、山科忠言卿記）

二十七日　御春屋構内女中蔵一棟のうち東方六戸前修復
二十八日　禁裏御春屋表向出来

十月

一日　上棟の御祝儀あり
二日　新殿の四隅並びに中央に地鎮物を埋める
五日　桜・橘の植付け日限を十月七日巳刻と治定
六日　禁裏御池庭御文庫仮引渡しの儀
七日　この日、南殿階の桜・橘を植える
八日　関白より呉竹を献上。清涼殿東庭に呉竹・漢竹を竹台に植えたてる
十一日　仙洞御所において、この日より七箇日安鎮法を修す（仙洞女房日記）
十三日　地鎮祭内見
十五日　地鎮祭
△十七日　土佐土佐守に色紙・続色紙各四枚を明日までに提出するよう命じる
同日　恭礼門院御所の地鎮祭の日時を定める（禁裏執次詰所日記）
△十八日　土佐将監、色紙形大和絵等を持参
二十四日　旧儀を復せらる所々、造形につき旧儀を復せらる所々、復旧取り止めの所々の列記あり
同日　仙洞御所の地鎮祭（院中評定日次案）
二十六日　新殿御茶蔵・取次北部屋・勘使蔵等借受の儀
同日　新造内裏御庭伏樋修復取り掛り
同日　恭礼門院御所、この日より三箇間安鎮法を修する（仙洞女房日記）
二十九日　清涼殿色紙泥絵出来の分を記載

十一月

同日　御遣水御庭・御池御庭の御文庫修復出来
二日　明後日新御所見分者の名前を列記
四日　新造内裏の見分
同日　明日引渡しの際の参上者を列記
同日　遷幸及び内侍所渡御の日時を定む（山科忠言卿記）
同日　仙洞御所への遷幸の日時を定む（洞中執次詰所日記）
同日　恭礼門院御所、地鎮祭（禁裏執次詰所日記）
五日　新造内裏、所司代より引渡し
九日　内侍所清棚の事・剣璽の間灯籠釣鈨の事につき付札にて返答あり
十二日　女中蔵仮引渡しの儀
十三日　鳥防所々出来
十五日　仙洞御所新殿・女院御所新殿が出来
十六日　恭礼門院御所、新殿御祈（禁裏執次詰所日記）
十七日　仙洞御所新殿・女院御所新殿の見分及び引渡し
十八日　大殿祭（柳原均光日次記）
二十二日　光格天皇遷幸。内侍所渡御（禁裏御所御用日記、御湯殿上日記）
二十六日　後桜町上皇遷幸（院中評定日次案）
二十七日　青綺門院御旧地内の御文庫、この度仙洞御所御用となる
二十八日　柳原主膳正以下へ御料理を下さる
三十日　内侍所御羽車入所

十二月　四日　恭礼門院、新御殿に移御（仙洞女房日記）
五日　清凉殿色紙形張立の儀
△　同日　土佐土佐守・鶴沢探索へ別段の褒美を賜う
九日　清凉殿色紙形を張付ける
同日　仙洞御所裏通り土掘取り跡の埋め土の儀
十日　柳原主膳正・安藤越前守・村垣左大夫の三名、関東へ帰府
十一日　摂津守の書面にて、昨日伺いの崇明門・年中行事御障子の事あり
同日　東山院御旧地以下本日引渡しの儀
十二日　引渡しの儀延引
十八日　御用掛等への褒美あり
十九日　仙洞御所御用とした青綺門院御旧地を御園として北苑と称する（仙洞女房日記）
二十一日　御門・年中行事御障子の儀につき、昨夜付札にて御返答あり

寛政三年

正月　五日　崇明門・年中行事御障子につき検討
十四日　内侍所御羽車入れ難きにつき直し出来
二十日　掌灯部屋につき検討
二十一日　内侍所御羽車入所につき検討
二十三日　女嬬預り掌灯部屋建継ぎの儀

二月　四日　仙洞御所裏通り松原土手の北方築立てにつき取掛り
九日　禁裏女嬬詰所脇掌灯部屋につき、宝永度造営の御差図通りに出来

　十日　清間銅壺の事、見回り部屋の事、賄所雪隠の事につき検討
十一月　二十九日　賢聖御障子縁裂、町奉行より到来
十二月　十日　紫宸殿分の賢聖御障子縁の付札
寛政四年
三月　十一日　摂津守より、この度復旧した紫宸殿・清涼殿・廻廊等はいつ頃より中絶したかとの問いあり
七月　十三日　賢聖御障子御絵出来につき関東より到来
　△十四日　賢聖御障子の御絵を住吉内記と絵師に仰せ付ける
九月　一日　賢聖御障子御絵関東より到着につき、本日伝奏衆へ申し上げる
　九日　賢聖御障子を紫宸殿において仕立てるため、紫宸殿引渡しの儀
　△十三日　住吉内記上京し、賢聖御障子の書き足しを仰せ付けられる
十月　十五日　賢聖御障子の負文亀・獅子・狛犬等彩色の儀
　同日　賢聖御障子を紫宸殿において仕立てるため、この日紫宸殿を御造営方へ引渡す
　十六日　賢聖御障子の書き足し・仕立て今月中に出来の由を伝奏衆へ申し上げる
　十七日　紫宸殿賢聖御障子の絵出来
　十八日　紫宸殿引渡し
　二十二日　賢聖御障子の残り分、本日出来
　二十四日　紫宸殿を御造営方へ引渡し
　二十五日　花鳥絵の書き足し出来
　三十日　賢聖御障子の御絵、表裏とも張仕立て出来につき、御造営方より引渡し
　同日　修理職奉行衆見分相済む

この度の内裏造営事業において、上述のごとく寛政二年後半以降には、上棟、安鎮法修法、地鎮祭、見分、引渡しなど、建築上の画期となる儀式・行事が行われたが、それらに加え、『造内裏御指図御用記』よりうかがうことができる寛政二年から同四年にかけての特徴的な事柄を挙げると、以下のようなものがある。

八月四日条に、清涼殿における弘徽殿上御壺祢・二間・萩戸・昆明池障子北面・荒海障子北面・藤壺上御壺祢・鬼間・布障子・台盤所・朝餉・御手水間・御湯殿上等につき、大和絵の和歌が明示されていることがある。これに続いて記載される「清涼殿和絵和歌間図」と合わせて、寛政度清涼殿の内部空間につき、その様子の一端を知ることができる。(4) ついで八月十二日条には「御遣水御池掛伏樋之図」が掲載され、小御所や常御殿の東方に当たる御庭の状況が確認できる。この図面により、同所における遣水の位置、仕切り塀の配置、御文庫の状況などがうかがえる。また、十月二十四日条では御達書付が引かれ、この度の復古内裏再建箇所が「被復旧儀所々」と「造形被復旧儀所々」に分けて列記されていること、併せて「被止所々」も同じように列記されていることがある。この記載からは、寛政度の造内裏において復古様式が具体的にどの部分に採用されたか、またされなかったかをよく理解することができる。さらに、第八冊に記された寛政四年十月の記事より、紫宸殿において賢聖御障子を仕立てるため、一旦、御造営方に紫宸殿の引渡しを行い、最終的な張立てが完成した後、改めて朝廷が御造営方より引渡しを受けていることがわかる。(5)

ところで、『造内裏御指図御用記』には、後桜町上皇の仙洞御所及び恭礼門院の女院御所についても、最終段階を迎えるそれぞれの造営経過が記録されている。すなわち、九月五日に仙洞御所・女院御所が共に上棟され、内裏と同様に安鎮法や地鎮祭を経た後、十一月十五日に両御所新殿が出来上がり、十七日には両御所の見分及び引渡しが行われていることが明記されている。そして、光格天皇の新造内裏遷幸より遅れること四日、十一月二十六日後桜町上皇の新造仙洞御所への遷幸があり、十二月四日には恭礼門院の新御殿移御がなされた。その後、寛政三年二月には、仙洞御所裏通り松原土手の北方において築立て取掛りがあったことも知ることができる。(6)

なお、本史料からは、これまでと同様に寛政二年後半以降の時期においても裏松固禅の関与の様子をうかがうことができるが、(7) この点については、本巻に収載した論考「寛政度内裏造営と裏松固禅」において改めて述べることとする。

この『造内裏御指図御用記』第五巻に記された寛政二年後半以降の記述により、内裏の各殿舎、門・廊、庭、殿舎内部の調度、障子・障壁画などそれぞれの完成に至る経緯を改めて確認することができる。また、仙洞御所や女院御所の造営経過を併せて理解できる点でも有益なものとなっている。

『造内裏御指図御用記』の全文翻刻はこれにて作業を終える。当初に掲げた課題、すなわち、近世後期における京都御所造営の実態を把握すること、寛政度内裏造営に際して復古様式が採用されていく具体的な過程を明らかにすること、御所建築のみならず障壁画の製作等も含め広い意味で皇室文化の変遷を考察することなどの課題は、本史料の全文翻刻によって一応の見通しを得ることができたと考える。

今後も本史料が広く利用され、歴史・建築・絵画など各分野の研究に資することがあれば幸いである。

（詫間 直樹）

註

1 『造内裏御指図御用記』全八冊の各冊の記録期間を一覧で記すと次のとおりである。

第一冊　天明八年四月七日～同年十二月
第二冊　天明九年（寛政二年）正月～同年六月
第三冊　寛政二年閏六月～同年十月
第四冊　寛政二年十一月～同年十二月
第五冊　寛政二年正月～同年三月
第六冊　寛政二年四月～同年六月
第七冊　寛政二年七月～同年十二月
第八冊　寛政三年正月～寛政四年十月

このうち本書では「造内裏御指図御用記」第五巻として、寛政二年七月から十二月までの記録を収める第七冊、及び寛政三年正月から同四年十月までの記録を収める第八冊の内容を翻刻する。

2 国立国会図書館所蔵『禁裏御所御用日記』（請求記号八二六―九一）第二三四冊～第二三九冊の計六冊。各冊の内容を改めて記すと次のような構成となる。

第二三四冊　天明八年造内裏御指図御用掛幷自分記

第二三五冊　天明九年造内裏御指図御用掛幷自分記（正月一日～六月六日）
第二三六冊　寛政元年造内裏御指図御用掛幷自分記（六月七日～九月十日）
第二三七冊　寛政元年造内裏御指図御用掛幷自分記（九月十一日～十二月）
第二三八冊　寛政二年造内裏御指図御用掛幷自分記（正月～八月五日）
第二三九冊　寛政二年造内裏御指図御用掛幷自分記（八月五日～十二月二十二日）

3　武田庸二郎・江口恒明・鎌田純子編『近世御用絵師の史的研究―幕藩制社会における絵師の身分と序列―』（思文閣出版、二〇〇八年）。

4　千野香織「建築の内部空間と障壁画―清涼殿の障壁画に関する考察」（『桂離宮と東照宮　日本美術全集一六』講談社、一九九一年、のち『千野香織著作集』ブリュッケ、二〇一〇年に再録）、岩間香・植松清志・谷直樹「寛政度復古清涼殿の内部空間と名所絵障子」（『建築史学』四四号、二〇〇五年）。

5　賢聖御障子については、鎌田純子「寛政度御所造営における賢聖障子の製作過程について」（『鹿島美術研究』二四号別冊、二〇〇七年）などがある。

6　仙洞御所については、藤岡通夫・平井聖「寛政度の仙洞御所について」（『日本建築学会研究報告』三一号、一九五五年）を参照。

7　裏松固禅の動向や著作については、科学研究費補助金研究成果報告書『近世公家社会における故実研究の政治的社会的意義に関する研究』（研究代表者吉田早苗、二〇〇五年）、藤田勝也編『裏松固禅「院宮及私第図」の研究』（中央公論美術出版、二〇〇七年）などを参照。

本書は、独立行政法人日本学術振興会平成二十六年度科学研究費補助金（研究成果公開促進費）の交付を受けた出版である。

翻刻

凡例

一、本書の底本は、宮内庁書陵部所蔵本（函架番号一七五―八七）である。

一、校訂上の基準は、おおよそ次の如くである。

1　字体は、原則として常用漢字を用いた。なおゟは「より」に置き換えた。

2　文中に適宜、読点（、）および並列点（・）を施した。

3　朱書の部分は『　』内に入れて示した。

4　丁替わりは、丁の表裏の終わりに　」を付して示し、その表裏の始めに当たる部分の行頭に、丁数および表裏を（1オ）（1ウ）などと記した。

5　底本の欠損文字、あるいは判読不明の箇所は、□、▭等で示した。

6　編者の加えた説明註は（　）で、また校訂註は〔　〕で括った。なお人名の傍註は、概ね月の初見の箇所に施した。

一、上欄には、本文記事の日付、および本文中の主要な事項その他を標出した。

一、翻刻は詫間直樹・長坂良宏が協同で行った。

造内裏御指図御用記　第七冊

（寛政二年七月五日～同年十二月二十一日）

（外題）
「従寛政二年庚戌七月到十二月
造内裏御指図御用記」

（内題）
「　　　　　　従寛政二年庚戌七月到
造内裏御指図御用記」

七月五日

（1オ）
七月五日　予（勢多章純）不参、
一、今日参集、

常御殿次間御下絵

一、　常御殿次御間最初差出候御下絵　壱巻　杉山元春
　　右御乞ニ付、取寄上ル、
右上置候処、御付札被付被出、書改相伺候様被仰出、土佐・鶴沢へ申渡ス、
一、追々御絵御用相願候絵師共身元糺別帳土佐・鶴沢より差出候ニ付差上ル、
右上置候処、書損之処有之、書改可差出旨ニ而被返出、両人江申渡ス、
一、　内侍所御肌衣掛杏逆輪金物絵図　壱枚
一、　常御殿方御湯殿江之御廊下戸仕切之図　壱枚
一、　建番所高塀之図　壱枚
右為御扣差上、

剱璽御間御下絵

一、　剱璽御間御下絵　鶴沢探索
右御治定ニ付、御請書別紙差出候ニ付上ル、
一、　紫宸殿艮高御廊方十八間廊下取合埋絵図　壱枚
一、　御調台構総角寸法図　壱枚
一、　禁裏御黒戸（御恰好応候而 二十分一）図　壱枚」
（1ウ）
一、　禁裏御黒戸（御差図通ニ而 二十分一）図　壱枚
右為御扣差上ル、

常御殿二之間群青引御下絵

一、　常御殿二之御間群青引御下絵　嶋田主計頭

右御乞ニ付召寄上ル、

一、鍵番所囲炉裏間艮角御差図と仕切書落し之ケ所等別紙御扣之図ニ下ケ札致し差上ケ付札之通出来候様之儀、水原摂津守(保明)へ可相達哉之段、伺帳記之奉伺、

表よりの書付

一、表より被出書付、

　内侍所内々陣御肌衣掛ニ金物打立候所へ図面今一応可差出事、

　　七月五日

右書付御渡候切紙写摂津守殿へ進達、

一、呉竹可被用此竹品随分下枝繁茂之竹可有精撰、

右書付幷可被用竹品御渡、書付切紙ニ写竹品相添、摂津守殿へ相達、

紫宸殿・清涼殿色紙形図

一、紫清両殿色紙形図相達候、尤唐絵之分者下画花鳥以泥画之、和画之分ハ竹蝶鳥以泥画之候、

一、色紙色目前難相分者、抑ニ而も色目本可有伺、

一、清涼殿御障子色紙形　一巻書写之後可有返之、」

（2オ）

一、賢聖御障子色紙形宮内一巻

一、月色紙形寸法張様等図一巻

右相達、

安鎮の節の御掛物

一、安鎮之節御掛物　壱　御箱

　右常御殿天井之上江可被納候、仍為心得申達候、御箱員数等ハ追々可申達候、

　　七月

右之通被仰渡、色紙形絵図色内弐巻、同寸法張様書之図一枚、摂津守殿へ進達、

賢聖御障子色紙形絵図　写

賢聖障子

（2ウ）

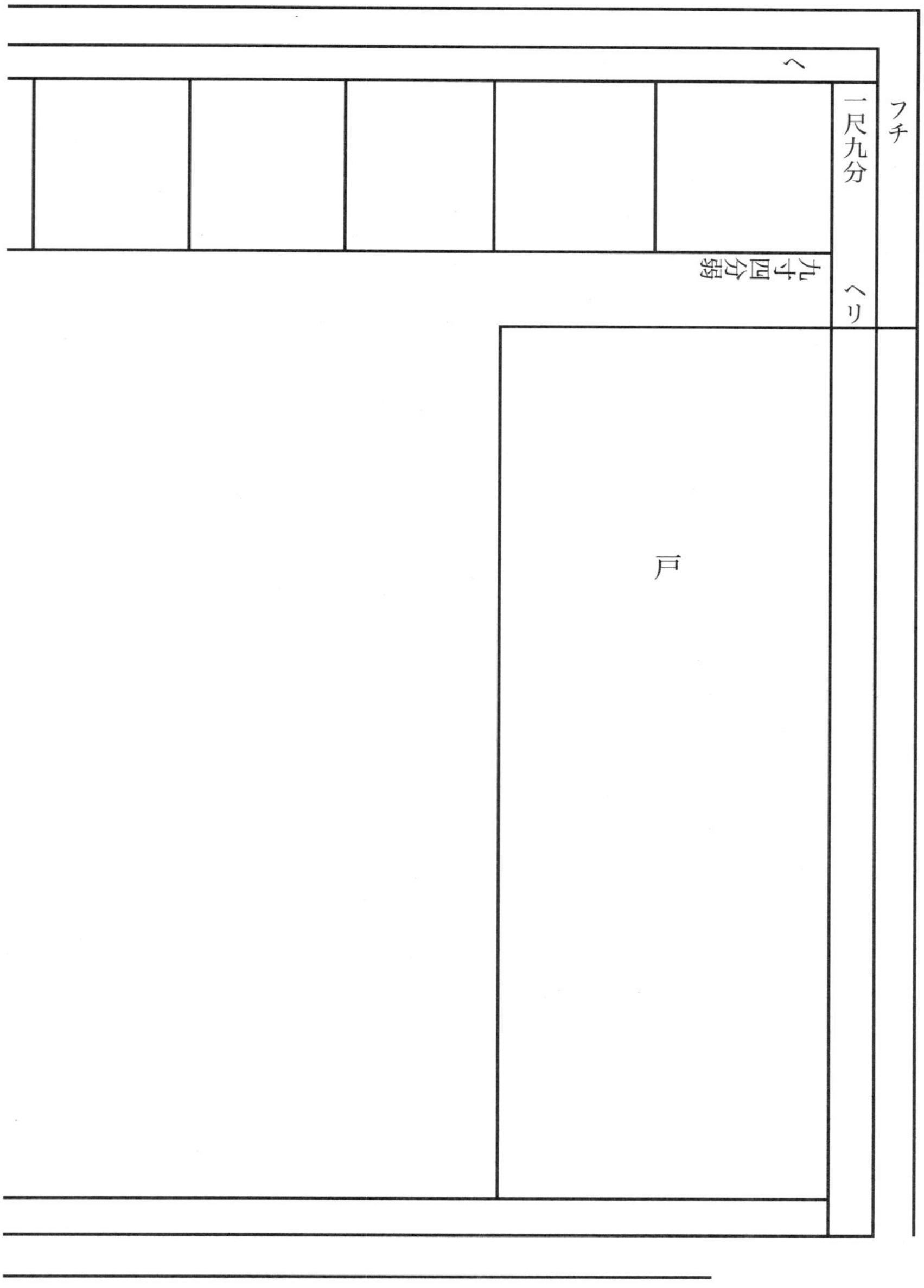

賢聖御障子色紙形色目
東第一間より第四間

（3オ）

如此縁ヨリ縁江色紙、張満候、若寸尺
不審候ハ、可被示、

一、賢聖御障子色紙形色目

（3ウ）

東第一間

藍	白	薄縁

九寸四分弱

東第二間

薄赤	紅	薄藍

東第三間

白	薄縁	紺青

東第四間

紅	黄	薄赤

」

西第四間より第一間

（4オ）

	薄紅	黄	紫	紺青	薄緑	西第四間	中央戸間	紺青	紫	黄	薄紅	赤
	白	薄藍	薄赤	紅	黄	西第三間		白	紺青	緑	薄紫	黄
	薄緑	赤	白	藍	薄紅	西第二間		紫	黄	薄紅	赤	藍
	黄	薄紫	白	薄藍	薄赤	西第一間		薄藍	紺青	緑	白	薄紫

藍	赤	白
紺青	緑	薄紫
紫	紺青	黄
紺青	緑	紅

」

（4ウ）

右色目一巻略〆如右写取置、

一、去廿九日呼出候、清涼殿東側より　紫宸殿廻廊廻り溝筋之両側葛石上之幅壱尺――

右朱書御返答可為被出、

『七五答、　右無拠子細候間被相宥、各窺之通可為六寸組東軒廊与左近陣座之間溝公卿座ノ前
ナリ東方葛石ハ差支有之間、如最初可為壱尺、依之溝之幅ハ此所斗一尺六寸と相成候、』

右朱書之通掛合書面ニ奥ニ朱書付札致し、七月七日摂州へ進達、右延引之儀ハ朱書溝幅一尺六寸
ニ成と申処不審ニ付、七日一応越前へ及懸合候上ニ而摂州へ達有之、

一、今日伺出分、」

（5オ）

内侍所

一、内侍所

御内々陣御肌衣掛杏逆輪金物毛彫別紙図面両様之内、
何之方可致候哉、為念絵図相添、御懸合申候事、

書面掛合之趣絵図面添、相伺候事、

六月

御黒戸御上段の寸法等

一、禁裏御黒戸御上段之所寸法其外先達而図面を以及御懸合候処、夫々御差図有之、尤御櫃高

サ別図被成御差越、御金物打方等今一応受図之可相伺旨御達有之候ニ付、則御下タ之図面寸法趣を以二十分一ニ相仕立、御金物十一ヶ所相印し別紙図面差進申候、併右之通ニ而者最早長押・鴨居等も取付候処、御檀格別高ク相成、御檀上より打才下低ク罷成、図面之通遣戸恰好不宜相見候間、猶又別図相仕立懸御目申候、右両様之内、御差図有之候様致度絵図弐枚相添、御懸合申候、

書面掛合之趣絵図二枚相添相伺候事、

七月

『七五答　御治定注図面之絵図面弐枚返却、』」

剱璽之間御調台総角の儀

（5ウ）

一、剱璽之間御調台構総角之儀ハ総サ長サ其外先達而図面付札を以相伺候処、御有来之通ニ可仕旨御附札ニ而御達有之候、然ル処御有形之儀、宝永度留帳ニも無之相知レ不申候ニ付、棟梁共相糺候処、別紙絵図面寸法付之趣可有之旨申聞候間、右之通相仕立させ可申候哉、為念図面相添御懸合申候事、

書面掛合之趣総角寸法絵図面相添相伺事、

七月

『七五答　伺之通図返却、』

紫宸殿方御廊下取合起図

一、紫宸殿より艮高御廊下より十八間御廊下江取合起図　壱枚

『七五答　以朱掛絵図幷付札答図返却、』

御涼所御椽図面

一、御涼所御椽図面　壱枚

『同　以朱札答図返却、』

右何も摂津守殿へ進達、」

（6オ）

六日

七月七日

絵師身元糺之帳相違の所を改め付札をして差出す

七月十一日

勢多章純本日より出勤

一、予（勢多章純）今日忌明之処、依所労不参、断之儀淡州へ書面ニ而申達、
一、昨日迄伺物予名前相除、淡路守（土山武辰）一銘ニ而伺出候、尤惣伺帳ハ是迄之通也、是ハ月日之処ニ名前記し不申、帳面表紙ニ一統名前記有之、其侭也、
一、予忌明之処、依所労不参之段、表へ申上有之由、

七日

一、予不参、

一、　　土佐土佐守（光貞）
　　　　鶴沢探索

　絵師身元糺之帳相違之処相改、付札等致し差出ス、受取置、

（約五行分の空白あり）」（6ウ）

（第六丁裏は白紙）」（7オ）

十一日

一、予去六月廿六日娘死去ニ付暇十日引篭、去六日忌明之処、依所労直ニ引篭、今日出勤候也、於表御同掛非蔵人越前面会ニ付、右引篭之処今日出勤之段申届、去六日迄ハ伺物予名前相除、其余白方伺物ニハ所労引之事ニ付、帳面之名前相加候旨淡州被申聞候也、御附衆江相届、
一、今日参集也、
一、帳面三冊上ル、

九箇所御門下高札
下高札焼失残り分

（7ウ）

一、摂津守殿被渡、
九ヶ所御門下高札等焼失有之分幷焼残り有之分取調可申旨、伝奏衆被申聞候事、
右之趣ニ付、松宮主水へ申渡、後刻書付差出ス、
下高札焼失残り分
中立売御門
乾御門
今出川御門
『右三ヶ所之札当時此　御所ニ用ひ御座候、』
寺門御門
右之通ニ御座候、」
七月　修理職
右之通書付差出候ニ付、此方ニ而相認、予摂津守殿へ進達ス、
一、同被渡、　御造営掛り取次へ
御間内衝立宝永度いつれニ而致出来候哉難相分候ニ付、糺方之儀所司代より御達有之、其段相達候処、宝永度いつれニ而出来候哉難分候得共、是迄御修復者伺公間鍵番所囲炉裏間衝立修理職ニ而取計、其余者定御修理方ニ而御修復有之候由申聞令承知候、然ル処常御修理方ニ而も宝永度不致出来趣申聞候義ニ付、右御修復有之候近例年月可被書出候、
七月
右是又被渡候ニ付、主水へ相渡、早々相糺返答可被申聞旨申渡ス、

（8オ）

諸鳥舎の儀

一、諸鳥舎之儀、伺出差出ス、

御地庭諸鳥舎取建之儀、御敷図御出来之節ハ御沙汰も無御座候、尤宝永度ハ図面ニ鶴鳥舎斗者御座候処、私義心付不申伺落ニ相成候、依之定メ而御庭御取繕も可為被在事故、其節相伺可申心得ニ御座候処、此節御橋者御省略之侭ニ而御繕ニ取掛り、御池等浚御座候趣承知仕候、左候得者

遷幸之上右ハ取繕之侭ニ而鳥類御取寄之義ニも御座候ハヽ、諸鳥舎無御座候而ハ御差支ニ相成可申御花壇方よりも申立候故、御沙汰も被為在候儀ニ御座候哉、」又ハ口向ニ而申立方幷仕法等取極候而相伺候筋ニ御座候哉、此段奉伺候、

七月十一日　　修理職

右之儀ハ摂津守殿へ昨日淡路守より右之書面見せ相談申入置、奉行衆へハ此間修理職より申入置、依之今日御用掛へ書付差出候也、右伺帳へ記し可申旨越前を以被命候ニ付、則伺帳相記越前へ相渡ス、後刻朱書御返答有之奥ニ記、

御池南引直御文庫板囲絵図

一、御池南引直御文庫板囲絵図為御扣上候処、先口向へ可差出旨ニ而被返出、今日伺候御普請方より来候、右之絵図御差留置ニ相成ニ付、写図ニハ及不申趣之由越前噂有之、

一、　小御所庇東西　朝賀図御下絵　壱巻　　海北斎之亮

一、　常御殿一之御間　砂子御絵　壱巻　但最初伺候群青引御下絵一巻添、　　円山主水

一、　常御殿次之御間　四季草花御下絵一巻　但右ハ牡丹書改之伺、　　杉山元春

右土佐・鶴沢持参差出候ニ付、淡路守より上ル、

一、六分堺御乞ニ付修理職扣図可上之処、遷幸御用之儀ニ付入用之由ニ付、此方扣之六分堺上ル、

舞御覧高舞台の事

（8ウ）

一、舞御覧高舞台之事、何之御沙汰も無之候、宝永度御造営方ニ而出来之趣ニ候旨高嶋監物申、此ハ宝永度ハ道具御躰之品書ニ有之、先達而書抜入披見候、其内ニ右之舞台之高も有之と存候、猶右之書付可入披見旨申出、

一、内侍所御服衣掛金物打立候図御乞ニ付、摂津守殿へ申達有之候処、逆輪之図被差越、間違之趣ニ付、淡路守取計、摂州へ返却、則絵図弐枚掛合書面壱通ニ手紙相添為」遣ス、

一、表方被出書付、

先達而相達候高欄金物之図見合度候間、明日三ツ比迄之内可差出事、

一、御涼所四帖半御間北側東方戸二枚如何様之戸ニ出来立候哉、内々可相尋事、

右両通被出、切紙へ認、尤高欄金物之図御差急之旨入念申出候ニ付、其段書面認メ摂津守殿へ持せ遣ス、

御普請方伺物

（9オ）

一、御普請方伺物御普請方帳面ニ認伺置、

一、清涼殿御翠簾見本先達而差出候処、猶又御好之趣御書付を以御達有之、并編糸之間七分程明ケ編立候様仕度段及御掛合候処、伺之通相済候ニ付、右等之趣を以又候見本相仕立させ総縕金物共相添、為念掛御目申候、右見本之通ニ而可然候哉、此段御掛合申候事、

七月

書面掛合之趣総縕金物共相添、相伺候事、

右朱書今日出ル、

『七十一答　伺之通、見本総縕金物共返却、』」

一、禁裏御所末向部屋之物置幷井戸屋形・湯殿・雪隠等も是迄軒樋鉄物ニ而釣候趣ニ候得共、末向之儀ニ而殊薬研樋之儀ニも有之候間、此度樋木釣ニ為致候積ニ御座候、為念御懸合申

候事、

七月　　　　　　　　　　　　　書面掛合之趣相伺候事、

右之朱書返答

『七十一答　伺之通、』

漢竹・呉竹之儀、御治定ニ付、手本竹御達被成、則御造営懸江相達候処、右寸尺幷員数等之儀、承知仕度旨申聞候間、御差図御座候様仕度奉存候事、

右之通書付水原摂津守方相伺度旨申聞候ニ付、此段奉伺候、

漢竹・呉竹の儀

右朱書返答

『七十一答　恰好宜可極、寸尺員数可為見合、』

禁裏御池南八間御文庫引直御修復、此度致出来候ニ付、近々御引渡申候積ニ御座候、右ニ付別紙図面朱引之通、仮囲取建可然候哉、則絵図面相添御懸合申候、尤右板囲出来之上、御文庫引渡候日限御達可申候事、

七月　　　　　　　　　　　　　書面掛合之趣絵図相添、相伺候事、」

(9ウ)

図面壱枚

右朱書返答『七十一答　伺之通、図被止置候、』

一、清涼殿絹襖引手、先達而相下り候図面之趣を以職分之者江申付候処、紫之処ハ染分候而組立申候間、白紫之段乱レ無之様ニハ難出来旨両組立候上ニ而、紫之処附色ニ致し候得ハ、段乱無之様相成候得共、右候而者附色ニ而無程色替り申候旨職分之もの申出候、則組立候引手為念掛御目、此段御懸合申候事、　書面掛合之趣絹襖引手見本幷絵図共相添、

清涼殿絹襖引手

清涼殿北拭板間蔀
公卿之間東拭板間蔀

七月　　相伺候事、

右朱書返答『七十一答　伺之通、糸之品ハ無御撰候色赤ニ可付候、』

一、清涼殿北拭板間蔀
一、公卿之間東拭板間蔀

右蔀之儀御差図ニハ両面格子之趣ニ有之候、然ル処
清涼殿幷宣陽殿庇陣座下侍主殿司宿等蔀、内之方舞良之積、先達而御差図も有之候ニ付、
前書弐ヶ所蔀之儀も棟梁共同様ニ相心得、内之方舞良ニ相仕立申候、一体清涼殿蔀之儀都
而内之方舞良ニ有之、其上前書之蔀出来立候儀ニも有之候間、右之通ニ而」相済候様仕度、
（10オ）
此段御懸合申候事、

七月　　書面掛合之趣相伺候事、

右朱書返答『七十一答　伺之通、』

右御返答之分掛合書面ニ如朱書朱書付札致し、手紙相添摂津守殿へ持せ遣ス、

一、　海北斎之亮
右伺置候下絵御下ケ御治定、但内記之袍可改六位、書改更ニ伺ニ出ニ不及、

一、　杉山元春
右伺置候下絵御下ケ牡丹少ク書改候得共、いまた大ニ候得ハ書改、今一応可相伺候、

一、　石田遊汀
中村平右衛門

円山主水
同　右近
嶋田主計頭
木嶋元常

一、右何茂下絵伺置候処、御下ケ一統御治定之旨朱書付札ニ而被出、尤遊汀・主水先達之下絵も差添
　上置候処、一緒ニ被下ケ候也、」

（10ウ）

一、

狩野正栄
鶴沢探索
吉田元陳
狩野宗三
勝山琢眼
大岡金吾

右之分下絵御下ケ何も御治定、但付札之通可相改、更ニ不及伺出、

一、右之内付札之儀ニ付被見せ候図八枚壱包共渡、此八枚之図ニ添書付、

弓矢金輪茉脛巾

　　弓矢カナワ茉ハ、巾

右何も申渡可申候、御治定之分紺青引之下絵ニ而御治定被仰出候得共、已前被仰出候通、砂子泥引ニ而仕立候儀勿論候、此儀先達而御請も申上承知之事ニ候得共、今日御治定、紺青引之方ニ而被仰出候ニ付、為念此段被仰渡候間、得と此段申渡、請書ニ書せ候様可然旨越前を以被仰出、

一、追々相伺候下絵御治定、或御好等ニ而被下ケ候、凡不残相済候様思召候得共、草案下絵等上置候

七月十二日

御涼所一宇下絵

（11ウ）

（11オ）

処、未被出方も有之候哉相調有無申上候様、土佐・鶴沢へ可申渡旨、同人を以被命、
右被仰出候儀土佐守・式部江申渡、御治定之分本人御請書可差出、杉山・海北ハ」土佐・鶴沢より請書差出候様申渡ス、尤翌日呼寄申渡ス、
一、先刻上置候六分堺被返出引出ハ入置、
一、御涼所一宇下絵
右追々出置候処、下残被返出御涼所一円之絵図被相添出、右下絵と御間之処得と引合相調可申候、御間襖之数等不引合処有之候様思召候処有之歟と思召候間、得と可相糺候否、来十七日返答可申旨越前を以被命、監物江申渡し右之下絵幷御涼所絵図相渡ス、右御涼所絵写致候ハ、可然候旨申渡ス、此図者当時出来立候絵図ニ而先頃御造営方へ被達被取寄候絵図也、
一、先刻伺候諸鳥舎之事朱書御返答、
『即日答　口向ニ而仕方取極ヲ以図面可相伺事、』
右之通御返答ニ付、其場所々々絵図仕立諸鳥舎寸尺仕方等委細絵図ニ仕立可伺出候ハ、可燃候間、其趣ニ可被仕立候旨監物江申渡ス、
一、今日非蔵人越前壱人也、都而越前を以被命、及掛合候也、
一、後々参集来十七日ニ候、今日者御用無之候、退出候様被命、得と申渡ス、退出ス、

十二日

一、　土佐土佐守
　　鶴沢探索」
昨夕被下ケ候下絵之分相渡ス、御治定之分ハ本人より請書取之、十七日迄ニ可差出旨申渡ス、

一、弓矢金輪茉脛巾等之図都合八枚拝借被仰付、奉落手候、
猶写取返上可仕旨奉承知候、
土佐・鶴沢

常御殿次之御間
杉山元春

四季草花

右下絵奉伺候処、牡丹之所御付札之通書改、再応可奉伺旨被仰渡、奉承知御請申上候、以上、

戌七月
土佐土佐守
鶴沢探索

右折紙也、

御下絵《画》草案等之類追々差出置候品、若未被出品も御座候ハヽ、可申上旨被仰渡、奉承知候、
猶取調候而追而否可申上候、以上、

戌七月
土佐土佐守
鶴沢探索

右ハ切紙ニ認させ受取置、探索病中ニ付式部罷出候也、」
（12オ）

一、摂津守より被渡、
先達而相達候高欄金物之図見合度候間、明日宜頃迄之内可差出事、
付札　御書面高欄金物図面先達相下り候処、去酉八月廿五日可致返却旨御達ニ付、写
取、本紙者翌廿六日致返却候事、

高欄金物の図

御涼所二枚戸の事

七月十三日

七月　菅沼下野守
村恒左大夫

右昨日書付達候処、其書付へ如是付札ニ而返答有之被渡候ニ付、右下札之通両人名前迄書写、表より被出候書付ニ下札ニ致し、今日越前江相渡ス、伺帳ニ今日上ケ候積り記置、

一、御涼所二枚戸之事、是又被渡候、

御涼所四帖半御間北側東方戸二枚如何様之戸ニ出来立候哉、内々可相尋事、

付札　御書面御涼所四帖半御間北側東之戸之儀通例之桧戸ニ相仕立建合申候事、

七月　菅沼下野守
村垣左大夫

右致来候得共、十七日可計旨今日内々越前へ噂申入置、此方預り置、

水原摂津守殿　菅沼下野守
村垣左大夫」

（12ウ）

内侍所内之陣御肌衣掛金物打立候処之惣体之図面、今一応差出可申旨御達ニ付、則別紙図面差進申候事、

七月

右絵図

右之絵図十七日迄ニ写出来候様監物・権大夫へ申渡し相渡置、

何も摂州被渡、越前へ内々噂申入置、十七日之積り候七日申入置、右書面御普請方伺帳へ記し置、

十三日

高欄金物の事

一、今十三日より御普請方休、十七日より御普請方始候段、水原殿へ菅沼・村垣より之書面上ル、

一、高欄金物之事、先達而御達ニ相成候御扣表ニ不見候、口向へ可有之哉可糺旨ニ付、此間より段々相糺候得共無之候処、右金物ハ清涼殿之高欄之金物ニ而候得ハ、鉄ニ而候故、外金物之図之様ニ黄ニ塗候図ニ而者無之候、黒ク塗候図ニ而可有之と存候、先達而御治定之節被下ケ写抔被仰付上り候とも木子抔写者有之間敷哉、何分表ニ此図不見候ニ付被糺候間、木子方得と相糺、若写抔致し置有之候ハ、可入御覧候、口向も猶又今一応相糺可申旨越前を以被命、右之趣黒ク致候図ニ而候ハ、猶更見請候儀不覚申候得共、猶木子相糺可申旨及即答、先達高欄之儀御好通ニ而者低ク候而恰好不宜旨ニ而、御普請方より高ク致し高欄之図上りと存候、其節之儀之趣被命、右ニ付主水へ得と申聞置、右高ク成候ハ紫宸殿之高欄」ニ而、清涼殿之高欄ニ而無之候、何分黒ク致候高欄金物図ニ候ハ、、猶々不覚候旨猶木子可相調旨主水申聞候也、淡州も申入、是も不被覚旨也、

（13オ）

七月十四日
木子も高欄金物の事不覚につき修理職より書付を差出す

十四日

一、高欄金物之事、木子も一向不覚旨申出、依之修理職より書付差出ス、

一、清涼殿高欄金物図取扱候儀有之候哉、取扱候ハ、扣図ニ而も有之候哉、取調棟梁播磨も相糺可申旨被仰渡、承知仕候、私共者右写図取扱候儀無御座候ニ付、播磨相糺候処、一向相写図仕立候儀無御座候旨申出候ニ付、此段申上候、

修理職

右高嶋監物差出候ニ付、直ニ其侭越前へ相渡ス、

一、御築地内且清和院御門外之処潰筋浚候儀、此度ハ造営方ニ而出来可申哉、寺町通東側之処等浚無之候而者、自然と御築地内之下水之為ニ悪敷候、是等者如何相成候哉之旨監物噂有之候也、百万

七月十六日

常御殿次之間の御下絵

遍ん裏油小路殿前之川筋之事等噂有之、是等ハ何方より浚候事哉可相調筋也、

十六日

一、常御殿次之御間御下絵　壱巻　杉山元春

右牡丹ニ書改下絵出来之由ニ而鶴沢式部持参、受取置、

（13ウ）

一、此間御治定之分銘々請書、勿論已前御治定之通雲取砂子之儀承知候段請書ニ認、差」出ス、受取置、

一、御治定ニ者候得共、所々付札被附、右付札之通書改、更ニ伺出候ニ不及旨被仰渡候分之請書差出、是又受取置、

一、　嶋田主計頭
　　　恒枝専蔵

右下絵不被出候旨、土佐・鶴沢より書付を以申上ル、右之内嶋田ハ紺青引之方不被出候、砂子泥引之下絵者砂子泥引之事而已認候、全体之絵者紺青引之方得と認候得者、本絵者右之紺青引之方ニ而認候得者紺青引之方早ク御下ケ被下度段演述有之、承置、

一、下絵ニ所々付札被付候ケ所書、此方心得ニ取置候得ハ、銘々より書せ差出有之候様申渡置候ニ付、差出候旨ニ而差出、受取置、狩野正栄者跡より可差出旨也、

一、被為見下候八枚之図写取候得共、銘々校合仕度候得ハ、今日者返上難仕、明日可返上旨承置、

右請書之分写之儀小川勝之丞へ申渡ス、幷承知帳廿一日分淡州被認置候扣帳之通清帳之事、是又小川へ申渡ス、伺帳ニ土佐・鶴沢より差出候、嶋田・恒枝之事書記之儀、小川へ申渡し置、

一、高欄之図先比表より御尋ニ付壱枚上置候、其節修理職へ有之扣図此方ニ預り置候処、今日右高欄

（14オ）

之事日野殿主水へ御沙汰有之、何も不存段申由如何之旨御尋ニ付、高欄ニ」鉄物打立候図之儀ハ取扱不仕候、一向覚不被申、高欄之図者存知居候段申上候処、高欄之図可入御覧候、金物打立候図ハ不及儀も可有之旨比命候、依之右之高欄も図吟味仕候得共、差当り無之候、詰所之処可差出候借用可申旨主水申聞ニ付、此方之扣者先頃表へ上置候、其節修理職へ扣図権大夫持参ニ付、此方ニ置候旨ニ而達ス、此図日野殿上ケ置候ハヽ、此方之扣図先日上ケ置候旨可被申上旨申渡ス、

七月十七日

十七日

一、今日参集也、淡州当番、

一、帳面三冊とも淡州より上ル、尤昨日式部持参之分今日差上候ニ付、何も伺帳ニ記上ル、

一、内々御聞合有之候　御涼所四帖半之処二枚戸之返答写取、京都より被出候書面ニ付札ニ致し、今日丹後へ淡路守より上ル、此儀ハ御内々御聞合之儀ニ付帳面ニ付、記申候段申入、

一、御涼所下絵此間御下ケ御涼所一宇絵図御渡候間、襖幷張付等之処得と引合可申旨被仰渡、於修理職此間より調候処、彼是相違相見候ニ付、土佐守修理職呼寄、得と猶又相調相違之分朱書下札致し、今日返上、相違之趣申上ル、尤被出候一宇絵図是又返上何も丹後へ淡路守より達、

（14ウ）

惣体御絵の儀

一、惣体御絵之儀夫々割合を致し、御下絵出来伺出候、是ハ割合之儀ハ修理職ニ而御間之儀等承合候而、夫々絵師共へ申聞候歟、此方向々聞合せ候事哉、又ハ御普請方ニ而聞合候而割合せ候事哉之旨丹後を以御尋ニ付、此儀者土佐・鶴沢罷出修理職」ニ而御敷図拝見致し、夫々割合候儀と御座候段及返答、尤一応修理職相糺候様申聞ニ付、修理職へ申聞候処、主水・監物等此方同意ニ心得候ニ付、其段及返答、巾之処ハ右之趣ニ而此処ハ御襖壱間四引抔と可分候、高サ之儀ハ如何承合と候哉之旨是又御尋ニ付、修理職へ申聞候処、小御所ハ土佐・鶴沢承合せ之節御借下柄之事ニ付、

内侍所御肌衣掛の儀

御普請方江修理職より内々聞合候、横より見候絵図致し棟梁共へ見せ承糺、寸尺付候而両人へ申聞候、其余者不申達、常御殿之儀ハ御有形之通趣ニ付、其段口上ニ而噂申聞候、御涼所杯ハ一向何とも不申聞候旨主水・監督物返答ニ付、其段丹後へ及返歌、右之趣淡州へも申入置、右御敷図拝見致させ候様表より毎度被命候事ニ付、拝見致させ候事ニ付、彼是書留相調候得共、差当り筆記不相見候也、此儀越前へ申入置、

一、宝永度御造営之節、三手丁場浮道具之書付宝永度小野泉州筆記、先達而より借置候右筆記之内ニ有之候ニ付、抜書致し修理職へ渡し、此度是迄追々掛合等有之済来候分付札ニ而も付可被越候、依品表ニも入御覧候様ニも可致旨可被伺旨主水江申渡、書付渡置、右ハ高舞台幷敷舞台雨降候節之敷舞台等御造営方ニ而出来候様子、此度何之御沙汰も不承、御造営方ニ而者出来不申趣ニも風聞有之候ニ付、右之趣及示談候也、

一、内侍所御肌衣掛之儀、御返答、

『七十七答　木口逆輪金物御有来無之候、保方於無差支者可為御有来之通候図壱枚返却、』

（15オ）

右之通ニ而逆輪之図と御肌衣掛金物打立候図と弐枚被返出、

右之趣ニ付摂州へ持せ遣ス書面

水摂津守様　‖

内侍所御扣表掛木口金物　壱枚

掛合書面　壱通

内侍所御扣取掛絵図　壱枚

掛合書面　壱通

右朱書被出候ニ付持せ進達仕候、已上、

七月十七日

右落手之旨返書到来、

清涼殿布障子・陣座寄障子下絵

一、　清涼殿布障子幷陣座寄障子下絵　　土佐左近将監

右書改被仰付置候処、未差出候ニ付尋ニ可遣旨ニ付、土佐守へ書面ニ而申遣ス、土佐守へ申聞候儀も有之ニ付、今晩明朝五ツ迄之内詰所へ罷出候様書面ニ而申遣ス、

一、日野殿摂州へ於表口面会、御涼所四帖半之間弐枚戸之事、高欄金物之事、右両様之儀直談有之候也、

御涼所御間下絵四巻を差出す

（15ウ）

一、御涼所御間御絵下絵被出、（四巻、酒井幸之助・奥源次郎・長沢芦雪・秀雪亭）幷同一宇之絵図被渡、此一宇図ニ得と引合、」下絵相違之処有之候分ハ下絵相改、此下絵相添差出可申候、高サ寸尺等不相知候ハ、土佐守より御普請方へ聞合候儀相成候ハヽ、土佐・鶴沢より（心得ニ而）聞合候様ニ可致、其寸尺之趣ニ而下絵可相認候、右御涼所下絵之内壱巻ハ被留置候、其余御涼所之分不残被出候、得と一宇之図面ニ引合可申旨、土佐・鶴沢へ可申渡候、今日被出候下絵之内、壱巻差而相違も無之様ニも見候、其余何も大ニ相違有之様子ニ候、尤付札も有之候得共、猶又得と相調可申候旨被命、淡路守承ル、右之付札者此間より相調へ修理職ニ而付候朱書付札也、○表より被添書付、

常御殿次之御間下絵

一、　常御殿次之御間下絵　　杉山元春

右伺之通御治定、

長橋殿三之御間下絵

一、　長橋殿三之御間下絵　　恒枝専蔵

右同断御治定、右弐巻御下ケ落手、

弓矢以下品々の図
常御殿二御間下絵ほか

一、御敷図土佐・鶴沢へ拝見致させ候儀ハ、猶来廿三日ニ御沙汰可有之旨也、

一、去ル十一日被為見下候弓矢以下品々之図八枚、土佐・鶴沢写取候ニ付返上、今日差出ス、則上ル、

一、常御殿二御間御下絵　嶋田主計頭
同　三御間御下絵　円山右近
同　次御間御下絵　杉山元春
御小座敷落長押之御間御下絵　中村平右衛門」
（16オ）
小御所御上段草案御下絵　鶴沢探索
同　南庇草案御下絵　狩野宗三
同　北庇草案御下絵　狩野正栄

右最初伺候御下絵草案表ニ残有之、今日御下ケ巻数都合七巻被相渡、請取置、

○御涼所一宇伺下絵相違之所有之間、御図面被為見下候間相調、今一応書改可伺候、尤寸尺等不審之所候ハヽ、御造営方へ掛合、可相尋候事、

一、参集来廿三日之旨越前を以被命、淡路守承ル、今日御用相済旨也、

七月十八日

十八日

一、摂津守殿被渡、

菅――
水――　村――

禁裏御釜殿竃上ハ口大サ差渡、焚口明キ寸法其外共別紙図面附札書入等之趣ニ而可然候哉、
尤竃廻り者土間之積り相心得申候、則図面相添御懸合申候事、

（16ウ）

七月　書面掛合之趣絵図相添、相伺候事、

御釜殿御竃絵図

右付札」

中之御釜西向　指渡し弐尺程之積りニ而図面之通ニ相成申候、

尚大サ寸法承知致度候事、

北之方少し北江寄、並へ居候積、

内之方土ニ而築立上塗者

大垣壁ニ致し候積、

御竃惣石

側石――　石継手都漆喰　焚口

側石　明キ高一尺八寸　焚口　明巾一尺弐寸

御釜西向　指渡弐尺八寸之積ニ而図面之通相成申候、尚大サ寸法承知致度候、

南之方ニ並へ居候、

御竃石　前同断、

右絵図権大夫へ渡写出来候様申渡ス、且釜殿ニ而有形、且右之通ニ而子細無之候哉可被」相糺之

旨、是又申渡ス、

（17オ）

十九日

一、　御凉所裏六帖御間御下絵　墨絵付立泥引 秋冬草花　　秀　雪亭

鴨上張付蜻蛉

右土佐守持参、此下絵御張付御襖之処間違ニ而御張付ニ成候処ヲ襖ニ致し、襖之処張付ニ致し候而已ニ而、其余之処相違無之候、御襖ハ中ニ墨ニ而筋ヲ引候と、張付者筋無之と之違ニ而候、然ル処一円ニ書改させ候も気毒ニ候、其上最初ハ此下絵之通ニ而御張付御襖ニ而候処、御好替ニ而、御襖ハ張付と成候、此儀内談之由申聞有之ニ付、猶内談可申旨及返答、預り置、右之趣丹後詰合ニ付及内談候処、広橋殿御詰合ニ候得ハ、内々可申上旨ニ付相渡ス、則申上有之候処、左候ハ、下絵其侭ニ置、此度書改候通其処江掛紙ニ致し伺可出候旨丹後を以被命、下絵被返出、則土佐守召連可参旨ニ付、表口へ召連参候処、右之趣被申渡、尤絵様若相違之儀候ハ、、可申之旨之処、何も相違者無之候旨土佐守及返答、左候ハ、弥右之趣ニ可致之旨ニ而相済、下絵土佐守へ相渡ス、

一、一昨日御治定ニ而被下ケ候下絵、土佐守・探索より本人へ渡、請書取之、今日土佐守差出ス、

一、摂津守殿被渡修理職へ渡調へ候様申渡ス、

菅――

水――

村――」

禁裏御所

一、常御殿

何之御間

御蚊帳釣鐶

四隅ニ而八ツ打

但打立上ノ鐶高サ、御畳上端より壱丈上り、下之鐶同上端より四尺上りニ而可然候哉、

（17ウ）

禁裏御所御蚊帳釣鐶の取付箇所

常御殿

何之御間　　　　同断、四隅ニ而四ツ打
但鈬高サ、御畳上端より八九尺上りニ而可然候哉、

長橋局東西対屋

一、長橋局東西対屋
何之間　　　同断、
但同断、
右者御蚊帳釣鈬取付候ケ所之書面之趣を以御差図有之候様致度候、右之外ニも釣鈬取付候ケ所
も有之候ハ、、被及申聞候様致度、此段御懸合申候事、書面掛合之趣相伺候事、
七月

御涼所四帖半之御間二枚戸の儀

一、御涼所四帖半之御間弐枚戸之儀、御造営方返答十二日到来、十七日ニ差上置候処、十八日豊岡殿

（18オ）

摂津守殿へ直談ニ而御造営方へ通達之処、又々返答有之、今日」摂津守殿被相渡、
御涼所四帖半御間御側東方戸二枚如何様之戸ニ出来立候哉、内々可相尋事、

御普請方付札
御書面御涼所四帖半御間北側東之戸之儀、通例之桧戸ニ相仕立建合申候事、
七月　　菅――
村――

摂州附札
御附札之趣を以修理職奉行衆へ申達候処、御差図之書損ニ而有之由、当時播磨ニ被相
仕立候事ニハ候得共、相成候ハ、内之方紙張付、外之方舞良ニ可相成候哉致内談候様
奉行衆被申聞候間、此段及御内談候事、
七月　　水原摂津守

御普請方付札
御書面御指図書損ニ有之候由、御場所柄之儀ニも有之候間、如何様ニも繰合御
内談之趣ニ取計候様可致候、

七月　菅――
村――

右摂津守殿へ被渡候ニ付、丹後へ渡ス、広橋殿御落手之旨ニ付、其段摂州へ申入、

土佐守

土佐守持参の請書

一、
右持参候請書、

常御殿二之御間　嶋田主計頭
同　三之御間　円山右近
同　次之御間　杉山元春
御小座敷落長押間　中村平右衛門」

（18ウ）

小御所御上段　鶴沢探索
同南庇　狩野宗三
同北庇　狩野正栄

右最初差出置候草案幷下絵等都合七巻被返下、奉請取、夫々相渡申候、已上、

土佐土佐守
戌七月　鶴沢探索
長沢芦雪
御涼所下絵　駒井幸之助
秀　雪亭
奥　源次郎

右四巻被下ケ、御涼所御治定之御指図被為下、引合相違之ケ所も有之候ハヽ、相改、今一応更ニ下

絵相認、最初之下絵も相添可奉伺旨被仰渡、奉承知候、尤御指図ニ相違無之分者其侭差出可申之旨、是又奉承知、御請申上候、以上、

戌七月

土佐土佐守

鶴沢探索」

七月二十日

(19オ)

廿日

一、表より書付被渡、

紫清両殿高欄鉄物打方之図相違候、此図者以表油図書付候、猶当時欄干ニ打立候図幷寸尺等書付候図可有伺候、尤此図可有返上候事、

七月十九日

右書付図壱枚添、

右越前を以被渡、此儀昨日可申之処予退出後ニ付今日相達候、帳面ニハ昨日達之処今日受取、水原へ達之儀ニ可認旨申聞有之、此図返上ニ成候得ハ扣致ニハ不及旨也、

右ニ付如例更ニ切紙ニ写絵図相添、今日摂津守殿へ進達落手也、御普請方伺帳ニ書記之儀、日記役へ申渡置、

一、諸鳥舎之絵図出来之由ニ而高嶋監物差出ス、尤御花壇方とも相談之上仕立候由鶴之舎ニ引付参候並候図也、更取置、廿三日可差上積り、

一、釜殿竃之図写出来、監物差出ス、受取置、

右釜殿上塗之事心付候ニ付、元形糺候様監物へ申渡ス、右之絵図釜殿へ見せ相糺候処、随分絵図面之通ニ而宜候由申旨也、」

紫宸殿・清涼殿高欄鉄物打方の図

諸鳥舎の絵図出来

釜殿の図の写し出来

七月二十一日

御池南八間御文庫引直し修復出来

（19ウ）
廿一日

一、摂津守殿被渡、

御造営掛り取次へ

禁裏御池南八間之御文庫引直御修復出来ニ付、明廿一日四ツ時不限晴雨仮引渡可申旨御造営懸より申越候ニ付、組之者差出請取、即刻修理職ニ引渡候様申渡置候間、右刻限修理職罷出受取候様可被相達候、

七月廿日

右昨夜淡路守方へ被達候ニ付、淡路守より主水・監物方へ申達有之、奉行衆へ相届可相越旨申渡有之由、今朝監物被渡、受取候由巳牛刻過届申出、右之書付被相渡受取、修理職奉行へ届之事今朝申届、請取候届ハ明日御聞可有之旨高丘殿被命由、監物申聞候也、

一、摂津守殿被渡、

水――
菅――
村――

紫宸殿より清涼殿迄之間夕長橋御差図之趣ニ而者、巾五尺坂弐尺五寸宛弐枚ニ相仕立可申候之処、弐尺五寸宛ニ而者坂幅揃美申候間、四枚ニ仕、裏笄蟻懸ニ致し候得ハ御不丈夫成

（20オ）

儀」無之候間、四枚之積可致候、且右之内取置ニ相成候弐ケ所柱通之処、板継子ニ致不申候而者堅ク悪敷御座候間、別紙朱引懸絵図之通取置ニ致可然候、則図面相添、此段御懸合申候事、

書面掛合之趣絵図面添、相伺候事、

七月

水――
菅――
村――

右之図　長橋取置絵図

長橋取置図の写し出来
竃の儀書面にて渡す

（20ウ）

禁裏御所
一、御台所土間
一、供御所
一、御膳所
一、長橋局
一、東西対屋
一、御差部屋
一、御末女嬬部屋
一、御物仕部屋
一、御門々番人居所」
一、修理職部屋
右ケ所々竃数上ハ口丸差渡等相知不申、突方差支候間、夫々図面ニハ記、御差図被成候様致度、此段御懸合申候事、
書面掛合之趣、相伺候事、
七月
右長橋取置図写出来候様権大夫へ申渡し、絵図相渡ス、且右之竃之儀書面相渡、諸向早々取調可被申旨、是又申渡ス、
一、摂州心覚候由ニ而被渡書付、
御間内衡立常御修理方ニ而御修復有之候近例年月相糺被申聞候様、先達而相達置候処、未

被申聞候御造営方差支ニ成候間、早々相糺可被申聞候事、
右書付権大夫へ渡、毎々差急候趣申達、于今返答無之候、早々聞糺右可被申聞旨申渡ス、

七月二十三日

廿三日

一、参集也、

一、帳面三冊とも上ル、

土佐土佐守以下三名御下絵御治定の請書を差出す

（21オ）

一、土佐土佐守」
杉山元春
恒枝専蔵

右御下絵御治定之請書差出ス、

秀　雪亭

右下絵掛紙致し、下絵書改出来差出ス、

駒井幸之助

右下絵御凉所図面ニ引合せ候処、相違無之ニ付、其侭差出候旨、
右御凉所之分土佐守書付を以申上ル、

御凉所下絵四巻
駒井幸之助

右下絵御指図ニ引合せ候処、相違無之候ニ付、其侭則差出候、

秀　雪亭

右下画御差図引合候処、少々相違ニ付此間奉伺候通張紙ニ而相改メ差出候事、

長沢芦雪
奥　源次郎

右両人下画御指図引合候処、彼是相違之ケ所も有之候ニ付、更ニ書改申達置候、尤此間拝

借被仰付候御指図壱枚返上仕候、
右何も丹後を以上ル、」

（21ウ）

唐画の下絵

一、唐画之分

色紙形泥画の下絵

色紙形泥画之下絵　四枚
外ニ和絵色紙形御治定之御下絵　壱枚
右御治定之色紙形ニ御伺之儀付札致し差出ス、
右何も表へ上ル、

陣座寄障子の下絵

一、陣座寄障子御下絵　土佐左近将監
右養由基装束之儀ニ付、御付札之趣を以掛紙ニ致し認差出ス、則上ル、

昆明池御障子の表の下絵

一、昆明池御障子表ノ方御下絵　土佐土佐守
右認出ス、則上ル、

昆明池御障子・小障子等寸法麁絵図

一、昆明池御障子幷小障子等寸法伺麁絵図を以伺出ス、則上ル、
一、御涼所取合五帖之御間江御廊下より之間夕御襖有之、此御襖内ハ五帖之御間之絵ニ而候処、外南面則廊下之行当也、此処ハ白張ニ御座候哉、御絵御座候哉奉伺、此処麁絵添、

清涼殿小障子
猫と竹雀の和絵

一、清涼殿小障子　一方猫　一方竹雀
右色紙形者和絵之儀と者奉存候得共、奉伺候、
右伺書差出ス、則上ル、

小御所庇東面
朝賀図のうち平巾冠と鎌鉾

一、小御所庇東面　朝賀之図之内
平巾冠　鎌鉾」

（22オ）

右之形不相知候ニ付、先達而伺置候、未御沙汰無御座候ニ付奉伺候、
右書付差出候ニ付、則上ル、

小御所の内宴下絵のうち装束色目と楽器等の絵一巻

一、小御所　内宴下絵之内　　鶴沢探索
　　装束色目　楽器等之絵　一巻
右伺度旨ニ而下絵相添式部持参ニ付、受取上ル、

長橋取置板四枚張の事

一、長橋取置板四枚張之事、
右之儀広橋殿・千種殿摂津守殿へ面会ニ而直談有之、右之掛合之書面可差返之旨表より被命、書面摂州へ淡路守より返却、伺之絵図者広橋殿直ニ摂州へ被返候也、右之趣ニ付御普請方伺帳へ記置候得ハ、何と歟朱書被出候様淡路守より越前へ申聞置、
一、蚊帳釣鈎ケ所々之事、諸向ケ所分ニ書付渡之参集ニ可差出候旨越前ヲ以被命、監物へ申渡ス、
一、先刻土佐守伺候昆明池幷小障子寸法伺麁絵之儀ハ御普請方へ聞合ニ而之伺ニ被成之旨越前を以被命、土佐守へ申聞候処、左様之儀と而者無之、土佐守相伺候儀ニ而之旨申ニ付申上候趣折紙ニ而伺出ニ而も出候方可然旨申聞候、土佐守最早退出候ニ付、見せ遣候ハヽ可然旨ニ付見せ遣ス、
一、　　鶴沢式部
土佐守参候ニ付、式部退出申渡ス、」

（22ウ）

御涼所下絵につき御好みの付札

一、　　原　在中
右御涼所下絵御好付札ニ而被出幷御涼所図更ニ被出、右図面ニ引合相違之処、掛紙ニ而可伺出旨被仰出、土佐守へ申渡ス、下絵幷御図面相渡ス、

伴大納言絵巻より写し取った昆明池障子の図

一、去四月八日被見下候伴大納言応天門焼亡絵巻之内写取候処、明日可入御覧旨被仰出、土佐守へ申

渡ス、右ハ昆明池障子之図也、
右御用相済、土佐守退出申出、申渡ス、

一、　　　　　　　　　　　　　　　　　駒井幸之助
　　　　　　　　　　　　　　　　　　　秀　雪亭

右下絵上置候、被預置候由ニ而被出、修理職へ相渡ス、御涼所御下絵之分相揃、一緒ニ可上之旨越前を以被命、

修理職扣六分堺

一、修理職扣六分堺土佐・鶴沢へ拝見致させ候儀聢と致候儀も無之、伺も不申見せ候段不埒候、断書差出候ハヽ、可然旨、丹後・越前を以被命、

御絵御用相勤候絵師共御下絵相伺候様、土佐土佐守・鶴沢探索へ可申渡旨被仰渡、其後追々土佐守・探索修理職六分堺拝見ニ而両人覚悟仕、夫々絵師共江差図仕、右六分堺両人江拝見為致候義御紕ニ付、彼是相糺候処、聢と被仰渡候義ハ無御座候得共、右下絵被仰付候節、并以前草案等伺被仰付候節之拝見も為致候様ニ可致旨承知仕候哉ニも存候得共、是而已只今ニ而者」（23オ）無証拠之義ニ付、押而難申上奉存候、右之通拝見為致候儀、一応相伺可申筋之処無之儀仕来候段不行届不念之取計仕、一統恐入奉存候、何分ニも此段御断申上候、以上、

七月

右之通書付、丹後・越前を以上ル、勿論一統之事ニ付、修理職へも申聞候也、然ル処銘々名前可記旨ニ付、此方両人・市野伴之進・修理職三人連名認上ル、

一、御茵以下之帖面掛筵七十枚之内、弐枚掛ケ所書落候由六十八枚ニ成有之候得共、七十枚之方宜候、右紕之事表より申出、明日畳方呼寄相紕候積り監物申聞候也、

諸鳥舎御元形の振合

常御殿御下段北側御襖下絵

一、諸鳥舎御元形之振合を以仕方図面壱枚仕立差上ル、尤御治定候ハヽ、請書仕可差上候旨淡路守申上ル、

一、長橋取置之図　釜殿図　為御扣差上ル、

一、　常御殿御下段北側御襖下絵　　狩野蔵之進

右下絵先達而伺置候処、此間御治定ニ而御下ケ被成候、然ル処此節絵師方より下地出来ニ付相返候処、右下絵御柱間ニ取候下絵候処、御襖ハ四枚ニ而柱間ニ而者無之候、下絵ハ六枚之処、四枚掛紙ニ致、更ニ伺出候由式部申出、猶修理職ニ而敷図引合せ之処、最初敷図式部拝見致候処見損ニ而候由、依之土佐・鶴沢より断書差添候也、右改出候下絵ニ差添、丹後を以上ル、」

（23ウ）

一、摂津守殿被渡、

水――　　‖

紫清両殿高欄鉄物打方之図御達被成、尤当時欄干ニ打立候図幷寸尺等書付候図相伺候様御達有之候、然ル処、右鉄物打方之儀御図面通ニ而者御持保不宜、其上宝永度之趣を以両殿高欄鉄物打方之儀ハ別紙図面之通り打立候積、仕組申候儀ニ付、此節模様相替候而者彼是手後ニ罷成候間、旁御達し申候図面通打立候様致度候、尤鉄物寸法等附札いたし差進申候、且此間御達之図面致返却、此段御懸合申候事、　書面掛合之趣図面壱枚相添相伺幷御下ケ之図面返上仕候事、

七月

右書面ニ図面壱枚茂返上、図面壱枚被渡、御普請方伺帳記上ル、尤図箱とも上ル、

一、六分堺被返出、高嶋監物へ渡ス、

一、帳面被返出、朱書無之旨今日御用無之、明日例刻参集候旨越前を以被命、何も申渡、退出帰宅通
手刻、」

(24オ)

七月二十四日

廿四日
一、参集也、
一、帳面三冊上ル、淡路守昨日当番、今日引残被詰候也、
一、摂津守殿被渡、

水――　菅――
　　　　村――

一、常御殿御調台西面御障子
剱璽御間御床御襖弐枚
右御障子御襖最初絵図面御附札ニ者御絵下可為絹張之旨御治定有之候処、今般御絵之間御治定帳面之通ニ而ハ御絵下紙張之趣ニ相見へ申候間、孰れ取極ニ可申候哉、為念及御懸合候事、

書面掛合之趣相伺候事、

七月

水――　菅――
　　　　村――

清涼殿御障子色紙形一巻を写し取り返却

一、清涼殿御障子色紙形一巻書取之後可致返却旨御達ニ付、則写取致返却候事、

書面之通御普請方より申越候ニ付、則色紙形一巻返上仕候事、

七月

右色紙形壱巻添被渡、御普請方伺帳申出候、書記致し則右之一巻相添、丹後を以上ル、」

(24ウ)

一、

土佐土佐守

昆明池障子の写しを受取り進上

一、昨日被仰付候昆明池障子去四月八日写取候図持参、受取、淡路守より上ル、

丸〔円〕山主水

右此度認候常御殿一之御間絵御床コ腰袋棚上下小襖ニ而中ハ明キ候積、下絵御治定も相済候、此節下地経師より差越候処、中ノ明キ無之、中ハ貫入上下之御小襖ニ而候様子ニ候、依之土佐守相調候処、先達而土佐守修理職ニ而右御棚之小絵図拝見仕候、写候而取〔主〕水へ遣候、此図ハ中ハ明候而上へ下タハ小襖ニ而候、左候得者後ニ御好替ニ而最初之御治定之図面之通ニ認候と見候、左候得ハ主水之無調法ニ而者無之候、何分御造営方御造立之処ハ中ノ明キハ無之、中ニ貫入上下御小襖ニ候旨土佐守申出、彼是及示談、修理職ニ而見せ候御棚之絵図如ケ様之絵図哉、此方両人不覚、旁ニ而権大夫へ及掛合候ハ、、可然旨土佐守へ申聞、右之趣候ハ、、此方心得ハケ様之処御造営方ハケ様ニ候趣、伺付候方可然旨申談候也、

紫宸殿・清涼殿高欄金物打方の儀

一、昨日御普請方より伺有之候紫清両殿高欄金物打方之儀、今日摂津守殿へ高丘殿・豊岡殿於表口面会ニ而、内談有之、鉄物打方之図并御下ケ之図とも御渡し掛合之書面更ニ被写、是又被相渡、右掛合之書面此方へ有之候、本紙可被受取候旨摂州被申聞、則本紙進達、表より被出候写ハ返上可申旨ニ而被渡、本紙取次より取戻候ニ付、先刻御渡し御書付返上仕候段可申」（25オ）上之旨被申聞、豊岡殿へ懸御目、右之趣申上ケ返上、御落手之旨也、

右両殿鉄物之儀ハ御造営方不宜候、此度両殿ハ旧義を以新規ニ御造立之儀ニ而候得ハ、宝永度之方を以打方取組候と申事不相当候、是ハ可相伺事ニ候、左大夫取計方不宜候旨摂州噂有之候也、

右之趣ニ付、帳面ニハ如ケ様とも朱書被出候様表へ申入候ハ、可然淡州とも申談置、右之外長橋取置候事、先達而四脚門金物之事等直談に而相済候、帳面ニハ何とも朱書無之不分明ニ候得ハ、

是等も如ケ様とも朱書被出候様申入候積申談被置候也、

一、　昆明池障子下絵土佐守昨日伺出置候処、今日堤殿土佐守へ御面会ニ而御好有之、下絵被返、猶更ニ工風を致し、下絵認伺出候様被命由、土佐守申聞、

常御殿下絵を御普請方出来と間違え

一、　　円山主水

右相認常御殿之下絵御普請方出来立と間違之儀、元来於修理職御棚之図拝見写取、主水へ差図候事ニ候処、右之修理職ニ有之候棚之絵図御治定之絵図と心得候処、左様ニ而者無之候ヲ拝見致させ、右之通ニ相成候様子ニ付、表へ内々ニ而右之訳申述、何分右之図聢と無之不分明ニ付、御普請出来立之図と主水認候心得之図と両様土佐守ニ書せ、表へ申上ル、其後右御棚御治定之絵図被為見候処、御普」請方出来立と同様ニ而主水認分ハ間違ニ相成、土佐守修理職ニ而拝見之図御治定之図ニ而無之候、決定全ク修理職之間違と相成候ニ付、何分主水之絵間違之趣ハ、此間より噂も有之内々表ニも噂申入置候而、昨日一統断書も差出程之事ニ而候得ハ、右之断書ニ而今日之事夫へ籠候積り、更ニ又々断書ハ差出間敷様之儀、越前江淡路守及内談候処、呑込之由也、

(25ウ)

常御殿御棚の儀

右御棚之儀、去酉年閏六月七日御普請方より伺到来、同月十日御治定有之処、此図此方不見、修理職ニ有之候ハ、右之節御治定ニ而無之図也、此図有之候得ハ、御治定之図も可有之処、壱枚斗ニ而外ニ図無之由也、

右之趣常御殿ニも彼是間違も可有之様、経師方より絵師へ直掛合抔有之、伺ニ而御治定候下絵ニ而も若相違之処有之候得ハ、伺出候得ハ宜候得共、万一経師方相廻し候御絵下地之通間違候とも、不伺認抔致し、絵師も有之間敷ものニ而も無之、無覚束趣昨夜越前・淡路守へ噂も有之ニ付、左様之間違無之様為心得絵師共へ申触有之候様、土佐・鶴沢へ申渡し候ハ、可然淡路守とも及示談、

新殿御間惣御下絵の儀

勢多大判事
土山淡路守

書面ニ而申遣ス、

土佐土佐守殿
鶴沢探索殿

新殿御間惣御下絵之儀、修理職六分堺絵図拝見之上、認方惣絵師江両人より差図有之、御下絵伺之通夫々御治定も被仰出候得共、彼是至、此節少し宛間違之儀も有之、自然御本絵認方ニ御下絵と間」違候而者一向不相済候事ニ而、追々此節御造営方経師建具方等より掛
（26オ）
合も有之候旨ニ而、聊ニ而も御下絵と御本絵認方ニ相違之趣も有之候ハヽ、御下絵ニ掛絵ニ致し、間違之訳添書ニ而早々一応伺可有之候、右者土佐守・探索取計之義者勿論ニ候得共、多人数之儀ニ付、経師方等より夫々絵師へ直ニも掛合等之訳ニ寄、両人不存知、間違等出来候而者不相済候間、右御用之絵師一統江此段無油断心得有之候様、此節不洩様可被申達様先心得申達候、以上、

七月廿四日

右書面相達、両人より承知之返書差越候也、

御茵以下の帳に掛筵二枚を書き落とす

一、御茵以下之帳ニ掛筵弐枚書落候ニ付、書方より断書付差出ス、是ハ勘使買物使方之取扱之事ニ而候得ハ、是よりも書添無之旨不相成、道理ニ候間、其趣取計可有之旨権大夫へ申聞候処、右ハ伴之進請込ニ而修理職へ頼置退出之由ニ付、左候ハヽ、伴之進方申遣ハヽ、可然旨申達、後刻添書認、右之職方断書へ差出越候由ニ而権大夫差出す、勘使買物使之添書如左、

御造営御用御茵其外員数帳面ニ仕立、先達而差出候処、右書面之内掛筵弐枚認落不調法之段職方之者申出候、於私共も心付不申不念仕候、依右認落之儀被仰出可然様御取計被下候

表よりの書付
安鎮曼陀羅
同箱
不動幡
天幡
鳥口
幡竿
天井絵図

（26ウ）

（27オ）

様仕度候、」
七月　　　　　　　　　　　　　　　　　　　勘使買物使□員

右受取置、

一、表より被出書付、

覚

一、安鎮曼陀羅　　　　一幅
一、同箱　桧　　　　　一
一、不動幡　　　　　　八流
一、天幡　　　　　　　八流
一、鳥口　　　　　　　十六
一、幡竿　　　　　　　十六

但阿闍梨御退出之後、行事僧被残留、新内裏御寝所之天井ニ曼陀羅十六番等被納之、尤行事僧ハ下ニ留り、天井之上江ハ大工一人上り納之、

天井絵図左之通、」

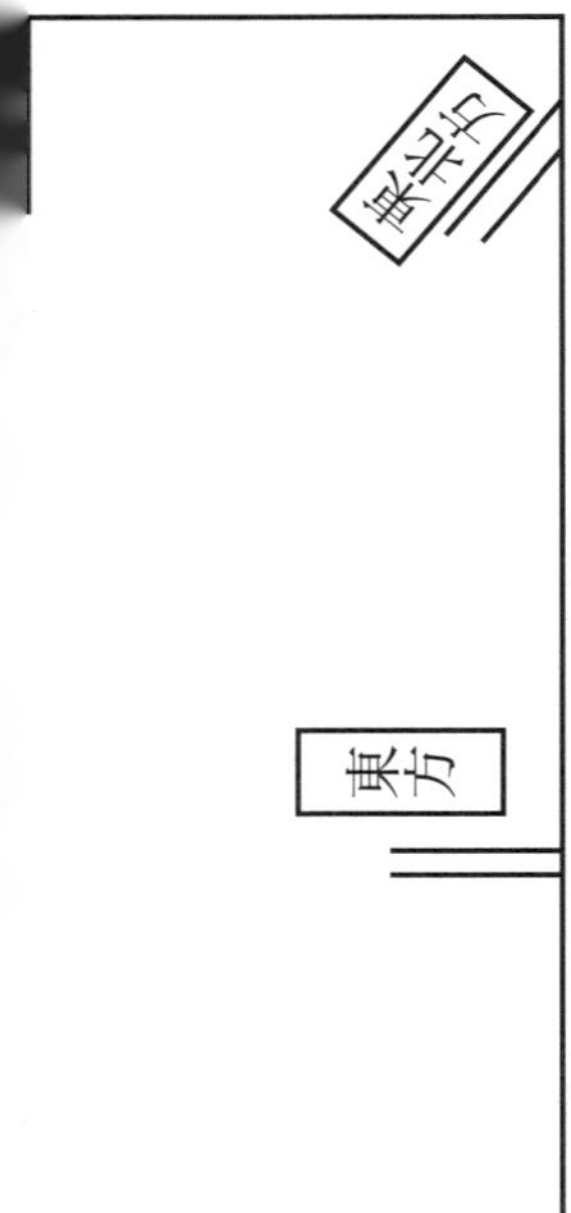

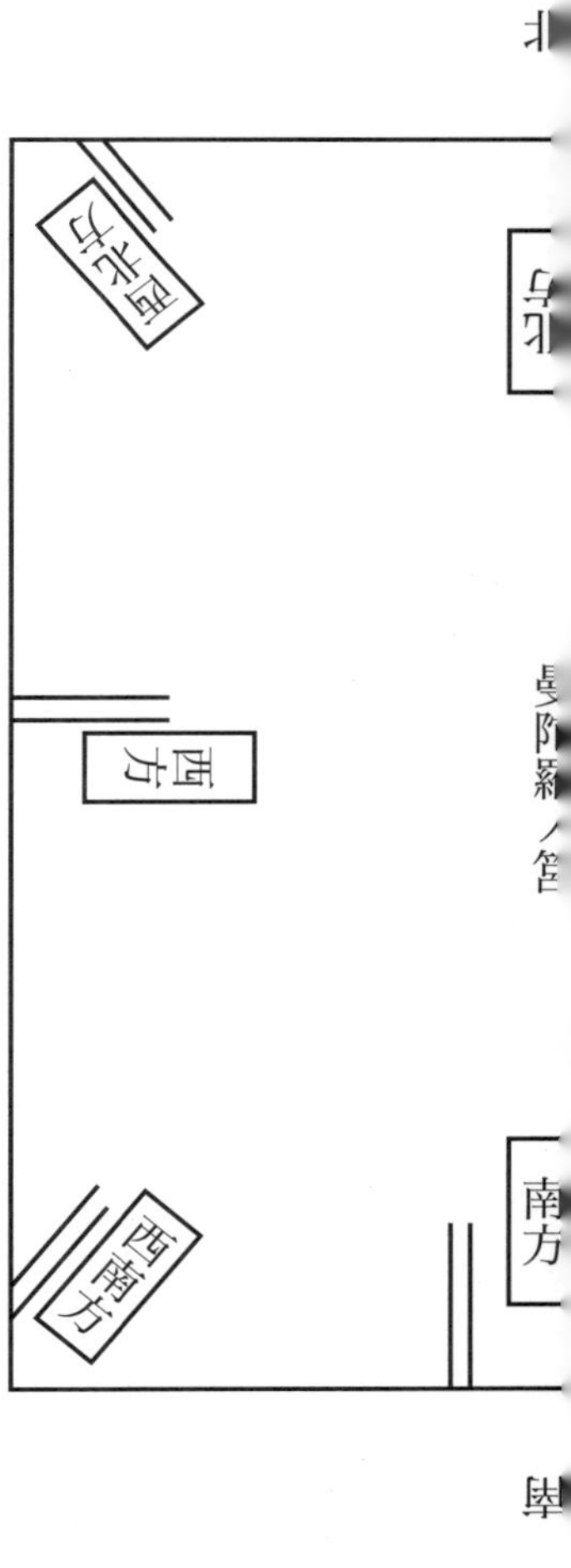

」

（27ウ）

如右納之本尊曼陀羅筥ハ字ノ頭北也、八方鎮支箱ハ字頭ヲ内サマ江ムクル也、其尊ヲ今、向、其方心也、幡竿モ頭ヲ内江ナス也、曼陀羅ノ筥モ鎮支箱モ釘ニテヨクシメテ遣之也、箱ノ底ヲ作り延タルハ天井江釘ニテウチツクル料也、又竿モ二本宛如是並テ釘ニテ打ツクル也、

被納具各於官被調候、表向従官掛合有之候節可被及熟談候、

右奉書折紙ニ認被出、且被差添候書付、

別紙一通為心得御造営方江被相達候事、

七月廿四日

右何も写取、折紙者本紙添書ハ如例切紙ニ認相添、摂津守殿江相違、

一、長橋被置之儀朱書

『七廿三　此儀今日広橋前大納言津守へ直談有之、』

一、常御殿御調台西面御障子幷剱璽御間御床御襖朱書

『即日答各御絵下可為紙張』

此朱書掛合書面奥ニ如例御答之通朱書付札致し、摂津守殿へ翌日進達、

表よりの書付

（28オ）

一、　色紙形一巻返上之朱書　　今落手事、」

一、表より被出書付、
　総而御障子被押候色紙形下絵、土佐土佐守・土佐左近将監・虎若丸江被仰付候、尤配当委
　細之儀ハ追而可申達候、先為心得相達置候事、
　右御造営方江可達、摂津守へ可相渡、
右之趣ニ候得共、下絵之事御造営方へ被達と申儀不審、若哉泥絵之書損ニ而も有之候間敷哉ニ付、
今日者摂州へ不達、明後日一応伺之上可計積り、預り置、

昆明池御障子・小障子の寸法を付した絵図

一、昆明池幷小障子之寸法付有之候絵図弐枚被出、土佐守へ拝見被仰付、若寸法難分義者御造営方へ
聞合候様被仰出、土佐守へ則申渡ス、土佐守右之絵図拝見之上、直ニ返上ニ付、差上ル、

一、御台所以下竈数御有形之通図之可上事、
右之通書付を以被命、修理職江申渡ス、

表よりの書付

紫宸殿前庭において地鎮あり陰陽寮が勤仕

一、表より被出書付、
　於紫宸殿前庭可有地鎮、尤一ヶ月之儀候陰陽寮勤仕候、先内々為心得相達置候事、
右御渡ニ付切紙ニ認、翌日摂津守殿へ進達、

（28ウ）

一、　　土佐守
右伺置候色紙形泥画之下絵四枚、外ニ和絵色紙形御治定、下絵伺付札、」
右之朱書『朱書付札之通御治定、尤下絵可有返上、』

一、　養由基答御返答
　『七廿四答　掛紙下絵之通御治定、』

清涼殿小障子は猫と竹雀の和画

小御所内宴の色目・楽器等伺いの朱書

昆明池御障子・小障子

表よりの書付

清涼殿色紙形を土佐三人に仰せ付ける

（29オ）

一、　昆明池幷小障子等之麁絵図御返答

『廿四答　麁図被返下、』

一、　清涼殿小障子一方猫、一方竹ニ雀、右色紙形者和画と奉存候得共、為念奉伺候、右伺書朱書

七廿四答　伺之通可為和画、

一、　小御所内宴色目・楽器等伺之朱書

『七廿四答　御治定下絵二巻共被返下、軟錦手本一紙被見せ下写取候上可有返上、』

一、

狩野蔵之進

右下絵、『七廿四答　可為伺之通、』

一、　昆明池御障子　小障子

右二基共惣体大サ寸尺者先達而被仰出候得共、足馬形之間、高サ等之寸尺被仰出被下候様仕度、此段奉願候、已上、

戌七月

土佐土佐守

右ハ麁図を以伺候処、添書致申上候様被仰付、則土佐守相認差出候ニ付上置候処、御返答、」

『七廿四答　昆明池・小障子図弐枚被為見下候、尚不審之儀御造営方江掛合可有之、尤図面写取可有返上事、』

一、　表より被出書付、

清涼殿色紙形土佐三人江被仰付候、分配之儀ハ夫々令分配可相伺事、

右土佐守へ可申渡旨被命、

一、今日御用相済、明後廿六日例刻参集之旨被命、諸向へ申渡ス、

一、今日段々被仰出候儀有之候得共、夜ニ入候ニ付、明日之取計ニ可致及示談、土佐・鶴沢明日巳刻
罷出候様申達候儀、日記役へ申置、両人とも退出ス、帰宅戌刻過也、

七月二十五日

廿五日

内宴装束色目・楽器等伺の儀

一、　鶴沢式部
右罷出候ニ付、探索伺候内宴装束色目・楽器等伺之儀朱書被出候、朱書之通ニ而不審之儀も候
ハヽ、可伺之旨申渡ス、何も承知之旨ニ付、請書取之置、

一、　狩野蔵之進
右下絵掛紙之通御治定ニ付、式部へ渡ス、請書蔵之進より取之差出ス、受取置、」

（29ウ）

一、　土佐土佐守
罷出候ニ付、続色紙朱書付札ニ而被出ニ付相渡ス、此者写取返上可有之候、且壱枚色紙認上候様
被仰出候ニ付、是又申渡、明日認上候筈也、

陣寄障子

一、　左近将監
陣寄障子養由基笠着候体掛絵之通御治定ニ付、土佐守へ相渡ス、此下絵之内清涼殿小障子も一緒
ニ有之、是等者先達而御治定之儀ニ付、一紙ニ請書致させ取之置、明日可上積り、

一、土佐三人江被仰付候色紙形分配之儀、被仰出候通土佐守へ申渡ス、請書取之置、

土佐左近将監の請書

一、右之類請書、
清涼殿小障子、一方猫、一方竹ニ雀、
右下画伺之通御治定被仰渡、奉承知候、且小障子色紙形之泥画者和画ニ而御座候旨伺之通、
是又被仰渡、奉承知候、

常御殿御下段

（30オ）

御池南六間御文庫の修復

北御文庫二棟の修復

（30ウ）

陣座寄障子、表李庚射石、裏養由基射猿、
右下絵伺之通、且養由基者掛紙之通ニ而御治定被仰渡、奉承知御請申上候、以上、
戌七月　土佐左近将監」

一、常御殿御下段、高宗夢錫良弼、
右下絵御柱間相違之儀御座候ニ付、改而奉伺候処、伺之通御治定被仰渡難有奉承知候、御請申上候、以上、
戌七月　狩野蔵之進

一、小御所御上段内宴色目・楽器類奉伺候処、夫々御書付之通奉承知、御請申上候、以上、
戌七月　鶴沢探索

一、摂津守殿被渡、
水――　菅――
村――

一、御池南六間御文庫北間図面附札ニ而御懸合申候通御修復取掛申度候間、御道具御移替相済候ハヽ、早々御引渡御座候致渡候、

一、御同所北御文庫之内南之方弐棟、此節御修復取懸り申度候間、是又早々御引渡御座候様致度候、尤御文庫之儀ハ取懸り候而も堅仕事之儀故同間も相懸り候間、少も早ク御渡有之候様致度候、則仮板囲図面壱枚相添、此段御懸合申候事、」
書面掛合之趣絵図面相添相伺候事、
七月

右之図

右被相渡候ニ付、松宮主水へ渡し、明日迄ニ写出来候様申渡ス、
一、昨日被出候安鎮之書付添書とも地鎮之儀内々申達、書付幷床コ可為紙張之朱書返答掛合書面ニ付札致し、今日摂津守殿へ進達、
一、　御涼所取合二帖御間南廊下北行当御建具如何様ニ出来立候哉、口向より内々可相尋、尤明後廿（ママ）
　六日返答可申上事、
右之通昨夕被仰出候ニ付、今朝水原へ書面ニ而申遣ス、

七月二十六日

廿六日
一、今日参集也、
一、帳面三冊とも上ル、淡路守、
一、御茵以下帳面ニ掛筵弐枚書落候ニ付、職方断書幷勘使買物使よりも添書差出有之、受取置候ニ付、職方頼書写留、本紙ニ添書幷御茵以下之帳面壱冊相添上ル、
一、
　　　　　　　　　　左近将監　探索　蔵之進
　右請書上ル、」

（31オ）

御文庫御修復の儀
御普請方伺帳に記し絵図を添えて上る

一、昨日摂津守殿被渡候御文庫御修復之儀、御普請方伺帳ニ記、絵図相添上ル、

御涼所取合五帖御間南廊下の建具

一、御涼所五帖御間御廊下之処内々御尋之趣ニ付、返答書付札ニ而到来ニ付、付札之通写取、表より被出候書付ニ札ニ致し上ル、
　　御涼所取合五帖御間南廊下北行当御建具如何様ニ出来立候哉、口向より内々可相尋、尤明
　廿六日返答可申上事、

御襖二枚建

　付札御書面御涼所取合五帖之御間南御廊下北門当御建具之儀、先達而御差図之通、御

襖弐枚建ニ而当時下張等致出来候事、

七月廿五日　　菅沼下野守

村垣左大夫

右之通書写下札ニ致し、越前を以上ル、

右ハ此方より申達、書面之通摂津守殿より之書取を致し両人江被達候書面ニ付候付札也、

高欄金物の事

一、高欄金物之事返答豊岡殿・高丘殿直談之事ニ付、直ニ返答有之候方可然旨摂津守殿へ申入、則於表口両所へ面会直ニ返答有之、

右金物御好之通出来、但地復金物無之而者御持保不宜候ニ付、打立候積り之由也、

諸鳥舎の儀

一、諸鳥舎之儀、此間奉行衆へ内々直談有之候処、今日此儀も直ニ返答済、

右ハ所司代より御造営方へ被達候儀之由、仍伝奏衆へ被仰談、伝奏衆被申、」

（31ウ）

所司代御達之上ニ而無之而者難成趣之由、

右両条とも高丘殿・豊岡殿へ直談之由摂州噂有之、右越前を以上候也、

一、和画色紙形泥画御治定弐枚　土佐土佐守

右持参、受取、丹後を以上ル

小御所御下段下絵

一、小御所御下段下絵　勝山琢眼

右宜陽殿辺之履先達而下絵ニ書落候ニ付、掛紙ニ而伺出ス、添書如此、

宜陽殿之辺履を相認落申候ニ付、尚又御治定御下絵ニ付紙仕奉伺候、右御本画ニハ宜陽殿之下地敷筵之間履を置候、猶豫御座候事、

戌七月　勝山琢眼

右下絵幷書添とも土佐守持参、受取、丹後を以上ル、

御障子の泥絵を土佐三人に仰せ付ける

一、一昨日被出候土佐三人江被仰付候色紙形之書付、下絵と書付被出候、若哉泥画之思召ニ而者無之哉と存候ニ付、未相達候、一応為念内々申上候段今朝申上、一昨日之書付差上置候処、書損之由、則今日改被書旨ニ而被渡、

　総而御障子被押候色紙形ニ有之候、泥絵土佐土佐守・左近将監・虎若丸三人江被仰付候、

　尤配当委細之儀追而可申達候、先為心得相達置候事、

（32オ）

右越前を以被出、切紙如例写取、摂津守殿へ進達、右書付一昨日申渡、今日改而被」渡候ニ付、今日之御達之積り帳面ニ認候条、越前江申聞、承知ニ付、御普請方伺帳ニ今日之処ニ記し上ル、

御涼所取合御間廊下御襖の事

一、御涼所取合御間廊下御襖之事、菅沼・村垣返答之趣ニ而者今少し不分ニ付、又々処付被出、

　御涼所取合御間南廊下北門当り御襖、南面ハ何紙ニ而張立候積りニ候哉、口向方内々可相尋事、

右之通書付被出、此処画ニ而も被仰付候時ハ絵出来候哉、此儀可尋之旨丹後を以被命、切紙ニ写取、摂津守殿へ進達、絵之儀演述ニ而申入、承知落手也、

御池庭北御文庫修復につき板囲絵図

一、　御池庭北御文庫御修復ニ付板囲絵図

右絵図六間御文庫之処付札朱書、『勝手ニ可取掛、』

右六間御文庫之南ニ有之、御文庫朱書付札『尤此御文庫ハ御修復追而可被仰出、』右之通朱書付札ニ而御修復、追而可被仰出旨被仰渡候、御文庫ハ此節甚御差支有之候ニ付、此節難相成候段、得と可申之旨丹後を以被命、且帳面ニハ、

　『以付札答、』右可朱書ニ而被出候ニ付、掛合書面奥ニ此朱書之画朱書付札致、

右之絵図画相添、摂州へ進達、

衝立の儀

一、衝立之儀ニ付、修理職より書付差出ス、

　衝立之儀、御書付を以御尋之趣承知仕候、則左ニ申上候、」

（32ウ）

伺公間鍵番所辺衝立

　一、伺公間鍵番所辺衝立

　右之分前々より格別之様ニも無御座、折々釘放し等之節御手沙汰ニ而直し来り候、作之年限ハ難相分候、

御内玄関向清間御台所辺板衝立

　一、御内玄関向清間御台所辺板衝立

　右之分格別之損も無御座、打放し等者折々御修理方小繕之節打〆来候、既明和九年三月十七日清間衝立三ヶ所、其後安永九年ニも同様、右両度とも御修復申立ケ所帳扣書留御座候、依之御内玄関向以下同様定御修理方ニ而御修復御座候、

　右之通ニ御座候、

　　七月　　　　修理職

右之書付直ニ摂津守殿へ進達、落手也、

六間御文庫二箇所引渡の儀

一、六間御文庫弐ヶ所引渡之儀、奉行衆より被仰出候、猶明日御造営方へ相達、引渡之儀先明後日之心得可然候、猶明日一応可申旨摂津守殿被申聞、修理職へ申渡ス、右弐ヶ所引渡候儀、奉行衆より修理職へ被仰聞、摂州へ申出有之候由也、右惣而御文庫修復之儀ハ奉行衆ニハ常式之取扱ニ被致候得共、御普請方ニ而者御造営方へ取扱ニ成申候也、右主水・監物承知也、

（33オ）

一、　　　　勝山琢眼

右伺候履之儀、伺之通被仰付候旨丹後を以被命、下絵被返出、伺書者被取」置候旨也、土佐守へ

申渡し下絵相渡ス、請書ハ本人より差出候筈也、

一、右召連可参旨ニ付、表口へ召連参候処、丹後面会、

土佐守
輩共

清涼殿一宇色紙形下絵、土佐三人江今日更ニ被仰付候、
尤清涼殿斗配当致可相伺候事、

七月廿六日

右書付土佐守へ相渡ス、則御請申上ル、請書差出候ニ付受取、丹後を以上ル、

去る五月紫宸殿・清涼殿等色紙形泥画につき土佐三人に仰せ付ける

一、去五月紫宸殿・清涼殿等色紙形泥画之儀、土佐三人江被仰付、則御請申上、請書も差出候得共、土佐江被仰付候、色紙形者清涼殿斗ニ而紫宸殿色紙形者外へ被仰付、土佐へハ不被仰付候、右五月土佐へ被仰付候ハ紫宸殿・清涼殿色紙形泥画之図ヲ被召候儀被仰付候儀ニ候得者、五月差上候請書之趣ニ而者不宜候得ハ、右之図指上候様被仰付候、御請書ニ可書改候、右之通ニ而清涼殿斗被仰付候事故、今日更ニ其段被仰渡候間、五月差上候請書可相改上之旨丹後を以被命、五月上候請書被返出、依之左候ハ、、五月ハ両殿泥画被仰付候積りニ而土佐三人より之請書上置候得共、今日之趣ニ而者土佐守壱人之請書ニ而可然哉之旨申処、五月請書出候後、色紙形泥画図土佐三人より上候事ニ候得ハ、やはり土佐三人之請書可然旨丹後申ニ付、其趣土佐守承知ニ而、右被命候趣を以請書五月之分ニ書改差出、則丹後を以上ル、」

（33ウ）

表よりの仰せ
賢聖障子の図

一、表より被出、
賢聖障子之図、明後廿八日午刻迄ニ書認可上事、
尤麁紙ニ而不苦、

高欄金物之図、

同伺付札、

右明日午刻前高丘殿御参候間、可差出候、

同書面一紙被為見下候事、

右之通ニ而賢所之障子図、両殿高欄金物打立候図ニ付札有之図被渡、賢所御障子之図御達ニ成候、紙ハ中日定位ニ而為宜候、人物之名前も図面ニ有之通可書付見出候、二月廿八日と朱書有之候、是ハ認候儀ハ不及候旨、丹後を以被命、絵図之分主水・監物へ申渡ス、被為見候書面写取之事淡所へ申聞置、

表よりの仰せ
続色紙等

一、表より被出、

先達而相達候続色紙一枚色紙等之図、写相済候者、

早々可有返上事、

右之通御造営方へ可申達、水原摂津守へ可達事、

右丹後を以申渡、切紙ニ書写、摂津守殿へ進達、

一、先刻上置候六分堺被返出、修理職へ返ス、」

(34オ)

一、今日御用相済、来月四日例刻参集之旨、丹後を以被命、向々へ申渡、予退出ス、淡州当番也、

廿七日

一、昨日摂津守殿へ達候続色紙一枚色紙写取、早々返上之事、此ハ去五日被出候而、其節之書付ニ清涼殿御障子色紙形一巻写取返上可申旨被仰出、是者写取候旨此間返上致し、其余ハ返上候様不被仰出候ニ付返上不申候処、昨日返上候様被仰出候得共、先日被仰出候趣意と違候様と存候ニ付、

御造営方へハ未相達候旨ニ而、去五日此方より遣候書面通写、付紙ニ而伺被申聞、
一、紫清両殿色紙形図相達候、尤唐絵之分者下画花鳥以泥画之、和画之分者竹蝶以泥画之、
一、色紙形色目於難相分ハ、聊ニ而も色目本可有伺、
一、清涼殿御障子色紙形一巻　右写之後可有返上、
一、賢所御障子色紙形色目一巻
一、同色紙形寸法張増等図一枚
右相達候、
摂州付札　此御書面写之通当七月六日奉行衆被仰渡候由ニ而、懸り取次差出候、依之
清涼殿御障子色紙形」一巻書写之後返上可仕之旨仰達ニ付、則当月廿四日
書写返上仕候ニ付、別紙御書面之趣者御造営掛り江相違置不申候ニ付、先
ツ右之段申上候事、
右之趣ニ付昨日表より被出候書付ニ、去五日被出候書付両通とも相添、越前へ相達、御普請方伺
帳被乞候ニ付上ル、右帳面ニ去五日被出候通筆記有之候ニ而、両通之内五日之書付者被返請取置、
昨日之書付斗越前受取候也、

（34ウ）

翌二十八日巳刻御文庫引渡し

一、明廿八日巳刻御文庫引渡済修理職差出候様摂津守殿書付を以被申聞、修理職へ申渡ス、
一、朱墨払底ニ成候ニ付、勘使へ申達し請取、壱挺也、
一、表より色紙形之儀書付改被出、
先達而相達候賢所障子色紙形色目一巻、
同色紙形寸法張様等図一枚、

（35オ）

右写相済候ハ、早々可有返上候事、
右之通御造営方へ可申達水原摂津守へ可達事、
右越前を以被渡候ニ付切紙ニ写、摂津守殿へ進達、
御普請方伺帳ニ昨日記置候得共、右之通書改ニ成候ニ付、仕替書直候也、尤昨日之分也、
一、紫清両殿高欄金物打方之図、尤御普請方付札等も無相違、写出来ニ付、昨日被為見下候、掛合書面相添、写取相済候ニ付、越前を以上ル、尤絵図者本紙とも上ル、」
後刻豊岡殿摂津守殿へ面会、右之図面幷掛合書面等直ニ被返、右之儀帳面ニ記可申旨ニ付、承知帳・伺帳等へ記、右之掛合書面如此、

菅――
水――
村――

紫清両殿高欄鉄物打方之図御達し被成、尤当時高欄ニ打立候図幷寸尺書付候図相伺候様御達ニ有之候、然ル処鉄物打方者儀ハ先達而より御沙汰も無之事故、通例之打方之積相心得、仕組申候得共、未残打立候義も無之候間、御好之通取計可申候、尤地復間々鉄物之義者、御差図之通鉄物無之候而者御持保不宜候ニ付、右間々鉄物取付候様可仕候、右ニ付別段高欄鉄物打立候伺図面者差出不申候間、御下鉄物打方図面写取、寸法其外致付札返却いたし、此段及被懸合候事、

七月

右書面朱書付札、『可為付札之通、』
御達有之候図面御普請方伺付札、

紫宸殿

（35ウ）

清涼殿

一、擬宝珠鉄物高サ壱尺三寸 差渡六寸
一、地覆間タ鉄物長壱尺 巾弐寸弐分
一、平棚はめ差渡弐寸五分」
一、笹鉄物長七寸 巾弐寸

清涼殿

一、地覆間タ鉄物長九寸 巾四寸五分
一、平棚はめ差渡壱寸七分
一、笹鉄物長六寸五分 巾壱寸八分

紫宸殿踏段御差図通登高欄斗ニ而袖高欄者無之相仕立可申候、并清涼殿之儀も踏段登高欄無之様御差図通ハ取建申候、尤高欄鉄物打方ハ両殿とも同様ニ可仕候、

承知帳に委細を記す

右承知帳ニ委細記、右修理職奉行衆水原摂津守へ御直談ニ而相済候間、為心得見せ被下、承知仕候、

七月廿六日

右之通記させ置、

右之絵図写出来ニ付、御本紙相添差上候、且為見被下候、御造営方より之掛合候書面写取候ニ付、返上仕候条伺帳ニ記、是ハ今日之日付ニ記させ置、」

（36オ）

七月二十八日

賢聖障子の写し出来

廿八日

一、賢聖障子写出来ニ付、本紙とも丹後を以上ル、

右今日上候段、伺帳ニ記させ置、

七月二十九日

絵師の分配伺書
清涼殿

土佐土佐守
清涼殿

廿九日
一、　　　土佐土佐守
右参、琢眼請書持参、
宜陽殿公卿弁少納言履之儀、伺之通被仰付、奉承知候、右御請申上候、以上、
戌七月　　勝山琢眼
一、分配伺書持参、
清涼殿
母舎幷東庇等　唐画　弘徽殿上御壺祢　和画
二間　和画　萩戸　和画
荒海障子　表唐画　裏和画
昆明池障子　表唐画　裏和画
右色紙形泥絵、　　土佐守
同
藤壺上御壺祢　和画」（36ウ）
鬼間　和画
同布障子　和画
台盤所　和画
同南布障子北面　和画
朝干飯御手水間　和画

土佐左近将監

同添障子　和画
同北布障子南面　和画
小障子　和画
右色紙形泥絵、　　左近将監

清涼殿

同
御手水之間北間　和画
同南布障子北面　和画

土佐虎若丸

右色紙形泥絵、　　虎若丸

色紙形泥画も同様に分配かを伺う

以上御絵被仰付候通、夫々色紙形泥画之儀も同様ニ分配可仕哉奉伺候、以上、
戌七月　　土佐土佐守
右何も受取置、」

（37オ）

一、和画者所和歌御治定ニ而、此間於日野殿被仰渡候、先下絵ニ而可伺候旨被仰渡候、右之儀一円日野殿奉行ニ而諸向江被達候も日野殿より被達、諸向より詠進も日野殿へ被附候義ニ而、右下絵も出来次第御所へ持参候ハヽ、日野殿へ面会候様可申入候、面会御受取可被成候旨被命候旨噂申聞候也、

常御殿

一、常御殿上段中段下段と段違ニ相成有之候処、右二ノ間之北側ハ長押丈ケ又下り有之、御襖之引手右弐間之間者四枚揃候得共、壱間之間タ弐枚之襖下り候故、引手も下り候由ニ候此二ノ間者式部請込之処ニ而建具方より襖之下地差越候処、右之通ニ候、一向不得其意候ニ付、彼是承合候処、御普請方も如何致候事哉、御場所拝見ニ可参候旨申候と申、依之式部拝見ニ罷越候積り候、中段

宝永度新殿上棟の箇所を御尋ね
紫宸殿前において作法あり

八月一日

賢聖障子色紙形
賢聖障子色紙形色目

紫宸殿一丈間の唐戸の図

一間之内、又段違ハ有之間敷候処、何分長押候而襖弐枚之処下り候由ニ候、段違ニ成候ハヽ何も有之、相済有之候事哉、不得其意儀ニ候旨土佐守噂申聞候ニ付、先承置、

一、久我殿御逢、宝永度新殿御上棟之ケ所之儀御尋ニ付、修理職・監物へ申聞候、紫宸殿前ニ而作法有之、供物錺等也、内侍所・紫宸殿・清涼殿・常御殿と錺候作法之節、四ヶ所ニ而鎚ヲ合候様ニ見候、猶得と相調、明日可申上候旨申、且又外御所之儀も相知候ハヽ可申上候旨被仰聞候ニ付、是又申渡ス、若修理職ニ而難分候ハヽ、小堀へ掛合、早々可被申聞旨申聞置、」

（37ウ）

八月朔日

一、（水原保明）摂津守殿被渡、

賢聖障子色紙形　壱枚

賢聖障子色紙形色目　壱枚

先達而御達有之候賢聖障子色紙形色目壱巻、同色紙形寸法張様等之図一枚可致返却候旨致承知候、則受取、右両紙共致返却候事、

七月

書面之通申越候ニ付、則右両紙共返上仕候事、

水原――　菅沼――　村垣――

紫宸殿御唐戸、先達而御下ヶ図面之趣ニ而者惣体蝶番鉄物弐枚釣ニ有之候、然ル処弐枚釣候而者御保不宜候ニ付、蝶番三枚釣致可然旨棟梁共申出候、御持保相拘候義ニ付、右之通取計候様可致哉、則御下ヶ図面ト掛紙図いたし差進、為念此段御懸合申候事、

書面掛合之趣図面相添相伺候事、

七月

紫宸殿一丈間之唐戸之図　壱枚

常御殿御襖建方絵図以下

（38オ）

御池庭北御文庫南方二棟

（38ウ）

水原――
　菅沼――
　村垣――

禁裏小御所・常御殿其外共別紙絵図面之ヶ所々御襖四枚」建候処、朱引之通建合候而可然候哉、則図面四枚相添、為念此段御懸合申候事、

七月　　書面掛合之趣絵図面添、相伺候事、

常御殿御襖建方絵図　壱枚
小御所御襖建方絵図　壱枚
御涼所御襖建方絵図　壱枚
参内殿
長橋局　御襖建方絵図　壱枚
御輿寄
　御涼所取合御間南廊

付札　御書面取合御間南廊下北行当御襖南面者唐紙白張之積御座候、

七月　　菅沼下野守
　　　　村垣左大夫

右之処御絵ニ而も被仰付候思召候ハヽ、其段被仰達候得ハ地ヲ致可申積り之旨摂州演述、

水原――　菅沼
　　　　　村垣

御池庭北御文庫南之方二棟一緒ニ御修復取懸候積を以板囲等」図面を以及御懸合候処、三間之一棟者追而御修復可被仰付候由ニ而、残一棟今日引渡有之候、右ニ付板囲入口等別紙

図面通いたし可然旨修理職懸り之者へ申聞候ニ付、則図面差進、此段御懸合申候、

七月廿八日

一、御池庭北御文庫御修復ニ付板囲絵図　壱枚

右何も被相渡、今日非蔵人安芸詰合ニ付、淡路守当番ニ付、内々及掛合候処、来四日参集之旨差出候様可然旨ニ付、右之図面之分修理職へ渡し写申付置、色紙形色目一巻ハ権大夫へ写候而差越、寸法之図者先達而写有之由、淡州被申聞候也、

八月三日

三日

一、摂津守殿被渡、

水原――　菅沼　村垣

昆明池障子・年中行事障子の下框・挟木

昆明池・年中行事共御障子張付下地・挟木台等、先達而御差図之趣を以木形相仕立させ申候、尤御障子下框・挟木之所繰込幷台木縁方ハ張紙之通ニ而可然候哉、則木形差進、為念此段御懸合申候事、

四月　　書面懸合之趣木形相添相伺候事、」

（39オ）

昆明池障子・年中行事障子十分の一雛形

昆明池・年中行事障子十分一雛形

水原――　菅沼――　村垣――

紫宸殿御庭江御用ニ可相成橘之儀、献納人有之候間、見分之もの差遣相糺候上、木振之儀別紙絵図面いたし差進候間、御伺之上右之内御取極被仰聞候様致度、此段及御懸合候事、

八月　　書面懸合之趣、別紙橘木振絵図帳相添、相伺候事、

橘木振絵図

橘木振絵図　一冊

高欄鼻先力鉄物絵図

常御殿中段下絵

（39ウ）

水原——

菅沼——
村垣——

紫清両殿高欄御鉄物、此間御指図之通取計候義ハ勿論之儀ニ御座候、然ル処高欄鼻先之所力鉄物無之候而者鼻先相保不申候旨棟梁共申出候間、御持保ニ相拘候儀ニ付、右鉄物取付候積御座候、則別紙図面指進、此段御懸合申候事、

八月　　書面掛合之趣絵図面添相伺候事、

高欄鼻先力鉄物絵図

右何も受取鉄物絵図写之儀修理職へ相渡、木形も修理職へ預ケ置、何も明日之伺候積り、八朔ニ受取候と今日受取候と御普請方伺帳ニ記させ置、

摂州方服紗此方へ預ケ置、木形懸有之候服紗也、」

一、先刻監物へ申渡候両殿高欄鼻先力鉄物絵図写出来、本紙とも三枚受取置、

一、　常御殿御中段大禹戒酒防微　御下絵一巻　鶴沢式部

右参上、常御殿御中段北側之処段違有之、御襖御絵者何も子細無之候得とも、上ニ而長押丈下り候ニ付、都合六枚建之御襖之内、四枚と弐枚と、弐枚之方下り、引手も下り候ニ付、其処掛紙を以伺候旨ニ而御治定之下絵ニ掛紙ニ而伺出ル、右之添書、

常御殿御中段北側御襖六枚之内、西之方弐枚御段違ニ相成申候、依之掛紙ニ仕奉伺候、

八月　　鶴沢式部

右ハ建具之方より右之御襖之絵被差越候処、襖之丈ハ六枚とも同様ニ而候得共、引手四枚之処ハ揃候得共、弐枚之処下り候、依之絵も融通致候、全体右之様子不相分候ニ付、御普請方へ掛合候処、御場所拝見致候様申聞候ニ付、罷越拝見致候処、上ニ而長押丈下り有之候旨ニ付、御一間之

内ニ而段違之処不得其意候、左様ニ候ハヽ下之処如何相成有之候哉之旨申候処、下之処御畳抔ニ而殊外取放し有之難見分心付も不仕候、何分長押丈下り候而引手も下り候ニ付、右之通ニ候旨演述ニ付、先預り置候也、」

八月四日

（40オ）
四日
一、参集也、淡路守当番也、
一、帳面三冊、淡路守より上ル、其外伺物、此間より追々到来候分、淡路守より上ル、
一、　　　　　　　　　　　　鶴沢式部
右伺之事段々相考候得共、段違之儀不得其意候、今一応式部呼寄尋候ハヽ、可然旨ニ而書面ニ而呼寄、後刻参上ニ付、段々及談議候得共、何分不相分、自分も不審之旨ニ付、今一応御場所見分候而得と様子見届申候ハヽ、可然候、右六枚建之御襖、四枚ハ同様ニ而弐枚ハ下り候得ハ、其敷居ハぬめ敷居成候而、外ノ方ニ下之敷居付候得ハ、其襖ノ請ノ柱無之而者不相成候、柱有之候而者差支候ものニ候、御場所拝見も有之候処、自分ニも不分明ニ而者、彼是と糺合候而者式部不行届儀ニ可相成間、得と見届絵図ニ而も致し可被申聞旨申渡し、下絵幷添書等差返ス、
右御場所之儀、修理職江も申渡し、聞糺候ハヽ、可然旨申、右常御殿者木子甚三郎請込之処之由、此御方棟梁之事ニ候得ハ、猶承糺可申旨、権大夫申聞候也、

御涼所下絵

一、　御涼所下絵
右長沢芦雪未差出候得共、集有之候分不残可上之旨ニ付、淡路守より上ル、

漢竹二本・呉竹二本

一、　漢竹弐本　呉本〔竹〕弐本
右差越候修理職向ケ可参候間可伺之旨、高サ何程何本極候而可然哉、不案内ニ候間、御差図被下

竹の儀

（40ウ）

御涼所一円の図

（41オ）

度旨可申上旨摂津守殿被申、書面者無之旨演述也、」後刻修理職へ向ケ伺出付添到来、殊外大竹ニ付越前へ及掛合演述之趣申達差口江ハ難廻、下より御物置へ直ニ可相返旨ニ付、修理職へ申渡、下より御物置へ相返ス、右之竹根ハ切竹ニ候処、下枝底ク付候ヲ御好之処不底候、依而根本より枝有之迄高ク不宜候、根有之竹伺出候得ハ可然趣、越前を以申出候旨、其趣摂津守殿へ申入候処、右之竹切口之処土際より切候竹之由ニ付、其段申入、右之趣ニ候処、今日上り候竹先被返候旨可申旨越前を以被命、摂州へ申入、後刻摂州御役宅へ修理職より持せ返ス、

　右竹之儀、先日より往反有之由兎角下枝底ク有之竹ニ而無之而者不相成旨内藤・小堀へ申付有之、御科段々吟味、有之候得共、御好通之竹無之旨ニ而、修理職へ内藤・小堀より往反有之、修理職より日野殿へ掛合、此御所御庭之竹申出見せ積り日野殿被申、修理職より奥へ掛合被出候ニ付、内藤・小堀へ達候得共、兎角無之趣候処、今日伺出候ハ右之内藤・小堀より伺出候竹と表へハ被心得、右之竹一向大竹ニ而号候ニ不引、修理職を以摂州へ往反ニ付、漢竹ハ当地関白殿仮宅ニ有之、呉竹も当在所之内ニ有之由ニ而、手分ニ被渡候様之積り、権大夫を以奉行衆より摂州へ往反有之由也、

一、　長沢芦雪

右下絵書改出来ニ付土佐守持参、淡路守より越前江及掛合少々申分有之、其趣」土佐守へ申聞、付札等致し上ル、

一、御涼所一円之図、土佐守返上ニ付受取、上ル、

一、　丸〔円〕山主水

右小襖上下之間違処、下絵書改差出候、右小襖之処相改出ス、前後ハ此節本絵認候ニ付入用ニ付、

清涼殿の和画名所和歌の写し

弘徽殿上御壺祢

亀尾山

桂河

（41ウ）

常盤杜

右之処斗差上伺候旨、是又土佐守持参受取、淡路守上ル、

一、　奥源次郎

右下絵相違之処相糺、下絵改伺出候、此儀御普請方へ掛合候儀ハ誰へ掛合候哉、右名前可申上之旨越前を以被命、依之土佐守へ申聞候処、張付師より承り相知候趣候へ共、職人ニ申合候而者表立不被申候、左候ハヽ、一向明日御普請方へ相越、得と及掛合名前申出候方可然旨土佐守へ及示談、右名前之儀急ニハ難相知候旨、今日之処断越前申聞置、

一、此間日野（資矩）殿ニ而土佐守へ被相渡候和画名所和歌写持参、受取、

弘徽殿上御壺祢

亀尾山『南一間』

袖はへて人々小松をひく、嶺かけてきたかくかすむもあり、

小松ひく袖ものと遣し千世ときて
かすむ緑のかめの尾の山

桂河『西南ヨリ一間』

岸の柳青ミワタりて、里とをく月かすミたり、」

里見えてほのめく月の桂河
かれきににほふ願そかすめる

常盤杜『同南ヨリ二間』

常盤木の緑も一しほに、藤のはなこゝかしこさかりなり、

うつろハす千世もからむ藤かつら

二間
春日野
初瀬里
芳野山
萩戸
清瀧河

（42オ）

名さへときはの杜の梢に

二間

春日野『南一間』

若草の青ミワたりたる、かたへのまつに鶯なく、朝日さし出たり、

春日さす野へも緑の秋のかへに
こえのミそふく願の鶯

初瀬里『西南ノ方一間』

軒端、かきほなとに、むめの咲つゝけり、

はつせめの春の衣のうつりかや、
里のかきねにさける梅の花

芳野山『北一間』

峯ふもといく重にも花さかりなり、

花のさく春によしのゝ峯ふもと」
さくらひとつにかすむ白妙

萩戸

清瀧河『西面ヨリ一間』

あらし吹つたる、瀬々にもミちなかれ、筏にも撒かゝるところ、

落葉ふく清さにかはの波風に
たたぬ錦やいかたほらむ

第七冊（寛政二年八月）

伏見里

広沢池

神山

昆明池障子北面

嵯峨野

荒海障子北面

宇治河

（42ウ）

伏見里『同南ヨリ二間』

稲葉に霜の置ワたしたる、刈田ひろく、鶴むれたつ、

かれる田にむかふ伏見の里とをし

むれゐるかつも霜に定けき

広沢池『東西ヨリ一間』

こほれるミきはのかれあしに風なひきてさゝなミひろく、寒月すミワたる、

小夜風の芦へこほりてひろ沢の

つきかけさゆる池のさゝ波

神山『同南ヨリ二間』

ミねふもと雪のつもりて木深きかたに鳥井ミゆる、」

神山の木深くつもろ雪のうらに

たてる鳥井の色ハまくはに

昆明池障子北面

嵯峨野

秋草の色〳〵咲見たれたるに、袖はへて小鷹狩するところ、

嵯峨の野や花の千種の色鳥に

こゝろをうつす煤のかり人

荒海障子北面

宇治河

藤壺上御壺祢
滋賀楽山
志賀浦
真野入江
逢坂関

（43オ）

あし路さしたるところ、
もミち葉を波のよせくるうち河や
あしろのとこも錦をくけり
藤壺上御壺祢
滋賀楽山『東南ヨリ一間』
外山の雲、里まてしくるに、ミ祢は晴たり、
むら時雨外山のくもハ里かけて
所々に晴たるしからきのミ祢」
志賀浦『同南ヨリ二間』
一木のまつ、嵐になひきて、さゝなミとをくこほれり、
しかのうらや松をあらしの順しほり
ささ波とをく氷るミつうミ
真野入江『西南ヨリ一間』
尾花の冬かれふしたる、なミのよるへにむれいる千鳥、友さそひたつ、
友さそふ春の千鳥の群さむし
尾花かれふす霜乃入江に
逢坂関『同南ヨリ二間』
いさゝかゆき降たるに、かす〳〵貢調にきわひはこふところ、馬もあり、
ゆたかなる年のミつきとひくこまも

第七冊（寛政二年八月）

鬼間
信夫里
安積沼
布障子
松嶋
台盤所
宇津山

（43ウ）

ゆきにいさめる逢坂の関
鬼間
信夫里『東北ヨリ一間』
かきねつゝきの卯花さきたるに、ほとゝきすなきてすくる、」
里の名の志のふにあらぬ聲たてゝ
卯花かきねとふ郭公
安積沼『同北ヨリ二間』
五月雨のふるに、あやめかるところ、はこふもあり、
時来ぬとあさひのぬまのあやめ草
今日もはこふし雨ハいとはし
『北』布障子　墨絵
松嶋『南面』
なみはれてしま〲ミえワたるところ、
松嶌やをしまのあまの笘やまて
なミに松たてすむかふ朝なき
台盤所
宇津山『北一間』
木々の緑しけきに、若葉の楓もあり、道のへに蔦も生しける、
宇津の山しける緑のワか楓

田篭浦
浮嶋原
富士山
布障子墨絵
三保浦
朝餉

（44オ）

ともに秋まつ蔦の下ミち

田篭浦『東北ヨリ一間』

浦波よするかたありて、田子の早苗うふる、

白浪のミなもをそへて植ワたす
さなへになひく田篭のうら風

浮嶋原『同北ヨリ二間』

水広くほたるあまた飛かふ、松のむら立あり、

風かよふなミも涼しく松陰に
ほたるミたるゝ浮嶋のはし

富士山『同北ヨリ三間』

雪おほからす、夏の月のすゝしく晴たる、

時しかめゆきを光にすゝしきハ
不二のたかねの夏のよの月

『南』布障子墨絵

三保浦『北面』

波とをく松原ミゆる、

雲もなきミほの仲つの朝たきの
ミなもにうかふ浦の松原

朝餉

遠里小野

須磨浦

布引滝

（44ウ）

第七冊（寛政二年八月）

御手水間

布障子墨絵

三津泊

御湯殿上

（45オ）

遠里小野『南一間』」

　萩のおほくさける、こしかの声たてたる、住よしもミゆる、

すみの江のすつこやかよふ古萩咲

とを里小野のさを鹿のこえ

須磨浦『東一間添障子』

　月のはれたるにうミとをく雁ワたる、蜑のとまやにころもうつところ、

衣うついそやあらい小月晴て

かりかねさむき須まのうら風

布引滝『同東一間』

　うすくこく紅葉のそめワたしたるうちよりおつる、

うすくこき木々のもミちの中におちて

秋春色ある布引のたき

　　御手水間

『北』　布障子墨絵

三津泊『南面』

　舟を漕よするも、またこき出るも、」

さしよするも漕出るふねも大伴の

ミつのとまりにはるゝ夕波

　　御湯殿上

吹上濱

布障子墨絵

藤代御坂

清涼殿和絵和歌間の図

（45ウ）

吹上濱『東一間』

あまた菊の咲ミたれたるに風ミえて波よせかへる、

よる波のひかりもにほふ濱風の

ふきあとにこひく花の白菊

『南』布障子墨絵

藤代御坂『北西』

旅人のこえ行ところ

道ひろき恵にかゝる藤代の

御坂をやすくこゆるたひ人

右朱書之分ハ日野殿御渡有之候、和歌間之絵図を以土佐守朱書を付候由也、

一、同敷日野殿土佐守へ被相渡候図

清涼殿和絵和歌間図

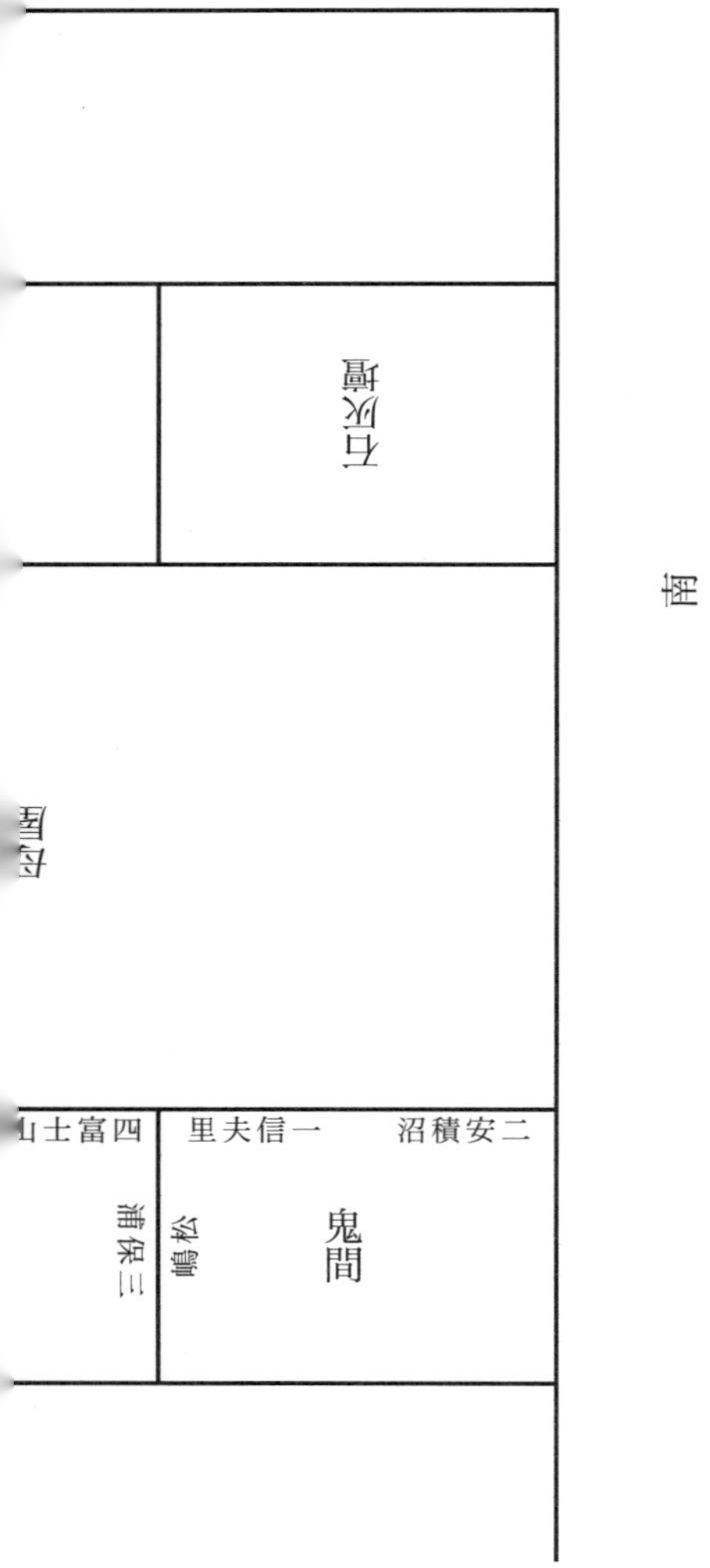

（46 オ）

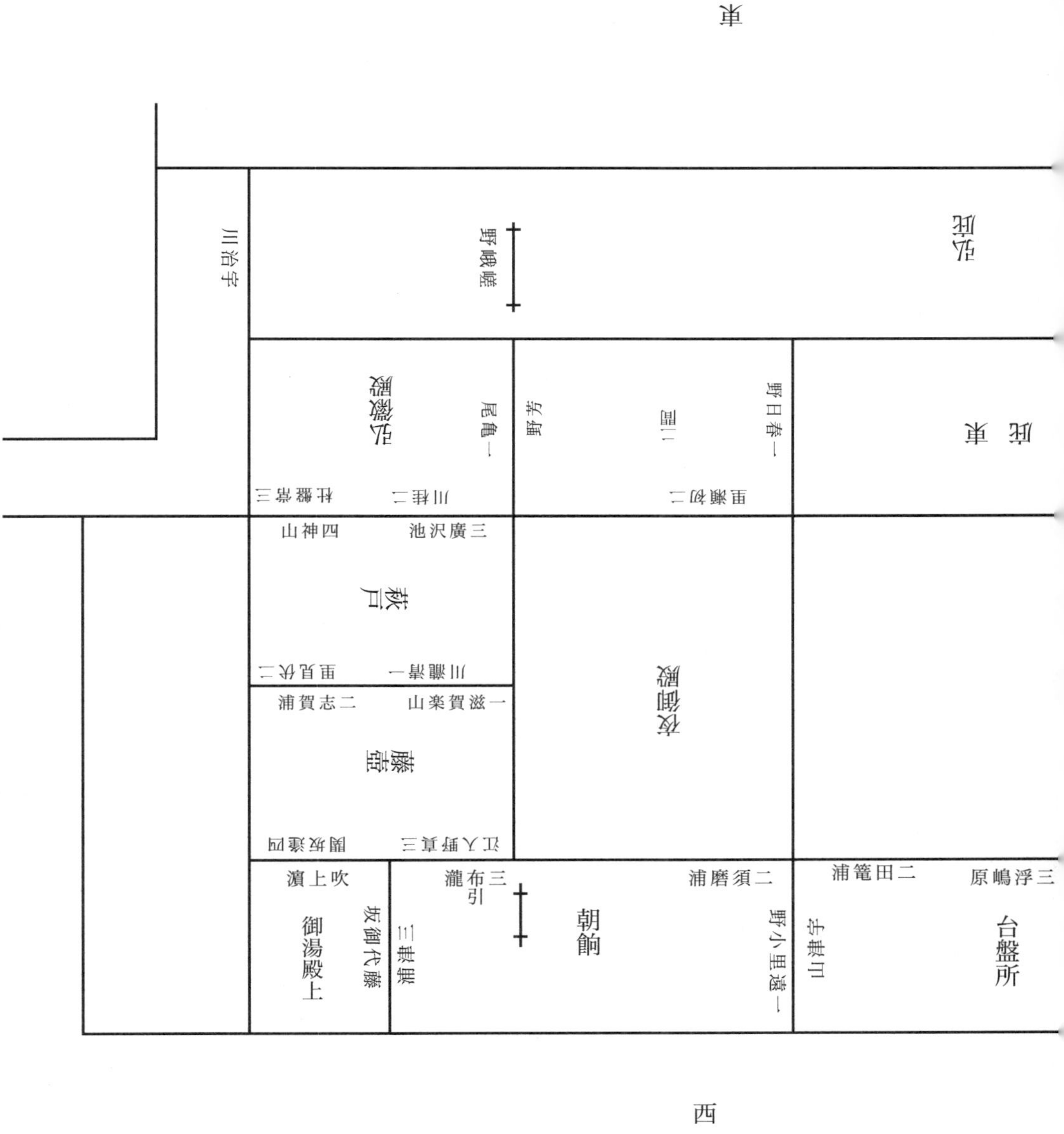

北

」

（46ウ）

右土佐守写候而差出候ニ付、写取之、

八月五日

五日

一、参集也、

一、帳面三冊とも越前を以上ル、

一、今日遅参、表へ別段不申上、

一、　土佐淡路守
　　鶴沢式部

右罷出ル、御普請方今日又々罷越、常御殿御中段之処得と拝見仕候処、御襖弐枚之処下り候儀ニ而者無之候、右御中段北側弐間之処、五寸四分上り蹴込板入有之候、此処より御寝之間へ上り入候、御寝之間ハ御中段より五寸四分高ク候、右之襖弐枚之処ハ御中段之高サ之侭ニ而御座候、最初拝見致方悪敷、右之仕合候、依之四枚之御襖ハ五寸四分上り建候上ハ、長押丈高ク、此長押と壱間之長押とハセ違ニ成有之、此長押ノマヽニ而西側より南側へ同様ニ而通り有之候旨、則絵図仕立、昨日之下絵ニ添書、昨日之侭ニ而相添差出ス、右ニ而之趣ニ候得ハ、下ルと申ものニ而音無之、訳合相分り候ニ付受取置、且右掛合有之候御普請方役人名前相尋候処、米田吉大夫と申由也、仍而落手致置、

（47オ）

棟梁木子甚三郎より絵図を仕立て差出し

一、右之御場所修理職ニ而相糺候処、則其御場所掛り之棟梁木子甚三郎より絵図仕」立差出候由ニ而、権大夫申出候処、式部申聞候と同様に而弥相分り候也、

一、　駒井幸之助
右下絵昨日表より預り置候ニ付、今日越前へ渡ス、

一、高欄高弐尺弐寸之図、酉六月十七日出来候、写此間表へ上置候処、御返却有之、主水より受取、

竹台の竹
漢竹は関白仮御殿裏に呉竹は裏松
固禅住居裏にあり

一、竹台之竹、下枝有之候竹ニ而無之而者不相成由、右下枝有之ハ、漢竹者関白殿当所仮御殿裏ニ多有之候、呉竹ハ当村之内裏松入道殿住居之裏ニ有之由、追而修理職見せ可被遣候間、当村庄屋へ掛合置候様日野殿被命、権大夫より庄屋へ及掛合候処、右之地主外ニ有之、前貢ニ不申達候而者見せニ遣候事難成間庄屋申由、依之其段日野殿へ権大夫申上候旨権大夫申聞、承置、

一、　東坊城殿
右本宅近年女院御所出来以来水吐悪敷相成難儀ニ付、何卒水抜出来候様被願候由、都而地面直之節申立候様可致旨権大夫申、右ハ御普請掛り組与力梶川与右衛門東坊城殿へ心安参ニ付相談之処、右与右衛門手前ニ而者出来不相成候へハ、御造営職へ申立有之候ハヽ、可然之由ニ付、権大夫へ被願候由権大夫申、先達而銘々溝筋広ク相成候儀申立置候得共、出来不出来之処不分明ニ候得ハ、此等之処聞糺摂州申談有之方可然旨申聞置、」

（47ウ）

小御所御下段

一、　小御所御下段　勝山琢眼
右下絵先達而御治定処、心得違之儀仕、掛紙を以又々伺出候由土佐守持参、受取置、

御涼所絵中連子の下

一、　奥源次郎
右御涼所之絵中連子之下羽目とハ差図へ有之候処、張付候心得ニ而下絵付伺、右之次戸袋之処、是又下絵付伺候、此処段々相糺候処、右中連子之下ハ張付ニ相成有之、戸袋之処難相分候処段々

及掛合候処、建具方ニ杉戸ノ開キノ用意有之候、框付中ニ巾広キものを入候開戸ニ而御座候、畢竟左右何も御張付ニ而候、其上御畳之処ニ而候得ハ張付と心得、絵を付申候儀之旨土佐守申、今日及掛合候御用掛り、

御勘定　米田吉大夫

阿久沢平次郎

与力　真野嘉左衛門

右輩及掛合候、米田吉大夫ハ絵一円之掛り候、是非此吉大夫へ往反候得ハ立会ハ彼是立会候、何分三人ハ是非とも立会掛合之事ニ候由演述、依之右之ケ所ニ付札致し候ハヽ、可然旨申聞、土佐守則付札致し差出ス、

中連子の下の付札

戸袋の所の下札

中連子之下之処付札　此処内張付之積りニ而此節下張出来ニ御座候、

戸袋之処下札　此処御造営方江再応尋合候処、難相分、依之段々於御造営方吟味有之候、

此ニ付漸相知申候処、此節立具方ニ御杉ノ開戸用意有之候、」

（48オ）

右之通付札ニ致し、越前を以上ル、其外之分も一緒ニ上ル、尤掛合之米田吉大夫以下之名前も上ル、

右奥源次郎下絵間違之事、最初聞合候処、難相分旨申出候、此儀不得其意候、今日右之趣申出候条此間之聞合不行届之旨断ニ而も可有之候旨、越前彼是申聞候ニ付、今日聞合も右戸袋之処一向不相分候得共、彼是御造営方ニ而吟味之処、漸右之通開戸之事相分候事ニ而、中々容易ニハ難相分趣ニ候、何分此間土佐守参候而聞合候処、不行届儀御断申上候而可然候ハヽ、宜取繕被申上候様頼入候段及返答、土佐守へも其段申含置、

表よりの朱書御返答
御釜殿竃
紫宸殿唐戸蝶番
小御所・常御殿等御襖建方
御文庫板囲
橘の木振伺絵図
木振帳
御涼所御下絵の分

（48ウ）

右之通ニ候得共、猶又彼是有之、右付札之処別紙書付ニ相成候趣也、淡路守へ達有之、
一、表より被出朱書御返答、
一、御釜殿竃朱書『八五答　可為此通図返却、』
一、紫宸殿唐戸蝶番弐釣之処三釣可然伺朱書
『八五答　伺之通図返被下、』
一、禁裏小御所・常御殿其外御襖建方朱書
『八五答　建合各可為外方、則図面各直改返却、』
一、御文庫板囲朱書『承知候図落手帳、』
一、紫宸殿前庭被植橘之木振伺絵図
『八五答　十二番之内第一番ニ御治定候帳面返却、』
右木振帳面付札『第一番宜候、併被植候時儀等追而可申』達候、此樹先可有用意桜之樹も
有之候ハヽ、勝手ニ可有伺、』
右木振帳ニ有之、壱番　一、高サ八尺程
一、根元ニ而壱尺壱寸廻、
一、枝大体四方江七尺余開、
一、両殿高欄力金物朱書『八五答　伺之通図被返下、』
一、昆明池・年中行事朱書
『八五答　以付札答候、自余伺之通、木形返却、』
一、御涼所御下絵之分

『八五答　御治定、』　駒井幸之助
『八五答　御治定、』　秀　雪亭
『八五答　御治定、』　原　在中
『八五答　御治定、二巻被返下、』　奥源次郎
長沢芦雪
『伺之通、』　円山主水」

色紙形泥画分配伺書

一、色紙形泥画分配伺書朱書　土佐守
『八五答　伺之通、』

（49オ）

御襖建合伺図

一、御襖建合伺図不宜被直改被達候、此通御扣図直候而、後々参集日ニ可上候旨ニ而御扣図四枚被出、右惣而安芸を以被命、右直之分四枚者摂州へハ明日達候積りニ而、本紙四枚、扣四枚、此方之扣四枚主水江相渡ス、直明日出来候様申渡ス、

一、画之分土佐守へ申渡し、夫々本人より請書取之、十日持参候様申渡ス、

一、　鶴沢式部

右今日伺出候得共、今日者被返出、後々参集し可出之旨ニ而、掛紙之下絵壱巻添書通御場所へ絵図壱枚安芸を以被渡、此方ニ預り置、

一、今日御用相済、来十一日例刻参集之旨安芸を以被命、諸向へ申渡ス、

摂津守の返書

一、朱之分摂津守殿へ達、予用終ニ而退出、淡州取計有之、摂州返書翌日披見、

水原摂津守

勢多大判事様
土山淡路守様

八月六日

中立売口惣御門下番所井戸の儀

紫宸殿唐戸蝶番之義ニ付伺書面壱通幷絵図壱枚
紫宸殿・清涼殿高欄力鉄物伺書面壱通幷絵図壱枚
橘之義ニ付伺書面壱通幷木振絵図帳壱冊
（49ウ）
昆明池・年中行事御障子張付下地之義ニ付伺書面壱通幷木形壱」
御釜殿竈之義ニ付伺書面壱通幷絵図壱枚
右之通朱書付札被出候ニ付、絵図三枚橘木振帳面壱冊、障子木形壱、伺書面五通、夫々改之上
令落手候、以上、
八月五日
右之通返書到来也、尤右掛合書面奥ニ表之朱書之通、如例朱書付札致し候也、月日付ハ無之、

六日

一、昨夜摂津守殿より淡路守方へ被申越由、

御造営掛り
取次中　　水原摂津守

中立売口惣御門下番所井戸之義ニ付、別紙之通御造営掛より差越候間、絵図相違候、以上、
八月五日
尚以別段掛り堂上方へ不相達候間、得其意差支有無早々可被申聞候、以上、
水原――
菅沼――
村垣――

（50オ）
別紙
中立売口惣御門下番居所井戸之儀、御差図之場所者溝筋ニ而難」出来、其余番所構之内ニ
者別紙図面懸絵図之通出来候空地無之候ニ付、同所上番所ニ有之候井戸相用可然存候、則

中立売惣御門下番居所絵図

禁裏常御殿前高塀取建絵図

（50ウ）

図面相添、此段御懸合申候事、

八月

中立売口惣御門

下番居所絵図　壱枚

右之通達有之ニ付、昨夜修理職松宮主水方淡路守同屋敷之内也、掛合有之、右之趣ニ候得ハ如ケ様ニ申遣候而も出来申間敷哉ニ候得共、是而已ニ而相止候申立候訳も不相立候得共、如ケ様とも致し今一応出来候歟之趣及返答候ハヽ、可然旨淡路守被申、今日可及相談之旨ニ候旨主水演述ニ付、右一々披見何分出来候歟之儀申遣候ハヽ、可然候、書取可被申聞旨申達候処、則書取差越候ニ付、少々文段等取繕付札ニ認、右之掛合書面奥ニ朱書而今日摂津守殿へ達候積り、

『井戸不出来之義無拠筋ニ候得共、上番所井水相用候而者御門通御通行之節差支候ニ付、
土間空地之内ニ而繰合、何れ出来候様致度候事、』

右後刻摂津守殿へ及示談、猶御用掛とも可被談旨ニ而、絵図幷□□之書面落手有之候也、

一、摂津守殿被渡、

水原――　菅沼――　村垣――」

禁裏常御殿外庭御山之辺高塀取建候ニ付、別紙図面致付札、御懸合申候事、

八月

禁裏常御殿前高塀取建絵図

水原――　菅沼――　村垣――

九門内外溝筋浚幷縁石等御修復此節より取掛候処、右溝筋流水有之候而者差支候旨請負人

共申立候間、明七日より日数五日之間水ニ樋を下ケ水留させ候間、此段候達申置候事、

書面之趣被得其意、為心得向々江可被相達候、

八月六日

右ニ付此節　仙洞御所御内御用ニ而下水之内ニ付当番より　洞中同役へ及掛合候処、御差支無之候、相済候ハヽ、如元早々下水有之候様返答有之、翌日摂州へ其段申聞置、

右九門内溝之儀、先達溝中広ク相成候様之儀申立候処、出来不出来之処不分明ニ候、猶先達而申立之処相調、猶又可申上之段摂州へ申入置、右ニ付修理職へ申聞、先達而申立之儀被相調候様申渡ス、去年正月廿七八日書付出候趣監物申聞候ニ而、予筆記相調候処、申立之儀有之ニ付、則申立候書付相写、今日摂州へ及示談、」

寛政元年正月廿八日の申立書

（51オ）

寛政元年酉正月廿八日

惣御門内御築地廻り外常水溝筋狭候ニ付、大雨之節水溢、道筋荒所等出来候ニ付、溝筋広ク相成候様先達而申立候処、其侭ニ相成候、此度御溝水常水南御門通江下水ニ相成候上、内裏南側御築地東西ニ而入込も御座候ニ付、猶更大雨之節水吐悪敷、道筋荒ニ相成可申哉ニ付、此度御有形溝筋より壱尺通惣体広ク相成候様仕度候、尤

内裏御築地廻り溝可為有来之通之旨、先達而武辺江御達も有之候由ニ候得共、右之趣ニ付同様広ク相成候様仕度候、且南御門前より御旧院前溝筋江水扱此度附候様仕度候事、

勢多大判事

土山淡路守

酉正月

右之通書写、且相済候趣筆記無之、修理職ニ而猶又相糺候処、二月十二日右申立之儀所司代へ被

達、所司代より御造営掛りへ被仰達、出来之趣朱書有之ニ付、二月十二日相済趣鳥渡書付是又摂
津守殿へ進達、何分宜御聞糺被下候様申入置承知、早々組へ可被聞合之旨被申、

一、　鶴沢式部

右故障出来、探索より御届書出ス、」

（51ウ）

一、　悴式部

一、実方妹昨夜死去仕候ニ付、来廿四日迄引籠候、依之御届申上候、式部江
御用之儀者私へ被　仰付被下候様奉願上候、此段宜御執成御沙汰可被成下候、以上、

八月六日　鶴沢探索

御造営御掛り

御取次御中

御修理職御中

右之書付修理職役所へ向、弟子を以差出、則監物差出候ニ付、受取置候段及返答、右之弟子帰ス、

八月七日

常御殿前高塀取建絵図出来

禁裏御所非蔵人詰所建具絵図

七日

一、常御殿前高塀取建絵図写出来、本紙とも三枚監物差出、受取置、

一、非蔵人詰所建具之儀伺付札有之、絵図摂津守殿被渡、

禁裏御所非蔵人詰所建具絵図

付札　此所御指図ニテハ戸四枚建ニ有之候処、戸〆り無之様致出来候、一体非蔵人詰所東
側ハ障子斗北側ハ戸四障子弐ト有之候間、」戸〆りと付候ニ付、同所外側落椽先之

（52オ）

儀ニ付出来形之通ニ而相済候様仕度、御懸合申候事

八月

菅沼下野守
村垣左大夫

右受取候処、昨日被渡候常御殿前高塀取建之図、十一日参集迄延置可申之旨、其節摂州へ申入候処、夫迄之内可相成候ハヽ、伺付候様被申聞候ニ付、今日丹後・越前詰合ニ付、若哉伺出候而も可然哉之旨申聞候処、伺出候様丹後申ニ付、御普請方伺帳ニ記相済、取建之図幷非蔵人詰所建具絵図相添、越前へ渡、

一、　　式部

右故障候ニ付、探索より届書差出候趣伺帳ニ記、則右之書付相添丹後へ渡ス、

御遣水・御溝水

一、御遣水江掛り幷御溝水江之掛、且御池江掛り候伏樋等御普請方ニ向出来候様可然、惣而御庭之事ハ一向御沙汰無之候得ハ、右之処御普請方等構不申候、水流候而樋抔損有之候而者、水吹出し御文庫辺水溢可申候、仍而御普請方ニ而出来候様伝奏衆へ御相談可被申候間、右御遣水之掛り候水筋幷御溝水へ掛り候処、且御池掛り候水筋伏樋等之絵図仕立可差越旨、昨日摂津守殿被申聞、監物へ申含置候得共、猶又権大夫江今日申渡ス、承知之、

（52ウ）

一、先刻上置候御普請方伺帳幷式部義記上置候伺帳被返出、式部儀書付御落手之旨、丹後を以被命、今夕伺物御返答可有之、口向御用済予退出候ハヽ、一応可申」丹後申聞ニ付、落手承置、

一、申刻頃予退出候事表へ申上ル、

御返答朱書

一、申半刻頃御返答朱書被出、
　　高塀取建之図　『伺之通』
　　非蔵人詰所建具之図　『伺之通』

右之通朱書被出、
右之両図とも写十一日可上之旨、何も丹後を以被命、勝手ニ退出之旨ニ付相達出ス、右非蔵人詰所建具図写可申付候処、修理職先刻退出ニ付、予帰路松宮主水方へ立寄、右詰所之図相渡、明日摂州出勤迄ニ写出来候様申渡ス、
一、今日之朱書、帳面ニハ無之ニ付、十一日ニ可申乞事、
一、竹台之竹、当初有之由ニ付、修理職より坊官へ往反有之、庄屋抔立ニ而其場所へ先刻権大夫罷越見分之処、一向御好之通之竹無之旨、枝下より立有之候様見せ候へ共、其処へ相越得と見請候而者、左様之枝無之旨権大夫申、其趣日野殿へ申上置候旨、噂有之候也、

竹台の竹

一、昨日摂津守殿へ申入置候御築内溝広く相成候儀、正月廿八日申立之書付を以掛合有之候処、掛与力梶川与右衛門より御普請方尋合候処、禁裏御築地外際之溝之儀と心得、此分ハ広く相成候、尤御旧地へ之水技等出来候取次申立之趣ニ而、九門之溝之趣ニ候得共、何分右之趣ニ候旨与右衛門より之返答書先刻摂津守殿被見候、」依之此方ハ惣御門内諸向之溝之積りニ而申立之儀之旨申処、九門内と有之候ハ可然之処、左様ニ而無之候付、右之趣と候旨被申、何分惣御門内と有之候得ハ九門内と同様と申心得候旨、猶可申立儀も可有之旨申聞置、修理職へも其段申聞置、

（53オ）

八日

八月八日
非蔵人詰所建具絵図出来

一、昨夕主水へ申達置候非蔵人詰所建具絵図写出来、本紙ニも三枚権大夫より請取、伺之通と申朱書致し、壱枚ハ表之積り壱枚ハ此方之扣也、
一、常御殿前高塀之図伺之通と申、図面朱書之通掛合書面ニ朱書付札致し、非蔵人詰所建具図と有之、高塀之図と掛合書面而と相添、後刻摂津守殿出仕之上進達、

一、御襖建方之図之直此方相分出来、主水より受取置、

御築地内溝の事

一、御築地内溝之事、今日淡路守当番ニ付、昨日之趣及演述、与右衛門返答書等見せ及相談、惣御門内と有之上ハ九門内ニ可相成事ニ候処、御所御築地際斗ニ取之儀、一向不得其意事ニ候旨ニ而、彼是昨年正月以来之処筆記調有之、三月廿三日又々溝之儀申立有之ニ付、其通相認、今日摂州へ及示談、

寛政元年三月二十三日御築地溝の儀等申立て

寛政元年酉三月廿三日

一、御築地内溝筋申立之儀ハ九口門内流水之所不残広ク候積り候事、」（53ウ）

一、御奥御表御用所廻り口向雪隠小便所廻り御有来扣土之事

酉三月　　修理職

右之通筆記有之候ニ付、更ニ相認去年三月廿三日予より進達致し御落手ニ而御座候、何分諸向へも広ク不申候而者、上斗広ク候而者弥下ニ而者水溢、地面荒申候得ハ、申立之通出来候様仕度候旨及演述、

右申立之返答両人筆記ニ不分明ニ付、猶被調置候様主水へ申聞置、

一、赤山へ御礼表より被出修理職へ相渡、御造営方へ達させ候也、

泥画分配の儀

一、　　土佐守

右伺置候泥画分配之儀、去五日御談之処間違未申渡候ニ付、今日中歟明朝五ツ迄之内参上候様土佐守へ書面ニ而申遣ス、右翌朝罷出候ニ付淡路守申渡ス、請書十日差出候筈也、

八月九日

九日

紫宸殿一丈間唐戸の図新写の儀

一、紫宸殿一丈間唐戸之図扣不相見候ニ付、新写之儀申出旨淡路守申送り有之、右新写之儀修理職ニ

も此扣無之候ニ付、此間三枚釣蝶番御治定之儀、蝶番之処斗白紙ニ付扣ニ致置候由ニ而、此方扣
も同様白紙ニ三枚釣蝶番之処斗張付、監物より差渡、受取置、

御遣水並びに御池への水筋の絵図出来

一、御遣水幷御池へ掛候水筋絵図出来、」

（54オ）

右ハ有栖川宮西側御築地際御用水より北広庭東側御築地へ伏溝ニ而右北広庭御築内際南へ
此所御出水ハ東へ流、此度之御溝水ハ西へ流、
且又同有栖川宮東南角より筋違ニ此御所北側御築地へ伏樋、夫より内御山々辺より御堺へ
掛迄マス所へ入伏樋有之絵図也、
右監物より受取、今日摂津守殿へ差出ス、

一、御有形竃築立四枚幷土間竃ケ所書　壱冊
外　奥御膳所竃之図壱枚幷長橋殿局竃之図壱枚添、

一、御有形蚊帳鈲幷折釘打、ケ所書　壱冊
右何も監物より受取置、十一日表へ出候積り、
右伺帳ニ記置、

八月十日

十日

内侍所の下絵

一、内侍所十帖之御間惣金芦ニ鶴下絵　座田大隅守
内侍所刀自詰所惣金四季花鳥下絵　座田中務少録
右下絵先達伺御渡直之処、少々相違之処御座候由ニ而、掛紙を致し伺出候由、右ニ付其訳書付壱
通土佐・鶴沢相添、

内侍所十帖之御間

内侍所十帖之御間　座田大隅守

内侍所刀自詰所十五帖之御間

（54ウ）

座田大隅守の下絵

座田中務少録の下絵

（55オ）

右御仮張此節御渡有之候ニ付、経師方引合仕候処、北側之処間半御張付」有之候ニ付、懸紙ニ仕奉伺候、

内侍所刀自詰所十五帖之御間　　座田中務少録

右御仮張此節御渡有之候ニ付、経師方引合仕候処、北側御張付ニ御柱有之、西側間半御張付、右者新ニ伺、同側御襖も間数相延候ニ付、是等掛紙ニ仕奉伺候、右之通申出候ニ付、経師方より差出候御敷図差添、奉伺候、以上、

戌八月　　土佐土佐守
　　　　　鶴沢探索

右狩野蔵之進修理職役所へ持参之由ニ而、権大夫差出、先預り置、蔵之進差返ス、右之御絵間之相違之処御敷図ニ而相糺、付札ニ而も致し置候ハヽ、可然旨ニ而権大夫へ渡ス、

大隅守下絵之内弐間半四枚折御襖之積り、先達下絵伺候処、此処間半ハ張付ニ而弐間四枚折之襖ニ付、其趣ニ掛紙ニ而伺有之、

中務〔少脱カ〕録下絵之内張付一間之積り之処、中柱有之ニ付、中之柱入二間ニ下絵付、且又西北ノ方板羽目之積りニ而絵ヲ不画、白紙ニ而伺候処、此処張付ニ付更ニ絵ヲ画伺出、且此次之襖者対之弐間四枚折之積り、先達伺置候処、弐間半四枚折ニ付、下絵延候、伺何も掛紙ニ而申伺也、

右御敷図ニ而糺候処、張付之中ノ柱も有之、并其外も最初之下絵之間違有之趣、且又経師引合之趣を以添書等出候儀ハ決而不宜事ニ付、幸土佐守参合候ニ付右之趣申聞、畢竟御絵様之相違も無之、襖之数等之事ニ而候得ハ、此侭ニ而も可」然歟、乍然伺出候儀も尤候、糺之儀ハ経師引合ニ而者難申上候間、御造営方へ引合仕、右之通之事ニ候ハヽ、此間之趣ニ而申上候儀と存候、猶得と

一、今一応可被調旨申渡し、右之下絵弐巻・書添壱枚・絵図壱枚相渡ス、

奉行　村上利左衛門

石薬師御門番所の内の造作

一、石薬師御門番所此節内造作之処、上番所上り口敷居鴨居無之候、幷板敷等も可申候、外々不残其通ニ而覧、下番所へハ上口敷居鴨有之候、何卒出来候様仕度候、踏ぬき板も出来候様奉願候旨ニ而、麁絵ニ掛紙致し口上書差添持参ニ付請取置、右間違ニ而不出来と見候得ハ、敷図ニ引合付札ニ而も致し、摂津守殿へ可申達と存候段申聞、権大夫へ渡ス、

土佐土佐守請書・下絵等を持参

清涼殿の唐絵・和絵の色紙形泥絵を土佐三人に仰せ付ける

一、土佐土佐守

罷出ル、請書其外此間申渡置候書付幷書改之下絵等持参、

清涼殿一宇唐絵・和絵各色紙形泥絵、私共三人江被仰付候分配之儀、御絵相勤候ケ所之趣を以申上候処、伺之通御治定被仰渡、奉承知御請申上候、以上、

戌八月

土佐土佐守
土佐左近将監
土佐虎若丸」

(55ウ)

御涼所裏御間六帖

一、御涼所裏御間六帖

墨絵付立泥引　御絵秋冬草花
鴨居上御張付　御絵蜻蛉
腰障子御張付　御絵秋冬草花

右下絵掛紙之通御治定被仰渡、難有奉承知御請申上候、以上、
戌八月　　秀雪亭

御涼所上御間

一、御涼所上御間
墨絵付立泥引　　絵春夏花鳥
御床張付　　絵同上
御違棚張付　　絵同上
御付書院蹴込張付　　絵同上
腰障子張付　　絵同上
鴨居上張付　　絵春夏山
紙張御小襖四枚　　絵亀
右下絵伺之通御治定被仰渡、難有奉承知御請申上候、以上、
戌八月　　長沢芦雪」

（56オ）

御涼所次御間

一、御涼所次御間
墨絵付立泥引　　絵秋冬花鳥
鴨居上御張付　　絵秋冬山
腰障子張付　　絵秋冬花鳥
右下絵伺之通御治定被仰渡、難有奉承知御請申上候、以上、
戌八月　　駒井幸之助

常御殿一之御間御棚

一、常御殿一之御間御棚

御小襖　上四枚四季松　　下四枚四季竹

右下絵伺之通御治定被仰渡、難有奉承知御請申上候、以上、

戌八月　　円山主水

奥源次郎

奥源次郎下絵につき断書

（56ウ）

一、右下絵之儀ニ付断書、

御涼所取合五帖之御間南側御戸袋内開戸之所、先達而下絵書改、（アキママ）節御造営方へも懸合候様被仰渡候ニ付、則懸合候処、其時分未於御造営方も聢と難相分御座候儀を考心得、右開戸之内張付、御絵之趣下絵相認差出候儀ハ不行届取計、甚恐入奉存候、右ニ付再応」相糺候様被仰渡候ニ付、御造営方へも懸合委ク取調候処、此節杉板桧かまち之開戸出来御座候ニ付、右之趣ニ下絵相改奉伺候、此段御断申上度以書面申上候、以上、

戌八月　　土佐土佐守

鶴沢探索

右之下絵開戸ニ書改、先達而伺出候竹之絵切取候を相添、

右之下絵壱巻、　　奥源次郎

原　在中

右此間伺出候下絵御治定ニ候得共、此下絵之内、紺菊ヲ除キ、アジサイヲ可書旨御附札ニ而被渡、尤アジサイ幾品も可有之候、壱品ヲ下絵ニ認、其余幾品ニ而も掛紙ニ而可伺之旨ニ付、則一色下絵ニ認、今一品ヲ掛紙ニ認伺出、紺菊切取候ヲ差添出ス、

右源次郎・在中下絵者修理職へ預ケ置、

小御所御下段

一、小御所御下段九月九日平座五節　　勝山琢眼

右先達而御治定之下絵ニ少々心得違之所有之四ヶ所伺付札有、掛紙ニ而伺出ス、尤此間差出候得共、付札伺出候書体不宜処有之候ニ付書改、今日差出ス、土佐守持参、受取置、

右都而明日伺出候積り、琢眼下絵ハ此方たんす引出へ入置、」

（57オ）

漢竹

一、漢竹　　壱本根付

右摂津守殿承知ニ而委細可被申候旨ニ而、御用掛与力より両人江書面差添持せ来、落手之旨口上ニ而及返答、尤摂州出仕ニ付直談申ニ而口上ニ而及返答候段申達ス、右相伺候様摂津守殿被申聞、明日之積り修理職へ預ケ置、

東山院御旧地内の竹矢来の取建直し

一、摂津守殿被渡、御造営掛り取次へ

東山院御旧地西之方竹矢来之内、北之方御築地際より南江八間余之処西へ四間程寄せ、竹矢来取建直し候旨、御造営懸より申越候ニ付、為心得相達候、

戌八月

右書付被渡承り置、修理職権大夫へ見せ置、何方へも申達之筋ニ而も無之承置、淡路守へ翌日見せ置、

八月十一日

十一日

一、今日参集也、

一、帳面三冊幷伺物等不残上ル、

一、　　鶴沢式部

右下絵掛紙伺故障已前ニ伺出置候儀ニ付差出ス、尤帳面ニハ先日上候節付置候得共、一応調候儀

（57ウ）

ニ付、其処帳面張置候、此節故障ニ而候得ハ、右張置候日之上ケ候」書成間敷哉、猶宜取計御座候様及演述、上ル、

右何も安芸を以上、

漢竹

一、漢竹者下より御物置へ相廻し候様申聞ニ付、修理職へ申渡し相廻させ候也、

諸門額の事

一、諸門額之事、

右最初伝奏衆廻廊下等之御達之節被仰聞候得共、弥出来之事無之用意も無之候、伺候様摂津守殿申聞ニ付、是之儀ハ最初伝奏衆之事ニ候ハヽ、伝奏衆江被仰上候方と存候、此方一向承候儀ハ無之候段及返答、

殿上日給札・台盤所日給札の事

一、殿上日給札・台盤所日給札之事、是又御造営用意も無之趣被申聞、是も一向不承候得ハ、伝奏衆ニ而可有之旨及返答、右ハ広橋殿被申由、夫ニ付面会被申度旨ニ付表へ申上、摂州より直談有之候也、

一、　座田大隅守

座田中務少録

右下絵所々掛紙ニ而伺出候儀ニ付、昨日土佐守へ渡置候処、右ハ探索弟子ニ付、則探索弟子相招及相談候旨ニ而伺出、土佐守持参断書之儀ハ探索も病中之儀、式部も故障旁ニ而候得ハ、是非御断書可上儀ニも候ハヽ、跡より可上、先伺之趣申聞ニ付、淡路守受取上ル、

一、摂津守被渡、

水原――　菅沼――

禁裏御所　村垣――」

（58オ）

御上棟

紫宸殿

御棟鎊

柱元

玉女

内侍所

御棟鎊

柱元

清涼殿

小御所

常御殿

御棟鎊

右之通伺相済候間、御達申候、以上、

戌八月

右ハ伝奏衆より所司代へ被達、所司代より御造営方へ被仰渡候由、此方共へハ何方よりも御達も無之段申候ニ付、右之通御造営方より申聞有之候ニ付、為心得被達候旨被申聞承置、修理職へ見置、其外何方へも申達之儀無之、」

（58ウ）

表より御返答

一、表より御返答朱書を以被出、

漢竹

一、漢竹　　壱本

小御所御下段

平巾冠之絵図

鎌鎗之絵図

蚊帳釻

（59オ）

『猶追而従是可及返答候、先此竹令返却候、』

一、小御所御下段　　勝山琢眼

　『掛紙朱書之通御治定、』

一、　　奥源次郎

『伺之通御治定、別紙書付令承知畢、』

一、　　原在中

　『掛紙伺之通御治定、』

　　右アジサイハ掛紙之方宜旨也、

一、平巾冠之絵図　　壱枚

　鎌鎗之絵図　　壱枚

右被相渡、此図之通ニ可心得旨土佐守へ申渡候様被命、則土佐守へ淡路守申渡ス、此図写取返
上可申旨ニ付、是又申渡ス、右ハ土佐守より伺置候御返答也、

一、蚊帳釻

『常御殿釣釻御間数別紙之通候、打所之花可為御有来之通候、尤御末女嬬詰所以下可為
御有来之通、御有形ケ所書付壱冊相達候事、帳面写取可有返上、』

右別紙折紙、

常御殿

御寝間　　十八帖敷

二之御間　　十八帖敷

三之御間　十五帖敷
申之口間　廿四帖敷
同間　三拾帖敷
右ケ所釻八ツ打、
右者折紙之侭達之積ニ付写認置、

竈帳
一、竈帳
『御有形書付壱冊・図弐枚相達候、可為此通候、帳面写取可有返上、』
右竈之図弐枚御扣可上之旨被命、
右何も御附衆へ明日相達候積り也、

漢竹
一、漢竹　壱本
右修理職より水原へ持せ返ス、主水へ申渡ス、
一、竈之図壱枚、写之儀主水江申渡ス、
一、来十七日参集、今日者退出之事申出申渡ス、土佐守へ退出申渡ス、」

（59ウ）

八月十二日
昨日の朱書の分を摂津守へ達す
竈の事と蚊帳の事

十二日
一、昨日之朱書之分、今日摂州へ達、
竈之事・蚊帳之事ハ掛合之書面有之候ニ付、如朱書右書面之奥ニ朱書付札致し、竈之方帳面壱冊絵図弐枚添、蚊帳之方帳面壱冊ニ表より被出候折紙壱通相添進達、
漢竹　壱本
『猶追而従是可及返答候、先此竹令返却候、』

右者書面も無之候ニ付、如右切紙ニ認進達、

一、　御有形御遺

右之絵図出来、主水より受取候ニ付摂津守殿へ進達、尤壱枚扣ニ而都合弐枚也、

絵図後ニ記、

一、摂津守殿被渡、

水原──　菅沼──　村垣──

禁裏奥口惣〆り之図面

禁裏奥口惣〆り之図面御附札ニ而御達被成候ニ付取調申候処、右之内ニ者御附札之通出来、兼候ケ所も有之候ニ付、猶又柿色致附札図面致返却候、右附札之通取計可申候哉、尤為念船錠」之図相添、此段御懸合申候事、

八月　　書面掛合之趣大絵図・小絵図相添相伺候事、

（60オ）

所々板唐戸〆り之内付札仕置候船鎰之絵図

右被相渡候ニ付、来十七日参集候、其節可伺之旨申入候処、御急之儀ハ此御方から急候事ニ而候得ハ及延引候得ハ、夫程及延引と申ものニ候旨被申、依之差急候様子ニ而者無之候得共、右之趣之伺物御座候、相伺可申哉之段修理職奉行大原殿詰合ニ付申上候処可伺出之旨ニ付、御普請方伺帳ニ記、六分堺幷船錠之図と相添、直ニ大原殿へ上ル、

右大絵図と有之候ハ六分堺摂津守扣図也、先達而右之扣図と御〆り之ケ所之付札致し御達ニ相成候也、

右上置候処、明日議奏衆参集ニ相成候、奉行衆ハ惣詰ニ而者無之候、口向も不及惣詰候得共、何レニ而も壱人罷出候得ハ宜候、此図幷帳面奉行衆方ニ可差置旨ニ候へ共、今日掛り非蔵人も無之

入所無之候間、其方へ預ケ置候、明日非蔵人方乞候ハヽ、可上之旨被命被返出、受取置、引出へ入置、

右明日参集ニ成候得共、口向ニ而者惣詰ニ不及候旨監物へ申渡ス、

石薬師口御門上番所の絵図

一、石薬師口御門上番所之儀絵図面、

絵図の書添え

右絵図六門より差出候を以新ニ仕立、主水より受取、右絵図ニ書添如此、」

（60ウ）

石薬師口御門上番居所御造立之処、上り口敷居鴨居戸幷板敷且踏壇等別紙絵図面朱書朱引之通出来候様仕度候、外へ番所何も右之振合ニ出来有之候由ニ御座候得ハ、同様ニ出来候様仕度候、仍図面相添此段申上候事、

右相違候処、摂州落手ニ而、猶可被及相談旨被申、

竹台の竹の事

一、広橋前大納言殿面会、竹台之竹之事、先頃より彼是と往反有之候事ニ候、何分呉竹ハマタタケニ而マタケノ類ヲ入御覧候様花壇奉行江申付取寄可申、或ハコサン竹抔ケ様之類二、三種上させ可申候、河竹も左様之類宜々はノ付有之、シノヘ竹ノ類是日二、三種も可上候、彼是隙取候而も悪敷候得ハ、明日入御覧候様取計可申候、段々と入組候ニ付此段被申聞候、何分明日入御覧候様取計可申条被命、右ニ付花壇奉行生駒佳嗣江申渡ス、尤御入用ニ拘り候事ニ付、御附衆へも可申事ニ候得共、最早退出ニ付不能其儀、明日御附衆へハ申入候積り花壇奉行へ申聞置、花壇奉行よりハ今晩勘使へ申聞置候也、

右マタケ御附有田播磨守御役宅ニも有之趣、此間寸尺抔書付被見、旁ニ付是又取寄候ハヽ、可然ニ付修理職へ申渡し、明日有田殿へ壱人罷越壱本取来候ハヽ、可然旨、監物江申渡ス、

一、御遣水御池伏樋之図如此、去ル九日摂州へ差出絵図也、」

御遣水御池掛伏樋の図

（61オ）

御有形遣水筋

御文庫

（61ウ）

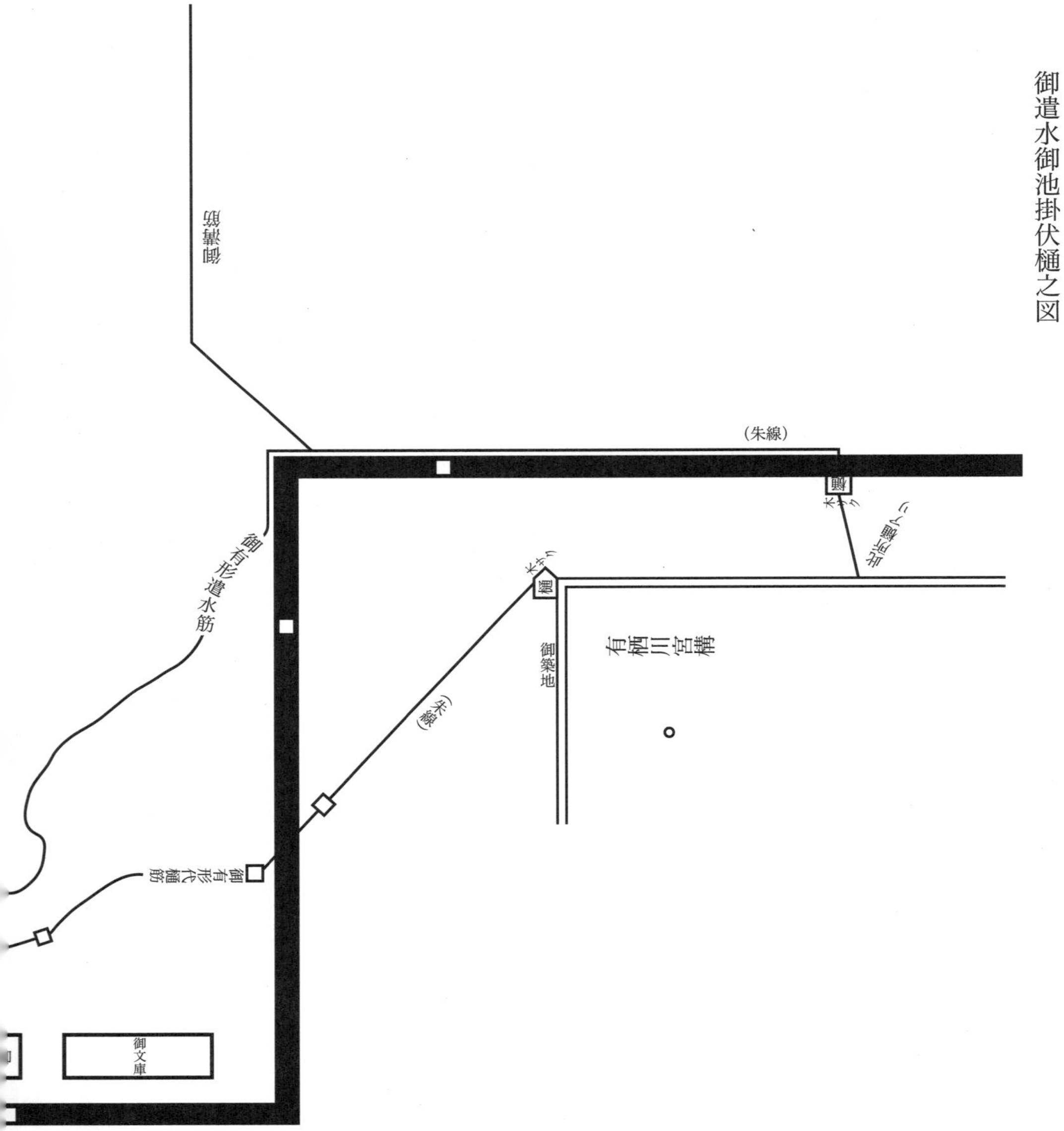

常御殿

御遣水

小御所

御池

（62オ）

（62ウ）

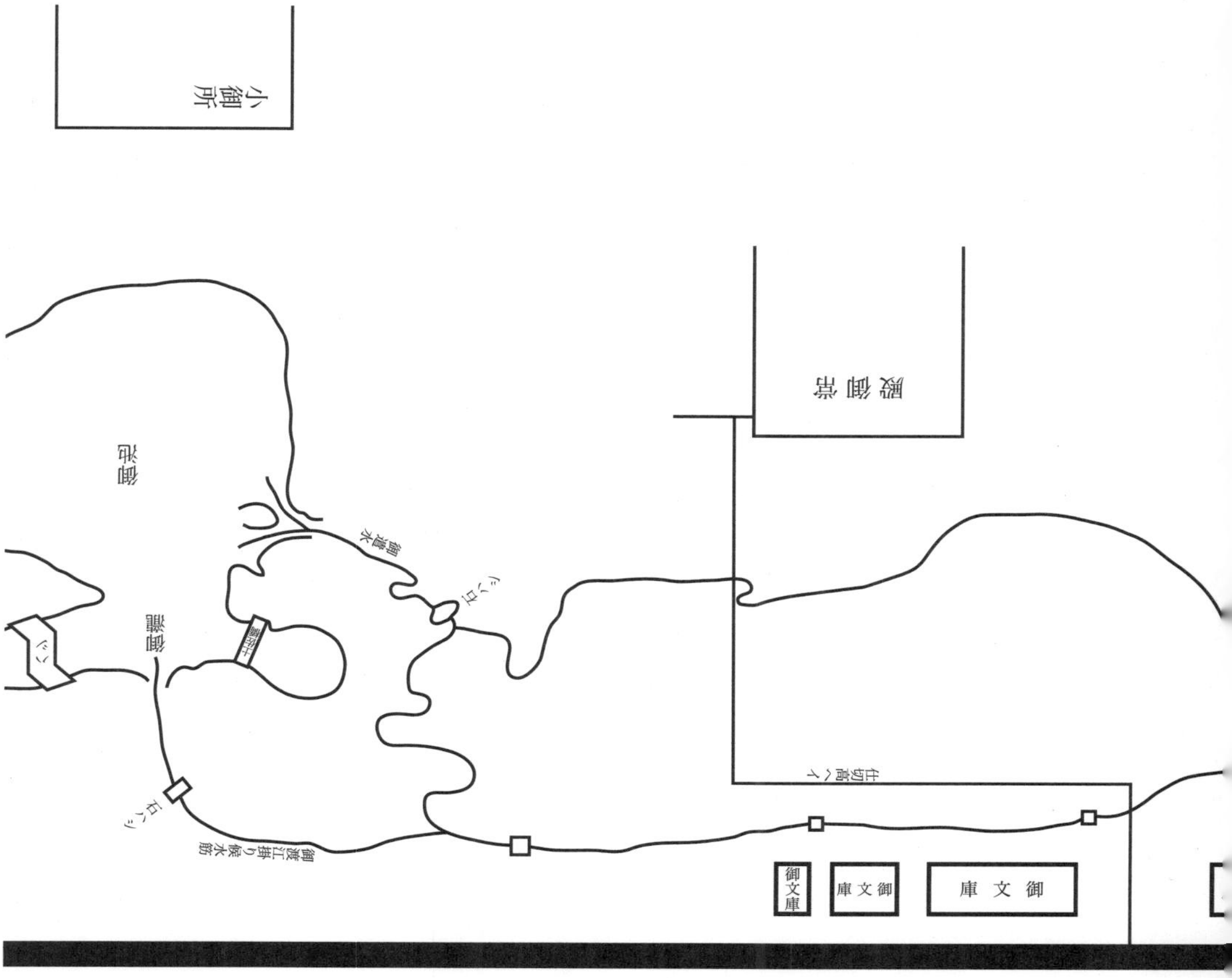

八月十三日

臨時の参集

摂津守よりの書面

常御殿御蚊帳釻打の儀

（63オ）

十三日

一、今日臨時之参集也、尤修理職奉行衆も惣詰ニ而者無之、口向も惣詰ニ不及旨也、淡路守当番、予
常式出仕、修理職・権大夫壱人也、

一、摂津守殿より書面、　　御造営掛り取次中　　水原摂津守

昨日被差出候

常御殿御蚊帳釻打所之儀、書付と御有形帳面有之候、

常御殿御間と致相違候、右者此度御模様替ニ付相改候故、別紙書付之通相改、御末以下之
儀者御有形之通釻打候事と存候へ共、書面紛敷候間、右之趣候而も其訳帳面ニ下ケ札相認
可被差出候、依之右書付壱通・帳面壱冊相達候、已上、

八月十三日

右之通申来候ニ付、一応奉行衆へ申入、自是可及返答之旨返書遣、右淡路守取計也、予出仕之上之噂有之、

蚊帳箇所の付札

右ニ付、蚊帳ケ所帳面へ付札如此、

　常御殿御間之分御元形と今般御模様替有之候ニ付、別紙書付壱通相添被達候間、右書面之通打方出来候積りニ候、打所高サ寸尺之儀者帳面右付札書之通可被心得候事、」

右之通付札致し遣し候ハヽ、可然哉、日野殿へ懸御目、其段申上、御覧之上随分此通ニ而宜候間相認可遣之旨被申聞、依之付札ニ認、四折之御書付帳面差添、摂津守殿出仕之上進達ス、落手也、

（63ウ）

竹二種

一、マタケ　壱本根有、　河竹　壱かふなよ竹之由也、

花壇奉行より差出す

右花壇奉行水谷右門志より差出ス、修理職申合御物置へ廻させ候也、尤右到来之儀日野殿へ申上ケ相廻候様被命候ニ付相廻ス、且二種宛可上之旨申付候得共、先壱本ツヽ相調候、五山竹ハ節間延候ハ無之候ニ付御断申上候旨ニ付、其段申上、

有田殿へ権大夫罷越取寄候ニ付、是又権大夫より日野殿へ及掛合物置へ又廻ス、於表も被取寄候様子也、

右花壇奉行より上候竹二種之儀、御用之程如何難斗候得共、入御覧候上ハ御不用ニ相成候とも、御買上ニ成候様仕度段水谷申聞ニ付、勿論左様之積り候、勘使へ可被掛合候旨申聞候処、及掛合候得共、御不用成候上ハ、御買上ニハ難成旨被申候、御不用之上度々返し候而者、一段堀取候所ニ而候得ハ度々之難義候、何卒御買上ニ成候様仕度候段申聞ニ付、摂州へ及相談候得共不承知之趣ニ付、広橋殿懸御目可及御相談と存候処、御用有之趣ニ而面会、隙取候内日野殿面会ニ付、御

買上之事申上ル、御用ニ相成候得ハ可申儀無之候得共、御不要ニ而被返出候而ハ、度々返し候様被成出候、左様ニ而者殊外度々難義ニ候得ハ、何卒御差留置御座候様仕度候旨申上ル、」猶広橋殿とも御相談可有之旨被申聞、

（64オ）

石薬師口御門上番所の儀につき摂津守返答の付札

一、石薬師口御門上番所之儀、此方より之書付摂津守殿返答付札如此、

書面上番所絵図朱書朱引之通出来候様申立候得共、右者当五月十一日絵図面を以当時取建有之候之通伝奏衆へ相伺候処、何之差支無之旨、同十六日朱書附札を以被出、則御造営懸へ相達候事ニ付、今更絵図面之通ニハ難相達候、依而図面及返却候事、

右之通付札ニ而返答ニ而、則五月十一日之絵図相添被渡候、依之五月十一日之処相調淡州と被及示談、右五月十一日之節之儀ハ諸向御門番所へ絵図被渡、彼是御造営方より之伺之趣伝奏衆へも勝手之儀ハ存知も無之事ニ候得ハ、何も評議致し返答可申旨被申聞候ニ付、彼是及相談候処、何も勝手直之事ニ而為差事ニ而も無之、伝奏衆御存知之事ニ而者無之事ニ候得ハ、伝奏衆へ御伺ニも及間敷候、乍併中立売御門番所之儀ハ余程様子も違候得ハ、是ハ御伺可然候、其余ハ御伺ニ及間敷哉と存候ニ付、其節其段及御返答、絵図面不残御返し申候、乍然御伺も有之候事哉御造営方へハ御伺有之候而も御達ニ而も可有之候、此度申立候ハ其節之義とも違候、右五月十一日之節ハ

（64ウ）

絵図御返し有之候申候、上り口等之処建具付候而御返し申候ハヽ、可然候処、其節一向心付不申、建具ハ付不申御返し申候、上り口建具無之候而者〆りも不宜候、且最初之絵図ニハ建具付有之候処、毎々掛紙ニ而色々と相成候而落申候儀ニ」御座候、何卒此度ハ右心付分申之趣を以絵図面ニ付札ニ而も仕、御達可申間宜候、御取計被下度候旨及相談候処承知ニ而左候ハヽ、〆り悪敷候得ハ出来候歟之趣ニ書取可差出旨被申聞、依之淡路守とも及示談、板間へ申立有之候得とも、是元

四帖と二帖ニ而候処、此ニ帖ヲ北へ廻し廻り六帖ニ相成候、二帖之処土間ニ成候、此土間ハ板間ニ致し而坪増ニ成候得ハ所詮承知無之事ニ候間、板敷相止建具も踏段之事斗申立可然旨及相談、絵図相直し付札致し、摂津守殿へ相達ス、落手也、

右付札　此三方とも弐枚立戸出来候様仕度候、尤最初御差図ニハ畳敷間と土間と之間ヲ戸建具付有之候、其後減坪之儀ニ付掛絵図之節ハ二帖之処ニ二間戸建付有之、猶又其以後建地間狭ニ付、畳敷之処模様替付方御掛合之節掛紙図ニハ此度申立之三方之建具付無之処、外差支場所ハ墨掛絵図ニ而御達申候、右之三方建具附無之儀者心付不申、図面返達相成候、〆り之間右建具無之候而者両人も難義之趣ニ相聞候間、心付方見苦敷義者不苦候得共、何分ニも建具者三方共出来候様仕度候事、　此所ニ建ニ相成候様致度候得共、万一殊外差支之筋も有之候ハヽ、是非ハ堅仕切ニ相成候而も不苦候事、　折廻り踏タン之儀最初より御差図落候分之内、御門番人居所之内板敷又フミタン有之候義ニ而右フミタン無之而者難義之趣ニ付、是又御出来之義申立候事、

（65オ）

一、摂津守殿被渡、

一、御殿内其外〆り〱錠前減金黄銅鉄品訳書付を以御造営掛へ委細相達可然哉之事、

一、〆り〱錠前之儀ニ付相達置候、自分扣絵図先達而相直し被差出後、御造営掛より掛合等ニ而相改り候御場所ニ得と」突合せ之上、相直し可被差出候事、

右書付修理職へ達置、尤錠前減金以下之訳書之事ハ後々参集之節取計之積り、且又扣六分堺直之事ハ猶追而直し進達之積リ可然旨及示談、権大夫へ申聞置候也、

一、豊岡殿御逢、御〆り伺幷船錠伺之御返答朱書被相渡、

船錠の図

（65ウ）

帳面之朱書『八十三答　可為伺之通図両様返却候、』

船錠図面朱書『可為此通、』

右之通ニ而、御普請方伺帳大絵図六分堺也、船錠之図被相渡、右船錠之図御扣可上候、且又大絵図ニ有之候梯色之付札是ハ帳面ニ認候義ニ而も有之間敷処、右付札伺文段も多有之候得ハケ所々ヲ書付札同文段之所其文段いつこニ而宜候得ハ、其趣ニ而扣別紙ニ認可上之旨被命、

右ニ付修理職へ申渡し書集メさせ可申之処、此節遷幸御用・安鎮等之御用ニ而、御差急之絵図とも取掛居、一向手足り不申旨ニ而断申聞候ニ付、日記役相手ニ而書寄仕分書致し置、

一、此所唐戸定木ニ有之関貫取付不申候ニ付、海老錠ニ而者〆り　六枚
　出来兼間、此錠〆りニ仕候、

右張ケ所

　納殿西戸」
　議所東唐戸
　次将座北唐戸
　紫宸殿西庇北唐戸
　同北庇西ノ端北唐戸
　下侍西唐戸

一、此所指壺袖鍵ニ仕候積り　二枚

右張ケ所

　政官侍北遣戸

（66オ）

同所南間西遣戸
一、絵之間之分須濱掛金其外掛越掛具之積り　二枚
右張ケ所
内侍所中間十帖敷
長橋局上ノ間北七帖半之間
一、此辺御襖掛越掛金之積　一枚
右張ケ所
御差部屋東中ノ八帖之間
一、此所掛戸無之東側同様両戸ニ付落し樞之積り　一枚
右張ケ所」
御涼所南御椽
一、此所襖四枚折ニ候得共指壺〆りニ而御座候間須濱掛金打不申候　二枚
右張ケ所
東対屋東端八帖敷
同西端八帖敷
一、対屋上段者外廻リ共襖四枚之処無御座候間須濱掛金ニ者及不申候　一枚
右張ケ所
東対屋中程二ノ間三ノ間之間
右十五枚也、右之通書付置十七日上候積り、此方扣六分堺ニ書付札ケ所々付置、右船錠之図之

写明日迄出来候様大夫へ申渡相渡ス、
一、日野殿御逢書付被渡、
　竹台之呉竹自関白殿可被献之旨、更ニ被　仰出候間、於御造営方不及撰候、且河竹此恰好
　之竹可有吟味候、植置候図追可達候、右之通御造営方へ可達候事、
　　八月十三日
右河竹是ヲ被植候図ニ而者無之候、此ハ恰好ヲ被見候義ニ而手本ニ而候間、植置候ニ不指様囲置
可申候旨被命、右呉竹之事右之通被仰出候上ハ、如何ノ御座候哉之旨申候処、広橋殿とも御相談
有之候、御見合ニ被留置候間、修理職方ニ植置可申候、」
(66ウ)
右之通ニ候得ハ可宜旨被命ニ付、至極宜彼是御計悉奉存候、右之趣ニ而者両様とも御買上ケ相成
候安心之段及挨拶、
御物置ニ有之候何も取出し可申候、河竹随分大切ニ致し可達旨被命、修理職江渡し引取、右被仰
渡候書付如例切紙ニ写、河竹壱株居添手紙相添、則水原へ持せ遣ス、尤大切之品之事故、仕丁頭
弥右衛門江申渡ス、

河竹の方は御用に相立つ

一、河竹之方ハ御用ニ相立候、呉竹之方ハ関白殿より被献候得共、為御見合と先刻上候ハ被留置候、
　随分大切ニ致し植させ可被置候旨、花壇奉行水谷右兵衛志へ申渡ス、
一、来十七日参集、今日御用無之旨被命何も申渡ス、淡州当番ニ付何も相頼、予退出、
　表より被出候書付、如例切紙ニ認河竹相添、摂州へ達、

八月十四日

青綺門院御勘定

十四日
一、今日ハ青綺門院(二条舎子)様御勘定ニ付、両御附衆知恩院仮御所へ被相越、依之早期出仕有之、依之昨日之

長橋殿台所入口扉

宝永度の敷図を糺す

御治定有之候御〆り〳〵ケ様之儀幷船錠等御治定之事、摂津守殿へ達之儀淡路守より修理職松宮主水へ附属被致置退出有之候ニ付、主水より摂州へ相達候処、猶明日可被受取旨ニ而、直ニ主水へ被返候由、依而主水方ニ預り置候旨ニ而、予出仕之上大絵図壱帖船錠絵図壱枚幷写壱枚、且御〆りニ付候掛合之書面壱通、外ニ石薬師御門番所去五月十一日之絵図壱枚、是ハ昨日摂州持被出被見候図ニ而、石薬師之儀ニ付、尚又此方より付札之図ヲ」以及掛合候節、可致返却之処、取落不張、其儀今日返御積り也、主水差越有之、受取置、

（67オ）

一、今朝摂津守殿主水江被渡候書付、

御願向其外御〆り〳〵錠前之義ニ付、御差図ニ致付札御達有之候内、長橋局台所入口関貫海老錠と有之候得共、御差図ニ戸障子と有之候間、海老錠〆りニも難相成候ニ付、輪掛金錠前之積可被相心得、此間御付札相達候節相洩候故、此段相達候事、

右書面之趣長橋殿台所入口扉と存候御敷図見候処、戸障子と有之扉之事無之候、敷図之間違と存候、只今ニ成扉所詮出来申間敷と存候旨主水申、此義先達而取沙汰有之候様覚候、宝永之御敷図者如何御座候哉之旨申処、未相糺候旨ニ付、先宝永之敷図を糺可被申旨申聞置、右宝永之敷図糺之処、戸と斗有之扉ハ無之上此宝永之敷図ニ而仕立候、此度之御敷図ニ候処障子ヲ相加候、何分戸障子御有形候得とも、覚居候扉も有之儀と覚居候得共、宝永之図ニ扉無之候得ハ後々扉出来候事歟、扉有之候と存候事故、海老錠之事付札有之候、無左候而者海老錠とハ出不申事候、乍然宝永ニ戸と斗有之、扉とハ無之候得ハ申分ハ随分有之候、尤扉之事先達表へ申上候事も有之候様ニも覚候、仍而此儀ハ跡江御廻し御座候様と存候、十七日迄ニ取調可申候、且又摂州扣六分堺直之事昨日被申由ニ候得共、是ハ追而直し候様仕度候、当時夥敷御用有之絵図引相増候程之儀ニ御座候得ハ、只今図之直迄ハ不行届申候、跡へ御廻し被下度候旨主水被申聞ニ付、図之直之儀ハ随分

河竹手本

（67ウ）

漢竹を河竹と称す
漢竹と河竹は同じ物

（68オ）

其積りニ心得居候、右長橋殿台所入口之処差当リ気毒成」ものニ候、宝永度ニ扉と無之候得ハ申訳者相立可申候得共、現ニ炎上迄ハ扉ニ而候得ハ、甚以困りものニ先達表へ申上も有之候、聢と被存候ハヽ、其処得と御調へ御庭候様と存候、扉之事ハ取沙汰も有之候様ニも覚候得共、一向聢と致事ニ而無之候旨申聞置、

一、摂津守殿より書面　　御造営掛取次中　　水原摂津守

河竹手本被差儀、右者漢竹之代りニ相成、漢竹者被相止候事ニ候哉承度候否哉被申越候、

已上、

八月十四日

右書面淡路守方へ向ケ到来、自是可及返答旨及返答候、宜取計致返答候様淡州より預りを以被申越候ニ付、表承合候処修理職奉行衆詰合、議奏ハ広橋殿之由非蔵人越前詰合之由ニ付、越前へ面会、昨日日野殿被渡候書付幷只今到来候摂州書面入披見、右之竹昨日早速相達候処、右之趣申越候、仍而御尋申入候条申入、書面不苦ハ借用致度段越前申ニ付、随分不苦旨ニ而渡置、

右竹之事漢竹ヲ河竹と称し相認候、漢竹・河竹同物ニ而候間其段可申達候、夫とも不審ニも候ハヽ、昨日之書付漢竹と被書改可被達哉之旨越前を以被命、依之右之通書面ニ相認、摂津守殿へ持せ遣候処、御報ニ付更ニ不及返答、慥受取候段用人松本新兵衛より口上ニ而申越、摂州留守中故と見へ候ニ付、越前へ面会、先右之趣ニ返答有之候、明日ニ成書改候事可申聞歟右之趣ニ而可相済歟ニ候、先左様承知有之候様申入、畢竟跡より書改引替成候而も不苦筋ニ候得ハ、若明日ニ而も書改之事申候ハヽ、其段申上候旨申聞有之候也、」今日口向最早御用も無之候ニ付、予退出候段越前へ申聞置、退出ス、

八月十五日

十五日

一、水原摂津守殿今日所司代御直談之儀有之ニ付不参ニ付、御〆り付札之通御治定之儀書面相添、大絵図・小絵図持せ返ス、右ハ大絵図者摂州扣之六分堺と小絵図ハ船錠之絵図也、右六分堺相違之処直候様被申聞候得共、此節修理職絵図之儀ニ付、殊外急御用等有之、一向手足不申候ニ付直し難出来候間、先其侭進達候条幷長橋殿局台所入口戸障子之錠之事、是も跡より可申上段断申遣ス、

石薬師口惣御門去五月十二日ニ往反之絵図一昨日被渡置候処、一昨日返却不能候ニ付、今日序ニ返却ス、

一、御〆り〳〵減金黄銅鉄品訳書之事、黄銅ハ真鍮之事歟不分明ニ候、修理職へ申渡調へ、明日相知候様権大夫へ申渡ス、

八月十六日

土佐土佐守参上

平巾冠・鎌槍の絵図二枚返上

十六日

一、参上、　土佐土佐守

平巾冠・鎌槍之絵図二枚返上、是ハ請書可有之間、認可差出ニ而申渡ス、則相認差出ス、

「平巾冠　鎌槍」

右奉伺候処、御治定之図被出、奉承知御請申上候、則両品共写被取図面弐枚返上仕候、以上、

（68ウ）

戌八月　土佐土佐守

絵師の請書

一、此間御治定被仰付候輩請書差出候由ニ而差出ス、

春興殿額三間戸幷石橋等

勝山琢眼

原在中

（69オ）

宜陽殿公卿座弁納言履之紋之事

左近陣板カマチ之事

五節舞妓汗衫タミエ之事

　表着之紋幷単紋事

右夫々懸紙を以奉伺候処、御朱書ニ而被仰渡候趣、奉承知御請申上候、以上、

　戌八月　　　　勝山琢眼

御涼所

　裏御間四帖半

　　墨絵付立泥引

　　　御絵　春夏草花

　御床張付」

　　　御絵　同上

　御鴨居上張付

　　　御絵　蝶

右下絵伺之通紫陽花者懸紙之通御治定被仰渡、難有奉承知御請申上候、以上、

　戌八月　　　　原在中

御涼所

　取合五帖之御間

　　墨絵付立泥引

御絵　竹
御腰障子御張付
　御絵　同断
御鴨居上御張付
　御絵　村雀

奥源次郎

右下絵伺之通御治定被仰渡、難有仕合奉承知御請申上候、以上、
　戌八月」（69ウ）　　　　　　　　奥源次郎

座田大隅守

内侍所十帖之御間
　御張付御襖御遣戸
右先達下絵差出候処、柱間等御差図ニ相違之儀御座候ニ付相糺、懸紙を以奉伺候処、伺之通御治定被仰渡、奉承知御請申上候、以上、
　戌八月　　　　　　　　座田大隅守

座田中務少録

内侍所刀自詰所
　御張付御襖御遣戸
右先達而下絵差出候処、柱間御差図ニ相違之儀御座候ニ付相糺、懸紙を以奉伺候処、伺之通御治定被仰渡、奉承知御請申上候、以上、
　戌八月　　　　　　　　座田中務少録

平巾冠の図

一、右請書之分伺帳ニ記させ置、
平巾冠之図

後漢志による

（70オ）

鎌槍の図

（70ウ）

」

右後漢志ニヨリテ図ス、顔題ヲ作リコレニ続テ左右ノ耳ヲ作リ、又巾ヲオホヒテ屋トナシ、後ニテ収ニホトコス、後漢志、文者ハ耳ヲ長クス、コレヲ介幘トイフ、武者ハ耳ヲ短クス、コレヲ平巾幘トイフ、通志略坊本巾作上、今拠後文記之、漆紗ヲ以テコレヲ作ル、武吏ハ色ヲ赤クス、

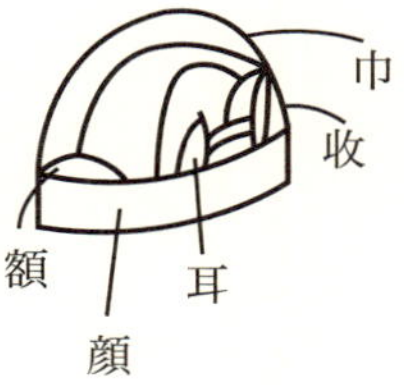

鎌槍之図

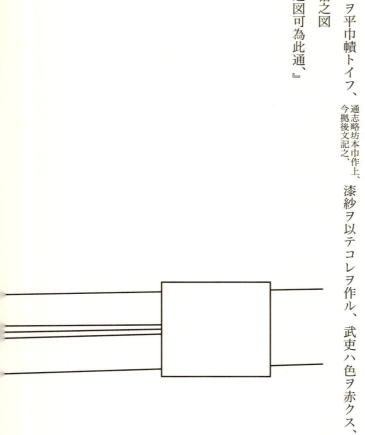

『鎌槍之図可為此通、』

（71オ）

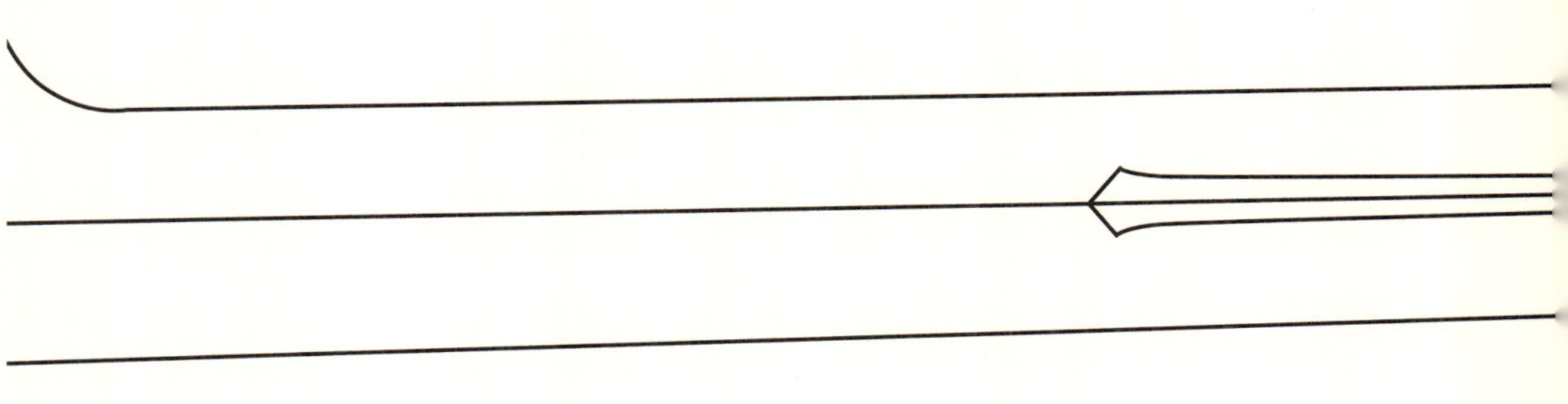

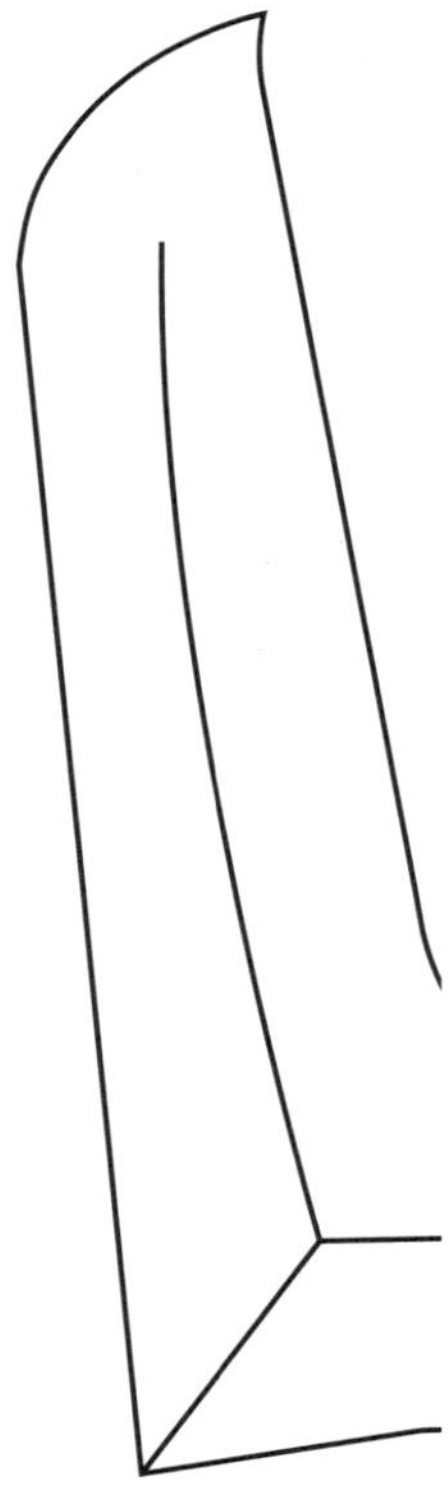

」

（71ウ）

右両図、土佐守より勘進之由也、朱書右之通被出候也、

一、九門内溝筋広ケ候事、去六日摂津守殿へ進達致置候、酉正月廿八日差出候書面今一応書付呉候様摂州申聞ニ付、写取進達、

右之儀伝奏衆被申八本阿方より申立候哉之旨被申ニ付、各方申立之儀申入候処、奉行衆ニ而も承知候哉如何之旨被申、是八本ハ如何之旨被申聞候ニ付、此儀之炎上以前修理職より申立候而相済候儀ニ御座候処、炎上ニ而御造営之序ニ御造営方ニ而出来候様与何も相談仕候、其節各様へ及御相談修理職奉行衆へ申上候処、此儀ハ外郭同様ニ而修理職奉行衆取調之事ニ而者無之、伝奏衆へ取扱之事と被存候旨日野殿被申聞候ニ付、其趣各様へ申上書面各様へ差出候儀ニ御座候、炎上已前修理職申立之儀ハ惣而ケ様之儀奉行衆へ不申上、修理職評議之上各様へ修理職より申上、御聞済之上ニ而修理職申立、所司代へ相廻り候事之由ニ候、何分元ハ修理職之申立ニ而御座候、右申上候通修理職奉行日野殿へ申上候得共、外郭同様ニ而奉行之取扱ニ而者無之、伝奏衆へ取扱と被存候旨ニ付、則其趣申上、各様へ書付差上申候ニ御座候段及演述、

一、一昨日御当番より御状ニ而非蔵人口へ可罷出之旨被仰下候ニ付、非蔵人口へ　土佐土佐守
罷出候処、堤殿御出逢ニ而、間違ニ而当番取次より之通達被成、御用掛両人より通達之筈候、御

八月十七日

船錠の図写し出来

（72オ）

用筋之儀ハ竹台之図壱紙可上候様被仰出候間、明後日ニ而も可上之旨被命候ニ付、相認持参仕候旨申聞、則竹台竹植有之図壱枚持参差出、依之受取、」日野殿御詰合ニ付直ニ上ル、右之通ニ而差出置候処、土佐守色紙形絵之御用ニ而、日野殿土佐守へ御逢之序ニ右之竹台ケ様ニ而無之、大絵図ニ而差出候様被命、即先刻上候絵御返し有之受取申候段、土佐守申届承知、直ニ退出も被命候由也、右書改、明日差出候筈也、

十七日

一、今日参集也、淡路守当番、

一、三冊とも淡路守より上ル、昨日土佐守持参之請書幷平巾冠・鎌槍之両図相添上ル、右越前を以上候由也、

一、船錠之図写出来ニ付、修理職より受取、安芸を以淡路守より上ル、

一、今日御用掛組与力山田良平次淡路守方へ参、御〆り之儀図面返却候得共、長橋殿台所入口輪掛金之儀一緒ニ返答不申達候而者悪敷候得ハ、此儀取極返却有之候様致度由御普請方より柿色之付札ニ而右之処も同様申来候処、摂州方ニ而落候趣ニ而、右之六分堺又々差越候而受取、淡州随分ニ而出勤有之候、右扉之事ニ付、先達而表へ主水より往反も有之哉之様覚候事故、主水呼寄弥如何有之候哉之儀申聞候処、先達而御〆り調之節、関貫海老錠ニ申候節扉之積之事申上候様とハ候得

（72ウ）

共、錠と不覚由ニ付、何分宝永之度扉之事無之、戸と有之候得ハ、元ハ扉ニ而者無之と存候、只今ニ成扉之事」候とも出来申間敷歟、長橋殿階段ニ而扉ニ而も有之様ニ候得共、何も錠と不覚候得ハ、右之趣ニ而奉行衆へ可及掛合と存候得共、先長橋殿之方取極候ハヽ、可候得ハ間局侍へ及掛合、伺せ候ハヽ、可然旨主水へ申含、依之主水局侍恒枝専蔵へ及掛合、元形扉之様ニ覚候得共、常

（73オ）

之障子入有之扉〆り之外一向不覚候、宝永之敷図ニハ戸ニと有之候、夫を以此度引立障子之事カヘ只今ニ成扉之事申立候とも、出来候程難計候、此度之処御差支も無之候ハヽ、出来立之侭ニ而相済候間敷哉、是非扉と思召候事候て、追而出来候様とも可計歟之旨及演述之処、専蔵も扉とハ覚候得共聢と無之、昼ハ障子入夜分者障子之さし戸ヲ立来候由申聞有之、畢竟口向之事ニ而候得ハ、何も差支ハ有之間敷旨返答有之候得共、一応被伺候様申聞候処、則長橋殿へ伺有之候処、口向之事ニ而候得ハ、何之思召も無之差支之筋も無之候、如ケ様とも可改候、乍併跡々長橋局代り候上、已前ハ扉ニ而有之抔と申事有之候も気毒候、左様之節之斗方宜様主水取計候歟、何分之思召も無之旨被仰出候由、専蔵申聞候由申出有之、何分ニも宝永敷図戸ニと申事ニ而出来之御絵図ニ而候得ハ、後々彼是有之候とも申開キハ随分有之候、左候ハヽ一応奉行衆へ申上、夫とも長橋殿之事ニ而候得ハ可被申達旨候ハヽ、其通ニ及致旨淡州とも及示談、摂津守殿より被申越候書面之趣を以右之絵図又々越前被渡、右長橋殿台所入口先達而御〆りケ所付候節、「扉関貫海老錠」〆と朱書付札致上候、然ル処此処ハ戸ニせしと敷図ニ有之候処ニ付、関貫海老錠〆ニハ難儀輪掛金ニ可致之旨御普請方より申越候趣候、此間柿色之付札之節一緒ニ可申出之処落候歟、更此段摂津守より申越候、長橋殿へ侍を以申上候処、何之思召も無之、差支之儀無之被仰出候旨御座候、依之扉関貫海老錠と申朱書付札取放、輪掛金錠〆りと申朱書付札ニ仕替可遣哉と奉存候、仍此段伺候条申述申上置、

右之通ニ申上置候処、申上候通ニ可計旨被命、淡路守承り、直ニ修理職へ達朱書付札仕替させ図面主水より受取、右之趣摂津守殿へ及演述、敷図進達候処御彼宅江持せ遣候様被申、書面相添退出後持せ遣ス、

一、此間摂津守殿へ書付ニ而被申聞候内、
御殿内其外〆り〳〵錠前滅金黄銅鉄品訳書付を以御造営掛りへ委細相達可然哉之事、
右之ケ条修理職ニ而調候得共、黄銅之事不相分旨ニ付、摂州へ昨日尋候処、真鍮之由被申、滅金と真鍮と鉄と之分ケ品分ケ致之儀、猶又修理職ニ而調候得共、滅金と鉄斗ニ而、真鍮と申品則滅金之事ニ候由ニ而、聢と無之候付、右之ケ条右之通書付、今日表へ申上候処、口向ニ而取調可申上之旨ニ而書付被返候ニ付、又々修理職へ相達、奥向之処女嬬へ成とも掛合、奥向何方迄ハ真鍮鉄と候処相分り候歟聞可申条主水へ申渡置、右ニ付今日摂津守殿へ返答難成候ニ付、右長橋殿台所入口之儀ハ朱書付札仕替、且滅金黄銅鉄之品分之儀ハ難相分候」候ニ付、取調跡より可申上之旨書面ニ致し、右敷図ニ相添彼宅へ持せ遣ス、

（73ウ）

石薬師御門番所の事御普請方より付札にて返答

一、石薬師御門番所之事、御普請方より付札ニ而返答、
石薬師御門上番居所勝手廻り戸立合之儀、番人好之惣図面付札ヲ以御懸合有之候ニ付、取調申候処、懸絵図之通致勘弁、取計可申候、其余之儀ハ彼是御入用も相増候事故難致出来候事、

八月

菅沼下野守
村垣左大夫
土佐土佐守

右之通ニ而掛絵図都而かへニ而一所フミタシ戸付候趣也、

一、
右参上、日野殿直応対有之、和歌画下絵伺之由ニ相聞候也、昨日被仰付候竹台之図も直ニ日野殿へ上ケ相済候由申聞有之、

一、六分堺上候様申出、修理職六分堺御用ニ用ひ居候由ニ付、此方扣図上ル、
一、当春より之御普請方伺帳御乞ニ付、弐冊上ル、
一、今日御用無之、尤朱書も無之候、来廿三日参集候旨ニ而、帳面三冊幷先刻上候御普請方伺帳弐冊
六分堺図面等御返却、受取置、
一、柿色付札之ケ所寄書付先刻淡路守より上置候処、右書付御普請方伺帳右御〆り伺書面筆記有之候
処ニ張付被置候、不落之候様可致旨被命、右存之安芸を以被仰出候也、淡州へ申聞置退出、廿三
日参集之事内々へ」申渡ス、

(74オ)

宝永度の上棟

一、宝永御上棟之節御場所へ櫛笥大納言殿被行向之儀、櫛笥殿御役柄等聞合候様摂州申聞ニ付、越前
を以伺置候処、右櫛笥殿ハ其節御外戚ニ而御座候ニ付、都而何事ニ而も御拘りニ而候旨、今日安
芸を以被命候也、

八月十八日

十八日
一、摂津守殿より書面ニ而申来、

水原摂津守
御造営御用掛
取次御中

禁裏御殿向部屋の蚊帳釣鈲打方の儀並びに竈築立四枚の儀

禁裏御殿向部屋之蚊帳釣鈲折釘打方之儀、幷竈築立四枚之儀ニ付、御用掛りより猶又別紙
差越候間、帳面絵図共相達候、尤竈築立及延引候而者、差支候趣ニ有之候間、早々取調可
申聞候、已上、
八月十八日
菅沼――
村垣――
水原――
禁裏御所御用向部屋々其外共蚊帳釣鈲折釘打方ケ所書壱冊、幷竈築立口数土間竈ケ所書壱

（74ウ）

冊、絵図弐枚御達有之候ニ仕、則取調候処別紙帳面弐冊江致附札、絵図弐枚共相添差進、
猶又御懸合申候事、」

書面掛合之趣幷付ケ札有之候帳面弐冊、絵図弐枚共相添、相伺候事、

八月

右ニ付承知、猶相調自是可及返答間返答書面上遣ス、

右蚊帳釣釻之儀ハ、表ニ而非蔵人之場所、奥向ニ而ハ三仲ケ間部屋々々ニ釣釻之処ヲ折釘打ニハ相成間敷哉、口向も釻之処折釘ニハ成間敷哉之付札ニ付、是ハ奉行衆へ伺候事ニ而、廿三日参集之節可申上積り、竃築立之事ハ差急候事ニ而も有之、格別表へ伺可申義ニも及間敷ニ付、何分先間数之違ニより御膳所竃弐側ニ者難成等之儀ハ敷図と引合、宝永度ハ敷図等之引合吟味致等候も掛合得と相調候筋ニ付、修理職権大夫へ相渡、調之後申渡ス、

十九日

一、昨日之儀淡路守へ申聞及相談、修理職へ掛合、御膳所幷御台所御門下番助右衛門方大竃等之儀及相談、

一、摂津守殿被渡、

水原――
菅沼――
村垣――

禁裏御所勘使部屋玄関前高塀別紙図面懸絵図之通相成申間敷哉、図面相添及御懸合候事、

書面掛合之趣、絵図添相伺候事、」

（75オ）

八月

右絵図勘使市野伴之進へ相渡、取調否可被申聞候旨申達、

一、入夜摂津守殿より書面　　御造営掛り取次中　　　　　　　　水原摂津守

別紙弐通相達候間、可被得其意候、已上、

八月十九日

御造営掛り取次へ

別紙之通御造営掛りより申越候間被得其意、為請取組之有差出候間、修理職も為立会、明後廿一日四ツ時罷出候様可被相達候、且又別紙之趣ニ付、今出川口番人引取、乾口御門番所へ罷出候処、右番人江可被相達候、

八月十九日

水原摂津守殿　　　　　　菅沼下野守

有田播磨守殿　　　　　　村垣左大夫

乾口惣御門・下番人居所の分出来

乾口惣御門幷下番人居所之分出来いたし、鉄物打立其外少々宛之仕事ハ相残り候得共、往来差支無之候間、右御門下番所共明後廿一日四つ時御造営掛り之ものより仮引渡可申候間、御請取方之儀御取計有之候様存候、尤引渡後塗囲ひ取払、直ニ往来為致候積りニ有之候間、番人被附置候儀と存候、右之通乾御門往来相成候上者、先達而摂津守殿江」御懸合済之通、

（75ウ）

今出川御門之方ハ往来差留、竹矢来ニ而〆切候間、番人ハ引払可申候、依之定御修理方へ懸合、右塗用ひ取払候積ニ御座候、右之惣一通り太備中守殿江申上候積有之候間、御存寄も候ハヽ、明朝迄ニ御申越御座候様致度、此段及懸合候事、

八月十九日

右之趣申来候ニ付、淡路守承知之段返答有之、修理職退出後ニ付今晩申渡し無之、翌朝修理職可

八月二十日

昨夜の風雨により御文庫板囲残らず倒れる

趣申渡之処、未出勤無之、淡路守退出ニ付、予出仕之上可申渡旨翌日申送り有之、

廿日

一、昨日摂津守殿被申越候乾口御門仮引渡之儀、淡州より申送り当面甲州より被達候ニ付、修理職松宮主水江申渡ス、右ニ付中元草履取申立候ニ付、当番へ申、仕丁頭へ申渡有之、

一、摂津守殿より書面　　御造営掛り取次中　　水原摂津守

昨夜相達候書付弐通落手之趣被申越候得共、御造営懸りより懸合、書面之方写取、本紙ハ此者へ可被差返候、以上、

八月廿日

右之通申来候ニ付、則昨夜之本紙写取置、則本紙ニ返書相添返ス、

（76オ）

一、摂津守殿より被差越、」

勢多大判事様　　水原摂津守

土山淡路守様　　有田播磨守

御文庫番人より別紙之趣届出候旨、組月番書付差出候ニ付相達候、修理職江被申渡、早々見分罷越候様可被申渡候、已上、

八月廿日

昨夜風雨ニ而、北御文庫中御文庫東手板囲不残相倒、其外竹矢来吹到候旨御文庫番より届出候、依而此段申上候、急々御修復被仰付候様仕度奉存候、已上、

右之通ニ候間、早々見分ニ可遣旨被申聞、則高嶋監物へ申渡ス、即刻罷越候也、尤中元草履取申立候ニ付、当番へ申仕丁頭へ申渡有之、

一、御膳所竈両側難成壱側ニ相成候儀、且其外竈御普請方より付札之返答之朱書、昨日淡路守調、悉今日修理職へも申聞、扣等も得と致し候ハヽ、摂州指出候ハヽ、可然之旨淡州より申送リ有之、主水へ相渡、朱書付札得と披見、扣直させ相調候ニ付、添書相添、今日摂津守殿へ出ス、右之添書、

御膳所竈之儀、宝永度之振合を以最初御差図出来、一側通竈候処、其後御用意御手当として両側竈ニ増方致出来候趣ニ付、則此間御達申候処、御指図間狭ニ付、右図之通ニハ難出来旨御下ケ札致承知候、右竈増方出来之儀最初御差図之節不相分、此砌取調候処相知候」（76ウ）義ニ付、又候追而竈増方申立候も大造ニも可相成哉ニ付、格別之御差支も無之候ハヽ、此度右両側竈数別紙絵図面之通御出来候様仕度候ニ付、則右図面再差出し候、夫共最早土代等出来ニ而、仕直ニ相成御忘却之筋ニも御座候ハヽ、当前御用之御差支者無之、御手当竈之儀ニ付、壱側出来ニ而も不苦候、則壱側之竈数図面壱枚別ニ是又御達申候、右両様御相談之趣御答承度候、右之外下札御懸合之儀ハ夫々朱書付札ニ而御答申、帳面御達申候事、

八月

右之書付ニ竈数ケ所書帳壱冊御膳所両側竈之図壱枚、同壱側竈之図壱枚幷外ニ長橋局竈之図壱枚相添、摂津守殿へ進達、落手也、右長橋局竈之図最初相達候処、向之申分も無之候得共、此間右帳面付札ニ而御膳所之竈図返却之節一緒ニ被返候ニ付、又々今日相達候也、

土佐土佐守竹台の図の書改めを仰せ付けられる

一、　　　　　　　　　　　　　　　　　　　土佐土佐守

右日野殿へ直ニ上置候竹台之図書改被仰付、廿三日差出候様日野殿被仰付候、今朝申渡候旨、淡州より申送り有之、

八月二十一日

廿一日

乾口惣御門・下番居所仮引渡し

（77オ）

一、今日乾口惣御門幷下番居所仮引渡ニ付、修理職松宮主水罷越受取、村上利左衛門江相渡ス、利左衛門より春宮御殿御門上番へ中村源吾相渡ス、鍵ハ主水随身ニ而被」帰了、主水幷利左衛門より右之段届出ル、今出川口仮番所ハ春宮御殿御門上番より利左衛門受取、修理職へ相渡候也、右今出川口仮番所早々常御修理方へ引渡有之様致度段、常御修理方申由ニ候得共、御附衆之下知無之ニ付、未相渡旨権大夫申聞候ニ付、摂津守殿へ右之趣申聞候処、此儀も一昨日一緒ニ申越候筈候処、其段無之候ハヽ、早々引渡候様修理職へ可申渡旨被申、権大夫へ申渡ス、

右今日引渡之事、六門幷春宮御殿御門上番へハ一昨日淡路守より申渡有之相済候也、右鍵ハやはり番人江渡候方可然旨摂津守殿被申候ニ付、右大門鍵幷階之鍵とも番人山田源右衛門呼寄相渡、関貫之海老錠ハ利左衛門方へ取寄置候旨ニ付、六門へ申渡、右番人へ相渡させ候也、則山田源右衛門為六門代へ罷越、受取候様申渡ス、右請取渡相済候段御附衆へ申候也、尤此儀当番掛り之儀ニ付、御日記ニも記させ置、

摂津守よりの書付

一、昨夜摂津守殿より淡路守へ到来、

御造営懸り取次中　　水原摂津守

禁裏御庭埋樋の修復

禁裏御庭埋樋御修復ニ付、明廿一日より樋筋掘割見分之上、直ニ御修復取掛り候旨御造営掛りより申越候間被得其意掛り堂上方へ被申入、修理職へも可被相達候、以上、

八月廿日」

（77ウ）

御文庫等と同様の取扱い

右ニ付、同屋敷内之事ニ付松宮主水へ相達有之、今日右之儀修理職奉行衆へ常式之振合ニ而申届積り、御文庫抔と同様之取扱致候と存候旨権大夫へ申聞ニ付、左様之儀ニ而可然旨申渡ス、則今日日野殿御参会ニ付申上候由也、

宝永度御普請浮道具書付を修理職取調べ

一、宝永度御普請三丁場浮道具書付、於修理職取調候処、内侍所神楽仮屋、堀屋、内侍所南階垣、此三ケ所宝永之後出来之もの故、書付ニ不引合候、此度此浮道具之品書奉行衆或御附衆へ二而も出候ハヽ、此三ケ条御書入被出候、其趣ニ而も宜候、若御除被成候ハヽ、此三ケ条ハ常御殿修理成方ニ而申立之儀御座候得ハ、其内へ差加候様可仕候、猶御相談之上、如ケ様とも可仕旨権大夫申聞ニ付、猶廿三日相談之上否可及返答候旨申聞置、右等之事主水より日野殿へ伺置候処、於口向宜取計候様御返答御座候ニ付、右之段申聞候旨権大夫申聞候也、

錠前滅金黄銅鉄品分の書付

一、此間〆り〳〵之儀、柿色之付札ニ而伺有之、絵図等差添伺候処、可為伺之通、右図両様返却之旨朱書ニ而御返答、十日被出、摂州へ達置候、其後摂州より錠前滅金黄銅鉄品訳書之事被申越、表へ申上候処、口向ニ而可相糺旨ニ付、主水へ申渡置候処、右十三日御返答之節、掛合書面ニ御返答之通朱書付札ニ而返却之書面ニ摂州より付札、

(78オ)

御書面修理職奉行衆へ相伺候処、朱書を以返却ニ而船錠之図致返却、猶又御差図懸御目申候、尤〆り之錠前滅金黄銅鉄品訳書付者、追而可被相達旨申聞候事、」

八月　水原摂津守

右之付札ニ返答付札、

本文奥口惣〆り之図面致附札御懸合申候処、猶又御差図之箇所御達之趣致承知候、且船錠之図も御返却被成成可為伺之通旨、尤〆り之錠前滅金黄銅鉄品分書付者、追而御達可被成旨被御申聞致承知、然ル処先達而御殿向其外御金物位付伺済候趣を以、其御間之御金物位ニ応シ取計可申候間、別段御達しニ者及申間敷と存候事、

八月

菅沼下野守
村垣左大夫

右減金黄銅鉄品分之儀、跡よりと申事奉行衆へ伺候処、右之通被御聞候と申ものニ而及掛合候間、其心得可致旨被申聞ニ付、勿論奉行衆へ申上候処、於口向相糺候様被仰出、糺之儀修理職へ申渡置候、其御間之金物ニ応し、出来之節ニ而も可有之歟と銘々共も申居候、何分相糺候而申上候積りニ候旨及返答、右之書付先預り置候也、

一、来廿三日参集被相廻、明廿二日参集候旨、日野殿番頭代播磨を以被命、依之修理職・日記役等へ申渡ス、淡州へ書面ニ而為心得申遣ス、

勘使所玄関前高塀の儀

一、　勘使玄関前高塀之儀、御普請方より伺有之、勘使へ達置候処、返答無之候ニ付、明日参集ニ相成候ニ付、早々返答有之候様帳役加勢千蔵を以申達、伴之進承知ニ而、」猶可及返答旨申聞有之、

（78ウ）

八月二十二日

廿二日

土佐土佐守

一、今日参集ニ相成候ニ付、
右土佐守へ被仰付候書改之竹台之図、今日差出候ハ、可然旨書面ニ而申達候処、承知、昼前後持参可申旨返答有之、
一、今日参集、淡路守当番、
一、帳面二冊とも淡路守より上ル、

蚊帳釣鈨箇所につき御普請方よりの付札を進上

一、蚊帳釣鈨ケ所書帳面ニ御普請方より付札ニ而差越ニ付上ル、
右付札、御末・女孺・御物仕部屋々々鈨八ツ打之処、折釘打ニハ相成間敷哉、表ニ而外様番之非蔵人等迄之処、十六ケ所鈨八ツ打之処、折釘打ニ成間敷哉之旨付札有之、右三仲ケ間之処奥へ表

より掛合之処、一向御承知無之由、表も右十六ケ所とも有来候通之申立之由、口向取次以下侍分何方も鈌四ツ打之処折釘打ニハ成間敷之旨申来候処、口向も有来候由と申立間敷哉之趣、最初非蔵人申聞候得共、右之通三仲ケ間一向不承知幷十六ケ所も有形之通八ツ打ニ申立ニ付、口向成とも折釘打之事領掌致し遣候ハ、可然趣ニ而、差支無之候ハヽ、折釘打之事承知致間敷哉之旨掛合有之、差而何も差支之筋無之候、畢竟侍分下部と之分ケニ而、侍分ハ鈌四ツ打、下部ハ折釘打と申ものニ而差支之筋ハ無之候得ハ、如ケ様とも之旨監物を以及返答、

造内裏上棟日時定の陣儀

一、今日造内裏上棟日時定陣儀也、上卿勧修寺大納言幷柳原幷奉行職事清閑寺頭弁、」（79オ）

勘使所玄関前高塀の事付札の趣では差支えあり

一、勘使所玄関前高塀之事、付札之趣ニ而者差支候趣渡辺主殿申聞、絵図返却有之、依之写早々出来候様修理職へ申渡、後刻出来ニ付、右玄関前付札之処掛紙之通ニ而者差支候間、最初敷図之通、且又同所南側休息前へ之入口被拵之、懸紙之処も右同様之付札、且同所高塀ニ懸紙之処、是ハ如ケ様とも不苦旨三ケ所とも墨書之付札致し、勘使所玄関前之処如是掛紙ニ而申来候得共、差支等有之候ニ而、付札之通返答仕可申候、奉存候、一応奉伺候段越前を以申上ル、

土佐土佐守より漢竹竹台の図提出につき進上

一、　　　　　　　　　　　　　　　土佐土佐守

右被仰付候漢竹竹台竹植立之図出来之由ニ而、左近将監を以差出ス、受取、淡路守より安芸を以上ル、

土佐三人より清涼殿和画草稿提出につき受取る

一、　　　　　　　　　　　　　　　土佐三人

右被仰付候清涼殿和画草稿、先達而土佐守より日野殿へ直ニ上置候処、今日御出候伺之通御治定之由、淡路守受取、左近将監へ相渡ス、

造内裏上棟は八月二十六日と治定

一、来廿六日巳刻造内裏上棟御治定被仰出候、右ニ付御場所へ罷出候輩名前可差出之、堂上方非蔵人

迄も書付早々可出旨摂津守殿被申聞、此方へハ未何之御沙汰も無之候、被仰出候ハ、早速可申入之旨申聞候処差急候間、摂津守右之趣申聞候条申上相伺候而、今日中ニ名前書付可差越旨被申、右ニ付淡路守より丹後を以申上ル、右之趣ハ承知候、猶自是可被仰出候旨、丹後を以御返答有之、」

（79ウ）

上棟の日の行向の儀は木造始の通り

一、来廿六日巳刻造内裏上棟御治定被仰出候、行向之儀ハ木造始之節之通ニ候、堂上方名前後刻可被出候旨、丹後を以被命、淡路守承り、修理職へ申渡ス、修理職奉行弐人之由、高丘殿依服者行向無之由也、

木造始之節ハ日記役ハ不参候、縄張之節罷出候、此度之処罷出候心得哉、若左様ニも無之候ハ、、其分出勤致度心得ニ候ハ、、一応相伺可申旨内々日記役広瀬左膳へ承糺候処、出勤致度旨申聞ニ付、木造始之節可罷出之処不罷出、縄張之節ハ罷出候、日之御用も相勤候者ニ候得ハ不苦候ハ、、罷出候御様仕度候、且又市野伴之進是も木造始ニハ不罷出、縄張ニハ罷出候、修理職一統之事ニ候得ハ罷出候様可然哉之旨安芸を以相伺、

且又重軽服者ハ相除候哉、是又相伺候段申上ル、

一、右之趣申上置候処、御用掛一統可罷出候旨安芸を以被命、勿論重軽服者可相除旨被命、右之趣修理職へ申渡ス、伴之進・監物より通達之事申達、且又監物儀者内々重服ニ付名前差出候得共、臨期不参之心得之事及掛合置、日記役左膳へ申渡ス、

一、来廿八日参集之旨被命、今日者退出之旨也

行向の名前
御用掛議奏

一、行向名前書被出、

御用掛議奏

中山前大納言

広橋前大納言
千種宰相中将
修理職奉行」
日野中納言
堤前宰相
御用掛り非蔵人
松尾安芸
松室丹後
北小路越前

修理職奉行

御用掛非蔵人

（80オ）

右折紙ニ而被出、

勘使所玄関前高塀の絵

一、勘使所玄関前高塀之絵、於表差支無之旨朱付札ニ而被達、扣図可上之旨被命、右之朱書付札ハ取放候而、御普請方へ可返積り之旨申聞置、『無差支之儀、』

漢竹竹台絵図

一、漢竹植立之竹台絵図被出、御造営方へ可達旨添書出渡候也、

蚊帳釣釻箇所書帳面

一、蚊帳釣釻ケ所書帳面被返出、
三仲ケ間部屋幷十六ケ所『可為有来之通、』右有来之通可為之旨、朱書付札
取次以下持分之処、『伺之通』之旨朱書付札　釣釻出候帳面朱書『即日答可為付札、』『朱書之通帳面可有返上、』
右之通被渡、　十六ケ所之事、林和靖間、水島間、議奏候所、錦鶏間、御近習番所、落長押間、非蔵人休所、内々番所三ケ所、外様番所三ケ所、端非蔵人部屋三ケ所、右十六ケ所也、

竹台竹植様図

一、竹台之図被差添候書分
竹台竹植様図相違候、可為如画様候、但画様ニ者下葉格子外江出し有之候得共、必出候様

口向行向の名前御造営御用掛り取次

修理職

日記役

詰所常番

（80ウ）

心得間敷候、葉自然と出候儀ハ格別熊と不及」出候、尤竹根敷石之外江不漏出候様可植威
候事、
　但竹台竹植様図写取可有返上、
右如例切紙ニ写、本紙者此方ニ留置写之方摂州へ達、

一、口向行向之名前

御造営御用掛り
　取次
　　勢多大判事
　　土山淡路守
　修理職
　　岡田権大夫
　　松宮主水
　　高嶋監物
　　市野伴之進
　日記役
　　広瀬左膳
　詰所常番
　　古谷士郎
　　池田藤三郎」

修理職下役

（81オ）

八月二十三日

水原摂津守の返書

勘使部屋玄関前高塀絵図

竹台河竹植様の図

八月二十六日上棟につき行向の名前を奉行衆へ申入れ

（81ウ）

修理職下役
橋本平次
米田権六

八月

右之通切紙ニ認、表より被出候、四折ニ差添摂州へ遣ス、日記役小川勝之丞先頃より所労引篭中ニ付、名前相除、

一、今日淡路守当番ニ付、予暮前退出ス、右等之返書翌日披見可申旨、尤今晩返書到来候得ハ、淡州披見之上引出し被入置候筈也、

廿三日

一、昨日摂州へ申達返書、

水原摂津守

勢多大判事様
土山淡路守様

勘使部屋玄関前高塀絵図　壱枚　添書壱通

右朱書附札被出候、

一、竹台河竹植様之図　壱枚

右ニ書面壱通添、」

右奉行衆より被出候旨、令落手候、

一、来ル廿六日　御上棟ニ付、御場所行向之名前之儀奉行衆江被申入候処、別紙壱通被出幷口向掛り罷越候名前書壱通相認、都合弐通令落手候、然ル処、蚊帳釣折釘打ケ所書之内、御

（82オ）

末女嬬御物仕部屋等御有来之通鋲打之積朱書被出候得共、右場所此度杉丸太建ニ相成、長押無之候間、鋲打ニ而者却而不取合ニも可有之、其上板者替之築分少ク候ニ付、鋲之座も御有来之通ニ而者迚も打方出来不致候間、右ケ所者折釘打之方可然候間、此段被致勘弁、今一応被相伺否可被申聞候、依之右帳面壱冊猶又相達、其余者不残令落手候、已上、

八月廿二日

右之通返書到来、然ル処右之帳到来不致候ニ付、押返之帳面之儀申達有之由、且右三仲ケ間部屋長押之儀、御有来ハ長押有之哉無之哉之儀、承度段申達有之、猶明日返答者被申旨口上之返答有之、蚊帳之帳面ハ取落之由ニ而、御用掛与力三人より書面差添持せ越候旨、右鋲折釘之処今日摂州長押之有無返答次第ニ而、摂州昨夜之返書之趣を以今日奉行衆へ伺候ハヽ、可然歟、尤女中斗之事ニ而候得ハ、鋲ニ而無之而者蚊帳引上ケ難成様ニ候得ハ、やはり鋲打之儀可然歟、是等之儀相含伺候ハヽ、可然哉之旨、淡路守より申送り有之候也、

右ニ付御有形之儀修理職へ申聞承候得共、主水・監物とも不分明、何分座ハ無之とも、」鋲ニ而無之而者蚊帳も長ク引揚めしカタ難成候得ハ、鋲八ツ打之方と相成候ハヽ、可然歟之旨主水・監物申聞有之、摂津守殿出仕之上御有形長押之事尋候処、御有形ハ長押有之様ニ候得共、宝永度御造立之様子長押ハ無之旨御用掛り申聞候、後ニ長押出来之事歟之旨被申聞、依之昨夜摂州返書之趣を以口向詰合有之候、丹後へ申聞、修理職奉行詰合候ハヽ、伺被申候様及演述、右之通ニ候ハヽ、此度伺出候付札ニ其事ヲ申上候得ハ宜候処、其時者左様之儀不申、御治定被仰出候上ニ而、左様之儀又々申出候儀ハ不聞申分ニ而者無之哉之旨申ニ付、勿論理屈ハ随分其通ニ候へ共、昨日摂津守へ相達候処ニ而、摂津守右之趣存候ニ付、更ニ伺候と申ものニ候、御造営方へ相達、御造営方

より又々埋返し伺出候儀ニ而者無之候、何分右之趣候得共、女中之事ニ而候得ハ、引上ケ之処釻ニ而無之而者難儀と存候、やはり釻打之方被仰出候ハヽ可然歟と銘々共ハ存候旨及演述、右申上置候、今日者御用掛議奏衆之詰合無之候、明日其趣ニ而可申上候、御造営方江ハ不被達、摂津守より右之趣申越候儀候ハヽ、其趣を以明日可申旨ニ而帳面被返出、則丹後右之趣申聞受取置、右三件ケ間部屋杉丸太建ニ而長押無之由、最初柱木品伺ニ而杉ニ相成候儀ハ随分覚居候、長押付候事不付申候事不覚候旨淡州申送り有之、此方も一向不覚、修理職ニも不覚由全体木品伺之節杉之角柱之積候様覚居、丸太建ニ而者無之覚悟候、何も居候処右返出之趣ニ而ハ、杉丸太建ニ而長押も無之と相見へ候也、」

（82ウ）

九口御門内流水溝筋

一、摂津守殿被渡、

水原──
菅沼──
村垣──

九口御門内流水溝筋不残広ク候様修理職差出候書付、先達而御達ニ付被伺申候処、右溝筋不残広ク相成候得ハ、九口御門外溝筋町家続之場所に而者、火災後未家作出来不致所も有之、下水巾広相成候得ハ、自然と九口御門外へ水押出可申候得ハ、溝筋未々迄も広ク不申候而者、迚も水吐宜と申ニも相成申間敷候間、町家々之者共窺義可致と存候付、所司代ニも相伺候処、溝筋

禁裏御築地廻り之西ハ有形之趣ヲ以御修復可致旨被仰渡候付、此段御達し申候事、

八月

右之通申来候、乍然御築地是迄水溢所々殊外荒等出来候事ニ候得ハ、今一応其趣趣（ママ）申立候ハヽ、伝奏衆へ申上、伝奏衆より所司代へ御通達も有之候様可取計候ハヽ、早々評議致し今一応書付差出

候ハ、可然旨摂津守殿被申聞、依之修理職主水へ右書面相渡勘弁可申旨申渡ス、畢竟町々左程溝広ク候ニも不及事と存候、女院御所より末ハ閑院様へ掛り、其末ハ差而溢候処ニハ成間敷、依而此御所より仙洞御所并新在家通り并鷹司殿前より有之、并清和院辺広く候得ハ可相済候、畢竟御築地所へ水溢、地面荒通行御差支より申上候事ニ候、町々末々迄及申程之事ニ而も無之候、左様之」儀ハ被申間敷候得共、御築地内之処ニ而、水溢不申候歟之儀斗之事ニ候旨及示談置、

花壇奉行
田中大炊

御階の桜の儀

（83オ）

一、此度御階之桜之儀、御造営方より御吟味有之、植木屋共江被仰付候由、則植木屋宇兵衛江も被仰付之由ニ而届出候、夫ニ付右御階之桜先年接木被仰付接出候、其内之本者先達而御階江被移植候、今壱本残有之候、此度御殿之寸尺ニ引当候処、凡寸尺も応し申候、御殿ニハ九寸廻りと申事ニ候御庭ニ残有之候処ハ壱尺廻りも有之候、高サも夫ニ応し高候、此儀ハケ様之桜有之候儀乍存居、此節御吟味之処ニ而、何とも不申上候も如何ニ付、先々此段申上置候旨申出候ニ付、先承置候段及返答、

八月十九日の風雨により御池庭御文庫の板囲風損あり

一、摂津守殿被渡、

去ル十九日風雨ニ而、御遣水御池庭御文庫板囲風損有之候ニ付、取繕為見分御取締懸り差遣候処、御築地も出来御締宜御座候間、右風夜分別紙麁絵朱引之通取繕、御差支無御座候哉、此段相伺候事、

右麁絵図壱枚添、

右伝奏衆へ被申上候処、奉行衆江可上之旨被申候旨ニ而被相渡候ニ付披見之処、右之趣ニ而、御取締見分之上之伺書、是迄伺帳等ニも記も無之事ニ付、右ハ御取締りより之事ニ而御造営掛り之

伺とも不見候旨申候処、勿論御造営掛りニ而者無之、常式之儀ニ候旨被申候ニ付、右之」書付曽〔麁カ〕
絵図とも主水へ相渡、常式之取計ニ而、奉行衆へ修理職より伺付話ニて可然旨申達、其趣ニ取計
有之候筈也、

（83ウ）

減金黄銅鉄の錠鍵品訳の事

一、減金黄銅鉄等之錠鍵品訳之事、修理職より書付出ス、
　減金錠前ケ所
　　常御殿御小襖之内　剱璽御襖
真鍮錠前ケ所
　　御奥表御廊下舞艮戸板戸押入襖之分対屋向共
鉄塗錠前ケ所
　　御襖表押入板戸之分御末女嬬御物仕部屋、奏者所入口四枚戸御遣水仕切之塀四枚戸幷
　弐枚戸都而御庭向〆り之分御門と幷御奥表御膳所向御清間向押入
　右之外普通鉄鍵之〆りニ御座候、
右主水より差出ス、受取置、

昆明池障子図・小障子図の扣の進上につき修理職の扣を提出

一、昆明池障子之図・小障子図扣有之候ハ、可上之旨ニ付、修理職扣取寄、丹後を以上ル、右後刻両
図とも被返出、主水へ渡ス、」

（84オ）

八月二十四日

廿四日
一、修理職奉行大原殿御詰合ニ付懸御目、蚊帳鈂御末女嬬御物仕部屋折釘可然旨、摂州より被申越候
趣及演述、右之ケ所帳差出候処、摂州被申聞候趣書取出候様被申、一昨夜之返書之内書抜進達致
置候処、伺相済候儀、且末向之事ニ候得ハ、又々伺候程之事ニ而も無之候得ハ、口向より承合、

返答次第可及返答候、ケ様之儀ニ付、ケ様ニ返答仕候旨申聞有之候ヘハ宜候旨、広橋殿被申由被命、権大夫ニ而承紀させ候処、釻座無之候とも、八ツ打ニ成候様申聞之由ニ付、此間表より被出候朱書付札候、又下ケ札ニ而柱之壁之葬少ク御有来之通難打候ハヽ、座少ナクとも可為釻八ツ打、若哉釻座無之候字も不苦と朱書付札之積りニ而、大原殿へ懸御目御治定之御付札付候も如何ニ候得共、ケ様ニ而も可然哉、勿論三仲ケ間承候処、座ハ無之候とも、釻八ツ打ニ相成候様申聞候旨申処、表へ付札ハ伺之上御治定之付札ニ候得ハ、是ニハ被付間敷演述ニ而者成間敷哉之旨被申、所詮演述ニ而ハ承知不仕、書取遣候様ニ相成候、やはり被相伺候処、如是被仰出候趣ニ御造営方へハ相達申候儀被申旨申処、則広橋殿とも御相談ニ而、左候ハヽ、一向廿八日参集之上評議可有之候間、摂津守ケ様ニ申越候条、帳面ニ認可出候旨ニ而、蚊帳釣釻ケ所帳被返出、

衝立

一、　衝立

右内ニ立候衝立之分直段積り之帳、先達而修理職ニ而仕立、摂津守殿へ進達致し置候処、伺公間之衝立張付之処棚扱之衝立之積り、鍵番所衝立ハ弐筋溝ニ而、障子弐枚ニ有之処、壱筋溝ニ而はめ込む積り付札ニ而、右付札之通出来候様可申達之由摂州より」（84ウ）張札被致御渡候ニ付、猶自是可及返答旨ニ而先受取置、

八月二十五日

廿五日

昨日の摂津守の書面

一、昨夜摂津守殿書面、

明後廿六日

上棟につき蒔餅あり

禁裏御上棟ニ付、新在家御門内御築地外へまき餅有之候ニ付、勤番方より群集之手当為致、御役所より雑色差出候旨御造営掛より申越候ニ付、為心得相達候、尤新在家御門番人へも

可被申渡候、以上、

八月廿四日

右之通淡路守方へ向ケ到来之由今日被申聞、依之乾御門当時春宮御殿御門上番呼寄、昼之内新在家口御門右上番より相勤候儀ニ付、上番惣詰致し群集之事ニ而候間、人ヲ可付旨申渡ス、此節乾御門鍵之札出来有之候ニ付相渡ス、勿論乾口御門も図之儀人ヲ可付旨申渡ス、

六分堺敷図

一、六分堺敷図御乞ニ付、修理職扣之図丹後を以上ル、此方両人扣六分堺敷図昨日修理職へ渡候処、広橋殿御乞ニ付上置候旨、権大夫申聞候也、

昆明池障子縁りの図

賢聖障子縁りの図の進上を命じられるも不覚にて昆明池障子縁りの図を提出

一、　昆明池障子縁り之図

右賢聖障子縁り之図写有之候ハヽ、可上之旨丹後を以被命、賢聖障子縁り之図写之儀不覚、昆明池障子縁り之図写有之旨ニ而上ル、右ニ而宜旨也、」

（85オ）

一、明日御上棟ニ付、行向之輩辰刻迄之内ニ広橋殿へ参集候、広橋家ニ而五ツ承り候程之心得ニ而無遅々勝手ニ可相成旨丹後を以被命、修理職・日記役等へ申渡ス、常番へも申渡ス、

一、行向之修理職両人仲元草履申立ニ付、仕丁頭へ申渡ス、

一、同断日記役、是又同様申立有之、先達而も申立有之候得共、於日記役者差而中元召連候ニも不及儀ニ付相止させ候、此度猶又申立有之候得共、御省略中猶心如何敷儀ニ付、淡州へも及示談相止させ候也、

八月二十六日

廿六日快晴

一、常番七郎・藤三郎麻上下ニ而行向之積り申渡ス、銘々部屋番預りハ羽織袴之積り淡州とも及示談、其段申渡ス、

造内裏上棟

承明門前を西へ行き北に廻り月花門より入る

紫宸殿にて第一作法あり

一、今日造内裏上棟也、

一、今日行向之輩広橋家へ参集ニ付、卯半刻過相越、麻上下（預り番人羽織袴、）淡路守幷修理職岡田権大夫・松宮主水（高嶋監物中服者ニ付不参、昨朝之断、）・日記役広橋左膳（小川勝之丞依所労不参、）何も参集ニ付、広橋家侍呼出、此方とも何茂相揃候段申上、尤七郎幷修理職下番人とも已前ニ参、中山前大納言殿・千種宰相中将殿・日野殿非蔵人三人共已前ニ御参、堤殿未御参無之、無程堤前宰相殿御参ニ付、日野殿御差図ニ而、水原殿へ何も相揃候得ハ、何時ニ而も可被相越之旨可申達旨修理職へ被仰達、主水承り、下之者を以御普請場へ相達ス、旁承知之段返答申越、」

（85ウ）

一、伝奏衆ハ久我殿・万里小路殿へ御越之由也、

一、辰半刻過依案内中山殿始何も相越、仙洞御所参集入口より入、仙洞御所御門前通北行、夫より日門脇穴門より入（伝奏衆是又御附衆御案内已前御越有之、）両御附衆出迎、摂津守殿案内ニ而承明門前西へ行、北へ廻り月花門より御入、何も従参、両伝奏衆幷中山殿始非蔵人三人迄月花門南廻廊之内ニ場所構有之、伝奏衆之銘々北上東西ニ御着座、此方始修理職下迄月花門内より与力案内ニ而、紫宸殿後、清涼殿東庭を通り小御所脇（江）出、十八間廊下下々道より内侍所前を通、日花御門より入、日花門南廻廊ニ席設有之、北上西面ニ差座、七郎幷下之者弐人此方ノ席引続ニ薄縁設有之候、此方幷修理職弐人、日記役席床ヲ設有之、御紋附幕引、両伝奏衆始非蔵人其引続御普請掛安藤、（昨日上着有之、）井上（菅沼依服者出席無之、）・村垣両御附衆其外諸武家御用掛着座也、（内藤・小堀依服者出席無之、）

一、紫宸殿ニ而第一作法有之、其内、内侍所・清涼殿・常御殿・小御所等へ棟梁（衣冠、）両人程相越候様子也、万端巳刻過相済、月花門外へ罷出、夫より北行、唐門より何も退出、此方始紫宸殿前通り月花門より出相従退出、右唐門下迄両御附案内也、

一、召連候預り幷下部廻廊外ニ集居候也、

一、午刻直ニ出仕、無程御附衆出仕、以表使恐悦被申、此方幷御賄頭等同敷恐悦表使以申上、御造営掛より恐悦以表使申上ル、表議奏衆・奉行衆へ以非蔵人申上ル、

（86オ）

御造営御用掛の御祝儀

一、御造営御用掛り之御祝儀被下候、此度者先達被下員数より御増被下、下之者ニも御増被」下旨可然歟之旨おあちやを以内々御尋ニ付、一統御増被下候儀ニ忝候、下之者へも御増被下候様可然旨申上ル、右序此方両人修理職同様被下置候、此儀何卒仮袴も御座候得ハ、御品宜被下置候ハヽ、無此上難有奉存候、恐入候得共、此段内々被申上呉候様おあちやへ申入、則申上有之、御承知之由、且下之もの御増之儀、此迄壱人前ニ鳥目壱貫文ツヽ被下候処、両人之処江三貫文被下候様ニ而者如何可有之哉、左候得ハ、壱人前壱貫と半減とニ成候旨内々御尋ニ付、随分其通ニ被下候方可然奉存候旨申上ル、

御祝儀

一、於男居御差代山部殿御出逢、今日之御祝儀被下候旨被申渡、

小銀壱枚宛　勢多大判事
　　　　　　土山淡路守

土山淡路守所労にて退出につき勢多章純が名代で拝領

淡路守先刻所労ニ而退出ニ付、予名代ニ而頂戴、

金三百疋宛　修理職　市野伴之進
　　　　　　　　　　岡田権大夫
　　　　　　　　　　松宮主水
　　　　　　　　　　高嶋監物

金弐百疋ツヽ　日記役　白川勝之丞

広瀬左膳

同百疋　翌日被下　宇佐美右衛門志」

（86ウ）

鳥目三貫文　預り常番　古谷七郎

池田藤次郎

鳥目三貫文　修理職下

橋本平次

米田権四郎

右於同所予へ御渡頂戴退ク、

右御礼一統以表使江坂を以申上ル、

市野伴之進相招申渡し相渡、修理職三人分監物へ申渡し相渡ス、七郎・藤次郎呼出し相渡ス、平次・権四郎呼出し相渡ス、

一、此方両人部屋番預り御祝儀先達而も相預候事ニ付、

大判事預り弐人

淡路守預り弐人

右之者へも少分ニ而も被下候様仕度段、江坂を以申上候処、

鳥目弐貫文

右四人江被下候旨ニ而御渡被下、頂戴御礼申上ル、右七郎へ相渡四人江相達候様申渡ス、銘々御礼罷出候也、

一、奥より御用掛り江別段御祝被下、

白羹　先付有、おきつ　御先　香の物

（87オ）

右日記役迄銘々被下候由ニ而、おあちやを以被出頂戴、伴之進始修理職都合四」人分監物へ渡ス

白羹　折敷入　壱　七郎

　　　　　　　　　藤次郎

同　　　　　　壱　平次

　　　　　　　　　権四郎

右銘々呼出し相渡ス、

一、　広瀬左膳

右ハ入魂鳥渡退出之由ニ付、勝之丞へ被下候与内人分幷白羹両人分とも当番へ相頼、後刻出勤之節申渡有之候様申入置、

一、今日之御祝儀御内一統江白羹先付有之、おきつ、御先、香の物、吸物御酒台肴ニ而被下、

一、御用掛へ奥より御祝儀被下候儀、御附衆へ噂申御礼申述、右ハ御礼等急度申入候儀ニ而者無之候処、伴之進儀御礼、御附衆へも申述、

右御用掛へ御祝儀被下候儀宝永度ニハ不相見、明和之度

仙洞御所御造営御上棟之節、口向へ斗ニ而、御附衆申渡有之、御用掛御祝儀被下候、今日御附衆存付ニ而、伝奏衆へ御相談有之候処、右伴之進御礼申述候ニ付、口向へ斗被相返候儀伝奏衆へ被申上候由也、予へ員数被相尋候ニ付、右之員数委細及演述、

一、奥より被下候御祝儀表へ今晩申候儀可然候得共、明日ニ而も可然ニ付、今日者不申上候也、右翌日丹後へ申述、議奏衆奉行衆へ申上ル、」

（87ウ）

上棟役附

一、御上棟役附修理職より差出ス、

柱本神檀　　玉女神檀　　清絶

（88オ）

一、柱本神檀
祭主奉幣三寸　衣冠 角井隠岐掾
加　布衣 長谷川樽蔵
散米直　青袴 塚本又三郎
幣持　同 今村平三郎
同 今村新吉
備物番　肝煎弐人
槌　衣冠 山本近江掾
一、玉女神檀
祭主奉幣三寸　衣冠 角井志摩掾
加　布衣 辻子八五郎
幣持　青袴 西川仲右衛門」
散米直　同 山本兵太郎
同 西川仲助
備物番　同 肝煎弐人
一、清絶　浄衣 乾長門掾
絶渡　青袴 肝煎壱人
絶出し　同 同　壱人
散米直　同 同　弐人

聲枡
棟棚
随身
内侍所分
柱本神檀
棟棚

(88ウ)

一、聲枡
総渡し
一、棟棚 槌三寸
備物番
一、随身
内侍所分
一、柱本神檀
祭主 奉幣三寸
加
散米直
幣持
備物番
一、棟棚 槌三寸

衣冠 堀内若狭掾
青袴 肝煎壱人
衣冠 石井出雲掾
同 西村八大夫
同 今村七郎次
布衣 安用又右衛門」
青袴 肝煎壱人
闕腋 今村喜右衛門
同 大原次郎右衛門
衣冠 今村土佐掾
布衣 平岡守左衛門
青袴 堀川直次郎
同 塚本周次
青袴 肝煎弐人
同 同　弐人
衣冠 橋本宇左衛門」

清涼殿分
棟棚
常御殿分
棟棚
小御所分
棟棚
蒔餅棚

（89オ）

（89ウ）

加　　布衣 今村文治
清涼殿分
一、棟棚
槌三寸　　衣冠 岡嶋定右衛門
加　　布衣 角井源次郎
備物書　　青袴 肝煎弐人
常御殿分
一、棟棚
槌三寸　　衣冠 角井佐五郎
加　　布衣 岡山小兵衛
備物番　　青袴 肝煎弐人
小御所分
一、棟棚」
槌三寸　　衣冠 山本近江掾
加　　布衣 安田武兵衛
備物番　　青袴 肝煎弐人
一、蒔餅棚　弐ヶ所　　青袴 肝煎弐人
所司代 太田備中守殿
一、右御場所出席可有之候処、故障中ニ付出席無之、

一、　町奉行 菅沼下野守殿
右同断服者ニ付出席無之、
一、　内藤重三郎
小堀縫殿
右両人とも故障中ニ付出席無之、
一、生鯛一折弐尾宛　町奉行 井上美濃守
菅沼下野守」
（90オ）
右御使者献上当番受取、以表使上ル、
一、干鯛一箱宛　御附 水原摂津守
有田播磨守
一、干鯛一箱　院御附 三枝豊前守
一、鯣一箱　同 本間佐渡守
右献上以表使被上、已前持せ被越当番受取置、何も出仕之上被上候也、

拝領物

一、拝領物
干鯛　壱箱　昆布　一箱　鯣　壱箱　御樽　壱荷　宛
右　安藤越前守
菅沼下野守
右同断　村垣左大夫
干鯛　壱箱　昆布　壱箱　御樽　壱荷

（90ウ）

右　鈴木門三郎

鯣　一箱　生鯛　一折　宛」　涌野新五郎

右　大尾喜左衛門

服部又三郎

勝与八郎

高橋八郎右衛門

米田善大夫

右同断　中井藤三郎

右同断宛　筒井理右衛門

竹内半十郎

銀五枚　大棟梁以下

惣棟梁以下

（91オ）

右何も参上、於休息所代当番面会恐悦申上有之、伝奏衆へ申上ル、乎而強飯・吸物・御酒被下、安藤幷両町奉行・村垣等へハ台肴・重肴御出、中詰共江凡二十余者台肴斗也、諸番給仕、」

右拝領物者安藤・菅沼・村垣中奏書竪目録を以摂津守殿被申渡、門三郎以下一紙手目録中奉書半切

を以被申渡、

一、干鯛一箱　鯣一箱　昆布一箱　御樽壱荷　水原摂津守

干鯛一箱　昆布一箱　小樽一荷宛

右　有田播磨守

三枝豊前守

本間佐渡守

右之通拝領御差紙民部殿・納言局へ御出逢、各口祝有之、拝領之儀被申渡候也、右乎而ハ役宅へ持せ遣ス、

（約五行分の空白あり）

（第九一丁裏は白紙）」（91ウ）

八月二十七日

廿七日」（92オ）

一、摂津守殿去廿三日被相渡、

一、去ル十九日風雨ニ而、御遣水御池庭御文庫板囲風損有之候ニ付、取繕為見分御取締懸り差遣候処、御築地も出来御締宜御座候間、右風損之分別紙麁絵図朱引之通取繕、御差支無御座候哉、此段相伺候事、

右之書付幷麁絵図常式之取扱ニ而、修理職方奉行衆へ伺置候処、右伺之通相済候旨権大夫申出候ニ付、右之書付ニ朱書付札、

『図面伺之通、絵図返却、』
右之通ニ致し候絵図面添、摂州へ相達ス、落手有之、
一、赤山之札奥より被出、修理職へ渡、御造営方へ相達、
一、　金百疋　　　　　　　　　　　　　　　　　　日記 宇佐美右衛門志
右進来御造営方書記加勢入置候処、昨日御祝儀被下之節、名前申落候旨、今日更ニ表使江坂を以申上、半減ニ而も被下候様仕度旨相願候処、如右被下候旨同人を以被出、宇佐美へ申渡ス、御礼江坂を以申上ル、
一、摂津守殿被渡、　　　　　　　　　　　　　　　　安藤越前守
　　　　　　　　　　　　　　　　　　　　　　　　菅沼下野守
　　　　　　　　　　　　　　　　　　　　　　　　村垣左大夫」

口向部屋建物の長押なき所

禁裏口向部屋之御建物長押無之ケ所、御掛合者不致義与御覚有之候ニ付、右之訳急々被成御承知段御達之趣致承知候、右口向部屋之御建物之儀ハ、宝永度も長押無之候ニ付、此度右之振合を以取計候事故不及御懸合、長押取付不申候、此段及御答候事、

八月

(92ウ)

右被渡受取置、猶又図申上義も可有御座候故之段及返答置、
一、　生鯛一折弐尾　組合　　　　　　　　　　　　　内藤重三郎
　　　　　　　　　　　　　　　　　　　　　　　　小堀縫殿
右御上棟之祝儀献上、昨日迄故障今日忌明ニ付献上也、
一、　干鯛一箱　昆布一箱　御樽壱荷　　　　　　　内藤重三郎

鯣　一箱　　生鯛一折弐尾　　　　　　　　小堀縫殿

右為御祝義被下、両御附衆面会手目録を以被申渡頂戴事、詰番引々右相済、強飯・吸物・御酒台肴ニ而被下候、昨日都而御祝相済候得ハ、今日之処ニ而者吸物・御酒斗可被下候処、当仮御所御狭少ニ付、一統御祝一ヶ日ニ而者不相済、下之者之内今日御祝被下候義ニ而、御祝之序も有之事ニ付、右之通両人へも御祝も被下候也、

八月二十八日

廿八日

一、今日参集也、淡州当番、

一、帳面三冊とも差出ス、淡州、」(93オ)

宝永度御造営方よりの諸道具書付

一、宝永度御造営方より相渡候諸道具書付、其節御用掛取次小野和泉守氏辰筆記之内、書記有之、書抜如此、

宝永六己丑年九月廿六日

禁裏三手丁場浮道具覚帳写

禁裏三手丁場浮道具覚帳写

禁裏

禁裏

一、三拾壱帖　　御茵品々有之、

一、弐鋪　　大間御片高御寝畳

一、弐帖　　大間御寝畳

一、六拾六帖　　御座畳

一、四百九拾九帖半　　御敷替畳

御畳蔵へ入れ置く

右御畳蔵江入置申候、

御畳蔵へ入れ置く

内侍所御内陣箱に入れ置く

一、三枚　差筵
一、百五十枚　両面縁取
一、五帖九枚　掛筵新分ニ掛置
一、三拾六帖　伶人楽屋之畳
一、三拾八帖　護戸構畳
一、五十八帖　同所台所番所とも取置
一、拾帖　小御所構畳」

（93ウ）

右四ケ条分御畳蔵へ入置申候、
一、弐枚　御肌衣
右　内侍所御内陣箱ニ入置申候、
一、千弐百五扮三枚　御翠簾品々ニ掛置、
一、弐拾五箱　御翠簾入箱
一、三十六脚　階子所々ニ差置、
内
四脚　長三間半
拾三脚　長三間
九脚　長弐間半
廿脚　長弐間
一、六脚　脚達所々ニ差置、

(94オ)

御東の内にあり

同断

内
弐脚　高五尺
弐脚　高四尺弐寸
弐脚　高三尺一寸
一、三脚　鞍掛　高弐尺
一、弐拾七　衝立　六尺五寸四方」
一、橋四本　蔀突揚棒
一、拾壱ヶ所　御踏壇
一、弐　御東替箱
右御東之内ニ有之、
一、壱　御楽台
右御湯殿ニ有之、
一、壱　御水船
右同断、
一、壱　供御所置水走
一、五枚　御冷井棚板
一、弐拾弐　大水溜桶
一、弐拾弐　手桶間形
一、三百六拾弐　手桶

一、九拾四　　　御手水鉢□手
一、三拾　　　刀掛
　　内
　　　拾腰掛　　弐拾
　　五腰掛　　拾」

（94ウ）

一、六百拾九口　　鉄鎖鐙
一、壱包　　真鍮突鎖鍵指壺とも箱ニ入
一、三拾九口　　真鍮鎖鍵指壺とも
一、三拾弐　　御蚊帳釣鈲滅金之鐶大小
　弐百五拾六本　　各之鐶之鉄鈴
一、　右御好ニ而打不申、箱ニ入置申候、
一、四方拝仮橋
一、御修法上台所
一、御修法下台所
一、南門日門雁木橋
一、伶人楽屋　　梁行三間半　桁行七間
一、小御所東伶人之継椽
一、敷舞台　　三間四方
一、高舞台　　四間四方　高欄朱塗

修理職預り蔵へ入れ置く

（95オ）

勘使蔵へ入れ置く

（95ウ）

一、雨儀之敷舞台　　　弐百と三間
一、仮湯殿雪隠木道具」
右十ヶ繰取置、道具修理職預り、蔵へ入置申候、
一、五本　　　御厨子所之雨障子
内壱本半障子
右勘使蔵へ入置申候、
以上、
宝永六己丑年九月

松平下野守内
惣奉行 山田久弥
割奉行 奥平吉兵衛
元〆 奥平三郎兵衛
同 平野新五左衛門
御普請方 奥山五平次
同 猪狩弥次兵衛

松平丹波守内
惣奉行 林忠左衛門」
元〆割奉行 海東吉兵衛
同 友成新右衛門
御普請方 早川二郎右衛門

（96オ）

一、鉄物方目録写

覚

禁裏

一、御門鉄之鎖鍵　拾九口
一、下々道門鉄之鎖鍵　弐拾九口」
一、御蔵鉄之鎖鍵　四拾弐口
一、御築地外井代木柵共鎖鍵　三口
一、同御井戸木柵其鉄之鎖鍵　弐口
一、諸御殿鉄之鎖鍵　五百七口
一、御翠簾箱之鎖鍵　弐拾七口

以上

九月

伊賀渓大夫
永井隠波守内
惣奉行　牧図書
元〆　水崎甚内
布施田治右衛門
御普請方　米原数馬
平川円右衛門

写を修理職へ達す

右之写修理職へ相達、此度御造営ニ而追々御達も有之、相済候分と不相済候分と仕分、不相済分書付御達しニ可相成歟相伺候積り申付置候処、則御達未相済幷宝永度以後出来ニ而御炎上迄有来候分等書付、修理職より差出ス、尤是迄御造営方へ不申立分、常御修理ニ而出来候様ニも可申立積り、修理職申談も有之候由ニ候得共、先一応表へ申立、口向ニ而取計候様ニと有之候ハヽ、其上ニ而之儀先表へ申上候ハヽ、可然旨、何も相談ニ而も其分も書付させ取寄せ、如此、

（96ウ）

宝永度三手丁場浮道具の内未達分

宝永度三手丁場浮道具之内未達し不相済候分

一、御翠簾入箱
一、腰掛高サ六尺　三脚
一、蔀実揚棒　拾四本」
一、御殿向所々御段違御踏段
一、御所替箱　弐
一、供御所置走　壱
一、御冷井棚板　長サ御冷井丈ヶ巾壱尺三寸　削立壱寸　拾枚但桟打
　和久之図壱枚添
一、刀掛　三拾
　内
　拾腰掛　弐拾
　五腰掛　拾

宝永度造営以後出来の分

（97オ）

一、四方拝御階
一、御修法上台所　梁行三間　桁行八間
一、同断下台所　梁行三間　桁行七間
一、伶人内楽屋　梁行三間半　桁行七間」
一、小御所東伶人継椽　弐間 三間
一、仮湯殿雪隠木道具
一、御門之雁木橋
一、宝永御造営以後出来、此度未達無御座浮道具同様御達し御座候様仕度奉存候、
一、鶴包丁敷舞台　壱間　三間
一、御神楽御仮家　梁行四間　桁行拾間
一、握屋　壱ヶ所　梁行壱間　桁行壱間
一、内侍所南階垣
一、関東使仮雪隠　壱ヶ所

一、南庭箱番所車附　　壱ヶ所

一、外繋　　壱ヶ所」

（97ウ）

八月

右三手丁場浮道具覚帳写も右之書付と弐通、外ニ御冷井棚和久之図相済上ル、是ハ宝永度之儀写之通ニ御座候、段々御達も相済候処、内々未御達無之分別紙ニ認上候、其外宝永度以後御出来之分も一緒認之通候、是等御達可有御座哉、先一応奉伺候、猶御評議之上、御差図次第ニ可仕候旨安芸を以申上ル、尤内々此間より日野殿へ松宮主水より申上候儀ニ而、粗日野殿ニハ御承知之段申述、右ハ此間より日野殿へ内々ニ而主水を以及御掛合置候也、

昆明池障子縁付方の図

一、昆明池障子縁付方之図

返却され写しの進上を仰せられる

先達而伺之上相済候而、図被返候壱枚写上候様其節被仰達、于今不上候様思召候間、其段摂津守へ可申達旨越前を以被命、心覚ニ鳥渡書付、摂州へ達、

宝永度は口向部屋に長押なし

一、口向部屋々々建物長押宝永度ニ無之ニ付、此度も長押不取付段昨日御普請方より書面ニ而申来候ニ付、御有形所々長押有之儀ニ付、此度長押有之候ヶ所承度段書付、今日摂津守殿へ達、

奥表之外御台所向ニ而部屋々相除キ、御元形長押送り有之候、此度何レ之御場所長押造りニ相成候哉、ヶ所承度候、

但取次詰所幷同北部屋等御元形長押造り襖建ニ有之候、右弐ヶ所長押之儀、此度も御元形之通御出来可有之候得共」為念此段承度候事、

（98オ）

八月

右摂州落手、

御春屋番人居棚の儀

一、御春屋番人居棚之儀、先達而より段々修理職より御造営方へ掛合有之候得共、出来不申候ニ付、書付を以摂州へ達、序ニ溝路之事申達、

一、框棚　長壱間半　巾壱尺五寸　三枚

一、水棚　長壱間　巾壱尺五寸　壱枚

右者御春屋番人居所之分、先達而棚附帳面ニ洩候ニ付、別段此節申立候間、出来御座様致度候、

一、御春屋御門外溝浚致出来候、同所内廻り溝浚無御座候ニ付、是又同様浚出来御座候様致度候、

右之段御掛合御座候様仕度候事、

八月

右摂州落手、

御末女嬬等部屋蚊帳釣鈎の儀

一、御末女嬬御物仕等之部屋蚊帳釣鈎之儀、摂津守殿廿二日返書之趣書付申上置候、右之書面写ニ朱書ニ而返答被出、『鈎座無之候事不苦、鈎可為八ツ打、』

右之通被出ケ所帳も被返出、依之右之写朱書付札之侭帳面相添、摂州へ進達ス、落手有之、

（98ウ）

内廻り衝立積り帳

一、内廻り衝立積り帳ニ伺候間、衝立積帳之通取建へ可申哉之旨、御普請方より付札ニ而到来ニ付、此方より右付札ニ又朱書付札、『本文積り帳之通ニ而宜敷候、』

建番所障子衝立弐筋溝弐枚障子之処、壱筋溝壱枚障子ハメ込ニ可取建旨、付札ニ而申来候ニ付、

御冷井の図

（99オ）

又朱書付札、

『此障子之儀ハ鍵番所囲炉裏之間之内、鍵番・仮勤番等之仕切相立、見張幷暑寒等之差支も有之候間、御元形之通、弐筋溝障子弐枚建本文積り帳通ニ相成候儀、仕度候、』

右之通朱書付札致し、帳面摂津江返達落手有之、

一、御冷井和久之図被返出幷書付被添、

御冷井之図之通令承知畢、以御有形之趣口向より勝手ニ水原摂津守へ可申達事、

鶴沢式部

右被相渡、和久之図写候而可上候旨、丹後を以被命、右棚板寸法書、先刻上置候書面ニ有之候、此図ニ寸尺付札ニ致し相達候様可致旨及返答、随分付札ニ致し、左候ハヽ、可然旨被命、右ニ付写図之事修理職権大夫へ申渡ス、

一、日野殿御逢、先刻上置候宝永度御造営三手丁場浮道具覚書写壱通幷此度申立候書付壱通御出し、」右者御造営方之取扱ニ而者無之候、此書面之内取次取計候事有之候ハヽ、其分取次より伝奏衆歟議奏衆へ可申候、買物使・修理職等之取扱之分ハ買物使幷修理職より修理職奉行江可申候、夫々江可申達旨、予幷権大夫へ被申渡、則書面弐通とも被渡候ニ付、取次取扱候儀ハ先無之様ニ覚候、買物使修理職之儀と存候、猶其趣取計可申旨及返答、右買物使修理職申立之儀、明日御聞可被成旨被命、則権大夫御請被申、買物使へハ権大夫より達有之候様申渡ス、

一、来月六日参集、今日御用無之旨、丹後を以被命、帳面被返出、

一、

右下絵書改先達而伺出有之候処、故障ニ付及延引候、今日伺出候処、右伺之通御治定之旨ニ而下絵被返出、式部呼寄、淡路守申渡有之、則請書取之置、

鶴沢式部の請書

常御殿御中段北側御襖御段違ニ相成候ニ付、掛紙仕奉伺候処、伺之通御治定被仰付、奉承知御請申上候、以上、

戌八月　　鶴沢式部

右請書此方ニ留置、」

九月一日

（99ウ）

九月朔日

紫宸殿南庭へ橘を植付ける時儀の儀

一、摂津守殿被渡、

安藤越前守
菅沼下野守
村垣左大夫

紫宸殿南庭江被植候橘植付時儀之儀、追而御達し可被成旨先達而被申聞候、然ル処此節時節も宜候間、植付候様取計可申候哉、左候ハヽ、橘取寄候上、追而植付日限之儀御達し可申候否被御申聞候様致度、此段御懸合申候事、書面掛合之趣相伺候事、

九月

一、右被相渡候ニ付、御普請方伺帳ニ記させ置、

日門内穴門内番所東手高塀の儀

一、日門代穴門内番所東手御築地と之間高塀之儀、北へ寄セ取付候御差図ニ候処、右番所東之方雪隠等有之、高塀も有之候得共、雪隠或ハ小間等之処高塀不掛、右建物之間斗高塀掛候而、右穴門江入候而見通し見苦敷ニ付、右之北ノ方ニ有之候御築地と内侍所堺と之間之高塀取払、右番所東角之処へ付替申候ハヽ、見通も不相成候ニ付、右之通付替候ハヽ、可然摂津守心付候、此段伺候歟、則右之付替之絵図朱引等致し被渡、右御承知ニ而付替之思召候ハヽ、此御方より御普請方へ御達しニ相成候様取計可申旨被申聞、

右何も来六日参集候、其節可申之旨申処、余日間も候得ハ、夫迄之内ニ伺可申聞」相成候歟之旨ニ付、見合伺出候様可計旨及返答、受取置、

（100オ）

右修理職へ申聞御敷図ニ而相調候処、右之高塀南之階へ出候而も差而差支候節も不相見候ニ付、先写図出候様申渡ス、

九月二日

賢聖障子の儀

二日

一、今日賢聖障子之儀ニ付、俄ニ参集ニ成候、口向も壱人ツヽ出居候得ハ、宜旨申出候由淡路守当番ニ而、予出仕之上、右之趣被申聞、

右ニ付桜之植時之事、昨日摂州被渡候通、御普請方帳面ニ記し、伺出ス、

一、日門代穴門内番所東手高塀付替之図、摂津守心付伺候、若此通御治定候ハヽ、御達しニ相成候様申聞候趣同帳面ニ記、絵図相添伺出、

減金真鍮鉄の錠前の品分

一、減金真鍮鉄等之錠前之品分、去廿三日修理職より出候書付ニ、去廿一日摂州被渡候書面御普請方付札有之書付相添、右之趣も御普請方より付札ニ而申候趣ニ被成被置候、成丈ハ品分被仰達候哉之旨、表へ越前を以及御相談置、

一、右減金真鍮鉄品分之事、御普請方より付札之通ニ而宜候、最早品訳達ニも不及候、水原心付ニも不及候旨、丹後を以被命、右之書付共被返出、依之廿一日摂州被渡候付札有之候書付摂州へ返却、御普請付札之通ニ而宜候間、品訳達ニ不及旨被仰出候旨申述ル、摂州承知、落手也、

一、今日壱人ニ而宜旨ニ付、淡州当番之事故、御附衆退出候迄予退出、

（100ウ）

橘の木につき朱書の御返答

一、橘之木之事、御返答朱書、」

『九二答

桜橘共植付之儀、同時ニ可相伺候、仍不及沙汰候、』
右之趣ニ付、掛合書面ニ朱書之通朱書付札致し、摂州へ持せ遣ス、
番所東手高塀付替之事ニ而、返答無之、

九月三日

南殿の桜接木の事

三日
一、去廿三日田中大炊申聞候南殿之桜接木之事、猶又今日相尋、
根廻り凡壱尺程、高サ三間程、はゝり壱丈程有之、尤得と致候儀ニ而ハ無之、大凡之見及候積之由也、右今日も表ハ参集之由ニ付、一応表へ噂可申上候心得ニ候処、掛非蔵人面会不能候ニ付、其侭ニ相成、

御冷井棚の事

一、御冷井棚之事、写ハ出来ニ而、漸今日修理職より差越候ニ付、摂州江進達、
長サ御冷井丈ケ　巾壱尺三寸
付札
棚板　削立壱寸　但桟打、　拾枚
尤棚板一枚宛取払候事故、釘打ニ不及候事、
右之通図面ニ付札致し出ス、摂州落手、
右和久之図、此方之扣出来候様権大夫へ申渡置、」

九月四日

（101オ）
四日
一、摂津守殿被渡、
水原――　安藤越前守
菅沼下野守
村垣左大夫
紫宸殿御庭御用ニ可相成桜之儀見分之もの差遣し相糺候処、木振之儀別紙図面いたし差進

候間、御伺之上右之内御取極被仰聞候様致度、此段及御掛合事、
九月

桜木振絵図　一冊袋入

右受取、御普請方伺帳ニ記させ置、尤例摂州伺付札無之候ニ付、橘木振伺之節之通之趣を以付札致し候段、摂州へ及掛合置、其趣斗呉候様被申聞候也、

桜の木振絵図

一、御春屋内女中蔵半分、先頃より御修復之処、于今出来不申候、追々収納之時分ニ成、右之蔵へ被納候事ニ付、早々出来候様致度段長橋殿局侍恒枝専蔵修理職・主水へ申聞有之ニ付、早々出来候歟之趣主水より摂州へ掛合有之候処、被仰出候趣ニ書取、此方より差出候様被申候間、宜取計旨主水申聞候ニ付及示談、書付摂州へ出ス、

御春屋内女中蔵半分

一、御春屋構内女中蔵八戸前、此節御修復中ニ御座候処、追々収納ニ相成候ニ付、右八戸前之蔵へ被相納候積ニ候故、御修復早々御出来有之度旨ニ御座候間、此段御達御座候様仕度候、

九月」

右摂州落手也、

（101ウ）

五日

九月五日

一、摂津守殿より書面、

摂津守よりの書面

別紙壱通幷絵図壱枚、御造営懸りより差越候ニ付、相達候間、懸り堂上方へ被相伺否可被申聞候、已上、

九月五日

右掛合書面、
安藤――
水原――　菅沼――
村垣――

常御殿東方高塀

禁裏常御殿東之方高塀、此節建方取掛候処、右高塀扣板取付候ニ付、御池北御文庫辺り板
囲西之方間タ狭ク南方御文庫通路差支候間、別紙図面□朱之通、板囲取建直候之積可致候、
尤明後六日より右取建直取掛可申候間、板囲〆り明キ候様致度候、則図面相添、此段御達
申候事、
九月四日

御池北御文庫仮板間取建直絵図

御池北御文庫仮板間取建直絵図
右ハ常式之取計ニ而可相済候儀ニ付、修理職権大夫へ相渡し、奉行衆へ伺有之候歟、尤絵図写等
出来候様申渡置候旨淡州より申聞有之、

（102オ）

先年御階の桜接木を仰せ付けられる

一、伺物有無越前聞合有之、桜木振伺有之候旨申入、今日後刻参賀も」有之候ニ付、其節可申旨申聞
有之、依之花壇奉行田中大炊申聞候、先年御階之桜接木被仰付候、先頃南庭御庭へ壱本被植、残
御座候寸尺之儀及見之寸尺ニ候旨聢と致し候儀、見分之上ニ而無之候而者難申段申聞候趣越前へ
申入置、

仙洞御所新造御殿上棟
女院御所新造御殿上棟

一、今日卯刻　仙洞（後桜町）御所新造御殿上棟
同日午刻　女院（恭礼門院）御所新造御殿上棟
右ニ付、水原摂津守殿両　御所御場所へ被相越、此御所へ出勤無之、
（約十行分の空白あり）

九月六日

御文庫高塀の儀

（102ウ）

六日

一、今日参集延引、明七日参集候由被仰出候旨、淡州申送り有之、

一、御文庫高塀之義、昨日奉行衆参内無之伺難相済、今日相伺否可申出旨、権大夫申聞有之、絵図幷書面等返却有之、伺者修理職扣図ニ而可相伺旨申、

六日　　淡路守

大判事様

右申送り有之、

右可相伺候処、今日も奉行衆御参内無之候、最早其場所へ取掛り居候、若摂州被尋候ハヽ、伺付置候処、未被下ヶ候之趣ニ返答致し呉候様主水申聞承置、摂州何之噂も無之ニ付、其分ニ差置候也、

九月七日

七日

一、今日参集也、淡路守所労之由不参之儀申来、承り置、

一、帳面三冊とも越前を以上ル、

桜木振帳

一、桜木振帳上ル、且椹木之事猶又申述置、

一、御冷井棚和久之図写出来ニ付上ル、何も越前也、」（103オ）

一、御階桜接木大サ之儀見せニ遣し、寸尺書付麁絵図致し可上候旨、越前を以被命、花壇奉行田中大炊へ申渡ス、

右追付可相知歟之旨ニ付、最早午刻過ニ而、彼是晩景可相成候旨申、

」

接木の事

右之接木之事、此間申述候趣書取可上候、いつ頃被渡候哉之旨申聞ニ而、花壇奉行当番明ケ御敷地へ左候得ハ只今ニ而者其儀不相知候旨及返答、申刻ニも相成候事ニ候ハヽ、重而参集之節之儀ニ可被成旨候条申聞ニ而、申刻迄ニハ罷出間敷候条及返答、依之、右之儀ハ重而之参集ニ可申上之旨被命、承置、

御文庫高塀板囲取建直の儀

一、御文庫高塀板囲取建直之儀、御承知ニ而相済候、乍然、引直之板囲より御文庫壇迄ト之間壱間程明り、夫ニ而者長持之運送と差支候ニ付、右之壇之横ニ多分之橋出来候様可申遣之旨被命候、弐ヶ所とも同様之旨権大夫申聞ニ付、其趣図面ニ付札致し可被越旨申渡ス、後刻出来差越候間、掛合之書面ニ朱書付札等致し、摂州へ進達、図面付札

『段上外より板囲迄凡壱間有之候ニ付、長橋廻り兼候間多分〳〵橋取付可申事、』

今一ヶ所同断

掛合書面付札　『伺之通、但図面朱書付札之通、』

右之通認達、勿論権大夫へ右之趣申聞、尤取立之儀ハ、御附衆より修理職へ下知有之候得ハ、常御修理方江修理職より申立之儀之由、御附衆より下知有之候様可申旨権大夫」（103ウ）申聞候ニ付、摂津守殿へ其段申入承知之、

一、摂津守殿心付ニ而伺有之候日門代穴門内番所東之方、高塀被付直之儀、伺之通御承知ニ而、朱書ニ而御返答有之、

『九七答　図面付札之通可相達、』

右之通被申渡越前相渡ス、尤御造営方へ可相達、水原摂津守へ可申達と申、書付者不被出候得共、其通ニ而候間、御趣ニ而可相達旨被命候由也、明日相達積り右之絵図扣可上候旨、且御敷図相直

一、　可申旨被命、　田中大炊

御敷地へ参候ニ付、御遣水北穴門より通行当番御切手認、大炊へ相渡ス、右切手ニ而通行、申半刻頃被帰ル、則木振絵図認、高サ幷はしり根通り等之寸尺書付持参、尤右接木弐本有之由ニ而、絵図弐枚出ス、受取置、

接木の仰せ付けは安永三年

右接木被仰付候年月相尋候処、安永三午年之旨申聞候也、後日之積りニ付、表へハ不申上、承り置、

一、来十四日参集之旨ニ而、帳面被返出、

表よりの書付

一、表より被出書付、

一、大岡金吾釣牽下絵、今一応可差上事、

一、海北斎之亮下絵之中、鎌槍之形、先達而御治定被仰出候処、弄槍之舞楽ニ用候、鎌槍的当之形ニ候、右之図面伶人辻家ニ」（104オ）可為所持候間及示談、写取可差出候事、

右何も十四日ニ可上候、大岡金吾最早此節御絵ニ取懸り可居申候得共、今一応可差上候、且又鎌槍之図辻方へ示談之処、秘候而難出趣ニ候ハヽ、其段可申出候旨越前を以被命、何も権大夫承り申聞候也、

右大岡・海北事、翌日土佐・鶴沢呼寄申渡ス、

桜木振絵図二枚の寸尺書

一、差出候桜木振絵図二枚寸尺書　田中大炊

高四間　広壱間半　目通り太サ　壱尺四寸廻り　根廻り太サ　壱尺八寸五分

一ノ枝地上六尺　一ノ枝左ノ枝太サ六寸　右ノ枝太サ三寸五分

右壱本
高三間　目通太サ　壱尺廻り　根廻り太サ壱尺弐寸廻り　一ノ枝地上三尺五寸、左ノ枝太サ四
寸　二ノ枝地上四尺五寸太サ三寸五分
右壱本　右差出候ニ不受取置、

九月八日
日門代穴門内番所東手高塀付替の絵図を改む
駒牽下絵
鎌槍の事

八日
一、日門代穴門内番所東手高塀付替之絵図相改、今日摂津守殿へ相達、
一、駒牽下絵可差上事、　　大岡金吾
鎌槍事、　　海北斎之亮」
右昨日以書付被仰出通書写、土佐・鶴沢へ今日可申渡之処、土佐将監被出候ニ付、則申渡ス、辻
方難出趣候ハヽ、其段可申出旨申渡ス、

(104ウ)

九月九日
山之者居所

九日
一、山之者居所此節出来候処、煙出引窓無之由、元形者随分銘々有之候、住居之所より跡ハ煙出し無
之而者、殊外難義之趣申出し、被申立被遣候ハヽ、可然旨書取致し、修理職権大夫申聞ニ付、文
段取繕、今日摂津守殿へ申上ル、
一、山之もの小屋此節建前出来之由、元形銘々煙出し引窓有之候処、御差図ニ者書落御座候得
共、右引窓無之候而者難渋之由ニ候間、如元形銘々煙出し引窓御出来候様致度候事、
右此節御達御座候様仕度候、
九月
右摂津守殿落手有之、

供御所以下竈築立所の帳面並びに絵図

（105オ）

一、摂津守殿被渡、

安藤――
菅沼――
村垣――
水原――

供御所以下竈築立ケ所帳面幷絵図弐枚、先達御達し有之候ニ付、取調難出来ヶ所ニ夫々下札いたし、右帳面幷絵図共差進申候処、口向差支有無御糺、懸り取次差出候書付壱通、絵図壱枚幷右致下札差進候帳面江」朱書御附札被成、絵図弐枚共、猶又御達有之候処、御膳所竈之儀ハ、最初御差図之通巾間半ニ台等致出来候ニ付、此度御達図面之通一側窯積ニ致、其外者右帳面江朱書御附札之通取計可申候事、

書面掛合之趣可被相伺候事、

九月

右受取置、

九月十一日

堺町口惣御門御普請

（105ウ）

十一日

一、摂津守殿被渡、

安藤――
菅沼――
村垣――

堺町口惣御門御普請ニ付、右御門内之方を是迄往来為致候之処、此節御門・階共出来いたし、往来差支無之候ニ付、先達而及御懸合面番罷在候、下番居所格子之間之間替いたし候様取計可申候間、右番人より開閉之儀、取計御門往来致、是迄致往来候場所者竹矢来ニ而〆切、西之方番人居所御普請取懸り候積ニ御座候間、右之趣ニ而御差支も無之候ハヽ、右御門鍵者御普請懸之ものより御組懸り之ものへ引渡候積取計可申候、尤御門等引渡之儀ハ、猶又追而可申進候、」依之此段及御掛合候事、

戌九月
右之趣ニ付淡州及相談、修理職へも申達、朱書付札ニ而返答書付候、翌日摂津守殿へ進達、
『御懸合之趣、差支無之候、御門鍵等引渡之節修理職罷越候、尚又番人へ可引渡候間、日限
刻辰等承度候事、』

九月十二日
堺町御門の儀

十二日
一、昨日之堺町御門之儀、今日摂州へ相達ス、御門番人中野重兵衛へも為心得申渡し置、
一、　土佐土佐守
右外御用ニ付参、面会之処、鎌槍事辻方へ及掛合候処、弄槍之舞楽ニハ鎌ハ無之候、柏槍之舞棒
ニ色取之ものニ而、鎌ハ無之候旨演述之由、淡州噂有之、

九月十三日
摂津守よりの書面

十三日
一、摂津守殿より書面、
御造営掛
取次中　水原摂津守
先達而被差出候長押造之儀ニ付、別紙壱通御造営掛へ相達候」処、下ケ札を以申越候之間、
尚又取調否可被申聞候、以上、
九月十三日
右書面ハ、去ル廿八日摂津守殿へ進達之書付ニ下札如此、

長押造の儀

（106オ）

御書面之趣ニ而者、何れ之御場所之儀ニ御座候哉、相分兼申候間、御承知被成度ケ所々、
今一応被御申聞候様致度候、

安藤越前守
菅沼下野守
村垣左大夫

九月

右承知之段、及返答、

右ハ此方よりハ難申達筋ニ而候得共、取次詰所幷取次部屋ハ長押有之候、其余之処如何之旨申達候得ハ、御出来有之候、長押有之ケ所申越有之候儀ニ候処、右之趣不存其意之方ニ候得共、先御有形長押有之候ケ所糺置可被申聞旨、修理職江申渡置、

色紙形唐画下絵の儀

土佐土佐守下絵の扣を取り紛れ差し出しの下絵の御下げを願う

一、　　　　　　　　　　　　　　土佐土佐守

色紙形唐画下絵之儀ニ付、願書差出ス、

清涼殿唐絵之色紙形泥画唐鳥・唐花之下絵、先達差出御治定被御渡候処、右下絵之扣取紛不分明之儀御座候ニ付、右御治定唐画色紙形之下絵、今一応御下ケ被下候様仕度、此段奉願候、勿論写取り返上」可仕候、以上、

戌九月　　　　　　　　土佐土佐守

（106ウ）

鎌槍の儀

一、鎌槍之儀ニ付、書付差出ス、　　　　海北斎之亮

右相勤候朝賀之図之中、鎌槍之形、先達而御治定被仰出候得共、弄槍舞楽ニ用候槍的当之趣ニ付、則辻雅楽助江懸合候処、左之通之勘文之外ニ槍之図等者無御座候旨申聞候、

弄槍楽

弄槍楽

教訓抄

教訓抄云、昔有舞拍桙之ヤウナル棹ヲモチテ如太平楽ノ体舞ト云、

右之通ニ御座候、

土佐土佐守
鶴沢探索

戌九月

右何も将監持参、受取置、

一、　駒牽下絵　壱巻　　大岡金吾

右鶴沢式部持参、受取置、

竃築立所の書面御膳所二側の儀

一、竃築立之書面御膳所二側之儀申達候得共、間半ニ台等出来候得ハ、一側ニ出来候積御普請方より返答之趣承知、此儀此侭ニ差置、別段此方より返答申間敷段、摂津守殿へ申入承知也、右之書面九日ニ筆記有之、」

（107オ）

一、摂津守殿心覚書之由ニ而被渡、

心覚

対屋へ通ひ廊下左右上連子ニ見隠無之候而も不苦候哉、若見隠可有之儀ニ候ハヽ、其段書付差出候様、修理職奉行衆へ可被申入候事、

一、内侍所雲橋上り口御翠簾懸ケ之上幷南門・四脚門・唐門等御有形銅網張之鳥防有之候、今迄出来無之様子ニ相見候、右御有形出来可然候ハヽ、是又前同様可取計事、

右被渡候ニ付、修理職監物へ渡、取極可被申聞旨申渡ス、

九月十四日

十四日

一、今日参集、淡路守当番、

一、御敷地ニ有之御階桜接木寸尺書、木振絵図弐枚、御花壇奉行より差出受取候ニ付、今日差上ル、

土佐土佐守唐絵色紙形下絵拝見の願書を差し出す

一、　土佐土佐守

唐絵色紙形下絵拝見之願書差出ス、今日上ル、

駒牽下絵

一、駒牽下絵　　大岡金吾

右差出置候ニ付、今日上ル、

朝賀の図中の鎌槍の事

一、　　海北斎之亮

右朝賀之図之中、鎌槍之事ニ付辻雅楽権助掛合之趣書付、土佐・鶴沢より差出置、今日上ル、」（107ウ）

勘使所玄関高塀の図

一、勘使所玄関高塀之図壱枚

右御扣ニ上ル、右何も安芸・越前を以上ル、

一、帳面三冊とも同断上ル、

竹台竹植立の図

一、竹台竹植立之図

右写取候由ニ而、本紙御普請方より返上、摂津守殿被渡、越前を以上ル、

一、昆明池障子書改之下絵壱巻并最初伺出候下絵壱巻添、

右土佐守持参、受取上ル、

古谷七郎の詰所常番中御造営御用掛を免じ仕丁頭に任ず

一、　　古谷七郎

右是迄詰所常番中御造営御用掛申付置候得共、此度仕丁頭申付候ニ付、右御用掛者差免、対屋口番人谷村里右衛門江申付候ニ付、摂津守殿へ以書付申入、

仕丁頭

古谷七郎

右詰所常番之内、御造営御用掛相勤候得共差免、

対屋口番人谷村里右衛門を御造営御用掛に任ず

対屋口番人

谷村里右衛門

右御造営御用掛

右之通申渡度、此段申上候、

九月」

右之通書付可被上摂津守殿へ申入候処、承知ニ而申渡候様被申、右両人呼出し淡路守立会申渡ス、右御礼廻り之事里右衛門尋出候ニ付、七郎へ聞合候様申渡ス、両御附衆へ参候由ニ付、其通ニ而可然旨申渡ス、

（108オ）

一、昆明池障子縁付方絵図

右先達而伺候処、御治定之節右之図写上候様被仰出、摂州へ申入置候処、于今上り不申候ニ付、今日猶又摂州へ申入候処、書付呉候様被申、

昆明池障子縁付方絵図

右写可差出事、

右去月廿八日申上置候、未御差出無之候、

九月十四日

昆明池障子縁付方絵図

右之通認進達、

一、

土佐左近将監

右召連可参旨ニ付、表口へ召連参、丹後面会、色紙形者御造営方より土佐方へ出、夫ニ絵ヲ画御造営方へ土佐より差出候儀ニ候哉之旨御尋候由、随分右之通ニ候段将監及即答、右之色紙形此節最早相渡候哉之旨尋候処、未被出候旨及即答、右返答之趣相違無之哉之旨押而尋候処、申上候通

相違無之旨申聞候ニ付、右之趣ニ候間可被申上之旨申述、将監持せ置候様申出、持せ置、
一、淡路守当番ニ付、予常式御用も無之ニ付、入魂候、普前退出ス、」

（108ウ）

表よりの書付

一、表より書付、
一、御階桜苗時御敷地ニ有之候桜被用候、尤木振図面之通ニ候、且被植候日限前広ニ可相伺候
事、
右之通御造営方ニ可申達、水原摂津守へ可達事、
右壱通
一、紫宸殿・清涼殿母舎と庇之間壁付懸候釘図追而可相達候、
一、蔀突揚棒
一、番所已下刀掛
右壱通

唐画・大和画色紙形出来の日限を申し上ぐべし

唐画・大和画色紙形皆出来可差出候日限可申上候、但書損も難計候間、余分可有之候事、
右之通御造営方へ可申達、水原摂津守へ可達事、
右壱通
一、母屋幷東庇等唐画之分一枚色紙
一、荒海障子色紙形
一、母屋唐画之分続色紙、但昆明池障子色紙形寸法
右三枚壱包被出、

昆明池障子唐絵紺青引の図

一、昆明池之障子唐絵紺青引昆明池之図」

九月十五日

（109オ）

右下絵伺之通御治定被仰出、
一、鎌槍之書付御返答朱書
『最初被為見下候図之通、弥御治定、』
一、御普請方より伺出候桜伺書面朱書御返答
『御入用依無之返却候、』
一、御敷地ニ有之桜橘木、花壇方より出候木振絵図之朱書高サ四間之方
『御治定、』
右之儀伺帳之朱書
『九十四答　御治定注別紙図面候、』
一、土佐守願書之朱書
『九十四答　色紙下絵三枚被為見下候、写取可有返上候、』
一、駒牽下絵之朱書
『九十四答　可為付札之通、図被返下候、』
右之内色紙形三枚壱包、昆明池障子御治定下絵、鎌槍之御返答、土佐守願書朱書、駒牽等之分、将監へ相渡ス、
御附衆へ達之分、明日之積り桜木振絵図写出来候様修理職へ申渡ス、何も淡路守取計候也、」

（109ウ）

十五日
一、淡州より申送り、
一、参集来ル廿日之旨、

唐花色紙形三枚御治定

一、唐花色紙形　三枚
御治定申出ル、昆明池障子下絵
駒牽　　下絵

下絵等付札につき内々に裏松固禅に聞き合う

御付札出来書改、今一応可相伺旨、但内々裏松殿へ聞合可申様申聞、
右之分将監へ相渡ス、請書今日持参候筈、

土佐左近将監

一、海北斎之亮之鎌槍、昨日土佐より申上候趣故、最初御治定之方弥御治定之旨申出候、則昨
日土佐守より差出候四ツ折ニ朱書ニて出候、則将監へ相渡申、右四ツ折写候而持参可致旨、
是又将監へ申渡ス、其上帳面ニ四ツ折之通ヲ認候様丹後申聞候ニ付、如此候事、
一、右之外水原殿達之分桜之写も有之出来不申、今日出来次第御返し可被申候、桜木振図者此
度修理職ニ而認候図ヲ相達し、御花壇より差出し表御扣ニ上ケ候積りニ御座候、
一、蔀之棒・刀掛之義者、宇佐美へ申置候通演説ニ付、水原承知筋ニ可有之哉之段ハ丹後へ噂
申置候、今日水原殿へ御申入之上承知も無之候ハヽ、表へ御掛合可被下候、」

（110オ）

右之外共水原へ達之分認置申候、猶宇佐美へ御聞被下、今日一緒ニ御取計可被下候、
一、桜御治定之段、御花壇生駒へ今朝申渡候事、
右之趣ニ付、宇佐美へ面会一々承ル、刀掛棒之事何とも様子不相知候、畢竟御普請方ニ而出来候
積り之由也、
一、
昆明池下絵御治定之請書幷唐絵色紙形下絵三枚返上持参、請取、鎌槍之儀ニ付書付上候処、朱
書ニ而御返答被出候、書面之写幷本紙とも持参、

蔀突揚棒・番所刀掛の事

右何も受取、但鎌槍之朱書被付候、本紙ハ将監へ返ス、写斗留置、

一、色紙形之事、昨日表より被出候書付如例切紙ニ認、今日摂津守殿へ進達、

一、蔀突揚棒・番所刀掛之事、摂津守殿へ書付進達之処、御普請方達之訳も不相知、如何斗候様とも不相分候得ハ、可相尋旨被申聞候ニ付、掛り非蔵人安芸詰合ニ付、其趣申聞候処、此二ヶ條者御普請方ニ而出来之心得哉否之儀、被聞合候積之旨ニ付、其段摂州へ申聞候処、鳥渡付札ニ成とも致し可申旨ニ候、

　　此二ヶ条出来之有無問合也、

右之通付札致し進達ス、此書面ニ一緒ニ組有之候、紫宸殿・清涼殿壁代掛へ釘申達書付、同断摂州へも承知也、

一、御階之桜之木振絵図、今日摂津守殿へ可相達之処、修理職ニ而間違、今日絵図出来不致候ニ付明日之積りニ致置、摂州へ断申入置、」

（110ウ）

九月十六日

御階の桜木振絵図出来するも画体に相違あり

十六日

一、御階之桜木振絵図出来之処、画体本紙とハ相違ニ付、花壇奉行田中大炊呼寄、木振絵図見せ候処、ケ様之宜敷木振ニ而者無之候、此間上ケ候通只細キ枝立延候斗ニ而曲ハ無之候旨申、且此桜御池御文庫之辺、御内儀と御池庭と堺之高塀際ニ有之候、右高塀此節取建候由、万一桜江人夫等登杯致し枝等折候而ハ、此間申上候枝振とハ相違ニ相成候、其処御聞置人夫等心を付候様、御普請方へ御通達被下渡候旨申聞承置、右之趣ニ付、桜木振絵図出来迄間ニ合不申候間、只無何気手本図之通ニ模写有之候ハ、可然旨、主水へ申渡ス、則主水模写致し寸尺書致し御治定と朱書致し差越候ニ付、得と校合見合等致し相違も無之ニ付、昨日表より被出候書付如例切紙ニ認相添、摂津守殿へ進達、且右桜之辺此節高塀取建之由、万一人夫登間敷ものニ而も無之、枝抔折候而者木振も

相違致し可申候、左候而者甚面働ニ候間、左様之儀無之心を被付候様御達可有之旨申入置承知、
落手有之、

一、昨夜淡州へ到来、御造営掛取次中　水原摂津守

堺町口御門階とも下番所居所間替之積、先達而相達置候通右御門往来為致候ニ付、右御門之鍵引渡之儀、御造営掛より申越候間、明十六日巳刻組之者受取、修理職へ為相渡候様申渡置候間、右刻修理職罷出、右鍵」請取、番人江引渡候之様可被申渡候、以上、

九月十五日

右昨夜淡路守より直ニ松宮主水へ達有之、今朝主水為請取罷越鍵受取、則番人利左衛門・長左衛門江引渡候段主水届出ル、承置当番へ相達、番人よりも届出候也、

（111オ）

九月十七日

十七日

御用水筋

一、有栖川宮堺内より御用水筋へ悪水流出候様子ニ相見へ候ニ付、元形ハ如何有之候哉否付候、何分御溝水も出来同様流水へ御用水筋へ悪水流込候事ハ有之間敷と存候、乍然是迄之様子も不被計候間、内々ニ而有栖川様掛合有之候ハヽ、可然旨高嶋監物へ申渡、右御用水筋ニハ悪水流候事ハ先年より差留来候得ハ、已前ハ決而無之儀と存候、猶承合候様可致旨申聞候也、

長押造の事等

一、長押造之事幷摂州心付ニ而被申聞候見隠幷銅網等之事、早々取調可被申聞之旨、是又監物へ申渡ス、

紫宸殿・清涼殿色紙形の図

一、摂津守殿被渡、　水原――　安藤――　菅沼――　村垣――

紫清両殿色紙形之図先達而御達有之、右色目難相分者色目本相伺可申旨ニ御座候、然ル処、

賢聖障子之方御書入之色而已ニ而者其色合ニ寄相弁兼幷清涼殿之方ハ色取有之候得共、右色目浅深等是又相弁兼候ニ付、度々御引合申候而者、手後ニも相成候間、両殿之分共色紙惣体色目手本御達有之候様致度、此段御懸合申候事、」

九月　　書面掛合之趣相伺候事、

この度の造営につき故実により御好みの品々が何かを心得たし

（111ウ）

一、此度御造営ニ付、古実ニよつて御好有之被仰出候御品々者、何々ニ而有之候哉、為心得致承知置度候事、

九月　　書面之趣相伺候事、

色紙形色目手本

右色紙形色目之事、差急之様子ニ付、今日日野殿御詰合之様子故、淡路守より日野殿へ及掛合候処、右色紙形色目手本、此度より有之候而者色紙一通り調可遣事ニ候、左候而者御入用ニも掛候事ニ候、摂津守勘弁致可申候様可申達被申聞、依之淡路守より右之趣摂州へ申聞候処、其趣付札ニ致し呉候様被申、如此付札致し遣ス、

色紙形色目の付札

清涼殿色紙形色目先達而被達、此上委敷此方より被達候得ハ、色紙ニ而も被仰付可被達候哉、御入用も相掛り可申候間、水原摂津守勘弁可有之候事、

右之通付札致し書面差返ス、可被及相談旨也、

右御普請方へ示談有之候処、色紙ニハ不致、色目ヲ附伺出候積り申居候段、翌日摂州申聞有之承置、右之返答有之候ハヽ、廿日参集ニ可申旨被命候ニ付、廿日ニ可申上之積り也、

九月十八日

十八日

一、摂津守殿被渡、　水原――　安藤――　菅沼――　村垣――」

紫宸殿南庭に植える桜橘

（112オ）

紫宸殿南庭江被植候橘植付宜儀之儀、先達而御懸合申候処、桜橘とも植付之儀同時ニ可相伺旨御達有之候、然ル処、桜之儀ハ御敷地ニ有之候様可被用旨御達有之候ニ付、来ル廿二日桜橘とも同時ニ植付候様取計可申候哉、左候ハヽ、当日辰刻立会之者御差出被成候様致度候、尤右桜植替前日根返致置候積候間、御文庫番人江御申渡有之候様致度、此段御懸合申候事、

九月　　　　書面掛合之趣相伺候事、

右掛合書面之趣ニ而者日限も有之、廿日参集迄ハ其侭ニ難差置候ニ而、表承合候処、高丘殿詰合ニ付懸御目、右掛合書面御普請方伺帳ニ記、委細申上候処、議奏衆御詰合も無之候ニ付、中山殿江御掛合有之候処、此儀ハ日時之勘進も被仰付候儀、且左右之大将へ取扱ニ而候得ハ、中々急ニハ取計難成筋ニ候、廿日参集之上評議可有之候、所詮廿二日ニハ相調間敷旨返答申来候間、其趣ニ摂津守へ可申達旨ニ而御返し有之、依之、右被命候趣書面ニ而摂津守殿へ申遣ス、承知之段返答来、

九月十九日

蔀突揚棒

番所以下刀掛

付札

（112ウ）

十九日

一、摂津守殿被渡、

一、蔀突揚棒

一、番所以下刀掛」

右ニ付札、

御書面二ヶ條之内、刀懸之儀ハ宝永度も御造営方ニ而者不致出来候間、此度も御造営方ニ而者不致出来心得ニ御座候、勿論蔀突揚棒之儀ハ御造営方ニ而出来之積取計可申

候事、

九月

安藤越前守
菅沼下野守
村垣左大夫

右之通ニ候、乍然宝永度刀掛出来之事ニ候ハヽ、猶又其段可申旨摂津守殿被申聞、

水原――

内藤――
菅沼――
村垣――

昆明池御障子其外縁地附方図

昆明池御障子其外共縁地附方、先達而伺相済候図面写差出し可申旨御達ニ付、則右写別紙
図面壱枚差遣申候事、

九月

昆明池御障子其外共縁地附方図

右被渡受取、何も御普請方伺帳ニ記置、

水原――

安藤――
菅沼――
村垣――

御池庭南方の御文庫一棟修復出来
（113オ）

御池庭南之方六間弐間半之御文庫壱棟、御修復致出来候ニ付、右文庫通り」仮板囲之儀、
別紙図面朱引之通取建可然候哉、明朝迄ニ御挨拶有之候ハヽ、明後廿日四ツ時掛り之もの
差出、仮引渡可申候間、請取之もの御差出可被成、

御池庭東方の御文庫修復に取掛り

一、御同所東之方弐間半三間之御文庫壱棟、三間ニ拾間之御文庫壱棟共、此節御修復取掛り申
度候間、御道具早々御移替御引渡有之候様致度候、左候ハヽ仮板囲是又図面朱引之通取建

可然候哉、尤段々定気之趣候間、壁仕事之儀故、是迄ニハ乾も手間取、容易ニ出来兼候間、御勘弁有之、少も早ク御修復取掛り申度候、尤右弐棟之内弐間半三間之御文庫ハ、別而御襖も強ク相見候ニ付、御修復手数相掛り候事故、猶又早速御引渡有之候様致度候、則図面壱枚相添、此段御懸合申候事、

九月十八日　　書面掛合之趣図面相添相伺候事、

御文庫修復の絵図

右之絵図

右摂津守殿申渡候ニ付主水へ相渡、如例常式之取扱ニ而、早々奉行衆へ伺有之候様申渡置、且又右板囲之儀、全体板囲者最初御文庫之銅桶紛失有之ニ付、板囲取建、只今ニ而者御築地も出来、幷御内儀と御池庭と之間仕切高塀も出来候得ハ、板囲ハ無之而も可然候旨被申ニ付、御文庫通りも候得ハ、板囲無之而者相成間敷旨申入候処、竹矢来ニもニ而も掛候而、見へ不送様ニ致候得ハ可相済旨、是等之事も可相伺旨噂被申、依之、主水へ此儀申渡ス、是ハ決而宜ク候間敷候と存候得共、摂州申聞ニ候間可被申上之旨申聞置、

右御文庫之儀、御修復出来候御文庫ハ、何時ニ而も勝手ニ可受取、板囲之事ハ取掛候事ハ相成」申間敷候、人夫も入込居候事ニ候得ハ可難相成候旨豊岡殿噂候、板囲朱引之通取建之事ハ御承知候、其余之儀ハ猶追而御返答可有之旨被申渡候由主水申聞候ニ付、書面ニ而摂津守殿へ申遣ス、承知之旨ニ而、右御修復出来候御文庫引渡有之候間、明日午刻頃修理職罷出候様可申渡旨返書端書ニ申来候ニ付、翌早朝書面ニ而、主水監物へ申遣ス、

（113ウ）

九月二十日
御池庭南方の御文庫今日引渡し

廿日

一、御修復出来有之候御池庭南之方六間ニ弐間半之御文庫今日引渡ニ付、午刻頃修理職可差出旨昨夜

摂州より被申越、主水・監物へ早朝申遣置候処、監物罷越、受取帰り候段届出ル、奉行衆へ申届
有之候様申渡ス、
一、今日参集也、淡路守御風邪不参之段断申来、安芸へ申聞置、
一、帳面三冊とも安芸へ渡ス、
一、御治定と朱書有之候御階桜橘木之絵図、為御扣上ル、
一、　　　　　　　　　　　　　　　　　　土佐守
右返上之色紙形下絵三枚壱通上ル、且昆明池下絵御治定請書上ル、
一、　昆明池障子其外共縁付方図　写
右御普請方より差越候ニ付、為御扣上ル、

対屋廊下上連子左右見隠・銅網張の事

一、対屋廊下上連子左右見隠幷銅網張之事、修理職紙書付差出候ニ付伺出ス、尤切紙ニ記出ス、」（114オ）
　対屋江通ひ廊下左右上連子見隠無之候而も不苦候哉、若見隠可有之儀ニ候ハヽ、其段書付
　被差出候様修理職奉行衆へ可被申入事、
一、内侍所雲橋上り口御翠簾懸ケ之上幷南門四脚唐門等御有形銅網張之鳥防有之候、今度出来
　無之様子ニ相見へ候、右御有形通出来可然ハヽ、是又前同様可取計事、
右之通水原摂津守申聞候ニ付、修理職相糺候処、左之通ニ御座候、
一、対屋へ通ひ廊下左右上連子ニ見隠
　右御有形見隠有之、
一、内侍所雲橋上り口御翠簾掛ケ之上
　右御有形銅網張無之、

一、内侍所御格子之上幷南門四脚唐門等銅網張
右御有形銅網張之、
右安芸を以上ル、
安藤――
菅沼――
村垣――

禁裏御地鎮祭の儀の時期等につき伺い

（114ウ）

一、摂津守殿申渡、
水原――
此度
禁裏御地鎮祭之儀、いつ頃可被仰付候哉、幷右勤行いつれ江被仰付候哉之儀も心得ニ承知
致置度候間、御様子相知候ハヽ、被仰聞候様」致度、此段御掛合申候事、
九月
書面掛合之趣相伺候事、
右被相渡候ニ付、御普請方伺帳申出し書記致し伺置、

口向御有形長押造箇所

一、長押造ケ所書摂津守殿へ進達、
口向御有形長押造ケ所
一、奥御膳所　奥口鍵番所廻り　清間廻り　伺公間
御内玄関　休息所　御末　女嬬　御物仕部屋
取次詰所　同北部屋
右之ケ所御有形長押造ニ而御座候事、
九月
右摂州落手、

表よりの書付

一、表より被出書付、

一、対屋江通ひ廊下左右上連子ニ見隠
一、内侍所雲橋上り口御翠簾掛ケ之上幷南門四脚門唐門等御有形銅網張之鳥防
右水原摂津守心付之通御有形ニ有之候間、此度も致出来候様可有掛合候事、
九月」

（115オ）

右丹後を以被出、内侍所雲橋之処、御簾掛ケ之上銅網張無之旨修理職申聞候処、右之趣ニ而ハ御出来候積り相聞候旨申候処、修理職左様ニ申候得共、心付と申処有形有之旨申候得ハ、其趣ニ而可達旨被命由、且御格子之上網張之事ハ不被出候歟之旨申処、是ハ不被達旨ニ付、右書付之通如例切紙ニ写取、摂津守殿へ進達候処、摂津守心付と申事、御造営方へ被達候儀ハ無之候歟、只今出来候歟と申斗ニ被達候様致度段申聞ニ付、其趣丹後へ申達、則書改被出、則書改候而、摂津守殿へ後刻外と一緒ニ達ス

一、明日摂津守出仕候ハヽ、高丘殿面会可有之旨申出承置、

鎌槍の儀

一、鎌槍之儀、土佐・鶴沢より書付上ケ候処、右書面ニ朱書ニ而御返答有之、則土佐へ遣置候処、伺帳面ニ右之朱書可被出間、右之書面可上之旨安芸申聞候ニ付、先日土佐へ遣置候得ハ取寄可申旨及返答、左候ハヽ、後会ニ可上之旨申聞候也、

駒牽の絵の儀

一、駒牽之絵之儀ニ付、下絵ニ御付札被出候処、願書差出上置候処、是又朱書ニ而御返答有之、鶴沢式部へ渡置候処、是も鎌槍同様朱書可被出旨御乞候得共、右之趣ニ而、取寄後会ニ可上之旨申入置、

一、来廿六日参集之旨越前を以被仰出、修理職へ申渡ス、淡路守へ申達、

一、先頃より殿下之御料六分堺ニ而御敷図仕立居候、右本紙可上候旨申出候得共、是ハ所々切抜有之

（115ウ）

旨修理職断ニ而申上候処、左候ハヽ六分堺可上候旨ニ付、修理職へ申達候処、右六分堺右之御用ニ棟梁方へ遣置候由修理職返答ニ付、右棟梁へ遣置候事ハ、奉行衆へハ御存知無之候、届候而遣候事哉之旨越前申ニ付、修理職調候処、相届不申候由権大夫申、右之趣此方両」人も存知居候哉之旨越前申聞ニ付、此方も不承候旨及返答、此方両人扣ニ六分堺之事被申、是ハ先頃修理職へ遣置候処、広橋殿上置候旨ニ而、其後久々ニ相成候得共、いまた返却無之旨申所、右之此方扣六分堺棟梁方遣置候由、何分御入用候旨早々可取寄ニ付、権大夫江晩刻表へ上ル、右之儀修理職仕方甚不宜候、奉行衆ニハ敷図外へ出候事ニ而者無之儀と被存候、乍然絵図引候処陣座差支候而者場所無之候得ハ、棟梁方ニ而可引候得共、左候ハヽ、一応申届可計事と被存候、取次へも申聞、左様之取計甚以如何と被存候、依之議奏衆江被申上置候、是切ニ而相済候儀ニ而者無之、定メ而義奏衆より御返答可有之候、何分左様之取計有之間敷儀ニ候間、修理職へ其段申渡置候様越前を以被命、権大夫へ申渡ス、

一、御普請方より伺書面ニ古実より御好之所々何々ニ而候哉之旨書面出有之候処、此書面何レとも難分候、相分候様可申上候、紫宸殿之内ニ而、何方抔と申出候方ニ而無之而者難申候間、其段摂津守へ可申達旨丹後を以被命、左候ハヽ、其趣申聞、此書面可差返哉之旨申聞候処、其趣申聞、書面御返却可致旨被命由ニ付、猶明日摂津守罷出候節可申聞候而、書面可差返候旨申聞置、右翌日摂津守殿へ右之趣演述ニ而書面返却、右之事ハ今日高丘殿摂津守へ面会之節尋合有之様子也、

表よりの書付

一、表より被出書付、

先達而申達候図鳥頸幡竿被納旨申達候得共、今度件幡竿者不被納候事、

別図一紙相除候、」

天井絵図

（116オ）

曼陀羅筥

禁裏地鎮は十月中旬幸徳井に勤修を仰せ付ける

（116ウ）

朱書御返答

九月廿日

天井絵図

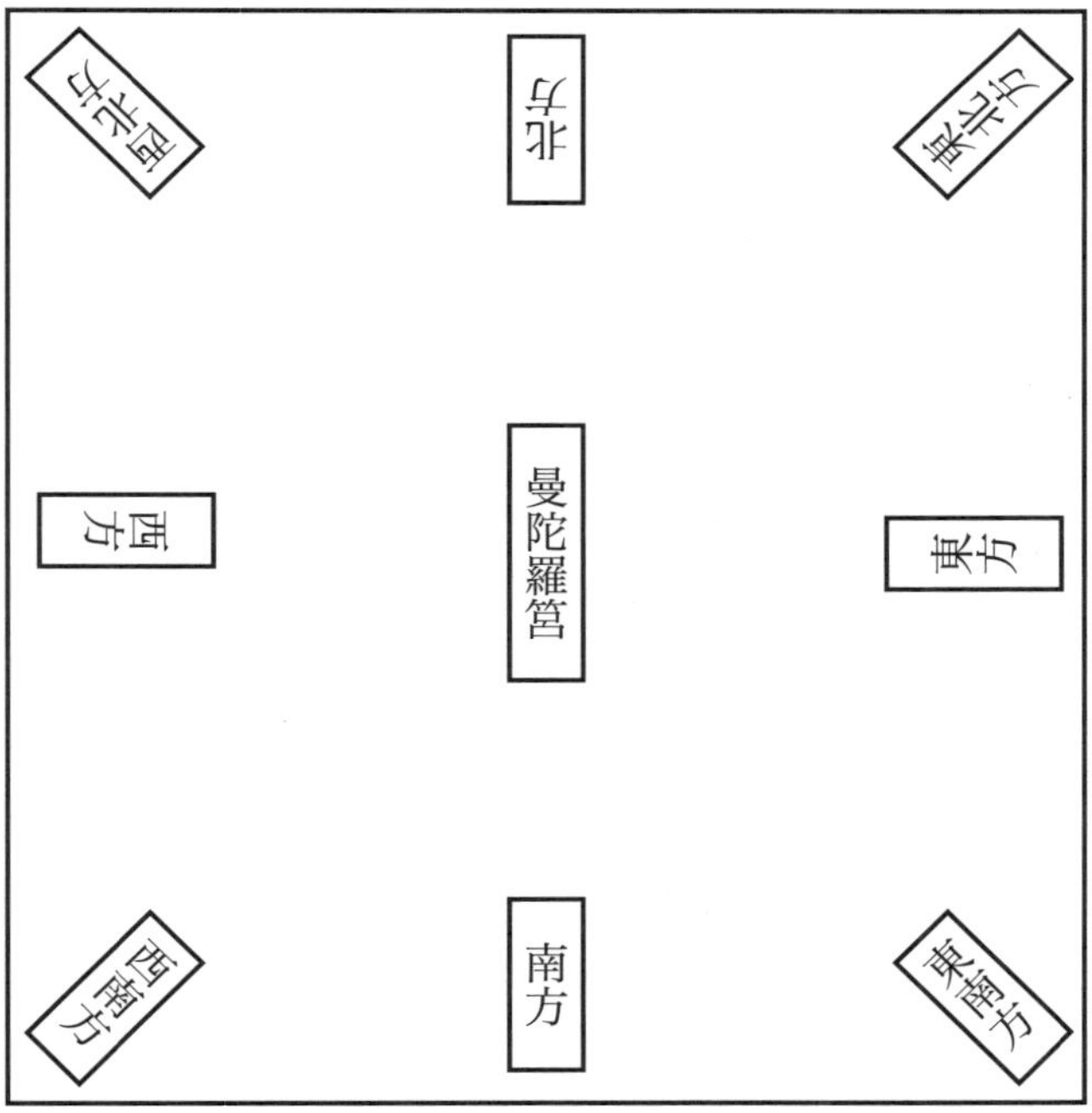

一、禁裏地鎮来十月中旬幸徳井刑部権大輔勤修被仰出候、尤日限御治定之上表向可申達候事、」

九月廿日

朱書御返答之分

桜橘二十二日植の書面

桜橘廿二日植書面

『九廿答　日限追而自是可有御沙汰事、』

地鎮の書面

地鎮書面『九廿答　以別紙答候、』

右朱書之通伺書面ニ如例朱書付札ニ致し、且被出候書付之分如例切紙ニ写、天井之図ハ写取、本紙之方摂津守殿へ何も手紙添持せ遣ス、返書到来、

水原摂津守

勢多大判事様

土山淡路守様

一、桜橘植付日限懸合書面　壱通　朱書被出、

一、地鎮祭之議ニ付懸合書面　壱通　朱書被出、

一、右地鎮祭之議ニ付御達書壱通

一、安鎮之節被納物之儀ニ付御達書壱通幷絵図　壱枚

一、廊下見隠幷銅網張之儀ニ付御達書　壱通

右之通被差越承知、令落手候、已上、」

九月廿日

（117オ）

一、　海北斎之亮

大岡金吾

右朱書被出候、折紙被差越候様土佐・鶴沢へ申達、則差越、

九月二十一日

廿一日

一、御花畑御有形竹矢来之処、此度御造営方より高塀ニ取建候也、然ル処、右高塀取建場所ニ有来候、

南廊の戸絵図

懸壁代耳金を打つ箇所の図

（117ウ）

竹矢来場所より西へ寄出来候、左候而者、草花幷樹木等植替不申候而者相成不申候、当時植替難相成候、往来草只今植替候而者、御用之差支ニ相成候得ハ、有来之竹矢来之場所も高塀取建出来候様致度旨山之もの修理職へ申出由、此旨権大夫申聞有之候ニ付、左候ハヽ、其場所絵図ニ致し付札ニ而、其訳書付可被差越旨申達、則山之ものより麁絵図差越候ニ付、書改差出有之、此度高塀取建之処、□朱ニ致し、有形竹矢来墨引ニ致し、両方とも朱書付札ニ其訳書付させ権大夫より受取、今日摂津守殿へ差出ス、

一、摂津守殿被渡、

　　南廊ノ戸絵図

　　　付札此間懸取置之積相心得罷在候、

右之絵図先達有之処之儀ニ付伺出候処、朱書付札ニ而御返答絵図也、受取置、」

　常御殿

　　御蚊帳釣り鈌天井廻り縁付三寸下御差図有之候得共、蟻壁有之候所者天井長押より三寸下之積り相心得罷在候事、

右同断申渡受取置、南廊ノ戸付札伺書幷右之伺書両様とも御普請方伺帳ニ記置、

一、表より被出、

　　懸壁代耳金ヲ打ケ所図一紙相達候事、

　　九月

右之図　懸壁代耳金ヲ打ケ所之図

右被相渡越前此図表ニ御扣も有之由越前申聞ニ付、追而拝借可写取候旨申聞、直ニ今日右之御書

付ハ切紙ニ写、右之図ニ相添、摂津守殿へ相達落手也、右被出、今日摂津守へ相達候段、御普請方伺帳ニ如例記させ置、
今日御用掛詰合ニ付、南廊戸ノ図幷常御殿蚊帳釣鈬打方伺之事等伺可出哉之旨以越前申上候処、後会ニ可出之旨被命由ニ付、其侭ニ差置、

九月二十二日

廿二日

一、昨夜淡路守方へ向、到来候書面、御造営懸り取次中　水原

御春屋構内女中蔵一棟之内、西之方八戸前御修復被出来候ニ付、明廿二日四時引渡之儀申越候間、組之者差出為請取、猶又修理職罷出、受取候様可被相渡候、右之外御造営方より懸合之趣有之候ニ付、則其書面相達候間」被得其意出可被申聞候、以上、

九月廿一日　安藤――
菅沼――
村垣――

水原――

禁裏御春屋内女中蔵一棟之内、西之方八戸前先達而請取御修復此節致出来候、尤外廻り上塗も相揃候得共、皆出来之上、御引渡申候而者相揃候分御修復手後相成、追々壁乾兼候時節ニ成候間、右上塗之儀ハ外廻り之事故、御引渡後ニ塗方相成候事ニ付、為手繰残り之分此節より御修復取懸申度候間、前書御修復出来之八戸前、明廿二日四ツ時掛り之者差出仮引渡可申候間、請取之もの御差出被成候様致度候、勿論前文之趣ニ御座候間、早々道具移替有之、残之分早速御引渡御座候様致度、此段及御懸合候事、

九月廿二日

（118オ）

御春屋構内女中蔵一棟の内

右ニ付、昨夜淡路守より直ニ主水へ相達有之、今日主水御春屋へ罷越、八戸前請取被帰、右之八
戸前之鍵局侍供侍殿山岡内記江相渡し、御道具早々移替有之相済候ハヽ、早速被申聞候様申達候
条主水申届有之、摂津守殿出仕之旨申届、

一、摂津守殿被渡、

水原――　安藤――
　　　　菅沼――
　　　　村垣――」

（118ウ）

清涼殿尋常御用御畳縁の内

一、清涼殿尋常御用御畳縁之内、紫縁と御差図ニ有之候者、絹赤縁之儀ニ有之候旨御畳棟梁申
聞候、右之通ニ御座候哉、為念此段御懸合申候事、

九月　　　　書面掛合之趣相伺候事、

水原――　安藤――
　　　　菅沼――
　　　　村垣――

禁裏御所・女院御所御殿向のうち竹の節框金物の儀

禁裏女院御所御殿向之内、竹之節框金物之儀、別紙図面之通取付候積りニ御座候、為念此段御
懸合申候事、

九月　　　　書面掛合之趣絵図面添、相伺候事、

右之絵図　禁裏御殿向竹之節框金物取付方図

右被相渡、御普請方伺帳ニ記させ置、

九月二十三日

廿三日

剣璽の間御床前御襖引手へ取付の総角の儀

一、摂津守殿被渡、

水原――　安藤――
　　　　菅沼――
　　　　村垣――

劔璽之御間御床前御襖引手江取付候総角之儀、御同所御調台横御襖御引手之総角御同様之

（119オ）

積、先達而御差図有之候、然ル処、御調台構弐間ニ而御襖四枚建ニ有之候、御見渡も御間広ニ有之候間、」総角大サ先達而伺済之寸法ニ而、御見付相当仕候得共、前書御床ノ所者壱間ニ而御襖弐枚建ニ而有之候ニ付、総角大サ寸法御調台構御同様ニ而者御間狭之御場所総角大キ過、却而御恰好宜ク間敷候ニ付、別紙図面書入候大サ寸法いたし可然候哉、則図面相添、此段御懸合申候事、

書面掛合之趣絵図面添相伺事、

九月

安藤――
菅沼――
村垣――
水原――

内侍所上段より外陣江取付堺最初之御差図ニ者、南面遣戸弐と有之候処、其後御同所勝手向共御模様替図面相下り、右図面ニ者、前書御間堺南面遣戸三枚と有之候処、最初之御差図ニ相泥ミ、南面遣戸弐枚建、尤明ケ建手強キ様車附ニ相仕立申候間、三枚建ニ為仕直可申儀ニ候得共、左候而者彼是手後レニ相成、其上御〆り之儀も差除、鍵〆り之積御差図御座候ニ付、三枚建ニ而者御〆り之都合も不宜候間、格別之御差支ニも相成不申候ハヽ、出来立候姿遣戸弐枚建ニ而相済候様仕度、此段御懸合申候事、

書面掛合之趣相伺候事、

九月

安藤――
菅沼――
村垣――
水原――

（119ウ）

此度御造営ニ付被復旧儀被　仰出候、御品々者何々ニ而有之候哉、為心」得致承知置度候事、

書面之趣相伺候事、
九月
安藤――
菅沼――
村垣――
水原――

竹台に植える河竹の儀

竹台ニ被植候河竹之儀、先達而手本竹御達ニ而右恰好之竹致吟味候間、猶又為念掛御目申候事、

書面掛合之趣手本竹壱株相添相伺候事、
九月
安藤――
菅沼――
村垣――
水原――

此度
禁裏御安鎮御修法中罷出候楽人共、装束品相渡候様申立、書付太田備中守殿御渡被成候ニ付取調候処、明和之度も御建物之内相渡候趣書留相見へ候間、此度も伶人楽屋幷四脚門内番所勝手廻り之内装束品相渡可申積御座候、此段御掛合申候事、

書面掛合之趣相伺候事、
九月

右都合絵図壱枚阿竹壱株被渡、尤竹ハ修理職へ向ケ到来、今日可相伺候処、奉行衆も詰無之ニ付、明日之積り右之竹御花壇方へ渡し仮植致させ置候様権大夫へ申渡ス、

（120オ）

一、昨夜淡路守へ向到来、」

御造営掛取次中
水原――

御花畑構幷堂上方へ渡高塀、明廿三日より追々建方取懸り候間、職人人足入込、懸り役人も見廻り可申、尤日々取懸り、引払之節ハ肝煎之者より案内為致候積之由、御造営懸より

申来候間被得其意、御花畑番人へも為心得可被相達、已上、

九月廿二日

右之趣ニ付、昨夜山之ものへ鳥渡申渡置候、猶又今日申渡有之候ハヽ可然旨、淡路守出仕之上申聞ニ付、仕丁頭へ右之趣申聞、山之ものへ申渡させ候也、

一、来廿六日参集之儀御差支有之、廿五日例刻参集候旨、堤殿番頭代豊前を以被命、修理職へ申渡ス、淡州へ翌日当番ニ付申達、

九月二十四日

廿四日

一、摂津守殿被渡、

安藤――
菅沼――
村垣――

水原――

蚊帳鈎打方の儀

一、先達而御達有之候蚊帳鈎打方之儀、御差図之趣取計申候、然ル処、御達ケ所之内、内侍所上段之儀、化粧屋根裏之御場所ニ有之候ニ而、桁下三寸下打方致候而者高過可申候ニ付、上之鈎桁下向棟下ケ取付可申候哉、為念御懸合申候事、」

（120ウ）

九月

書面掛合之趣相伺候事、

長押造の箇所

一、去廿日摂津守殿へ相達置候口向長押造之ケ所書下札ニ而返答、

御書面之ケ所々御有形長押造之由、然ル処、奥御膳所鍵番所廻り・清間廻り・伺公之間・内玄関休息所、右之分者宝永度書留ニ長押造与有之候間、此度も長押造致出来候、其外御末女嬬御物仕部屋・取次詰所・同北部屋之儀ハ、宝永度御普請後長押取付之儀も有之候哉、書留ニハ長押造ニ無之候間、此度も長押取付不申候事、

九月

安藤越前守

九月二十五日

蔀突揚棒・刀掛の事

菅沼下野守
村垣左大夫
右被渡受取置、蚊帳鈌打方之儀、御普請方帳面ニ記させ置、

廿五日
一、今日参集、淡路守依所労不参、
一、帳面三冊とも越前へ渡ス、南廊ノ戸図、総角之図、竹之節之図都合三枚、河竹壱株上ル、河竹ハ
御物置へ可廻旨安芸申聞ニ付、修理職へ申渡、回させ候也、
一、此間蔀突揚棒・刀掛之事聞合之処、棒ハ出来、刀掛ハ宝永度御造営方ニ而不出来ニ付、此度も不
出来之旨返答有之候、乍然宝永度三丁場浮道具請取書ニハ急度刀掛之儀有之候、先日上候浮道具
（121オ）
書付之写入御覧候処、修理職可申立分ハ修理職買物使可申」立義ハ、買物使右両所より常式之振
方ニ而可申立、御造営懸りニ而者無之旨被仰出、両所より又々申立候、刀掛之儀ハ修理職申立之
内ニ書入伺置候得共、実ニ宝永度御造営方ニ而出来之儀ニ無相違候得ハ、今一応右之浮道具書付
可入御覧と存候、刀掛之儀被仰達候様致度候旨及演述候処、先可見合候、則修理職より申立有之
候得ハ否何と歟可被仰出旨越前申聞候ニ付、先其侭ニ差置候也、
一、安鎮御修法中罷出候楽人装束品、常式ニ而修理職より伺置候処、伺之通被仰出候旨松宮主水申聞
候ニ付、掛合書面ニ朱書ニ而及返答、　『伺之通、』
右之通朱書付札ニ致し、摂津守殿へ進達、
一、御春屋構内女中蔵東之方六戸前道具移替、昨廿四日相済申候旨主水申聞候ニ付、書付を以摂州へ
達ス、

禁裏御春屋内女中蔵一棟之内、東六戸前道具移替相済申候、何時ニ而も引渡可申候事、
九月廿五日
右摂州落手、
一、表より被出書付、

桜橘植付け十月七日巳刻と治定

一、御階桜橘植付御日限来月七日巳刻御治定、右植付前日根廻し可有沙汰候、尤奉行清閑寺頭
弁被
仰出候、右植付候節立会人体名前治定之上、尚又可申達候事、」

（121ウ）

九月廿五日
右越前を以被相渡切紙ニ写、即日摂津守殿へ進達、右之段修理職へ申渡ス、

下長押と地覆貫の間白壁箇所

一、下長押と地覆貫之間白壁ケ所
下侍
宜陽殿
右青璅門ノ下
殿上ノ南面
右ハ日野殿・高丘殿於表口摂州へ面会ニ而被達候書付之由ニ而被見写候也、本紙返却、右之書付
被達候節、絵図被見候、右之絵図明日迄借用致度候、其段申上呉候様被申、日野殿へ懸御目申上
候処、両様有之古キと此度之と有之、何レ可遣哉之旨被命、其段摂州へ申入候処、此度之処ヲ借
用致度段被申、則申上候処、其図容易之儀ニ候処、遷幸伝奏奉行ニ有之候ニ付、難被遣候、右之
絵図之写修理職権大夫方ニ有之候、取寄可遣旨申被命、権大夫へ申渡ス、自宅ニ有之由ニ付、予

より摂州へ之書面権大夫へ渡、書面ニ右之図添、摂州へ権大夫方より後刻持せ可遣旨申渡ス、摂州へも其段申入置、

桜橘植付けにつき宝永度の例

一、桜橘被植候ニ付、修理職罷出候、宝永度之例書付差出ス、

宝永六年九月二十八日日記

宝永六年九月廿八日日記
今日御本殿紫宸殿前桜橘被植候事、
但桜者近衛左大臣殿より被献候由ニ而櫛笥殿より参ル、橘者九条右大臣殿被献候」由ニ而、小堀二右衛門より参り候事、西池木工権頭奉行ニ而為植候事、
右之通ニ候間、宜取計之儀頼候旨申聞、受取置、

（122オ）

表より朱書御返答

一、表より朱書御返答付置、
南廊ノ戸　『九廿五答　伺之通図返却、』
常御殿蚊帳釣鈲打方　『九廿五答　伺之通、』
清凉殿尋常御畳縁　『九廿五答　可為伺之通、』
禁裏御殿向竹節框金物打方
『九廿五答　此度金物被見之図返却、』
剱璽之御間総角　『九廿五答　伺之通図返却、』
内侍所上段より外陣江取付遣戸
『九廿五答　西面遣戸弐枚ニ而甚御差支有之候、三枚建ニ相成候得ハ、関溝相改弥手後ニも可相成候間、四枚建ニ可相改候事、』
竹台ニ被植候河竹『九廿五答　伺之通竹返却候、』

内侍所上段蚊帳釣鈎打方『九廿五答　鈎ニ而有之候得ハ高過候而も無差支候間、桁下三寸
大打方ニ而宜候事、』
右之通帳面幷絵図等ニ朱書出、帳面三冊とも被返出、斎之亮・金吾より出ス、四折ハ表ニ被留置、
右之朱書伺帳ニ記し被出、河竹者御物置ニ取ニ可廻旨ニ付、修理職へ申渡ス、」

（122ウ）

御手水の間小障子猫の図につき碇の緒を除き猫ばかり画くべき事

一、同断書付被渡、
一、御手水之間小障子猫いかりの緒可除之、猫斗可画事、
一、皂漫頭巾可為細纓冠事、
右土佐守へ可申渡旨、且猫之儀いかり緒除候而ハ何と歟申子細も有之候ハヽ、其段可申上候旨演述、依之、猶明日呼寄可申渡候旨有答、
一、来月二日例刻参集今日御用相済、
右何も越前を以被命、朱書之分掛合書面奥ニ如例朱書付札致し、絵図幷河竹等摂津守殿へ手紙相添持せ遣ス、夜ニ入候ニ付、早々持せ遣し、返書自宅へ差越候段仕丁頭へ申渡させニ候也、修理職へ御用済、来月二日之事申渡ス、淡州へハ翌朝申達、
一、土佐守明日午刻迄罷出候様可申遣、書面今晩人足差支多候ニ付、明日之書面ニ致し、日記役へ達置、明朝持せ遣し、返書ハ当番披見之儀頼置、予退出ス、
一、摂州返書　　　　水原摂津守
勢多大判事様
土山淡路守様
南廊ノ戸図壱枚
常御殿御蚊帳釣鈎伺書　壱通」

九月二十六日

御手水間小障子猫の図

（123オ）

（123ウ）

清涼殿尋常御畳縁伺書壱通
御殿向之内竹節金物伺書壱通　図壱枚添
劔璽之御間御襖引手総角之儀伺書壱通　図壱枚添
内侍所上段より外陣江取付幅遣戸之儀伺書壱通
竹台ニ被植候河竹之義伺書壱通　手本竹一株添
内侍所上段蚊帳鈎打方伺書壱通
右何も朱書被出候ニ付、絵図三枚・書面七通・河竹一株為持御差越、令落手候、以上、
九月廿五日
尚以竹之節之儀、禁裏御所斗伺済ニ候由、且又竹台河竹掛合書面墨付出来いたし候ニ而被可申聞、令承知候、已上、

廿六日
一、　土佐土佐守
右参上昨日被仰出候書付渡ス、猫之儀子細も有之候ハヽ、其訳可被申旨申渡候処、右小障子者将監認候、何もいかり緒除認候而も何之子細無之候旨申聞ニ付、請書可被出旨申渡ス、皂漫頭巾之事ハ斎之亮之由、是又土佐・鶴沢之請書可然旨申渡ス、
御手水間小障子猫之図いかりの緒相除、猫斗相認可申上奉承知候、」依之、猫之様子存寄も御座候ハヽ、可申上旨被仰渡、是又奉承知候、尤礎之緒除候而も、猫之形御治定之御下画ニ而別ニ子細者無御座候、仍而此段申上候、已上、
戌九月　土佐左近将監

朝賀図之中、皂曼頭巾可為細纓冠之旨被仰渡、奉承知、則斎之亮江申達、御請申上候、已上、
戌九月
土佐土佐守
鶴沢探索
右請取置、退出申渡ス、
一、豊岡殿御逢御渡、
地鎮祭十月十五日と御治定
地鎮祭
十月十五日　時辰
右御治定之事
九月廿六日

石薬師惣御門出来
一、石薬師口惣御門出来ニ付、仮引渡之事昨夜当番へ申来取計有之、修理職高嶋」監物罷越受取、直ニ六門番人江引渡し候段届有之、御附衆へ申届、右ニ付仮引渡ニ而候得共、皆出来之事ニ而候得ハ、常式之積りニ而面番ニ不及、右門〆階より之通行、乍然右門より通行ニ而無之類ハ、則右門開通行致させ候積り御附衆及示談、番人江申渡ス、請取物新調方ニ而、道具いまた不出来ニ付、先当分勘使ニ而借用ニ而行灯火鉢素錯之類相渡ス、
右御造営方へ早々達候様、水原摂津守へ可達旨被命、落手、則書面相添、摂州へ向ケ持せ遣ス、
（124オ）

清涼殿東庭の河竹垣付の日限の事
一、摂津守殿被渡、
清涼殿東庭江被植候河竹垣付日限之事、
右被渡、来月二日参集候、猶夫迄之内席も候ハヽ、可伺出旨申入置、
一、禁裏御舂屋構内女中蔵一棟之内、東之方六戸前道具移替相済候ニ付、何時ニ而も引渡可被

成旨御達之趣致承知候、左候ハヽ、今廿六日八ツ時過請取之者差出可申候間、御引渡有之
候様致度、此段御達申候事、
九月廿六日
右被相渡候ニ付、修理職権大夫へ申渡ス、監物差遣候旨也、中元草履取如例申立有之、当番へ申
聞、仕丁頭へ申渡有之、

九月二十七日
御春屋構内女中蔵一棟の内東方六戸前御修復

廿七日
一、御春屋構内女中蔵一棟之内、東之方六戸前御修復ニ付、御普請方へ昨夕引渡相済候、甚及遅刻候
ニ付、今日御届ケ申候旨主水申聞有之、摂津守殿出仕之上相届、」

（124ウ）

九門下馬札新規出来の儀

一、摂津守殿被見、
水原摂津守殿
安藤越前守
菅沼下野守
村垣左大夫
九門下馬札新規出来之儀、先達而伝奏衆被申聞旨ニ而、太田備中守殿より御達有之候ニ付、
如先規出来候積ニ取計申候、尤武家町御門下馬札焼失残有之候間、右之大サ寸法之通出来
候積相心得申候、為念此段御達置申候事、
九月
右者伝奏衆へ被申入候積り之由、一応被見旨ニ付写取、手紙直ニ返却致候也、
一、安鎮御勤修ニ付、妙法院座主宮常御殿被納物も有之儀ニ候間、常御殿御拝見被成度御願有之、御
造営方へ被相達候旨、摂州噂被申聞、

九月二十八日

廿八日
一、御池庭東之方弐間半ニ三間之御文庫、此間供道具移替相済、今日引渡、午刻過修理職松宮主水罷

（125オ）

越、御普請方へ引渡候也、
右之儀、昨日右御文庫之事御沙汰無之候哉之旨主水へ申聞候処、鍵者受取居候得とも、引渡之事御沙汰無之候旨移替被相済候旨ニ付、左候ハヽ、相伺早々引渡之様可然旨申聞置候処、修理職奉行詰合無之、右鍵者高丘殿ニ被渡置候由先議奏へ掛りニ付、昨日議奏衆へ番頭代ニ而伺候処引渡有之候、右之趣返答有之、依而高丘殿へ昨日主水被参、右御文庫鍵御渡候得共、引渡之事ハ御沙汰無之候、□存候処、議」奏衆ニハ御引渡も被仰出候趣ニ相聞候旨申上候処、今日弥引渡し被仰出、淡路守今日当番ニ而御造営方差支も無之候ハヽ、今日午刻過可引渡旨、水原摂州へ書面ニ而申達し有之候処、則御造営方掛合之処差支無之間、午刻過請取人可差出之旨返答有之候間、其心得可致旨摂州返書到来ニ付、主水へ申渡候、則差遣し引渡候也、右引渡候段摂州へ申届、右掛合書面幷絵図等いまた表より不被返出候、全体ハ朱引之通板囲取建之事ハ承知、且今壱ケ所之御文庫者いまた難被相渡等之事返答可有之之処、右之図面幷書面議奏衆より不被返候ニ付、主水罷越候而、板囲之事御承知、今一ケ所ハ猶又追而可被引渡段掛合候様申含、遣候也、後刻表より右之書面・図面等被返出、絵図ハ写出来候様主水へ相渡置、

一、摂津守殿被渡、

安藤――
菅沼――
村垣――

水原――

先達而御達有之候
禁裏御殿向其外共御〆りケ所之図面之内、清涼殿幷西渡廊等別紙図面朱書附札御差図ケ所々伺々之〆りと申儀無之候間、夫々致附札、猶又御懸合申候、御伺之上早々御取極被御申聞候様致度、此段御懸合申候事、」

（125ウ）

禁裏御春屋表向出来

（126オ）

書面掛合之趣絵図面添相伺候事、

九月

右之絵図

右被相渡、来月二日参集ニ候、其節可相伺候旨淡路守及返答、此絵図附札幷墨書付札ハ、此度御普請方より之伺付札ニ候、六分堺之引合付札写取置候様監物へ申渡、図面相渡し置、掛合書面ハ御普請方伺帳ニ記させ置、

一、入夜到来淡路守当番ニ付、若御門ニ付往来候ハヽ、御所へ向ケ御申渡候様昼之内摂州へ申入置、

御造営懸り

取次中　　水原摂津守

禁裏御春屋表向出来ニ付、明廿九日四ツ時晴雨とも掛り之もの差出、仮引渡可申旨御造営懸りより申越候間、組之者差出修理職へ引渡候段申渡置候間、右則修理職罷出候様可被申渡候、

一、清和院口御門幷両番居所乾口御門北ノ方番所共御普請出来ニ付、右御門番所共明廿九日四ツ時御造営懸り之ものより仮引渡可申旨申越候、尤清和院口御門引渡、直ニ往来為致、是迄往来之処ハ竹矢来ニ而〆切、高塀等建方取掛り候ニ付、定御修理方へ懸合、仮番所板囲ニも取掛候積り御造営掛りより申越候ニ付、右則修理職被出候之様可被申渡候、尤組之者差出修理職へ可相渡候間可被得其意候、已上、

九月廿八日」

尚々右両様共夫々番人江も為心得可被申渡候、已上、

右之通申来候ニ付、修理職高嶋監物へ書面ニ而申達、書面番人呼寄申渡ス、御春屋常番桜田善蔵

ハ翌朝呼寄申渡ス、

右引渡請取之儀、修理職壱人罷越、唯之ニ請取可申積り候段、返書ニ摂州へ申達置、

九月二十九日

廿九日

九門内溝筋を広げる儀

一、摂津守殿被渡、

九門内溝筋広候儀ニ付、猶又修理職申立之書付伝奏衆被相渡候旨、其方へ被差越、令一覧為相調候処、右溝筋之儀ハ、宝永以来有形之通ニ而年来相済来候儀ニ而、近来埋り候ケ所も有之、水吐不宜候儀ニも可有之哉、然ル処、今度九門内道作いたし、以前よりハ道筋自然と高ク相成、溝筋不残浚申付、其外縁石等並能為致成丈ケ浚せ候ニ付、是迄とハ違ひ水行も宜敷相成哉ニ存候、

禁裏御築地廻り溝筋広ク相成候付而者、弥水溢可申哉之儀者見越之儀ニも有之、其上此度申立之通溝筋広ク候哉、堺町口御門之所江至り候而者、番人居所等ニ相障、溝筋広ク難成所も有之候得ハ、旁在来之通ニ致し置可然存候間、此段伝奏衆へ可被相達候、

九月」

(126ウ)

右之通ニ付、伝奏衆へ書付を以被申上候間、為心得被申渡候旨被申聞、修理職へ申渡ス、摂津守殿彼是被取計候得共、右之趣ニ而不及力候旨也、

柳生主膳正
安藤越前守
菅沼下野守
村垣左大夫

一、同被渡、

水原――

禁裏御敷地井戸廻り御場所ニ寄り御元形石水道之内江木水道入子ニ致候ケ所有之候由、然ル処、木水道入子ニいたし候而も差水不致為ニも相成不申、其上度々朽損候得ハ、却而水

吐掃除等も宜ク候間敷候間、石水道築方入会底石継手等者、扣キ土ニ而込土いたし、平ニ塗候得ハ差水も不致、掃除水吐等も宜有之候間、此度入子木水道ハ無之、石水道前書之通相仕立候積御座候、為念此段御懸合申候事、

書面掛合之趣相伺候事、

九月

右御普請方伺帳ニ記させ置、

禁裏安鎮は十月一日正鎮

一、禁裏御安鎮来月朔日正鎮ニ付、御造営方手引之儀、所司代より御達有之候哉否御造営方へ聞合候書面摂津守殿被頼認させ遣ス、柳生主膳正以下四人宛之手紙也、尤四人とも様ノ字如是也、

（127オ）

九月三十日

晦日

一、御敷図以下之御料六分堺仕立候ニ付、棟梁方江不差遣候而者難調候ニ付下ケ申候、夫ニ付、修」理職壱人罷越付添承候積り之旨権大夫申出ル、今日掛非蔵人詰合無之ニ付不申上、猶明日ニ而も可申上積り之旨及返答、

一、常御殿御庭東側御築より北へ折廻り候辺、御築地一重ニ而御手薄ニ候得者、内之方ニ高塀取建候ハヽ、可然と存候、如何可有之哉之旨摂津守殿申聞ニ付、取極可然儀と存候、御文庫と御築地之間狭候得ハヽ、御文庫より西ニ御池庭と御内溜庭之境ニ高塀有之候、右之高塀角之処より北へ高塀出来候ハヽ、可然と存候段及返答、則御敷図を以伝奏衆江相談有之候也、

十月一日

十月朔日

一、　太田備中守殿江

上棟の御祝儀

御上棟御祝儀被下、

昆布　一箱　干鯛　一箱　鯣　一箱　御樽　弐荷

右ハ先達而可被下之処、所司代差扣之儀有之、今日被下候也、　御使土山淡路守

柳生主膳正上京後参上

一、去廿四日上京、今日参上有之、　柳生主膳正
御上棟恐悦被申上、伺御機嫌等当番面会承り、伝奏衆江申上ル、

上棟の御祝儀

昆布　一箱　干鯛　一箱　鰑　一箱　御樽　壱荷
右御上棟御祝儀ニ被下、竪目録中奉書、を以摂津守殿於休息所被申渡、右之品者廊下ニ並置、主膳正罷出戴拝有之、復座、吸物・御酒・交肴・台肴ニ而被下、御姓給仕、」右之御礼予罷出承り、伝奏衆へ申上、御返答主膳正へ申述、御普請追々御出来之挨拶申述、無程退出、玄関迄見送り候也、

（127ウ）

十月二日

二日
一、今日参集、淡路守当番、
一、帳面三冊とも安芸を以上ル、

清凉殿付札絵図を進上

一、清凉殿西渡廊御〆り付札絵図安芸を以上ル、
一、土佐・鶴沢并土佐将監請書上ル、
一、関白殿御料之図面引立候処、棟梁方へ不下ケ申候而者難調候ニ付、六分堺御敷図壱帖棟梁方へ遣し申渡候、夫ニ付、修理職へ為附添罷越候積り之旨淡路守申上候処、御承知、明日より可遣旨被命、修理職へ申渡候事淡路守申聞有之、
一、御普請方伺帳不残可上之旨ニ付上ル、
一、　幸徳井刑部権大輔

地鎮祭につき幸徳井刑部権少輔の覚書

右差出ス書付、

覚

一、地鎮祭当日一両日已前ニ取次中案内ニ而、新御殿江参、鎮物埋候処、私指図仕候而為堀申候ニ付、此儀棟梁方へ被仰付可被下候、幷休息所御庭為順見、参上仕候事ニ御座候、」（128オ）

一、地鎮祭当日紫宸殿近所ニ畳敷程之畳敷有之候処、休所ニ拝借仕度候、宝永之度者伶人楽屋休息所へ相渡候事、

一、右休息所江当日従早朝神器を置候間、其時分御門御開候様被仰付可被下候、

新殿の艮巽坤乾右四隅並びに中央へ地鎮物を埋める

一、新殿艮巽坤乾右四隅幷中央江地鎮祭当日鎮物埋申候、猶為順見参上仕可申候得共、従夫已前ニ此辺御普請方小屋なと有之候ハヽ、被取置候様可被仰付候、且又地鎮已後者、是辺土ヲ堀勤申候儀難成候間、地鎮祭前日迄ニ相談行様ニ可被仰付候、以上、

九月　幸徳井刑部権少輔

柳原弁様

御雑掌中

右書付伝奏衆より摂津守殿へ被渡、写取候様摂津守殿被申聞、写取本紙返却、

一、桜橘被植候ニ付、宝永度桜橘被植候節修理職西池木工権頭罷出候旨修理職申聞候、此度御敷地ニ有之候御治定之桜根廻之節、花壇奉行罷越引渡候筋ニ而も可有御座哉、尤来七日桜橘被植候節も、修理職花壇奉行等近例之通罷出可申哉相伺候段、安芸を以申上ル、

幸徳井の書付

一、幸徳井出ス書付、

覚」

（128ウ）

一、来十月十五日
新御殿地鎮祭参勤之儀被仰付候、右相勤候場所幷鎮物納候所為指図、地鎮当日一両日已前
取次中之内ニ而拝見仕候儀、先例御座候、
一、当日右之場所へ重軽服給仕之輩出入難成候、
此等之趣宜奉願候、以上、
戌九月　　　幸徳井刑部権大輔
右昨日奉行柳原弁殿当番へ御渡し、今日当番より御附衆へ申達ス、
一、竹台河竹樹立伺之返答朱書、
『十二答　可為来八日、』
一、清涼殿幷西渡廊御〆り返答朱書、
『十二答　伺之通、』
一、御敷地井戸廻り石水屋内入子木水道之返答朱書、
『十二答　伺之通、』
右之通被出、御〆り之儀ニ付、付札有之図御返却有之、右掛合書面ニ朱書之通朱書付札致し、図面とも手紙相添え、摂津守殿へ持せ遣ス、

紫宸殿・清涼殿錠前名目箇所の書付

（129オ）

一、表より被出、
紫清両殿錠前名目ケ所之書付可差出事、
右ハ急度無之、摂津守へ御聞合被成候絵図ニハ不及、其ケ所々之何々と申名目書付」被出候可申達旨被命、淡路守承り、右之趣ニ付、明日摂津守罷出候上ニ而可申聞候旨及返答有之、右淡路守

申聞有之、承置、
一、淡路守当ニ付、予入魂日普退出ス、
一、来七日参集之由也、

十月三日

三日
一、昨日表より申出候紫清両殿御〆り名目書付之事、摂津守殿へ今日申入、尤急度御造営方へ御尋と申ものニ而者無之候、摂津守殿へ御尋被申候、宜御取計有之、図ニハ不及申候、名目何々と申事ケ所分ケニ而書付申上候様申出候段及演述、承知也、

十月四日

四日
表よりの書付
一、表より被出書付如此、

来る七日桜橘植付けの際の参向官人交名
来七日御階桜橘被植候ニ付、参向官人交名別紙両通相達候事、
十月四日

南殿桜
被植南殿桜

左近衛府
左近衛府

渡辺甲斐守
将監　供図
三上駿河守
将曹秦常斐」（129ウ）
鳥山左府生
府生源吉文
調子左府生

南殿橘
右近衛府

被植南殿橘

右近衛府

番長代下毛野武里
平田出納
将監　職厚
水口右将曹
将曹身人部長清
水口右府生
府生身人部清起
土山右府生
番長代秦武維

右左相壱通宛越前を以被渡、美濃紙上包有、依之交名ハ其侭ニ而書添、切紙写取差添、摂津守殿へ進達、
落手也、」

修理職よりの申出書

(130オ)

一、修理職より申出候書、
一、桜橘何レより先江植付候哉、
一、右植付地所御敷図之通覚悟仕候、
右両様奉伺候、
右監物差出候ニ付、越前呼出候処、最早退出ニ而、掛非蔵人詰合無之、依之日野殿御詰合ニ付、
懸御目直ニ申上候処、此儀ハ奉行清閑寺頭弁殿ニ而候得ハ、頭弁殿へ可申上之旨、尤全体者修理

職花壇奉行ニも誠ニ立会ニ罷出候而已ニ而、何も於其席取扱候事ハ無用宜候、植様候とも御造営方へ無調法ニ而、修理職・花壇奉行之無調法ニハ不相成候、彼是承仕ケ間敷儀ハ無之方可然候旨被命、勿論桜より先ニ植付候事と存候段被申、依之番頭代非蔵人豊前を以清閑寺頭弁殿へ置、右日野殿被申趣摂津守殿へ噂申入、監物へも申渡置、

（130ウ）

五日

十月五日

桜橘植付の儀

一、桜橘植付候儀、清閑寺頭弁殿へ伺置候処、頭弁殿御面会、植立之事ハ桜植、次ニ橘植付候、勿論御敷図之通ニ候、刻限ハ巳刻ニ候得ハ辰刻之参集候、少々辰刻より可及遅刻歟、橘者廻廊辺江取寄有之由ニ候、桜ハ御敷地ニ有之候処、其日朝何も参候上ニ而、御敷地より取寄候而ハ、殊外手間取可申可相成儀候ハヽ、朝之内廻廊辺迄取寄置、何も参向候ハヽ、直ニ植付候様ニハ相成間敷哉、且又相済御門〆之事抔ハ如何可相成哉之旨頭弁殿申聞、右桜取寄置候、摂津守へ申聞ニ而、随分如ケ様とも可相成候得ハ、委細申聞置可申候、御門〆之事者修」理職・花壇奉行等参居候得ハ、此等へ被仰渡候得ハ、御造営方又ハ見廻り組之与力・同心も罷出居候得ハ、是又如何様とも可相成候と存候段申上置、尤修理職・花壇奉行等罷越候得共、植付之儀ハ御造営方之取計ニ而、右之書中其儀ニ立会ニ罷出居候而已ニ而何も推入り不申候、何ニ而も可被仰御座候ハヽ、右両役之者へ内々可申知可被成候旨申上ル、右之趣摂津守へも申聞置、与力抔も右之心得居候様被仰含置候様と存候旨申聞置、承知也、修理職・花壇奉行江も得と右之趣申渡ス、
右通行ハ四ツ脚門より之通行之旨頭弁殿被命、摂津守殿へ申入置、
右当日清閑寺頭弁殿御行向候而候ハヽ、御名前等ハ仰達有之候哉之旨申上候処、名前御差出候積り之旨被命、

来る七日桜橘植付の節の参勤者

山科但馬守は出納代

来る八日関白より呉竹を献上

紫宸殿・清涼殿色紙形の図
色目手本十四枚を仕立てる

一、表より被出、
　　別紙之通御造営方へ可達、水原摂津守へ可達事、
　　　十月五日
　　来七日南殿御階桜橘被植候節参勤、
　　　　　　　　　　清閑寺頭弁
　　　　　　　　　　新蔵人
　　　　　　　　　　山科但馬守
　右山科但馬守ハ出納代之由、先刻頭弁殿被命候、」

（131オ）

　右摂津守殿へ相達ス、落手也、
一、同断被仰渡書付、
　　来八日辰半刻自関白殿（鷹司輔平）呉竹被献ニ付、修理職壱人新内裏江可参向、尤於明儀門辺関白殿家
　　来より受取、御造営方江可渡事、
　右之通被仰渡、修理職権大夫へ申渡ス、
　右ニ付、呉竹植付之事摂津守へ御達有之候哉之旨、安芸を以伺候処、八日可被渡候間、受取次
　第可植付旨申達候様安芸を以被仰渡、依之摂津守殿へ申入、承知有之、右承知ニ而候得共、為念
　修理職へ申渡候様被仰出候、呉竹之書付写候而、摂津守殿江翌日進達ス、
一、摂津守殿被渡、
　　紫清両殿色紙形之図、先達而御達有之候ニ付、則図面之趣を以色目手本十四枚相仕立差遣
　　申候、右手本之色合ニ而可然候哉、且御絹襖之内弐枚続之色紙仕立方、是又手本壱枚差遣

申候、右之趣ニ而可然候哉、此段御懸合申候事、

書面掛合之趣色紙形色目手本十四枚、御絹襖弐枚続色紙仕立形手本一枚差添、相伺候事、

九月

桜橘の植付日限十月七日巳刻と御治定

紫宸殿南庭江被植候御階桜橘植付日限、来ル七日巳刻御治定ニ付、」（131ウ）明六日桜根廻し致させ候間、此段御達申候事、

十月五日

書面掛合之趣相伺候事、

右両通被渡候処、桜根廻し之儀ハ明日之儀ニ付、則今日表へ相伺置、御普請方伺帳ニ記、安芸を以上ル、『承知候、』

右之通朱書ニ而御返答有之、右之掛合書面奥ニ如例朱書付札致し摂州へ達、色紙色目手本之書面御普請方伺帳記置、

十月六日

六日

一、明七日御階桜橘被植候ニ付、勘使へ申達置候、狩衣・指貫・烏帽子とも弐人前受取、修理職・花壇奉行江相渡ス、蘇芳上下弐人前烏帽子とも、白張五人前烏帽子とも御蔵より取出、蘇芳ハ山之ものへ渡候様仕丁頭へ渡ス、白張ハ木屋人夫五人へ渡ニ付、花壇奉行へ相渡ス、

右ニ同断ニ付、書付差出ス、

明日桜橘被植候ニ付参向、

修理職
岡田権大夫

御花壇奉行

田中大炊
山之者弐人」
人夫五人

（132オ）

十月六日
右摂津守殿へ進達、

御附衆よりの書面

一、昨日表より被渡候八日関白殿より被献候呉竹、関白殿家来より修理職受取、御造営方へ渡し書付候写摂津守殿江相達、右関白殿家来御場所へ罷出候ニ付、名前出候哉之旨摂州へ尋候処、此間御達有之、御普請方へ達有之候旨摂州被申、

一、御附衆より書面、　御造営掛　水原摂津守
取次中　有田播磨守

当時の仮皇居六門代三門代番所等あり

堺町、中立売、下立売、今出川、新在家、武家町、右口之御門幷番所等御普請御修復出来ニ付、明後八日御造営懸りより引渡可申旨申越候、右引渡後直ニ往来之積り候、番人付置候義ニ付、然ル処、当時仮
皇居六門代三門代番所等も有之候得ハ、春宮御殿御門番人勤も有之候間、右御門之勤番差支無之哉、六門番人・春宮御殿御門番人相糺否、早々可被申聞候、已上、
十月六日
尚以三口御門番人へ者組之ものより為相達候、已上、
右之通申来候ニ付、猶相糺可及返答旨返書遣置、右之儀当番へ取扱可然ニ付、翌日当番出雲守へ淡路守より申送り有之候也、」

摂津守の書面

禁裏御池庭御文庫仮引渡の儀

明日受取り

十月七日

この日南殿階の桜橘を植える

（132ウ）

一、摂津守殿書面、　御造営懸

取次中

水原摂津守

禁裏御池庭御文庫仮引渡之儀ニ付、別紙書付壱通・絵図壱枚御造営懸りより差越候間相達候、書面之趣懸り堂上方へ被相伺、御差支も無之候ハヽ、明七日九ツ時過為受取、修理職可被差出候、尤例之通自分共組之者も差出候義ニ付、御差支有無早々可被申聞候、已上、

十月六日

禁裏御池庭弐間半ニ六間之御文庫御修復致出来候ニ付、明七日九ツ時過掛り之者差出仮引渡可申候間、請取之者御差出有之候様致度候、尤右ニ付、御文庫廻り仮板囲取建取払共、別紙図面付札之通取計候積ニ御座候、則図面相添、此段御達し申候事、

十月六日

右之絵図

右ニ付、猶明日可及返答返書遣ス、

七日

（133オ）

一、今日南殿御階桜橘被植、依之行向、」

奉行職事

清閑寺頭弁

新蔵人

出納代　山科但馬守

左近衛府

将監渡辺甲斐守供図

将曹三上駿河守秦常斐
府生鳥山左府生源吉文
番長代調子左府生下毛野武里

右近衛府

将監〔平〕原田出納職厚
将曹水口右将曹身人部長清
府生水口右府生身人部清起
番長代土山右府生秦武維

右ニ付立会罷越、

修理職

岡田権大夫（白小袖 狩衣）

御花壇奉行

田中大炊（白小袖 狩衣）
山之者弐人（蘇芳上下）」
人夫五人（白張）

（133ウ）

右何も辰刻御場所へ罷出ル、修理職已下ハ四ツ脚門北ノ穴門方通行、桜橘運送幷植立候儀、都而御造営方より之御取扱ニ而、午刻前相済、何も引取、修理職・花壇奉行より申届有之、承置、

御門御門引渡の儀

一、昨日御附衆より申来候御門々引渡之儀ニ付、六門番人春宮御殿御門番人等当番より呼寄、申渡有之、堺町口幷仮御所東六門代、此両所江春宮御殿御門番人遣し、清和院中立売乾今出川仮御所西六門代、此五ヶ所六門番人引受、勤番之儀双方掛合相済、乾門是春宮御殿御門番勤番相止、右

紫宸殿図一枚
清凉殿図一枚

常御殿向御凉所その他御敷替畳の儀

（134オ）

之通可致候段予・淡州より之書面ニ認、摂津守殿へ申遣ス、尤新在家ハ下立売口武家町口上り、明日巳刻より午刻迄之内、修理職差遣し受取渡可致旨、摂津守殿へ詰合之内、予より申入、修理職主水へ右之段申渡ス、

一、摂津守殿被渡、
　紫宸殿図　壱枚
　清凉殿図　壱枚

右者此間摂津守殿へ被仰達候両殿御〆り名目ケ所之図面ニ付札致し、御普請方より取寄被上、受取置、

一、摂津守殿勘使市野伴之進江被渡書付、

水原――　安藤――
　菅沼――
　村垣――

禁裏常御殿向御凉所其外御敷替畳之儀、此節より割立テ仕廻置」候而者、虫喰等も出来可致旨御畳棟梁申聞候ニ付、右敷替御畳分ハ、御所向御造営御引渡申候時分、表床コ者同様御所役人江引渡置、縁割手間諸色代者内藤重三郎・小堀縫殿江相渡置、追而御敷替之節ニ至り割立有之候方可然存候、尤棟割手間諸色代者、其砌重三郎・縫殿方へ御達し有之次第相渡候ハヽ、御差支之儀も有御座間敷存候、

右之趣御懸合申候事、

十月

書面掛合之趣相伺候事、

右書付伴之進持参、相伺候様申聞一覧之処、御造営掛りニ而伺出」候筋之様ニも無之存候ニ付、常式之斗ニ而伴之進より修理職奉行江伺被申候ハヽ、可然哉、夫とも修理職奉行やはり御造営掛ニ而

伺候ハヽ、可然旨被命候ハヽ、伺帳ニ記相伺候様ニ可致候、先常式之積りニ而被申上候ハヽ、可然旨及返答、右之書面返却、

右以写伴之進より日野殿へ申上有之候処、議奏衆へ御相談有之、常式之取扱ニ而可然旨議奏衆へも存、則掛合書面之通御承知ニ候、伺之通之旨可及返答旨被命候よし伴之進申聞ニ付、遣候ハヽ、右之書面奥ニ伺之通と朱書付札致し、摂津守殿へ可被返答旨申含、其趣ニ取計有之、摂州へ返達有之、右ハ畳之儀ハ買物使取扱之事ニ付、御造営掛之勘使・買物使兼候伴之進ニ付直ニ、伴之進へ被達候旨、摂津守殿へ被申聞候也、

（134ウ）

一、摂津守殿より淡路守へ書面、」

御造営掛　取次中　　水原――

堺町口

中立売口

下立売口

今出川口

新在家口

御門幷両番所御普請

武家町口

御門幷両番所

右出来ニ付、明八日四ツ時御造営懸り之ものより仮引渡可致旨申越候間、明八日巳刻修理職罷出候様可被申渡候、尤組之もの差出、修理職へ可相渡候間可被得其意候、已上、

十月七日
右被申、先刻被申聞候春宮御殿御門番人新在家之御門助番之儀、相止申度旨令承知、則三口番人へ申渡候、已上、

右淡路守宅へ向ケ申来、則松宮主水へ通達有之、」

十月八日

(135オ)
八日

一、昨夜淡路守へ摂州より被申越候書面今朝当番へ持せ候外、当番より修理職へも申達有之、予出勤之上、右書面受取、

一、今日参集、

関白より呉竹を献上

一、今日関白殿（鷹司輔平）より呉竹被献候ニ付、御場所へ松宮主水罷出、関白殿家来大原右近より受取、直ニ御造営方へ相渡ニ罷帰ル、右之段主水届出候ニ付、越前を以申届、

清涼殿東庭に呉竹・漢竹を竹台に植立てる

一、今日清涼殿東庭呉竹・漢竹竹台ニ植立有之、都而御造営方之取扱旨何も行向等之儀無之候也、

絵図・色紙形色目手本等を進上

一、紫清両殿御〆り名目ケ所付候絵図弐枚幷色紙形色目手本幷続色紙仕立方手本等、伺帳幷承知帳伺帳等、越前を以上ル、

一、御池庭弐間半ニ六間之御文庫出来ニ付、仮板囲取建取払伺之御返答朱被出、
『板囲取建取払共絵図面伺之通、
但右図面被留置、』
右掛合書面ニ朱書之通朱書付札致し、淡路守より摂津守殿へ進達、

一、御普請方伺帳壱、御乞ニ付上ル、後刻被返出、

一、今日御用無之朱書不被出、来十四日参集候旨越前を以被命、帳面不残被返出、向々へ申渡ス、」

十月九日
紫宸殿北高廊下

（135ウ）

九日

一、紫宸殿北ニ有之候高廊下、号露台代、此廊下取置ニ而無之而者、大造之御道具運送之節差支候ニ付、此処斗絵図ニ致し付札致し、摂津守殿へ達有之候処、御造営方へ掛合有之候、御造営方より又存寄之儀付札ニ而差越有之、今日広橋殿へ面会ニ而可被申之処、広橋殿御用意御面会難成候旨、明日御面会可有之旨被申達候処、右之絵図先可被上置候、明日御返答御座候様仕度候、委細者明日直ニ可被申候旨可申上候旨ニ而被渡、右絵図摂津守より之付札ニ而者取置候積りニ而、両殿付候と申処、御普請方より保不宜候ニ付、敷居入四枚之積ニ致し宜候、四枚戸ニ而ハ差支候様於摂津守ハ存候、猶明日委細可申上之趣被申、今日非蔵人安芸詰合ニ付、右之趣及演述絵図相渡ス、広橋殿御落手之旨返答有之、摂州へ申入、

十月十日

十日

十月十一日

十一日

一、摂津守殿被渡、

水原――

柳生主膳正
安藤越前守
菅沼下野守
村垣左大夫

書面掛合之趣相伺候事、

小御所御襖・鶴虎桜之間間仕切御襖の〆り

先達而御達有之候

禁裏御殿向其外共御〆り附図面之内、小御所御襖之分幷鶴虎桜之間間仕切御襖共、御〆り印附無之候間、右御襖之分者、御〆り金物者取」付不申候心得ニ御座候、為念此段御達申候事、

（136オ）

十月

右十四日伺出候積り、御普請方伺帳ニ記置、

一、新調御道具追々出来候処、仮御所狭少ニ而置場無之、依之新殿取次蔵勘使等出来有之候ハヽ、右之蔵仮引渡等有之受取、右之御道具等入置候儀ハ如何可有之哉、右申立之儀、御造営方より申立可然哉、御道具方申立可然哉之旨土山・鳥山相談ニ付、何分仮引渡之儀出来候得ハ、御造営方より此方両人へ申来、修理職遣受取候事ニ候得ハ、御道具方ニ而申立有之而も随分可然旨及返答、

来る十五日地鎮祭につき十三日に内見を行う

一、来十五日地鎮祭之処、一両日已前内見之事、此間幸徳井より申立候、右日限之儀幸徳井より幾日と申儀申出候様可然旨、昨日摂津守殿被申候ニ付、今日両人より書面ニ而幸徳井へ及掛合候処、来十三日巳刻可罷越之旨返書ニ申来候ニ付、摂津守殿へ書付を以申達ス、

来十五日地鎮祭ニ付、為内見十三日巳刻罷越候、　幸徳井刑部権大輔

右ニ付為同伴、　土山淡路守

修理職壱人」

(136 ウ)

右之通罷越候、

十月十一日

右摂津守殿落手、修理職へ為心得申渡ス、

六口御門常番人居所井戸浚

一、六口御門番人居所井戸此節水無之候ニ付、浚之儀幷煙出引窓幷揚り口踏段幷下番所厠等之事申立候旨、修理職申出候ニ付、書付させ取之、

一、六口御門常番人居所井戸此節水無之候ニ付、浚御座候様致度候事、

同居所表入口踏段・煙出し引突

一、同居所表入口踏段幷煙出し引突

下番所廂・上り口踏段

右御有形之通出来候様致度候事、

一、下番居所廂幷上り口踏段

右有形之通出来候様致度候事、

右之趣猶又於此方書改、摂津守殿へ差出ス、落手有之、右書付如此、

一、六口御門常番人居所五ノ戸此節水無之候ニ付、浚御座候様致度候事、

一、同番所表入口踏段幷煙出し引窓、有形之通、

一、下番人居所廂幷上り口踏段、有形之通、

右御造営方ニ而出来候様致度候事、

戌十月

柳生
安藤
菅沼
村垣

右之通切紙へ認差出ス、」

(137オ)

十月十二日

明日地鎮祭内見の儀

十二日

一、明十三日地鎮祭幸徳井刑部権大輔内見之儀、昨日摂津守殿へ申入置候処、今日右之返答無之候ニ付、為念書面ニ而尋無之処、於御造営方何之差支無之旨返書ニ申来ル、勿論子細も有之候得ハ、何と歟申聞可有之候得共、何之返答無之候得ハ、子細無之と存候得共、為念尋被遣候、幸徳井へも弥十三日之儀申遣ス、淡路守へも申遣ス、

水原──

竹の節框金物取付方

一、摂津守殿へ先刻詰合之内被渡、

禁裏御殿向之内、竹之節框金物取付方之儀、御懸合申候処、此度被略之候旨御達ニ付、右

之趣を以取計候儀ハ勿論之儀と御座候処、
内侍所竹之節框金物者、御有形之趣を以最早取付候間、其侭差出候而も苦ケ間敷哉、此段
御懸合申候事、　　書面掛合之趣相伺候事、

十月　　　柳生
水原――　　安藤
　　　　　菅沼
　　　　　村垣

御庭埋樋修復につき御文庫廻り板囲の取払い

（137ウ）

禁裏御庭埋樋御修復取掛り候処、御文庫廻り仮板囲方別紙図面朱引」之通埋樋節相当御修
復差支申候間、御文庫板囲西北折廻り之分取払幷南之方囲仕切等其外付札之通取計候積り
ニ御座候、則図面相添、此段懸合申候事、　　書面掛合之趣絵図相添相伺候事、

十月

右埋樋之儀ハ一応伝奏衆へ被申上之処、奉行衆へ差出候様被仰候旨ニ而被渡、弐通とも請取、右
之内竹之節框金物之儀ハ、御普請方伺帳ニ記置、
右埋樋之儀ニ付、御文庫廻り仮板囲之儀ハ、常式之振合ニ而修理職奉行へ伺候ハ、可然旨主水江
申渡、今日者奉行衆詰合無之旨明日之積り、図面写明日迄ニ出来候積り取計候筈也、

十月十三日

埋樋の儀につき御文庫廻り板囲の写図出来

十三日
一、昨日修理職へ申渡置候埋樋之儀ニ付、御文庫廻り板囲之儀写図出来ニ付、本紙ニ掛合之書面を以、
修理職より奉行衆へ常式ニ而伺出ス、
右日野殿御承知、伺之通之旨被命候旨ニ而書面被返、此段監物申聞、書面差越候ニ付、
『伺之通、』如是朱書付札致し、摂津守殿へ返却、尤絵図とも進達落手也、

（138オ）

右絵図　禁裏御池庭埋樋御修復ニ付、御文庫板囲取払絵図

一、摂津守殿被渡、　水原――
柳生
安藤
菅沼
村垣」

紫清両殿色紙色目手本幷弐枚続色紙仕立方手本とも去ル五日差進及懸合候処、未御沙汰も無之候、然ル処右御指図相済仕手方之者江申付候上、下地仕立方日数も相掛り、其上下地出来之上、猶又泥絵等認候方日間も相掛り候事故、旁御場所手後ニ罷成候ニ付、前書両様之手本早々御指図有之候様致度、此段御懸合申候事、　書面掛合之趣相伺候事、

十月

右明日参集日ニ付、明日之積り御普請伺帳ニ記させ置、

地鎮祭内見

一、今日地鎮祭内見有之、
幸徳井刑部権大輔
土山淡路守
岡田権大夫

右ニ付為案内、

（138ウ）

相越鎮物納候ヶ所惣御構之四隅と中央之由、中央ハ常御殿御庭之内、是迄牡丹之御庭之内取極候由、其余四隅ニ各ヲ渡置候由也、休息所ニハ伶人楽屋之積り、其外彼是御造営方へ掛合等有之、淡路守・権大夫等及応対候趣也、

一、来十五日地鎮祭之節も今日之通、取次・修理職幷組与力等も罷出候様、且鎮物納之儀、其場所へ納大少ハ幸徳井覆候得共、得と納候事者御造営方之取扱之由、是等之儀水原摂津守へ相達候様奉行柳原弁殿被命、則摂津守殿へ申達候処、左候ハ、、其趣書付ニ而御達有之候様所司代へも相達候旨被申、弁殿へ申入、猶後刻迄ニ書付可被出」旨被申聞、幸徳井儀無程罷出候筈ニ候間、刑部

地鎮祭についての幸徳井の書付

（139オ）

権大輔へ被仰渡、書付御取候而、其書付ヲ御達ニ被成候ハヽ可然と存候段、弁殿へ申上置、右ハ今日内見之処、御場所之様子委細申達も無之哉甚不都合ニ有之、当日之処不都合ニ而者甚気毒ニ候得ハ、得と幸徳井へ及掛合候ハヽ可然旨淡路守申聞ニ付、幸徳井へ書面ニ而呼寄、彼是及応対候也、当日ハ幸徳井束帯ニ而唐門より参入、夫より休所へ参、神檀等設事ニ而、勤修之節ハ承明門より勤修場所へ罷越候由、刻辰者辰刻ニ而候得共、設之儀多ニ付、卯刻過ニハ罷越候趣ニ付、夫等之儀奉行衆へ通達有之候事哉之旨申聞処、随分奉行衆ハ書付差出、再三右之趣申上、得と御承知ニ候旨返答有之、十五日も同列も行向之事ニ候ハヽ、得と申談も可有之ニ付、彼是及示談、右勤修之内ハ猥りニ御場所へ入込候事難成、廻廊外ニ扣居、幸徳井案内之上入込候積り候也、依之同列修理職者廻廊外へ出候儀ニ而も有之間敷、御場傍ニ席ニ而も設、着座座《（ママ）》之積り之儀申聞候処、随分其通可然候、乍然仮屋申立ハ宝永度之通申立候へ共、明和仙洞御所之節仮屋少ク出来候、其趣ニ相成候歟之儀、先頃所司代より申来候也、則於伝奏衆被仰渡候、禁裏ニ而之設方、仙洞ニ而之設方格別相違ハ無之事ニ而候へ共、仮屋之処ハ狭広有之候得共無是非、此度ハ明和之度仙洞御所之振合之仮屋ニ而、甚狭ク候得ハ如何候、其処猶見計ニ而、如ケ様共可致旨申聞有之候也、当月ニも淡州被相越候様申聞置、是ハ内見ニ而得と案内之事ニ候得ハ、淡州被相越候申談候也、

予及日普常式御用も無之ニ付、柳原殿より書付被出候ハヽ、摂州へ達之儀当番へ」美濃守へ相頼置退出、右之儀等翌日承知、

柳原殿被渡書付、

一、来十五日地鎮祭ニ付、鎮物埋候間、其節人夫今日之通差出候様頼入存候、右埋候席ハ案内

可仕候間、夫迄ハ廻廊之内ニ猥ニ不被入様、宜御沙汰奉恐入存候也、

十月十三日　幸徳井刑部権大輔

右予より書面ニ而摂州達、

十四日

一、今日参集也、

一、帳面三冊とも出ス、越前へ渡ス、

一、小御所幷鶴虎桜間御〆り有形之儀相糺、修理職より書付差出候ニ付上ル、

　一、小御所幷鶴虎桜間御〆り、先達而六分堺ニ記上候節書落し候、御有形須濱掛金両〆り有之候、御断申上候、

修理職

右淡路守より越前を以上ル、

（139ウ）

御遣水御庭御文庫

一、昨日移替有之候御遣水御庭御文庫明キ候ニ付、修理職受取候、則鍵等奉行衆御渡し之旨監物申出ル、右之御文庫当月中出来候様被仰出候旨也、

右之御文庫御造営方ニも早々受取度段申立有之ニ付、今日宜き頃御普請方へ引渡」可申段、此方両人より摂津守殿へ書面ニ而申遣し、最早直ニ引渡可被相越旨監物江申渡ス、右之段摂州出仕之上申入、無程役宅より返書到来承知、御造営方へ相達候段申来、其趣摂州へ申入候、右之御文庫御急ニ付、出来方日限承度段摂州へ心覚ニ書付進達、

　御遣水御庭三間ニ十間之御文庫御修復出来日限承度候事、

右之通書付進達落手也、

一、右之御文庫御普請方へ引渡候段監物届出候ニ付、摂津守殿へ申届、

地鎮祭につき行向の人名を差出す

一、地鎮祭ニ付、行向之人体名前差出ス、

土佐淡路守
修理職壱人

右明十五日　新御殿地鎮祭幸徳井刑部大輔勤修ニ付、右御場所相構候様奉行衆被申聞候ニ付、卯刻四脚門北穴門より往来罷越候、此段御達し置可被下候、已上、

十月十四日

右切紙ニ認進達、摂津守殿落手、

右地鎮祭奉行職事柳原弁殿御越之事、幸徳井等も唐門より往来之儀御通達有之候哉之旨摂津守殿へ相尋候処、随分此間御達有之、所司代へも被達置候旨被申聞、淡州へ此段申聞置、」

（140オ）

一、明日幸徳井束帯之由ニ候得ハ、調法者熨斗目之方可然旨及示談、修理職へも其段申達置、尤円座用意之積り、御用掛預り谷村進右衛門召連候積り、部屋番預り麻上下之積、何も常番へ申渡ス、

表よりの朱書御返答

一、表より朱書御返答、

色紙色目并弐枚続色紙仕立方手本

『十十四答　伺之通、』

小御所御襖鶴虎桜間間仕切襖より

『調落書ニ候、御有形須濱掛金両〆ニ而可有之候、』

色目手本弐枚色紙仕立方手本御返答催促書面

『返答前ニアリ、』

右何も掛合、書面奥ニ朱書付札致し、色目手本十四枚、弐枚続色紙仕立、手本壱枚狭箱ニ入、被

出候ニ付差添、摂津守殿詰合ニ付相達ス、

一、今日御用無之、来廿日参集之旨ニ而帳面類被返出、何も越前を以被命、何も申渡ス、

十月十五日

地鎮祭紫宸殿前庭の仮屋にて修す

十五日

一、今日新御殿地鎮祭也、辰刻、勤修ハ紫宸殿前庭仮屋之内ニ而有之、奉行ハ紫宸殿簀子着座、

勤修　幸徳井刑部権大輔束帯

奉行職事　柳原弁」

（140ウ）

右ニ付相詰、　土山淡路守　慰斗目以下

岡田権大夫　同断

御用掛預り　谷村里右衛門

修理職下　橋本平次

右行向候也、

地鎮祭納物場所図

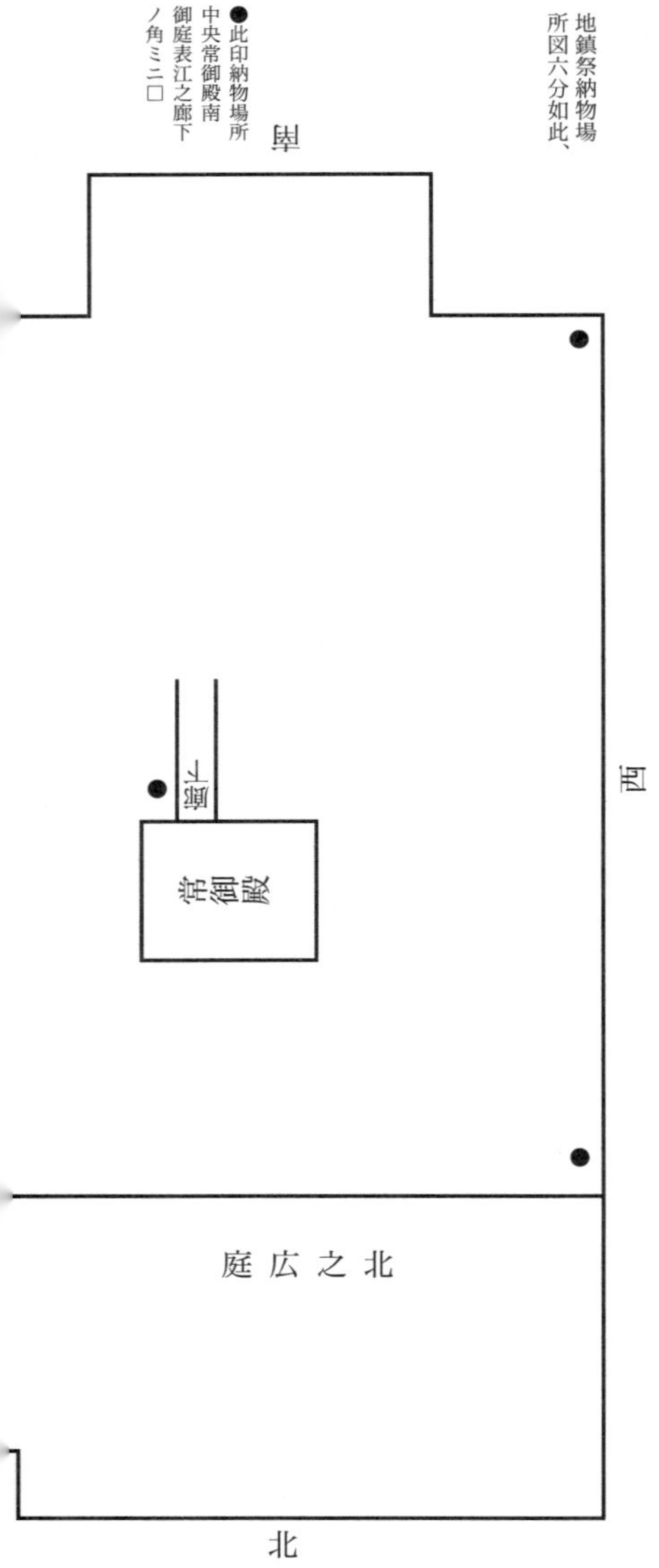

色紙形色目手本の内に紺青両様あり

（141オ）

一、昨日朱書ニ而御返答有之候色紙形色目手本拾枚之内、
紺青　此色目両様有之候処、何レとも御返答不相分候ニ付、御普請方より付札を以今日伺出、
摂津守殿被相渡候ニ付、表承合候処、越前詰合ニ付、則相達候処、後刻右之付札ニ朱書付札『上」
之方御治定、』如是被付被返出、

一、御殿向竹之節框金物被略候処、内侍所竹之節框金物最早取付候ニ付、苫ケ間敷哉之旨伺候朱書
『十十五答　可之通、』
右之通被出候ニ付、掛合書面ニ如例朱書付札致し、色目手本と一緒ニ摂津守殿詰合ニ付、直ニ達
ス、落手也、

一、被請納儀候品々承度旨先達而伺有之候処、未御沙汰無之候ニ付、又々心覚書ニ而摂州被申聞、
受取置、越前へも噂申入、猶廿日ニ更ニ申上候積り也、

十月十七日

六口御門番人申立

（141ウ）

十七日

一、六口御門番人申立、

　一、六口御門潜り上別屋根幷堀樋
　右有形之通出来致度候事、

一、中立売口御門関貫高ク候ニ付、摂家方・宮方御通行之節急成御間ニ合不申候ニ付、急々相
直り候様致度候事、」

一、同所番人居所上り口踏段
右有形之通出来致度候事、

戌十月　　修理職

右権大夫申出ル、右之関貫外御門より高ク候哉之旨尋候処、外御門より高番人とも難儀之趣候旨ニ付、承置、

右ニ付此間之振合ニ書改、摂津守殿へ差出可申之処、九口御門有明行煙掛候折釘之儀ハ、御造営方ニ而出来可申哉、常式ニ而可仕立哉之旨権大夫申出候ニ付、折釘之体如何之旨申処、昼之内ハ横ニ致し置、夜之分引出候様ニ致し、余程長キ金物ニ而者

一、先ヲ曲候ものニ御座候旨ニ付、左候ハヽ、御造営方ニ而出来候ハヽ可然間、猶摂州へ可及相談候、申立候ハヽ、形ヲ図ニ致し可遣候、尤武家町口御門ハ残候得ハ、右之折釘ハ子細無之候間、其通ニ出来候様申立候ハヽ、可然旨及返答、摂州へ申段候処、宝永度ニ出来之事ニ候ハヽ、申立候方可然旨被申、右形相糺可被申聞旨、修理職三人へ申渡置、

清涼殿大和絵色紙形

一、表より当番へ被仰出、

清涼殿大和絵色紙形

一枚色紙

続色紙

右下絵先達而御造営方御治定之通相認、各四枚宛、明十八日巳刻可差出事、

右日野中納言殿御色紙奉行江被申付候事、」

（142オ）

土佐土佐守へ色紙・続色紙各四枚を明日までに差出すよう命じる

右土佐土佐守へ可申遣之旨申出、当番甲斐守より土佐へ達之処、承知之旨請有之、

一、同断当番へ被仰出、来廿日御造営参集御延引、来廿三日ニ相成候旨、番頭代非蔵人豊前を以被仰出、淡路守へ申達有之、

摂津守よりの書面

一、摂津守殿より当番へ書面、

当御番
取次中　　　　　　水原摂津守
別紙之通相達候、被得其意修理職へ可被申渡候、以上、
十月十七日
尚々御造営懸へも別紙之趣可被相達候、以上、
取次へ
禁裏御敷地ニ有之候自分共組見廻り詰所、此節取払地形平均候ニ付、詰所代り日御門代穴門番所可相渡之旨御造営懸りより申越、伝奏衆へ申達候処、御差支無之間、明十八日四ツ時自分共組之者立会、右番所仮受取可渡旨、修理職江可被申渡候、
十月
右之通申来候ニ付、修理職当番岡田権大夫へ書面に而甲斐守より相達有之、右等翌日当番へ申送り有之、承知、」

十月十八日

（142ウ）
十八日
一、昨夜之儀、一々申送りニ而承知、

土佐将監色紙形大和絵等を持参

一、　　　　　　　　　　　　土佐将監
右色紙形大和絵壱枚・色紙下絵四枚・続色紙下絵四枚持参、改受取、当番へ達、当番より表へ上ル、相済、
一、日御門代穴門番所岡田権大夫罷越受取、組江引渡相済候段権大夫届出ル、摂津守殿出仕之上相届、
一、廿日参集之処、廿三日ニ相成候段、日記役宇佐美へ申達ス、

紫宸殿・清涼殿色紙の儀

一、摂津守殿被渡、

水原──

柳生──
安藤──
菅沼──
村垣──

紫清両殿色紙之儀、此間色目手本差進候処、伺済之趣御達有之候、然処先達而御達御座候
清涼殿色紙形図面ニ者色目斗ニ而色之名目御書入無之候付、数多之色合ニ者上浅深等も
御座候間、若心得違等有之候而者如何ニ付、為念右図面色紙形色目之処江此間伺済色目十
四色之名目を以夫々御書入御達有之候様致度候、則先達而御達御座候、
清涼殿色紙形図面写幷伺済之色目手本十四枚共差進、猶又此段御懸合申候、尤仕立方手間
取候ニ付、早々御書入御達有之候様致度候事、」

書面掛合之趣、色紙形図面写壱巻幷伺済色目手本四枚差添、相伺候事、

（143オ）

十月

右ハ甚差急候、畢竟色目ヲ此壱巻ニ御書入被遣候斗之事ニ而候得ハ、今日中ニ相調候様可計旨摂
津守殿被申、依之御普請方伺帳ニ記させ、表詰合之儀承合候処、掛非蔵人詰合無之由、修理職奉
行衆ハ御詰合議奏広橋殿当番之由ニ付、則高丘殿へ懸御目、右之清涼殿御障子色紙形図面写壱巻
幷色紙色目手本十四枚壱包ニ、書面ハ帳面ニ而進達、差急候趣申上ル、

御涼所前桧垣柱間の分

一、摂津守殿被渡、

水原──

柳生──
安藤──
菅沼──
村垣──

御涼所前桧垣柱間之分者南面同様御差図之通出来仕候得共、開戸十四方框斗ニ而者堅ク不
申候間、貫三通入ニ相仕立申候、尤貫内之方江ハ見不申候得共、外之方別紙図面之通相成
申候間、為念図面相添、此段御懸合申候事、

紫宸殿・清涼殿母舎と廟の間懸壁代耳金打方の図

（143ウ）

書面掛合之趣絵図面添相伺候事、

十月　――

水原　――

――」

紫宸殿・清涼殿母舎と廟之間懸壁代耳金打方之図、先達而御達有之候ニ付、打方之儀者御差図之通取計可申候得共、右耳全打候ケ所之儀者別紙図面朱引之場所へ打方為致可申候哉、為念図弐枚差進、此段御懸合申候事、

書面掛合之趣絵図面添相伺候事、

十月

右ハ来廿三日之積り御普請方伺帳ニ記させ置、尤高丘殿へ右両様之事噂申上ル、是ハ廿三日之積り二候段申上置、

一、清涼殿御障子色紙形写図ニ、色目名目朱書ニ而被出、且書面ニ朱書被出、右之一巻并色目手本十四枚とも被返出、摂津守殿へ為持せ遣ス、尤名目被付候者、清涼殿之色紙形色目名目ニ而、十四枚ハ紫清両殿之色目手本故、右十四枚之内ニ、色目一巻ニ不入も有之候旨高丘殿被命、摂州退出掛之処ニ而右之趣及演述置、承知ニ付、書面ニハ更ニ不申達候也、書面之朱書如此、

『即日答　色目名目書付達候、

色紙形図面写一巻・色目手本十四枚返却候、』

十月十九日

摂津守新殿所々見廻り

十九日

一、摂津守殿今日新殿所々へ見廻り之上ニ而心付候処、書付被渡、」

内侍所廊下唐破風の上

常御殿南方唐破風の上

十月二十日

常御殿御上段調台御引物の儀

（144オ）

一、内侍所御翠置所御翠簾掛ケ上鳥防元形之通出来候様申立有之、其段御造営懸へ相達候処、御同所御廊下破風廊椽妻戸上共鳥防出来候様、猶又申立可然哉之事、

一、北広庭番所前北車折廻り高塀上忍返し出来候様申立可然哉之事、

右之外ニ

一、常御殿北ニ壱ヶ所、南ニ壱ヶ所廊下唐破風之上吹抜之処、鳥防有之候ハヽ、可然哉之旨絵図面ニ付札、

一、御涼所廻之廊下之内、やり戸之処〆り無之ニ付、〆り有之候ハヽ、可然哉之旨、是又絵図面ニ付札、

右等被相渡、申上候旨可有之筋ニ候ハヽ、被申立候様可計旨被申聞承置、依之修理職へ相達、御有形之儀相糺させ候処、

内侍所廊下唐破風之上ハ舞良羽目霧隠御椽妻戸上壁

右御有形之旨、

常御殿南方唐破風上舞良羽目霧隠之旨、付札ニ而差越、

右之外御〆り之儀、且忍返し等之儀思召次第と存候旨監物申出、右何も廿三日申上候積致置候也、」

（144ウ）

廿日

一、摂津守殿被渡、　水原　柳生　安藤　菅沼　村垣

禁裏常御殿御上段御調台御引物之儀、先達而雛形伺済之趣を以取計候儀ハ勿論之儀ニ有之

十月二十一日
摂津守より達し

候、然ル処、右御引物取付方之儀ハ、伺済雛形ニ懸紐四ケ所有之候ニ付、御調台内側鴨居
ニ減金折釘四本打懸方致候積相心得申候、為念此段御懸合申候事、
書面掛合之趣相伺候事、

十月

柳生主膳正
安藤越前守
菅沼下野守
村垣左大夫

右廿三日之積り御普請方伺帳ニ記させ置、

（145オ）

廿一日
一、摂津守殿より昨夜当番へ被達、

鷹司殿
四ツ脚門并穴門構惣練築地
近衛殿」
穴門并御修復練塀
一条殿
穴門并御修復節瓦塀
二条殿
有栖川宮
伏見殿
京極殿石薬師屋敷
四ツ脚門表門并穴門構惣練築地等

閑院宮
　四ツ脚表門穴門
万里小路家
　練築地
飛鳥井家
　表門練築地瓦塀
中院家
一乗院宮里坊
川鰭家
昆沙門堂里坊」
（145ウ）
　表門練築地
開明門院旧地
　穴門惣練築地
御春屋練築地筋瓦塀

二十一日にそれぞれへ引渡し

右之通出来ニ付、来廿一日四ツ時夫々御引渡候積り有之候間、其節受取之者被出候様、御達
有之候様存候事、十月
当番取次中　水原摂津守
別紙之通御造営懸より申越候ニ付、伝奏衆江被申相達候処、夫々差支無之ニ付、明廿一日巳刻自
分共組之もの差出為受取候、別紙ケ所内開明門院御旧地幷御春屋等之儀ハ、各方幷修理職江為引

渡候間、右之趣被得其意、右則被請取候様之旨存候、且御造営懸りへも被達置候而可然存候、
十月廿日
右之書取ニ当番甲州より手紙相添被持せ承知之旨、且開明門院御方御旧地ハ予台番ニ而も可遣候処、最早遣し申間敷候間、此段修理職へ御申答可被下候旨及返答、
一、予出勤途中ニ而権大夫江面会、御旧地受取之事申聞、後刻御旧地幷御舂屋とも受取候段、権大夫届出ル、御旧地穴門鍵予受取置、

十月二十三日

廿三日
一、今日参集也、淡路守当番、
一、帳面三冊とも越前を以淡路守より上ル、伺之絵図等上ル、
一、被復旧儀候品書催促之書付、越前へ渡ス、」
一、今日淡路守当番ニ付、予常式御用相済普過入魂退出ス、
一、（アキママ）

(146オ)

十月二十四日

廿四日
一、昨夜之儀、淡州より申送り、
尚々御涼所江之廊下やり戸錠くり水原殿より被達候図者、両人方ニ留置、返却ニ及申聞敷候と存候、
昨夜水原殿へ相達候分、別紙返書之通ニ御座候、御覧可被申候、
一、折紙之内へ見参板と有之、不審ニ付相尋候処、鳴ル板之由申出候、尤折紙得と校合之上、水原へ相達申、

一、水原心附ニ而被申聞候義御達し書一通被出、則書写置申候、右ニ御涼所へ之御廊下錠〆り之絵図、水原より被達候図ニ而者、此御方より之達し如何ニ付、今日引改メ、修理職より差出候様権大夫へ申置候間、差出次第右御達し書と一緒ニ摂州へ御達し可被下候、但右達し之図表扣も入り申候間、扣図用意之事御心添可被下候、

一、常御殿二ヶ所破風之上鳥防、水原心付伺之図被出、不及沙汰候旨申出候、則張紙仕置候間、是又今日摂津守殿へ御返却可被下候、

一、昨夜伺済御網代垣扉之図幷耳全打方紫清之図弐枚、本紙者最早昨夜摂州へ遣し申候、表より扣可乞旨申出、権大夫へ申渡置候、両人」方ニも扣有之、則朱書も書留置申候、

（146ウ）

一、高廊下ノ下吹抜之事、直御掛合相済、図心得ニ御見せ被出、写留返上可申旨ニ付、修理職権大夫へ相渡置申候、猶御一覧可被下候、已上、

十月廿四日　　淡路守

大判事様

尚々廿七日当番委細可申候、

参集来月朔日

昨夜朱書之趣幷表より被出候書付等、修理職へ掛合、書面類入置申候、御一覧可被下候、御普請方伺帳面之間多ニ入、

一、表より被出候達書、

一、内侍所廊下破風上椽妻戸上御有形鳥防無之候得共、破風妻戸上鳥防出来候様可被達候事、

一、北広庭番所前北東折廻り高塀ノ上忍返し出来候様可被相達事、

常御殿二箇所破風の上の鳥防

高廊下の下吹抜の事

表よりの達書

御涼所廊下〆りの儀

旧儀を復せらる所々

（147オ）

一、御厠廊下より御涼所之廊下間西〆り有之候様可被相達事、
右之通摂津守へ可相達事、
十月廿三日
右御涼所廊下〆り之儀、絵図引改錠〆り之旨朱書付札ニ致し、今日摂津守殿へ」相達ス、則御達之書付如例切紙ニ認出被添達落手、

一、御達之書付、
被復旧儀所々
内侍所壇　承明門
廻廊　長楽門
永安門　左右腋門
敷政門　左右青瑣門
祟明門　恭礼門
内衙門　仙華門
明義門　和徳門代
南殿壇　四面樋空柱
南殿東北廊　陣座寄障子
公卿座　宜陽殿大臣宿所
次将座　議所
納殿　露台代

造形につき旧儀を復せらる所々

（147ウ）

清涼殿夜御殿　二間
萩戸上御局二ヶ所　石灰壇
見参ノ板　南廊南戸幷土渡廊」
弓立　下侍
渡廊　主殿司宿
女官戸　同階
樋空柱　竹台
御溝
昆明池・荒海・年中行事等障子幷小障子

造形被復旧儀所々

南殿丈尺幷屋形階隅庇　格子内揚
賢聖障子　桜橘植立丈尺
日月華門　軒廊
宣陽殿公卿座　陣座
床子座　長橋
無名門　神仙門
清涼殿昼御座丈尺　鬼間
朝餉之間　台盤所
鳥居障子幷階　布障子

（148オ）

格子内揚　　殿上北長押
櫛形　　小蔀」
下戸　　高遣戸
惣折蔀　　惣鉄物
小御所格子
常御殿御帳代引惟

復旧取り止めの所々

被止所々
清涼殿上中下段　　議定所
孔雀間　　床子座前立蔀
常御殿上段綟張障子
右折紙三通ニ認被出、摂津守殿へ持せ遣ス、

朱書御返答

一、朱書御返答之分
紫宸殿清涼殿懸壁代耳全
『十月廿三日答　伺之通図返却候、』
右之絵図弐枚朱書『伺之通、』
御涼所前桧垣扉
『十月廿三日答　伺之通図返却候、』
右之絵図朱書『伺之通、』
引物折鉄」

（148ウ）

『十月廿三日答　伺之通、』
摂津守心付ニ而伺候分

『十月廿三日答　承知候、但常御殿ハ不及其儀候、図返却、』

水原摂津守

勢多大判事様
土山淡路守様

右摂津守殿へ持せ遣ス返書、

一、旧儀聞合書面　壱通

右ニ付折紙三通被相達候ニ付相添、

一、網代絵垣伺書面　壱通

并網代垣扉図相添、

一、紫清両殿掛壁代耳全伺書面　壱通

并図面弐枚相添、

一、常御殿御帳台御引物掛釘伺書面　壱通

右之通朱書付札被出候ニ付、伺書面四通・絵図三枚・折紙三通被差越、令落手候、以上、

十月廿三日」

（149オ）

高廊下吹抜の図につき奉行衆より摂津守へ直に掛合

一、常御殿両所唐破風上鳥防図、右鳥防ニハ不及旨被仰出候ニ付、今日返却、

一、高廊下吹抜之図奉行衆より摂津守殿へ直掛合ニ而相済ニ付、為心得被見写図昨日申付有之候処出来、本紙とも権大夫より受取、右之図最初修理職より申立候ハ、真中ヲ取置候積り申立候処、御普請方より少し北へ寄、吹抜之内々ニ而相済候趣ニ候、聢と不分候ニ付、敷図直候様昨日淡路守

申渡有之候得共、右之趣ニ付、扣図者得と写取置候而、敷図者出来之上ニ而可相直積りニ付、いまた直不申候旨、権大夫申聞有之、

右之外扣写表之分、此方分ニ而も権大夫より受取置、

一、高廊下吹抜図如此、此図去九日摂津守殿、広橋殿へ面会ニ而可被申上之処、広橋殿御用有之、御面会無之旨予を以被上、猶面上ニ而委細可被申上旨被申上候図面也、

高廊下吹抜図

（149ウ）

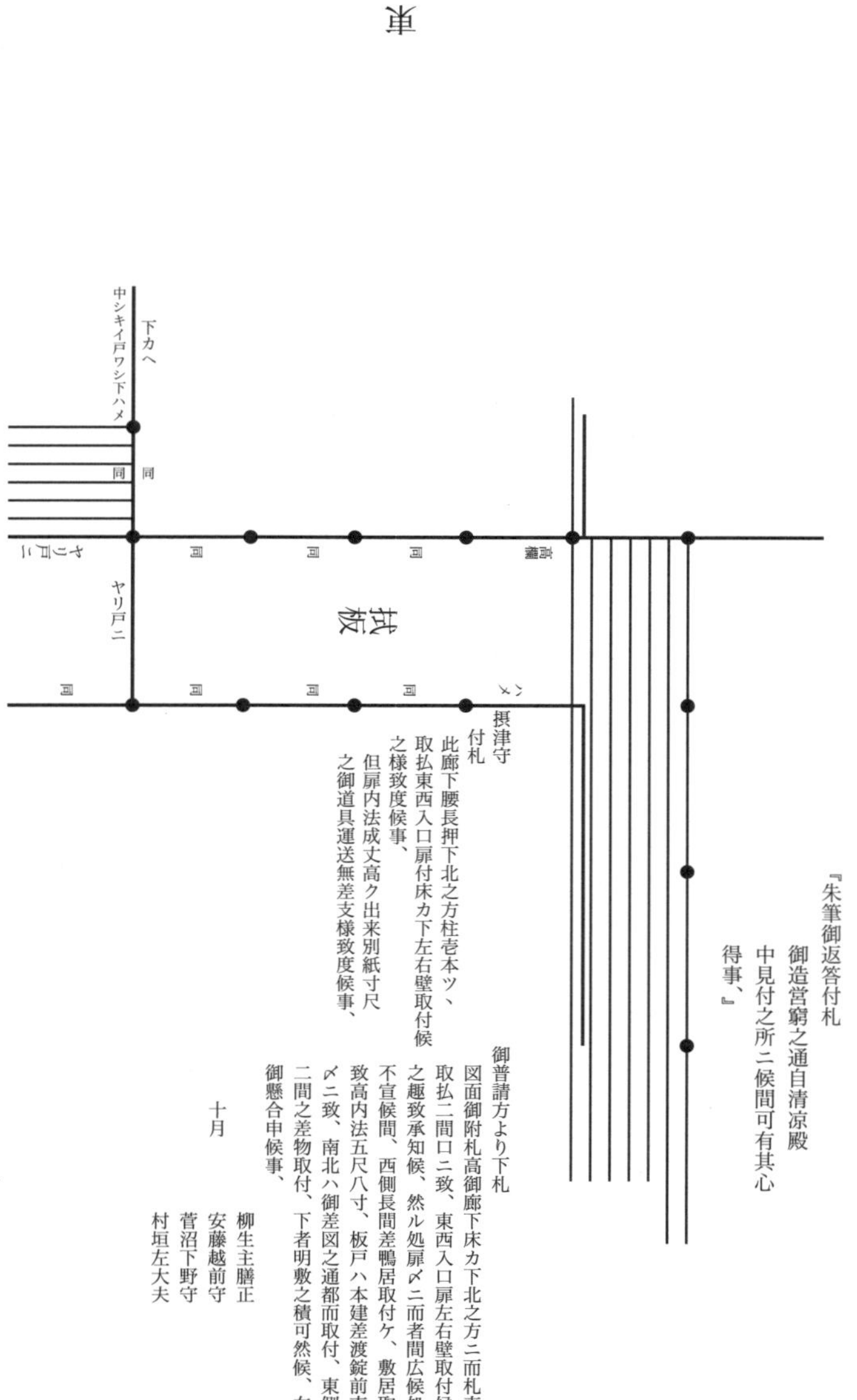
東
下カヘ
中シキイ戸ワシ下ハメ
同
同
ヤリ戸ニ
ヤリ戸ニ
同
同
同
高欄
抜板
同
同
同
同
ハメ
『朱筆御返答付札
御造営窮之通自清涼殿
中見付之所ニ候間可有其心
得事、』
摂津守
付札
此廊下腰長押下北之方柱壱本ツ、
取払東西入口扉付床カ下左右壁取付候
之様致度候事、
但扉内法成丈高ク出来別紙寸尺
之御道具運送無差支様致度候事、
御普請方より下札
図面御附札高御廊下床カ下北之方ニ而札壱本宛
取払二間口ニ致、東西入口扉左右壁取付候様御達
之趣致承知候、然ル処扉〆ニ而者間広候処持保も
不宜候間、西側長間差鴨居取付ケ、敷居取置
致高内法五尺八寸、板戸ハ本建差渡錠前東
〆ニ致、南北ハ御差図之通都而取付、東側者長
二間之差物取付、下者明敷之積可然候、右之趣
御懸合申候事、
十月
柳生主膳正
安藤越前守
菅沼下野守
村垣左大夫

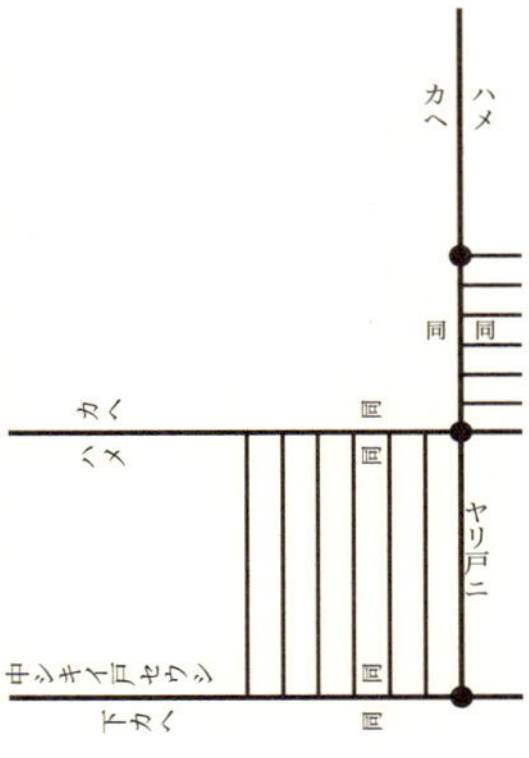

右御道具者、舞楽之節大太鼓運送之由也、」

十月二十六日

新殿御茶蔵・取次北部屋・勘使蔵・漬物置場等仮受の儀

（150オ）

廿六日

一、摂津守殿被渡、

水原摂津守
有田播磨守

此間為御談候

禁裏新殿御茶蔵・取次北部屋・勘使蔵・漬物置場等仮受取之儀、太〔田脱〕備中守殿江申上候処、此節仮引渡有之候様各様へ御達被成候間、日限等之儀可及御掛合候而、備中守殿被仰渡候間、御差支無之御時被仰聞候様いたし度、尚又此段及御談候事、

十月廿五日

御書面

禁裏新殿御茶蔵・取次北部屋・勘使蔵・漬物置場等仮引渡日限儀ニ付、御懸合之趣致承知候、明後廿七日四ツ時晴雨とも掛り之者差出、前書之ケ所之仮御引渡可申間、請取之者御差出被成候様存候、此段及御答候事、

十月廿五日

柳生主膳正
安藤越前守
菅沼下野守
村垣左大夫

新内裏御茶蔵・取次北部屋・勘使蔵・漬物置場等、取次へ翌廿七日四ツ時晴雨とも仮引渡可致旨、御造営掛より申越候、右ニ付、組之者差出為請取候間、其節」（150ウ）修理職罷出候様可被申渡候、

十月廿六日

右之段御賄頭へも可達旨ニ而被渡、当番へ達、賄頭へ相達、修理職へ申渡ス、

一、右引渡ニ付、勘使御賄方等相越候旨ニ付、名前摂津守殿へ相達、

勘使　町田長三郎
御賄　水口右近将監
対屋口番人
福井治郎右衛門

新造内裏御庭伏樋修復取り掛り

一、新造　内裏御庭伏樋御修復取懸り候ニ付、右人夫御築地外ニも罷出致堀方ニ付、明廿七日より北穴門開置出入之儀、尚又相改候様右穴門番人より可申渡旨御造営懸摂州より当番へ申来、穴門番人呼出し申渡有之、

十月二十七日

廿七日

一、摂津守殿より到来、御造営懸

取次中　水原摂津守

紫宸殿・清涼殿柱間耳金打方の儀

紫清両殿柱間耳金打方之儀ニ付、書付壱通・絵図一枚

（151オ）

一、内侍所廊下鳥防之儀ニ付、書付壱通」
一、御安鎮納物上注連之儀ニ付、書付壱通
右御造営懸りより差越候旨持せ相達候、懸り堂上方へ可被差出候、
一、御引渡妻戸建具突合方之儀ニ付、懸合書面ニ御造営懸より答下札相調差越候間、是又相達候、書面之趣懸堂上方へ被申入有無、猶又被申聞候様可被取計候、
一、六門常番居所取繕之儀ニ付、御造営懸りより差越候書面ニ下札いたし相達候、
右者今日自分憚日ニ付、為持差進候、以上、

十月廿七日

柳生主膳正
安藤越前守
菅沼下野守
村垣左大夫

紫清両殿御壁代耳金打方図面、先達而御達し有之、猶又右打立候ケ所之儀も伺済之通相心得取計可申候処、御柱間不同有之候ニ付、又候為念別紙図面朱星之通耳全取付候而可然候哉、則絵図相添、此段御懸合申候事、

（151ウ）

十月

書面掛合之趣図面添相伺候事、

柳生
安藤
菅沼
村垣

禁裏御安鎮之節、八方仮屋之内四ケ所納メ物上ル、木棚取建候様御達ニ付、」右取建方致出来候間、注連被差越候様存候事、

書面注連御達御座候様仕度候事、

十月廿六日

柳生
安藤
菅沼
村垣

内侍所廊下北取合御廊下破風妻戸上共鳥防出来候様御達有之候、然ル処、先達而御同所翠簾懸ケ上鳥防出来候様御達し有之候ニ付、破風左右幷妻戸上西折廻り高欄上とも鳥除取付候積りニ有之候、尤破風上者霧防有之候間、昨日御達之趣ハ、別段取建不申候、此段御達し申候事、

十月

書面之趣ニ而可然奉存候事、

右之分、御普請方伺帳ニ記させ置、

水原摂津守

修理職奉行日野中納言被申聞候者、宝永度者御引渡以前修理職被出、御造営方より襖戸障子錠鍵其外建具類帳面被差出、修理職場所之右帳面江引合置候儀ニ御座候、此度も右之振合候哉被聞合候旨被申聞候間、御答之趣可被御申聞候事、

付札

付札

（152オ）

書面之趣致承知候、錠鍵之儀ハ銘々札附ヶケ所々目録修理職江相」渡、懸り之者立会、突合を引渡候様有之候、建具類之儀、宝永度之儀ハ此方書留相知不申候得共、明和度其外何レ之場所ニ而も夫々建具建合候姿ニ而引渡来候事故、此度も右之心得ニ罷在候、御達之儀ニ付、取調書付差進候様致度候得共、此節出来栄見分前ニ而、関東江差上候諸書付、御勘定下組等取調仕立方ニ而、一同甚混雑仕罷在候間、右建具類取調之儀夥敷枚数之儀ニ有之、

六口御門常番居所其外の儀

容易調も出来兼候間、前之通建合候姿を修理職見請候而相済候様致度、此段御懸合申候事、
十月廿六日
柳生主膳正
安藤越前守
菅沼下野守
村垣左大夫
右ハ摂州奉行衆より直ニ掛合有之、摂津守殿より御造営方へ被相達候処、付札ニ而返答有之、奉行衆へ差上候歟、猶又有無之御返答有之候様申上候様被申越ニ付、先帳面ニハ不記、書面之侭差上候積りニ而扣記し被置候也、

（152ウ）

水原――
柳生
安藤
菅沼
村垣
六口御門常番居所其外之儀ニ付、懸合御書面之内、
一、常番居所表入口踏段幷井戸水少候ニ付、浚之儀者御達之通取計可申、」尤踏段者上番居所江壱ケ所ツヽ、取付可申候、
一、潜り上刎屋根幷堀樋之儀、取付不申候而差支候趣相見へ不申候間、有形ニ有之候共、此度取付候ニ及申間敷、且引窓之儀も最初御差図ニも無之、其上出来候屋根取崩候も手戻ニ罷成、殊ニ引窓者度々損易持保不宜候之旨、煙出し而已有之候ニ付、竃向寄江間半ニ弐尺位之無艸窓取付候様可致候、
一、中立売口御門関貫高ク急御用之節差支候由ニ付、早々為相直候可致候、
右之趣及御懸合候事、
書面之趣被得其意懸り堂上方へも可被申入置候事、

十月

右修理職へ見せ置、日記ニ記させ置、右ハ奉行衆へ申上候儀ニも不及候、右之通ニ而宜候得ハ、
御書面留置候段、翌日摂津守殿へ申入置、

摂津守よりの書面

一、摂津守殿より書面、
禁裏御舂屋米搗場御普請出来ニ付、明後廿九日可引渡旨御下知有之、御造営懸りより申越
候、右則組之者差出請取、修理職へ為相渡可申間、右則修理職罷出候様可被申渡候、修理
職受取、御賄方へ引渡候様可取計候、
右之通修理職へ申渡ス、賄頭ニも相達ス、」

十月二十八日

（153オ）

廿八日

一、日野殿御詰合ニ付、昨日摂津守殿被相越候襖合せ錠鍵之儀ニ付、御普請方より付札ニ而返答之書
付其侭ニ而差出ス、右之外伺物壁代掛之儀ニ付、絵図等相添到来、是等差急候儀ニ候得ハ、今日
可差出申哉之旨申上候処、議奏衆之処如何有之哉ニ候得共、先日野殿可被成一覧候間可差出之旨
被命、依之右之絵写も出来不申候得共、先御普請方伺帳ニ相添、直ニ日野殿へ上ケ置、
右伺物今日可被取計之処、中山殿昨日当番之処最早退出ニ候、今日広橋殿御参之趣ニ候得共、難
取計候、明日成而も苦ケ間敷哉、御差寄可申上候、広橋殿呼ニ可被遣哉之旨承合候様日野殿被申
聞、摂津守殿へ申入候処、明日ニ相成候而も不苦候旨返答ニ付、日野殿へ其段申上ル、且又先刻
日野殿へ差上候御普請方付札ニ而返答候書付被留置候旨、是又被申、摂州へ申聞置、
今日掛非蔵人詰合無之ニ付、右之通日野殿へ直聞掛合候也、

十月二十九日

廿九日

（153ウ）

一、摂津守殿被渡、

清凉殿色紙泥絵出来之分、為手繰別紙之通差遣申候間、宜御取計御座候様致度候事、

書面掛御用色紙目録之通六枚差上候事、

十月」

白　弘徽殿二之御間南

黄　同上局西二間

　　北より第一間

藍　藤壺上之御間西

　　自北第一間

白

赤　同第一間

紅　御湯殿上ノ御間

紅　昆明池障子北裏

〆　六枚

　　内壱枚　弐枚続

柳生――

安藤――

菅沼――

村垣――

水原――

清凉殿御障子色紙形図面之内、昆明池御障子幷小障子共、表裏色紙形縁より何寸除ケ候而張立候儀有之候哉、寸法相分り兼候ニ付、別紙図面三枚差遣申候間、縁より何寸除候と申

儀御書入御達有之候之様致度、此段御懸合申候事、

十月　　　書面掛合之趣絵図面三枚添相伺候事、」

（154オ）

柳生──
安藤──
菅沼──
村垣──

水原──

禁裏北広庭番所前北東へ折廻し高塀上忍返し出来候様御達御座候、然ル処、広庭之儀ハ御築地内ニ而、其上対屋構之方ハ御建家之間者高塀上忍返有之、東之方常御殿御庭堺折廻し高塀上忍返し取付候間、対屋構共御〆り宜相見へ申候、若番所へ之〆り之為ニ有之候得ハ、畢竟番人者御〆り之為ニ被差置候儀有之、又北広庭之方御〆り之儀ハ番所前も手狭之儀ニ而、平日番人見張居候得ハ旁番所廻り高塀上忍返し取建候ニハ及申間敷哉と存候ニ付、此段御懸合申候間、右場所絵図面江御引合御勘弁之上、今一応御懸合有之候様致度存候事、

十月　　　書面掛合之趣相伺候事、

右被相渡候ニ付、日野殿御詰合ニ付懸御目、昨日伺之儀今日御返答御座候様耳全打方之儀、猶又催促仕候、且又今日三ヶ条程伺出候、其内色紙昵絵差出候旨申上候処、明日ニ者相成間敷哉之旨被命、今日之処ハ明日ニ成候而も苦ケ間敷候、昨日上置候帳面ニハ出し被下度候旨申上候処、則帳面御出ニ付、今日之事書面記させ、色紙泥絵六枚相添幷障子寸法伺図面等越前詰合ニ付、越前を以上ル、

御遣水御庭・御池御庭の御文庫修復出来

一、御遣水御庭・御池御庭之御文庫御修復出来ニ付、明日ニ而も明後日ニ而も仮引渡可申渡摂津守殿被」（154ウ）申、尤右文庫辺竹矢来板囲等ハ取払可申候得共、御文庫御行向も可有之間、右之御用相済候迄其侭ニ差置、右御用相済候上可取払候、番所ハ其侭ニ置惣体引渡之旨ニ取払可申積り、且又御

文庫辺草繁有之候ニ付、御造営掛より勝手ニ掃除致させ可申積り之旨摂津守殿被申聞越前を以申上候処、右之趣取次より書取可上之旨被命、尤摂津守殿より書付を以可被申上候処、御役宅より書付不差越候ニ付、右之段被申上候旨ニ付其段申上候処、右之趣被命候ニ付、摂州申聞候趣書付摂津守殿へ入披見候処、随分此通ニ而宜旨ニ付、書改上ル、

御遣水御庭御文庫・御池御庭御文庫御修復出来ニ付、此段申上候、右御修復出来ニ付、明日・明後日之内御引渡可申候、竹矢来板囲取払可申候得共、御文庫御行向者可有之ニ付、先其侭ニ差置、右御用相済候上、竹矢来板囲取払、番所ハ其侭差置候積、右番所ハ惣体御引渡之節取払可申奉存候、右竹矢来板囲之内、草繁り候ニ付、御造営懸りより勝手ニ掃除致候積り御座候、仍此段申上候、

十月廿九日

右越前を以上ル、直ニ此書面ニ而御披露被成候、扣壱通可上之旨、且引渡之儀被仰出候ハヽ、予へ可被仰渡候間、摂津守ハ勝手ニ退出候様越前を以被命、摂州へ申送、扣壱通越前を以上ル、

（155オ）

一、昨今申上候儀何々明日之儀ニ相成候、今日之内色紙泥絵之儀朱書ニ而御返答被出、

『十月廿九日答

色紙形悉出来揃之上、一緒ニ可上、仍被返出候、且出来揃可上日限可申上候事、』

右日限之儀、明朔日可申上候旨越前を以被命、摂津守殿詰合ニ付、則掛合書面ニ右之通朱書付札致し進送、日限之儀、明朔日被申上候様申遣ス、尤目録も相添、六枚之色紙へも相違ス、

明日御文庫引渡し

一、明一日御文庫可引渡候事、

十月廿九日

右御附へ可相達旨越前を以被命、切紙ニ認手紙相添、摂津守殿へ持せ遣ス、

返答付札
色紙形泥絵の儀

一、明一日御文庫可受取事、
十月廿九日
右同人を以被命、修理職へ可申渡旨也、仍而権大夫へ手紙相添相違ス、尤中元草覆被引置候ニ付、
為心得其段も申遣ス、
右之返書到来候ハヽ、当番披見有之候様相願ニ而退出ス、戌刻、
一、入夜淡路守方へ到来、
水原摂津守
色紙形泥絵出来候ハヽ、早々可差出旨筆者手繰も可有之候ニ付、明日頃迄ニハ不残出来可致哉、
御吟味之上、出来日限被御申聞候様修理職奉行衆被申聞候ニ付、此段御達申候事、
十月
右返答付札」（155ウ）
御書面色紙形泥絵之儀、清涼殿之方者来月四日迄不残致出来候積ニ付、其砌早速差進可申
候、先達而御達之趣ハ、総而御障子ニ被押候色紙形泥絵、土佐土佐守・左近将監・虎若丸
江被仰付候旨御達有之候処、賢聖御障子泥絵之儀ハ、右三人之者江被仰付無之旨土佐守申
聞候、左候得ハ、いつれも右泥絵被仰付候哉、為心得致承知度候事、
十月廿九日
柳生主膳正
安藤越前守
菅沼下野守
村垣左大夫

御春屋構内勘使物置

十一月一日

町口美濃守よりの書面

伺書面朱書にて御返答あり

右ハ奉行衆摂津守へ今日直ニ掛合有之候ニ付、摂津守殿より御造営方へ書面ニ而達候処、右之書面ニ付札を以返答有之候書面也、翌日申上ル、

一、御春屋構内勘使物置之処、絵図面ニハハメ板と有之候処、ハメ板出来可申候ニ付、其処斗絵図仕立、板ハメ出来致候様致度段付札ニ致し、今日摂津守殿へ相達ス、尤弐ケ所也、右序ニ御春屋構内之溝浚候儀、先達申立置候得共不出来ニ付、早々出来候様、是又摂州為心覚付札致し相達、」

（156オ）

十一月朔日

一、当番美濃守より書面到来、

　勢多大判事様
　土山淡路守様　　町口美濃守

当月四日、新殿見分即日引渡ニ相成候趣ニ御座候、右ニ付御上棟之節之通ニ口向被相越候人数名前、今日早々御附衆へ御指出御座候様此段可申達旨、掛り非蔵人を以申出候、仍申入候、以上、

　十一月朔日　　猶以人数名前御差出之儀、御上棟之節之通御覚悟有之、宜者御座候、以上、

右早朝申上来候ニ付承知之旨、且修理職へ御申渡御座候様致度段、両名ニ而及返書、淡路守へ右之書面ニ予手紙相添持せ遣ス、

一、今日参集也、淡路守当番、

一、帳面三冊とも上ル、

一、伺書面朱書ニ而御返答被出、

　耳金打方朱書『十一月一日答　伺之通、』

表よりの書付

（156ウ）

内侍所取合廊下鳥防朱書『十一月一日答　可為此通候、』
安鎮納物所注連之儀朱書『十一月一日答　注連見本相違候、』
清涼殿御障子縁付方寸法之朱書『十一月一日答　各其御障子、
『縁幅寸法之通除ケ候而可張立候、』
北広庭番所前高塀忍返し朱書『十一月一日答　番所前高塀上、』
『忍返し不被取建候、』
色紙形泥絵来月四日迄不残出来朱書『十一月一日答　於賢聖障子、
『色紙形泥絵者関東之画工江可被仰出候、人体追而可申達、』
日野殿摂津守へ直掛合書面朱書『十一ノ一　伺之通、』

一、表より書付被渡、

御用掛
中山前大納言
広橋前大納言
千種宰相中将
修理職奉行
日野中納言
堤前宰相
大原三位
豊岡中務大輔
御用掛非蔵人

（157オ）

右之通来四日見分之節被相越候旨、為心得被申聞条、丹後を以被命、
右之朱書之分幷絵図都合四枚、摂津守殿詰合ニ付、目録書改進達ス、注連見本是又相達ス、

松尾安芸」
松室丹後
北小路越前

二日

一、昨日被相渡候議奏衆以下来四日見分之節被相越候名前書付者、伝奏衆より武辺被相達候由ニ候得共、摂津守殿為心得昨日之書之通写今日進達、摂津守殿ニハ何方より之達ハ無之旨、随分入用之旨ニ而落手也、

来る四日新御所見分者の名前

一、　来四日御見分御引渡ニ付、新殿江罷出候名前、

取次
勢多大判事
土山淡路守
勘使
市野伴之進
修理職
岡田権大夫」
松宮主水
高嶋監物

（157ウ）

日記役
広瀬左膳
宇佐美右衛門志
取次詰所常番
勝田藤次郎
谷村里右衛門
勘使下
米田市五郎
修理職下
橋本平次
米田権四郎

十一月

右之通認摂津守殿へ相達、右之外引渡以下者、夜より表ニも宿有之、且口向とも取次勘使少々勤番之役所有之ニ付、書付を以摂津守殿進達、

来る四日引渡し以後御詰の人数

来四日引渡已後差懸り相詰候人数、

取次壱人
修理職壱人」（158オ）
花壇奉行所壱人
御使番壱人
小間使壱人

仕丁頭壱人
修理職下壱人
山之もの壱人
仕丁五人
人足弐人
清和御門番
　壱人

右之通相詰可申哉、御表へ御詰御人数ニ寄仕丁相増可申候、且又奥向へ御詰女中方以下有之候ハヽ、御人数早々承知仕度奉存候、已上、

戌十一月　　執次

右ハ常式ニ而申立之儀ニ而、予より摂津守殿へ申達、

十一月三日

東西対屋等の部屋々々明四日見分引渡しの節名前を張る

三日

（158ウ）

一、東西対屋幷三仲ケ間局部屋々々明四日見分引渡之節、銘々名前張候ニ付、両対屋幷三仲ケ部屋々々絵図を以御銘々御名前記被出候様、右京大夫へ申聞置候処、右之」図面ニ夫々名前書付、今日右京大夫被渡、尤此節故障ニ而、引込之人体者、名前不被記旨也、
新典侍殿隣局明有之候、此明局へ哲宮様被為成候、此間之仕切取払一緒ニ相成候様可致候、遷幸已前出来候得ハ宜候、夫とも難成候ハヽ、遷幸後ニ而も右之通出来候様可致候旨、同人を以被仰渡、右何も監物江申渡ス、絵図相渡ス、
右局之部屋ニ張候札修理職ニ而出来、広瀬左膳受取、名前相記させ候也、

一、明日見分辰半刻無遅々御本殿江可相揃候、口向者御台所へ相揃、夫より車寄へ向可参旨、且又引渡之儀ハ明日見分之上、言上有之候上ニ而可被仰出候得とも、明後日引渡之積、此段日野殿直ニ被命、向々江申渡ス、堂上方・非蔵人唐御門より通行、口向御台所御門南中門よりより（マヽ）通行之積り、且中詰相詰候儀ハ、今一応伝奏衆江御相談御座候ハヽ、可然哉之旨、摂津守殿へ申入置、

一、明日見分之節、同列御賄頭等罷越候儀如何可有之哉、明和仙洞御所之節ハ掛り斗参候、引渡之節ハ何も不残罷越候、宝永之節ハ見分之事不分明ニ而、引渡之節ハ同列ハ賄頭等罷越候様子ニ候、明和之節之通、明日之処ハ掛り斗可然哉之旨、摂津守殿へ申入置、

一、明日見分ニ被行向候堂上方并非蔵人口向惣人数書付候而、御賄頭へ相達、認用意之事昨日申聞候、弥其通用意候歟、猶又今日申達ス、」

（159オ）

一、此方部屋番壱人宛常服ニ而召連候積り、淡州へ及示談、

明日見分ばかり

一、明日見分斗ニ而候得ハ、一統服紗麻上下之積り申談候ニ付、摂津守殿へ其段申入、御普請掛之衣体も右之趣ニ相聞候旨也、此方とも始先修理職部屋へ参集之積り申談置、

一、中詰役番人相詰候ハヽ、可然旨、摂津守殿被申、中詰へ申渡ス、服紗麻上下ニ而辰半刻新殿へ向可被参候、尤新殿御台所御門南ノ穴門より通行可有之候旨申渡ス、右ニ付弁当両人用意之事、勘使へ申達、

一、入夜淡州方へ到来、

柳生――
安藤――
菅沼――
村垣――

水原――

禁裏御造営出来ニ付、伝奏衆掛り堂上方明四日見分之上存寄も無之候ハヽ、御場所御引渡

可申候、右ニ付此間も得御意候通、賢聖御障子之御絵幷色紙未致出来、御門々等鳥防之儀も近頃被仰出候儀ニ付、御入用吟味等も有之候事故未致出来候、尤鳥防之儀明後五日より取掛候積りニ御座候、且所々錠鍵者勿論御畳御敷面之外、御座畳其外幷衝立脚立水溜桶及手桶水籠三道具等之員数目録帳、修理職江相渡、掛り之者立会、突合引渡候積相心得申候、将又部屋之物置、其外共棚板之儀ハ、先達而御達之通釣木相添、其場所々江差置申候、

右之趣御達申候事、」

十一月三日

右書面、翌朝淡路守達有之、修理職を以奉行衆へ申上ル、

（159ウ）

四日

十一月四日

新造内裏見分

一、今日新御所見分也、両人始修理職・伴之進とも四人幷下之者常番預り一統辰半刻新御所江参、銘々宅より直ニ参、御台所御門南之穴門より通行、此穴門外ニ箱番所有之、名前相尋候様子部屋番より申達、

参集所修理職部屋之積り昨日申談候得共、北部屋之儀ハ此間仮引渡も有之、此方へ受取置候事ニ付、北部屋参集之儀可然ニ付、則北部屋へ相集候也、火鉢・たはこ盆等ハ仮御所より取寄、御帳面類持進参、六分堺図ハ表へ昨日より上り有之、表より被返、

一、昨夜淡路守方へ到来候書面、其侭ニ而奉行衆へ監物を以差上ル、

右書面之朱書、

『即日答

被達趣令承知候、但棚柱取付之儀、御造営方ニ而出来候様可被取計候、釣所印付候儀、

両三日中可申達候、』

右御仮御所ヘ帰り参之上ニ而被出、摂津守殿ヘ達、是ハ先達而其場所々ニ差置候場之事ハ御手沙汰ニ而釣候積達置候得共、御造営方ニ而出来候様、今朝所司代ヘ御談相済候由ニ候、右釣候ハ奥向・表向・対屋幷口向等之処、何方より取掛り可申旨書付被出候様致度、其趣ヲ」（160オ）所司代ヘ達候段、摂津守殿被申聞候ニ付、奉行衆ヘ申上候処、右之書面ニ如右朱書ニ而御返答被出候ニ付、別ニ書付不出相済、

一、伝奏　御用掛議奏　修理職奉行　非蔵人

伝奏　万里小路前大納言殿
　　　久我右大将殿
御用掛議奏
　　　中山前大納言殿
　　　広橋前大納言殿
　　　千種宰相中将殿
修理職奉行
　　　日野中納言殿
　　　堤前宰相殿
　　　大原三位殿
　　　豊岡中務大輔殿
非蔵人
　　　丹後

北小路越前

右何も唐御門より御車寄より被上、廊下ニ被待合候也、此方共相集候上、監物を以申届、

所司代　太田備中守殿」

所司代

御附　水原摂津守殿

有田播磨守殿

御附

御普請掛り

柳生主膳正殿

安藤越前守殿

菅沼下野守殿

村垣左大夫

御普請掛り

（160ウ）

見分の順路

一、右之外掛り之銘々何も参上有之、伝奏衆所司代へ於伺公間御面会、御用談有之相済見分始ル、右知せ有之、有田より知候也、此方始何も非蔵人口より上り、表之廊下へ出、無程始り、廊下より台所口へ出、鍵番所迄伺公之間、大廊下より内玄関より出、塀重門・平唐門通行、南門・承明門入前方廻廊、紫宸殿南階より上り、紫宸殿所々見分、露台代通行、小御所・常御殿・奏者所、銘々東西対屋向御物仕部屋銘々相廻り、如元御車寄廊下被帰休息、此方修理職日記役中詰等表口膳部部屋ニ而休息、何も弁当堂上方中詰給仕火鉢・たはこ盆、御造営方より設有之、弁当仮御所より相廻ル、右相済見分始り、清間辺御台所辺、夫より清涼殿相済、御車寄より降北へ廻り、下廻り対屋通行、御遣水、庭御池庭、十八間廊下出、東北廊東軒廊、此辺見分、御鳳輦舎内侍所南階より上り一円見分、同玄関より下り、承明門前通行、平唐門出、御車寄より被上、此方何も北部屋へ引取居、」

伺公間にて朝幕関係者面会及び挨拶

（161オ）

一、於伺公間両卿幷議奏・修理職奉行列座ニ而、所司代・御附番出席、柳生以下都而御普請掛不残御面会ニ而、御挨拶有之候也、淡路守罷越取計也、

一、伝奏衆以下何も唐御門より如元御退出、此方始何も如元穴門より退出、直仮御所江帰り参、

明日引渡しの際に参上する者の名前

一、明五日引渡之旨被仰渡候段、摂津守殿被申渡、右之段、表よりも掛り非蔵人を以被仰渡、明日被相越候名前書付被出、

日野中納言等

日野中納言
堤前宰相
大原三位
豊岡中務大輔

非蔵人

非蔵人　丹後
越前

勢多と土山

勢多大判事
土山淡路守

修理職

修理職
市野伴之進
岡田権大夫」
松宮主水
高嶋監物

（161ウ）

右切紙ニ認、摂津守殿へ達ス、

中詰
日記役
詰所当番
修理職下

中詰
｜｜｜
日記役
　広瀬左膳
　宇佐美右衛門志
詰所当番
　谷村里右衛門
　池田藤次郎
修理職下
　橋本平次
　米田権四郎

右名前書付差出ス、且引渡より直ニ勤番ニ付、同列壱人御賄頭、勘使、中詰、御賄、吟味、板元、其外食事ニ掛り候諸役所下々迄参勤之積り、尤明夜より宿番之積り、名前書付摂州へ達ス、

一、明日引渡之仕度如何候旨、日野御尋ニ付、摂津守殿へ申入、明日御造営方より両御附受取候、諸向之鍵者下掛りより突合致、修理職へ相渡受取せ、得と調宜迄御案内申上候而、其上ニ而両御附より御引渡可申候、御場所ハ何方ニ而成とも思召次第可仕候旨返答ニ付、其段日野殿江申上、明日引渡相済言上有之候得ハ、堂上方彼是参番可有之候、随分不及遅」（162オ）刻様被成度候旨被申、其段摂州へ申入、右之鍵突合調之儀、中々急々ニハ難調候、午刻ニも可相成候得ハ午刻之御参集可然存候間、其段申上ル、

右御造営方より両御附衆被受取、鍵調候内ニ同列御賄頭以下諸向拝見候積り、両御附衆被申、御賄頭へ申達、諸役所明日辰刻揃之儀、御附衆へ申入、諸向へ申渡ス、

（約五行分の空白あり）

十一月五日

新造内裏引渡し

五日

一、今日引渡也、此方両人始何茂辰刻北部屋へ参集、

右同断ニ付、同列渡辺甲斐守、御賄頭保田定市・木村周蔵、勘使渡辺主殿、其外諸役所へ参集、

一、巳刻比両御附衆御造営方より被受取、諸向錠鍵御造営懸りより御附組へ受取、組より修理職へ受取、於御内玄関一々相改、

一、御附衆より依知せ、此方両人頭幷甲斐守以下不残相越、諸役所夫より奥表不残拝見、

右相済、奉行衆へ御案内申遣ス、尤修理職奉行幷非蔵人等日野殿亭ニ而待合有之、組を以案内申達ス、無程御車寄より被上、廊下ニ待合有之、

引渡の儀

引渡之儀、両御附衆此方両人以下何茂廊下江罷越、御面会申、夫より御附衆案内ニ而奥」向へ参、（162ウ）常御殿江参、御上段之次奉行衆着座、両御附衆対座、御引渡申候段被申述引込、此方以下御椽座敷辺ニ着座恐悦申上、御附衆始何も申口より男居通行口向へ引退ク、口向ニ而、今日当番渡辺甲斐守直ニ勤番也、

奉行衆仮御所壱人被帰参、引渡相済候段言上有之、夫より議奏衆以下夫々新殿へ今晩より勤番有之由、御〆り之事等当番江御掛合候由也、

此方以下何も仮御所へ帰り参、恐悦表ニ掛り非蔵人を以申上ル、奥へ以表使申上ル、

御庭伏樋の水吹出しにつき直し方

一、摂州被渡、

水原摂津守殿

柳生主膳正
安藤越前守
菅沼下野守
村垣左大夫

禁裏御所御庭江懸り候伏樋水吹出候処有之候ニ付、明六日より直し方為致候間、今朝御達申候、鳥防取付方ニ而罷越候掛り名面之者、右伏樋直し方をも為取扱申候、尤職人人足も腰札付候而為致出入候間、是又今朝御達申候鑑札ニ引合、御台所御門相通候様右衛門へ御断有之候様致度、此段御達申候事、

書面掛合之趣申上候事、

十一月五日

右之儀御文庫之取扱ニ而可然ニ付、修理職より直ニ奉行衆へ申上させ候也、入夜朱書御返答有之、

『可為此通、』

右之通朱書付札被出候由ニ而、主水・監物より持進越候ニ付、翌朝水原殿へ持せ達、」

(163オ)

御涼所御床の懸物

一、同断被渡、

水原――　　四人名前

禁裏常御殿・御涼所共御床コ之分御懸物懸之儀、御差図ニも無之候故取付不申候、若折釘取付候義ニ御座候ハヽ、常御殿(アキママ)釘三本打夢想ニ取付可申候哉、御涼所之方ハ折釘壱本、且長橋局床コ之儀も折釘壱本打之積ニ而可然候哉、尤何も鉄折釘漆塗之積り可仕候、

右之趣為念御懸合申候事、

書面掛合之趣相伺候事、

十一月

右御普請方伺帳ニ記置、

清涼殿色紙形泥絵出来
四十枚の内二枚続十六枚

一、帰り参候上ニ而摂州被渡、
　清涼殿色紙形泥絵出来候ニ付、四拾枚御造営懸りより差越候間、差上申候、尤右之内弐枚
　続拾六枚御座候事、
　　十一月
右之趣ニ而色紙持せ来員数相改受取、表奉行衆御詰合之儀承り候処、豊岡殿御詰合ニ付懸御目申上置候処、明朝四時前ニ可伺出候旨丹後を以被命、依之右之色紙不残修理職権大夫預り置、得と申含、明日淡路守当番ニ而候得ハ、権大夫より淡路守へ得と申聞相渡可申様申聞置、」

（163ウ）

一、対屋前東行当之土戸幷此土戸入南へ折候而、常御殿御庭へ出候間、〆之土戸此両所御附衆表被付置候、如是ハ此対屋行当之外ハ、北之広庭境ニ而仕切も無之不取締ニ付、右之通取計有之候旨也、右之境之処板塀又ハ一向高塀ニ而も可有之候ハヽ、可然間、此所斗絵図出来候様摂津守殿申聞、権大夫へ申渡置、

一、今日新殿引渡ニ付、東西対屋幷三仲ケ間不残名札張事、日記役広瀬左膳相廻し張候也、口向諸役所是又柱張せ候也、

御台所御門のみを開き堂上方・口向が通行

一、今日より御台所御門斗開キ、堂上方幷口向通行也、其外諸門不被開候也、
御門通行之儀、都而如元形断書番所へ差出候儀ニ付、諸役所其段申渡、断書詰所へ取寄、御門々達候也、遷幸迄之間者此通ニ治定也、尤御附衆より伝奏衆へ掛合有之治定也、尤宝永之例也、

十一月六日

六日
一、昨夜主水・監物より差越候朱書返答之伏樋之書面、手紙相添、水原摂津守殿へ相達ス、且又今日ハ新殿へ女中方御越、御文庫往反も有之趣、昨夜承知ニ付、為心得是又申遣ス、

一、新殿江参ル、当番美濃守面会、

一、有田播磨守殿参上面会、今日女中方御越、御文庫御用も有之候由ニ候、然ル処、伏樋之直しニ付人夫入込候様子候、今日ハ相止可申儀と存候段申入、此儀昨夜摂津守殿示談ニ而、今」日手引之積りニ相成候旨被申聞、

（164オ）

一、今日口向諸役所之内、御賄所清間廻り勘使所等棚釣ニ相廻り候、修理職両人相詰候得共、手懸り不申、詰之御使番之内より交候、其場所々江付添有之候様致度旨監物申聞候ニ付、本庄角之丞ニ申渡ス、美濃守へも相達置、　右棚釣之儀、奥表ハ追々御沙汰も可有之、先口向ニ而差急之場所より始候ハヽ、可然旨、此間御附衆へも及示談、御賄頭及掛合、先賄部屋清間辺差掛入用之由ニ付、其段摂津守殿へ申達、御造営方へ被達、今日より始り候也、

花壇奉行夜廻り

一、花壇奉行夜廻りも致候得ハ、御庭向昼之内見置度旨申聞ニ付、相廻り見置候様可被致旨申渡、美濃守へも達置、尤掃除之事見計掃除有之候様申渡ス、

一、巳半刻出仕、

一、御築地内人溜引渡相済候哉之旨摂津守殿被申、未何之沙汰も無之候、新殿ニ相詰松宮主水・高嶋監物抔承り受取之事哉、猶伏可申旨及返答、権大夫へ尋ニ遣候様申渡ス、

諸向刀掛の事

一、諸向刀掛之事、此儀先達而御達之処、宝永度書留ニ無之旨御造営方より返答有之候、乍然宝永度浮道具目録ニ刀掛之事急度御座候ニ付、其段申上候処、其後猶又彼是申上候得共、其侭ニ相成出来不申候、右今日奉行衆被為申、右之趣申上ル、

水原摂津守よりの書面

一、摂津守殿より書面、　御造営懸り取次中　　水原摂津守

禁裏唐御門四脚御門外雨舎幷艮溜番所共、今六日昼時迄仮引渡可申候旨御造営懸りより申

越候間、組之者差出、右ケ所々為請取修理職へ為相渡候間、右刻修理職罷出候様可被相達候、」

十一月六日

右ハ新殿到来当番美濃守へ取計、修理職へ申渡し有之候旨申来、

（164ウ）

十一月七日

七日

一、新殿江参、当番渡辺出雲守、

一、有田播磨守殿参上、水原摂津守殿参上、

一、諸役所追々引渡、御膳番御厨子所も最早引渡候ハヽ、可然旨、主水へ申渡ス、

一、内玄関此度敷台ニ相成候、段之処是迄之通巾広宜之積り之処、普通之段弐段ニ相成候、敷図見合度候得共、二帖とも表へ上り有之候ニ付難見合、何分此方意と相違幷送所預り往来候処カへニ成、戸障子之処落間ニ成、間違有之候、其外諸向不勝手之処多ニ付、相違之ケ所々々書立申立候様ニも致度ニ付、奉行衆へ及相談候処、於表も所々間違不勝手多有之候得共、一言も不被申旨奉行衆被申、左候得ハ、口向ニ而者猶更申立不相成候趣ニ付、御附衆へも及相談候得共、何分御造営方ニ而者決而不請付趣ニ相聞候、主水・監物と彼是申談候得とも、致度も無之、其侭ニ差置、右之外局と三仲ケ間部屋々々等、彼是申分有之候也、

一、巳半刻出勤、

（165オ）

一、摂津守殿被渡、　水原〡殿　　四人名前

禁裏御殿向部屋々々物置其外棚板之儀ハ、釣木相添其場所々江差置候様、」先達而御達し有之候ニ付、右之趣取計申候処、猶又棚板御造営方ニ而被付候様御達ニ付、右棚取付方頭

棟梁角井隠岐掾へ申付候、然ル処、此間御懸合之通此方懸り役人差出不申、右隠岐掾其御方へ御渡申候間、宜様御差図有之候様ニと存候、右之通此方懸り役人附置不申候間、御場所底付不申候様、其義ニ而夫々江被御申付候様存候事、

十一月

右日野殿へ申上ル、御普請方伺帳ニ記候得共、右之書面直ニ上候様被命、直ニ上ル、

水原――　　　四人名前

九門下馬札九枚

九門下馬札九枚下拵出来いたし候ニ付、則差進申候間、認方出来次第早々被差越候様致度候、此段御達申候事、

十一月

右札九枚修理職部屋へ到来、権大夫請取、申届、

右之趣伝奏衆へ直ニ被申上、猶大判事受取置候間、御請取可被下旨申上置候間、御乞候ハヽ、可上之旨被申、依之右猶更取置候段、万里小路殿へ申上ル、

内侍所清棚

一、日野殿御逢、　内侍所清棚無之候由ニ而、此清棚出来之積り候ハヽ、此節出来候様致度候、乍然御達之絵図引戻候も難計候得ハ、先内々摂津守へ申聞様子可承旨被申聞、即内侍所一円之絵図御渡ニ付、摂津守殿へ申入候処可承合候間、此処斗図ヲ致し呉候様被申、日野殿へ其段申上、御承知ニ付、権大夫へ申達、麁絵図ニ而宜候清棚之処斗引、此清棚出来無之」ニ付、内々様子承度候事と付札致し、日野殿へ懸御目、御承知ニ付、摂州へ達ス、日野殿御出被成候、絵図者則返上致候也、

（165ウ）

一、常御殿劔璽之間御賄蔵釣鉞打無之候ニ付、是又内々御聞合被成候旨ニ付、

清間の銅桶の事

常御殿剱璽之間御賄蔵釣鈨之義、内々承度候事、
右之通書付、日野殿へ入御覧、御承知ニ付、摂州へ達、
一、清間ニ有之候銅桶之事、御賄頭より摂津守殿へ掛合之処、予へ申談候様被申候由ニ而、右銅桶之麁絵図壱枚を以御賄頭木付周蔵申談有之、受取置、権大夫へ申聞有形之趣ニ候、弥此通之内ニ而候哉相調、得と絵図引可被越旨申渡ス、
一、摂津守殿被申聞、

一、銀弐枚宛
市野伴之進
岡田権大夫
松宮主水
高嶋監物

一、金弐百疋宛
白川勝之丞
広瀬左膳
宇佐美右衛門志
橋本平二」

（166オ）

一、鳥目弐貫文宛
米田権四郎
古谷七郎

一、鳥目壱貫文宛
池田藤次郎

但古谷七郎儀ハ九月八日仕丁頭被申付、跡谷村里右衛門相勤候ニ付、
七郎・里右衛門両人江壱貫文被下候積り、

右之通被下候旨可然哉之旨被申、猶同役とも及示談御返答可申談申入、右之書付ハ預り置、
一、御殿向棚之儀、表より朱書御返答有之、
『令承知候、』右之通豊前を以被出、今日勝手ニ退出候様被命、修理職へ申渡ス、右之朱書如例書面ニ朱書之通朱書付札致し、摂津守殿へ手紙添持せ遣ス、

十一月八日

八日
一、新殿江罷出ル、角井隠岐掾棚釣之儀、昨日摂津守殿より到来之書面朱書之事等当番淡路守江申聞置、

御褒美の書付

一、昨日摂津守殿被申聞候一統御褒美之書付、淡路守へ相達及示談、明和之度、且又宝永之度之振方も可有之候歟、何分此度者久々之事ニ候得ハ、品合宜被下候ハヽ可然、」日記役抔ハ白川勝之丞久々病気ニ付、宇佐美右衛門志加候処、同様ニ被下候而者如何可有之歟、広瀬左膳壱人ハ御暇宜被下可然、市野伴之進と修理職三人と同様も如何、畢竟伴之進儀何も格別取扱之儀無之候、常役之事ニ候得共、修理職三人へも宜被下候而可然歟之旨、示談候也、

(166ウ)

一、所向彼是申分多有之候、仍而帳面ニ致し、且小絵図夫々相添、仮御所へ遣候間、奉行衆江御相談被下度旨、主水・監物申聞候ニ付、承知、
一、巳半刻退出仕、
一、先刻新殿ニ而主水・監物申聞有之候ケ所書幷絵図七枚、権大夫より差出ス、双方見合候得共、彼是難相分候得共、先丹後へ及内談、則日野殿へ入御覧及御内談候処、明日新殿へ日野殿御越候得ハ、新殿ニ而御聞可被成候間、其趣可計旨ニ而被返出候ニ付、右之段権大夫へ申渡し、新殿へ返ス、右日野殿明日御参可有之候間、直ニ掛合可有之旨、主水・監物権大夫より申達させ候也、

十一月九日

御床折釘の事につき朱書の回答

九日
一、丹後を以御普請方伺帳御乞ニ付則上ル、御床コ折釘之事、朱書被出、
『十一月八日答
一、常御殿一之間
一、御小座敷」
右三幅対、二幅対被懸候様計、其柱折釘五本可打立候事、
一、御涼所九帖間壱幅幷二幅被懸候様、三本可打立候事、
御同所裏之間壱本可打事、
一、長橋局壱本可打候事、
但総而夢想ニてハ無之候事、』

（167オ）

御達の書付

一、御達之書付被渡、
一、内侍所清棚取付之事、
一、剱璽御間被懸灯籠候鈨可打立之事、
右先達而御差図付落候間取計可有之候事、
十一月
右鈨之事絵図可被出候、何方へ可打哉之儀ハ伺出可申歟、猶摂津守被出候ハヽ、其趣可申達旨丹後を以被命、
一、淡路守より書面、
一昨日内々御聞合之　内侍所清棚之事、剱璽御間御灯籠鈨之事、則図面幷書面別紙之通之

（167ウ）

付札ニ而、昨日於新殿摂津守殿被相渡候ニ付、」則日野殿御詰合ニ付、右図等書面とも差上ケ置候、尤御達ニ相成事も可相調哉之段水原へ可相尋旨ニ付、其段も摂州へ申入候処、大方可致出来哉、何分落手ニ相成候趣御所ニ而御達被成候ハヽ、出来可申哉と被申聞、其段日野殿へ申上置候間、左様思召可被申候、

右之通申来、此外ニ桃灯台之事有之、是常式也、

内侍所清棚の事・剣璽の間灯籠釣鈨の事につき付札にて返答

一、内侍所清棚之事幷剱璽之間灯籠釣鈨之事、付札ニ而返答、

付札

図面清棚之儀、最初之御差図ニ者有之候処、其後追々御模様替之図面ニ清棚無之候ニ付、取建不申候、

書面

常御殿剱璽之間御灯籠釣鈨之儀ハ、御差図ニ無御座候、

右両様御普請方聞合之処、右之通答候由ニ而摂州被相渡、承置、

九口御門下馬札渡方の儀

一、九口御門下馬札渡方之儀、万里小路前大納言殿御尋ニ而相調候処、安永五年十二月廿五日近衛殿諸大夫佐竹甲斐守持参、同州受取、伝奏衆へ申上候趣ニ付、其段書付進達致候処、左候ハヽ、明日於万里小路殿被申渡、岡本甲斐守御内玄関へ受取ニ可罷出候間可相渡候、持人之事宜取計可遣旨被仰聞承置、依之釣台壱端持人等之儀、仕丁頭へ申渡ス、当番へも申聞置、」

（168オ）

剣璽之御間御灯籠釣鈨の図

一、剱璽之御間御灯籠釣鈨之図、日野殿へ御渡ニ而、摂津守乞候ハヽ、可遣旨御達之儀ニ而者無之旨被命、其段摂津守殿へ申入、釣所之儀尋候ニ付、表へ申上候、於表も不相分、修理職へ相尋候処、何とも図抔ニ而も不致候而者可難分、何分鈨出来候ハヽ、修理職差図段致し打せ候方可然権大夫

申ニ付、其段摂州へ申入、鈢之図可差越之旨被申ニ付相達ス、尤鈢ハ弐門ニ而金減之由ニ付、其段付札ニ認相達、落手也、

十一月十日

十日

一、　　　　　　　　　　　　　　　　一条殿諸大夫
　　　　　　　　　　　　　　　　　　岡本甲斐守

右御内玄関被参上面会、下馬札九枚相渡ス、尤於万里小路殿今日受取可申被仰渡候ニ付、罷出候条申聞ニ付、相渡可申旨申聞候処、今日者日柄不宜候得ハ、表向ハ受取之分ニ致し、明日ニ而も明後日ニ而も持せ越呉候様申聞有之、尤来十九日認上候様被仰渡候、十六日日柄宜ニ付、十六日ニ認候積も、何分今日落手之積りニ而、万里小路家へも申候由可申旨申聞有之、依之明日・明後日両日之内持せ可遣候間、左様可被心得旨申聞帰ス、

右今日相渡候段、万里小路殿へ申上ル、

清間銅壺の儀

一、清間銅壺之儀、諸向申立同様修理職より日野殿へ掛合候処、御承知無之、諸向とも断返しニ相成候旨ニ而、銅壺絵図権大夫より差返候ニ付、其趣を以周蔵江申達、絵図返却、摂津守殿へも右之趣申入置、

（168ウ）

一、諸向申立之内、供御所之井戸銅網張之処出来不申候、是ハ敷図ニハ無之候得共、先達諸向」網張申立候書面ニ者記有之候事故、申立候而も可然候得共、引渡之節無難引渡も相済、何之子細無之趣ニ候得ハ、此上御造営ニ而者取散不申候、乍然此井戸之銅網ハ無之而者、是非とも不相成御場所ニ候、然ル処清間前井戸弐ケ所之内、壱ケ所ニハ銅網有之筈、壱ケ所ハ無之筈之処、弐ケ所とも銅網張ニ相成有之候、壱ケ所ハ肴部屋抔肴洗候処ニ而、網ニハ不及候処候得ハ、此銅網を取、供御所打付候得ハ何之子細も無之候、頭棟梁へ主水より及掛合、両人之示談ニ而相替可申旨棟梁

申候、依之播磨守殿へ主水より及内談候処、承知ニ御座候、仍而是ハ相調申、長橋殿奏者所より
参内間かへニ成、一向通行不相成候、是ハ一トまニ而もかへヲ取戸ハ口向明候戸有之候ニ付、其
戸を入候得ハ、急々御間ニ合申候、遷幸迄ハ仕立候積り、是又播磨守殿へ及内談、承知ニ而御座
候、右等之儀御承知置可被下候間、主水申聞ニ付、承置、淡路守へも申聞置候由也、

一、内侍所清棚敷図ニ而ハ、仕立方不相分候得ハ、仕様絵図寸法書早々可出候、且又釣釻之寸法不相
分候間、早々可申聞旨摂州被申聞、修理職へ申渡ス、釻ハ図之通之寸法之由、則御有形之通ニ候
旨、且又棚之事ハ御本殿ニ而棟梁　内侍所へ遣し寸法取せ置候得ハ、絵図引せ、今晩予宅へ向ケ
持せ可越旨主水申ニ付、普比迄ハ相諾候得ハ、御所向ケ可被越旨申聞置、
右ニ付修理職奉行詰合之儀相尋候処、堤殿御詰合ニ付懸御目、釻寸法摂津守相尋候旨、修理職相
調候処、絵図之通之寸ニ而御有形之由申候、清棚者仕様不分旨摂津守申聞候ニ付、修理職申聞、
絵図致し、両様とも可相達と存候段申上候処、随分左様之通可取計旨被命、後刻棚之絵図寸法書
出来ニ付、摂津守殿へ遣ス、釻も図之通之寸ニ而宜段申」達ス、右ハ新殿修理職へ向ケ持せ遣し、（169オ）
新殿より達させ候也、

一、此間摂津守殿内々被申聞候御褒美之書付、両人存寄書付札ニ而及返答、

修理職之処付札（修理職の処付札）

格別御用骨折出精相勤、殊ニ此度ハ永々之御用中無滞相勤候儀ニ候へハ、別段ニ而も
御増被下候ハヽ、可然哉ニ奉存候、

日記役之処付札（日記役の処付札）

左膳儀最初より無滞出精相勤之儀ニ候得ハ、別段ニ而も御増被下候ハヽ、可然哉ニ奉存

候、

最末の処更に付札

最末之処更ニ付札

釻次預り之者四人

明和之度、仙洞御所御普請中度々召連参候ニ付、壱人ニ五百文宛被下候、此度も召連罷越候得ハ、右之通ニ被下候様仕度奉存候、

右之通付札致し摂州へ及返答、修理職伴之進儀ハ格別取扱候儀者無之候、権大夫・主水・監物三人ハ甚骨折相勤候事ニ御座候、常役之事其筈之事ニ候得ハ、出精之処相立候様被下度候、伴之進よりハ御増被下候様仕度存念ニ御座候条、及演述、

（169ウ）

十一月十一日

剣璽間御灯籠釣釻の儀

十一日

一、剱璽之御間御灯籠釣釻之儀ニ付、棟梁罷出候儀、明十二日巳刻迄ニ可罷出旨日野殿被」被命候由権大夫申、摂津守殿江申入、書取呉候様被申、書付達、

剱璽之御間御灯籠釣釻之儀ニ付、明十二日巳刻迄ニ棟梁可罷出事、

右之通書付進達、

下馬札九枚

一、下馬札九枚明日岡本甲斐守へ持せ遣候ニ付、於修理職部屋権大夫より受取、仕丁頭七郎へ相渡ス、尤松之笠木ハ壱枚分相添遣候積り、残笠木ハ修理職へ預ケ置、甲斐守へ予より手紙相添遣候ニ付、是又七郎へ渡、明朝早々持せ遣候様申渡ス、

十一月十二日

摂津守よりの書面

十二日

一、摂津守殿より書面、御造営懸り　　水原摂津守

取次中

内侍所清棚幷　劔璽之御間御灯籠釣鉄之儀ニ付、御造営懸りより懸合書下ケ札相認、絵図共相達候間、懸り堂上方へ相調否早々可被申聞候、尤昨日被差出候御灯籠釣鉄打所之儀ニ付、今日棟梁可罷出旨之書付者、御造営懸りへ相達候、

女中蔵仮引渡の儀

一、女中蔵仮引渡之儀ニ付、別紙書付壱通相達候、以上、

十二月十二日

右書面壱通幷御棚之絵図壱通被差越落手、承知之段及返答、右之書面幷絵図権大夫へ渡ス、今日棟梁罷出候ハ巳刻迄ニ罷出候筈之事ニ付、」

(170オ)

御本殿ニハ日野殿御詰合ニ而も可有之、清棚之事ハ本殿修理職ニ而出候事ニ候へハ、書面絵図新殿へ早々相達候ハヽ、可然旨権大夫へ申渡し、書面絵図相渡ス、

一、摂津守殿より到来、　　　　取次へ

禁裏御春屋内、女中蔵東之方六戸前御修復皆出来無之候共、仮引渡有之候様致度旨、御造営御用掛りへ申談候処、外廻り出来無之候得共、明十三日仮引渡可致旨申聞候間、右日限四ツ時組之者差出為請取候ニ付、例之通修理職立会罷出候様可被相達候、

但右之趣奥向へも為心得可被申入候、已上、

十一月

右之段、権大夫へ申渡ス、

清棚・釣鉄の書面

右之外清棚・釣鉄之書面、且清棚之絵図とも本殿へ達候処、清棚羽目ハ不致積書面へ有之候処、御塞之場所ニ候得ハ、申立之通羽目ニ成候様致度段、下札致し持せ越、此方ニ而可伺之旨、尤日野殿御参候由ニ候間可取計旨、新殿修理職より申越、且釣鉄之事延引ニ成候旨、是又申来、

（170ウ）

日野殿御参ニ付懸御目、清棚之儀幷絵図、且釣鈠之儀之書付日野殿へ進達、羽目之事付札修理職より致し越候得共、是御取候而、右羽目ハ是非々々出来無之候而者、御塞之節差支候趣ニ候段申上ル、右御塞之節ハ屛風ニ而も引上ニ可相済歟之旨、御噂有之候也、」

一、日野殿御面会ニ而、供御所より彼是申由、夫ニ付先達而絵図を以段々及掛合候、其節ハ図面之通随分宜旨申聞有之候ニ付、其通ニ造立之処、于今成又々彼是申儀如何之旨掛合有之候処、絵図ニ而者合点不参、宜様存候得共、何分ケ様ニ而者難儀之趣申由候、弥左様ニ而先達絵図を以掛合有之候事哉之旨御尋ニ付、随分其通ニ而御座候、其節者絵図之通承知ニ而御座候、何分女之事ニ而候得ハ、只今ニ成彼是申聞困り候事候段申上候処、於新殿淡路守も其通申聞候得共、其元ニ其通哉承度御尋之由被命、随分御聞之通ニ御座候段申上ル、

一、日野殿御逢、清棚之事幷御灯籠釣鈠伺書面朱書被出、且清棚之図巾寸尺、且釣鈠打ケ所図朱書被渡、右之御図御扣無之候間、可上之旨被命、

右図写之儀、権大夫へ申聞候得共、絵図引も不詰合、夜分眠気不勝、写難出来之旨ニ付、御用掛日記役へ申付、図弐通とも写させ、朱書も写取幷掛合書面御普請方伺帳ニ記、右之書面ニ図弐通ニ手紙相添、摂津守殿へ持せ遣ス、落手之旨返答有之、右之□□ニ鳥防出来ニ付、引渡之儀申来、

御造営掛り取次中　水原摂津守

内侍所北取合其外御門々鳥防出来ニ付、右ケ所引渡之儀、御造営懸りより申渡候旨明十三日四ツ時組之者差出為請取、修理職へ可相渡候間、右刻修理職罷出候之様可被相達候、以上、

十一月十二日」

内侍所清棚の図

羽目

東流

（171 オ）

（171 ウ）

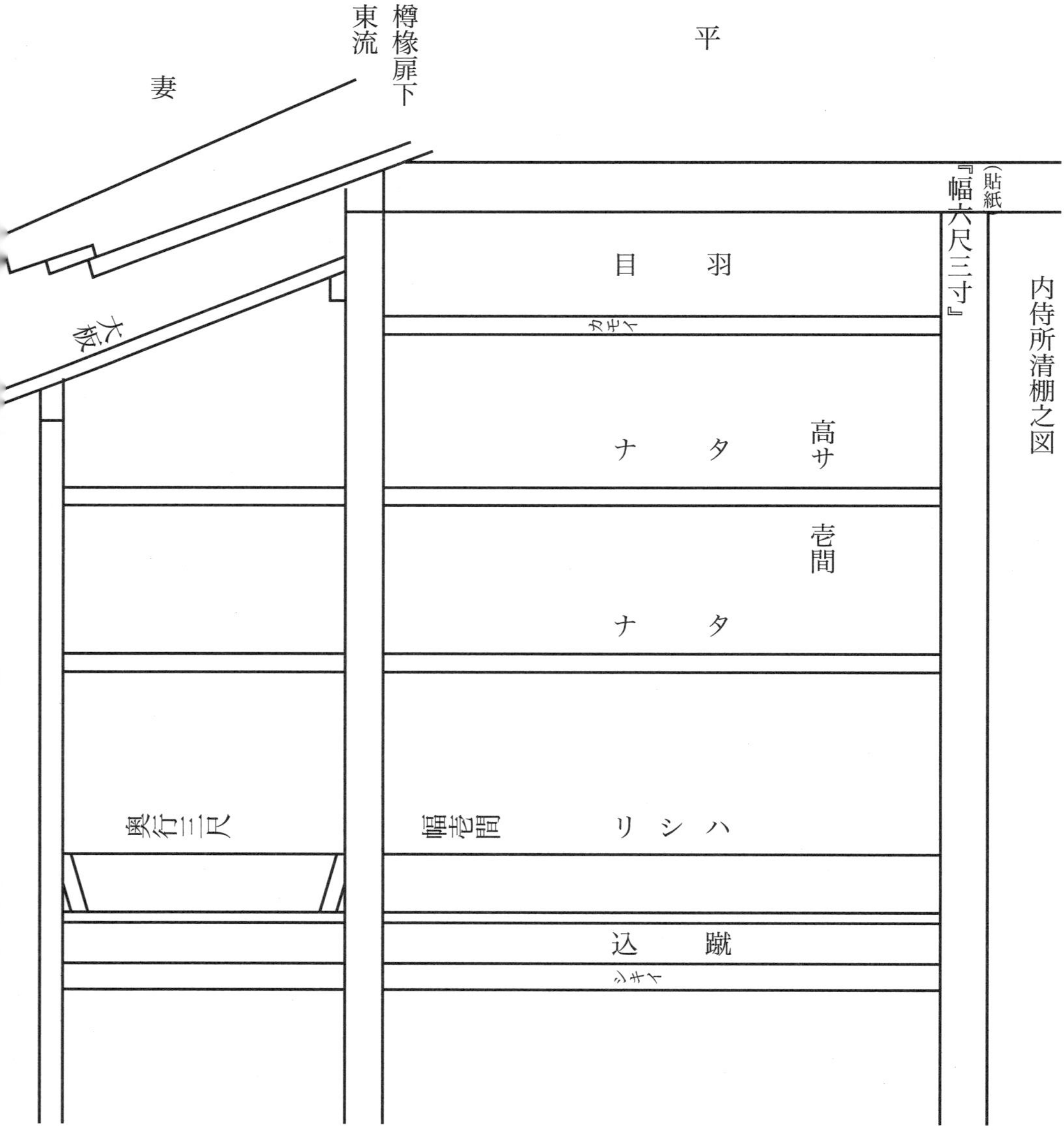

清棚は三方とも羽目

剣璽之間御灯籠釣釻打箇所の図

（172オ）

清棚三方共羽目、

同続北之方壱間半之間夕、羽目張致度候、」

剱璽之御間御灯籠釣釻打ケ所之図

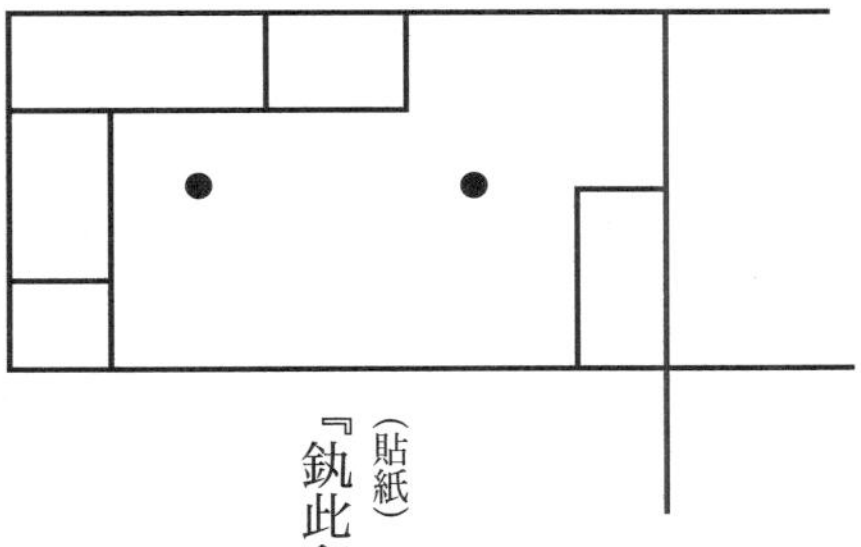

（貼紙）
『釻此印之通可打、』

」

（172ウ）

一、御普請方伺書面ニ朱書ニ而御返答弥被出、

内侍所清棚之儀、先達而之御指図ニ附落有之候ニ付、

遷幸前出来候様被致度旨修理職奉行被申聞候由、則図面被差越、御達之趣致承知候、右者最初之御差図ニ者引付有之候間、御達之図面之通清棚出来候様取計可申候、勿論図面ニ高サ奥行書付有之候得共、幅何程ニ候哉相知不申候ニ付、御達之図面差進候間、幅御記被遣候様存候、且右清棚図面北之方一間羽目取建之儀ハ、最初之御指図にも無之、御入用ニも

相拘り候ニ付、右羽目出来無之相済候様致度候、

『板羽目之事承知候、』

一、剱璽之御間御灯籠釣鈲取付可申旨、是又図を以御達之趣致承知候、右打ケ所之儀、御間内何レ江打立候義ニ御座候哉、図面を以御達有之候様致度候、且右御達之図面通ニ而者、座より鈲大キ過、恰好不宜候ニ付、鈲座とも恰好宜様相仕立させ可申哉、尤坪者釣木江打抜候ニ付、銅ニ而者持保不宜候間、坪斗鉄荷置ニ可仕候哉、

右之趣御掛合申候事、　　書面掛合之趣絵図とも相添相伺候事、

『御所柄故、其制難被改、万事可為御有来之通、』

右之通書面ニ朱書御返答之通、如例朱書付札致し、絵図弐枚差添、摂津守殿へ持せ遣ス、

（173オ）

十三日

一、出勤掛、新殿江参、

一、対屋之内、下女部屋一ケ所畳無之、土間ニ相成有之候敷図之落と相見候、此節東西対屋向勝手直有之候、右下女部屋も序ニ御聞候様申立度候、書付も後刻差出可申候旨主水申聞ニ付、右勝手直之事ハ議奏衆より摂津守殿へ直談ニ而出来候由候間、右之下女部屋之事、一応日野殿江申入候上之事可然と存候間、一応被申入、其上ニ而書付可被越候、摂州可及示談候旨及返答、

鳥防所々出来

一、鳥防所々出来ニ付、主水受取候段淡州被申聞、淡路守今日新殿番也、

一、対屋下女部屋一ケ所土間成有之候処、今朝摂津守殿東西対屋見分之節被見届候、懸りへも申談置候、今一応明日御造営方ニ而相認否可被申聞旨摂津守殿被申聞、奉行衆へ申上候程之事ニも及間敷様被申、承知、権大夫へも申聞置、

一、摂津守殿へ被申聞、

御造営御用懸り之面々御褒美被下候節之手続、先始見合取調、早々可被差出候事、

十一月」

（173ウ）

一、禁裏対屋勝手替之所幷板仕切共、明十四日より御場所取懸り候ニ付、役人之儀ハ、御庭伏樋直し方見廻り罷越候面々相兼罷出、御造営方諸職人腰札下ケ出入可致旨、御造営懸りより申越候間、被得其意、向々江可被相達候、

十一月十三日

右之段修理職へ申渡ス、新殿当番へ通達之事当番江申、番所対屋口等申渡ス、

一、来十八日巳刻御普請方へ御褒美被下候旨摂津守殿被申聞、当番へ申達ス、

十四日

十一月十四日
対屋内下女部屋

一、対屋内下女部土〔屋脱〕間成候処、申立之書付、修理職差越、

西対屋新内侍殿下女部屋床無之、御差図ニ土間と有之候様全書損ニ而御座候間、御膳替之節何卒床カ張畳敷ニ出来候様、宜御取計被下候様仕度存候、

十一月

修理職

右之書直ニ摂津守殿へ進達ス、」

（174オ）

一、山之もの小屋出来ニ付、明日引渡之事摂津守殿被申、権大夫へ申渡ス、新殿修理職通達有之候様、是又申渡ス、

十五日

十一月十五日
表よりの書付

一、表より書付被渡、

内侍所御膚簾来十八日新殿江調進可有之事、右之通水原摂津守へ可相達、

十一月十五日

右如例切紙認、摂津守殿へ相達落手也、御普請方伺帳ニ記ス、

仙洞御所新殿引渡しの節修理職罷り越す

一、仙洞御所新殿引渡之節、此御所修理職罷越候由、是可罷越儀ニ候哉、仙洞御所とも修理職有之候得ハ及其儀間敷哉、修理職参度趣ニ而、申立之儀ニ而者無之哉、弥可罷越儀ニ候ハヽ、洞中へも可被相達ニ付、様子御尋被成候段日野殿被命候ニ而、摂津守殿へ申入候処、随分此御所修理職罷越候節ニ御座候、摂津守召連罷越候儀ニ候旨返答ニ付、其段日野殿へ申入、勿論御焼地御普請方へ引渡之節、此御所修理職罷越引渡候、仙洞御所修理職者不罷出候、右之趣ニ候得ハ、随分罷越候節ニ候旨被申、其趣も日野殿へ申入、

仙洞新殿・女院新殿出来

一、仙洞新殿、女院新殿以出来、今日所司代太田備中守殿出来見分有之、両御附衆等被相越候也、」

十一月十六日

(174ウ)

十六日

一、新典侍殿局・隣局、哲宮様被為成候ニ付、両局之間仕切明日通路相成候歟之儀、先達而より奥より申出有之、右之場所見分ニ予罷越候様、昨夜播州主水へ申渡有之由、今朝罷越見分可致之処、差急不能其儀、猶明日罷越見分可致之旨播州へ申入、奥向へも右京大夫へ可申入処、新大夫面会ニ付、右御通路之処明方之儀申入候処、今日者右京大夫新殿へ参候ニ付、新殿ニ而口向へ申出し候積り及示談、右之趣ニ候処、監物より書面ニ而右明候処之儀、往反相済候積り之処等相済局々候、摂津守殿へ御相談も可有之哉之旨ニ而、図面を以申越候ニ付、摂津守殿へ申入候処、最早此儀遷幸以後御手沙汰ニ而取計可然旨被申聞候ニ付、其段監物へ申達候也、

明日仙洞御所・女院御所見分

一、明十七日、仙洞御所・女院御所見分、女院御所者引続引渡之旨伝奏衆被仰渡候旨、播磨守殿被

水原摂津守の書付

申聞候也、

一、摂津守殿被渡、

柳生主膳正殿
安藤越前守殿
菅沼下野守殿
村垣左大夫殿

水原摂津守

」（175オ）

禁裏西対屋局之内、壱ケ所下女部屋御差図間違ニ而土間出来候ニ付、何卒床カ張畳敷入候様ニ被致度旨被申立候間、右之通出来候様修理職奉行衆被申聞候ニ付、此段及御懸合候事、

十一月十四日

付札

付札

御書面対屋局之内、下女部屋壱ケ所御差図間違ニ付、土間ニ出来いたし候間、床カ張畳敷入候様被致度旨、修理職奉行衆被申候由御達之趣致承知候、少々場所も有之、床カ張畳敷入而已ニ有之候間、出来候様取計可申候事、

十一月

柳生主膳正
安藤越前守
菅沼下野守
村垣左大夫

右之書付摂津守殿被渡、奉行衆へ可申入之旨被申、右ハ修理職奉行より出候事ニ而も無之、本殿修理職ニ而取計之事と存候ニ付、今日新殿当番淡路守ニ付、書面相添持せ遣ス、

十一月十七日

十七日

仙洞御所新殿の見分
女院御所新殿の見分と引渡し

（175ウ）

一、今日仙洞新殿見分、伝奏衆・両御附衆被相越、修理職壱人被参、
女院御所同断也、即日引渡也、」
一、下馬札明日上納之段、岡本甲斐守より息を以被申越、承知之段口上ニ而及返答、右ニ付持人之事
仕丁頭へ申渡ス、万里小路殿ニも申上置、
一、明十八日御普請方へ御褒美被下候、御手鑑幷御色紙等之類出来申候ニ付、手目録を以申渡有之候
間、右手目録用意候様摂津守殿被申聞被下候品書、木村周蔵より取寄中奉書受取、日記役へ申渡、
認させ候也、尤切紙之積申渡ス、

色紙御染筆

（176オ）

一、色紙御染筆有之、丹後を以御渡、御達書も有之、如左、

一、昆明池障子北面　御色紙弐枚　一包
荒海障子北面
目録添　但内壱枚続色紙

一、御湯殿上西面北面　御色紙弐枚　一包
目録添　但内壱枚続色紙

一、朝餉御手水間　御色紙四枚　一包
目録添　但内壱枚続色紙

一、台盤所　御色紙五枚　一包
目録添　但内弐枚続色紙」

一、鬼間　御色紙三枚　一包
目録添　但内壱枚続色紙

一、萩戸　御色紙四枚　一包

（176ウ）

目録添　但内弐枚続色紙
一、藤壺上御壺祢　御色紙四枚　一包
目録添　但内弐枚続色紙
一、二間　御色紙三枚　一包
目録添　但内壱枚続色紙
一、弘徽殿上御壺祢　御色紙三枚　一包
目録添　但内壱枚続色紙
一、東庇北一間　御色紙壱枚
一、母舎西従北第一間　御色紙壱枚
一、母舎西従北第三ノ間　御色紙壱枚
一、母舎西従北第二間　御続色紙壱枚」
一、昆明池障子南表　御続色紙壱枚
右一包
一、荒海障子一間　御色紙壱枚
一、母舎西従北五ノ間　御色紙壱枚
一、母舎西従北四ノ間　御続色紙壱枚
右一包
一、小障子北裏御手水間之方　御色紙壱枚
一、朝餉北小障子南表　御続色紙壱枚

右一包
唐画大和画
一、色紙　　　　　　　　　　十壱包
小障子
一、色紙　　　　　　　　　　壱包
右相達候御場所々々江可張立、御造営方へ可相達、水原摂津守へ可申達事、
十一月十七日」

御色紙張立の儀

一、御色紙張立之儀、於何方張立候哉、兼而承知致し度候事、
十一月十七日
右之通御書付弐通、御色紙十弐通四拾枚、内続御色紙十六枚、御目録九枚添被出、御書付者切紙ニ写、右御色紙ニ差添、摂津守殿へ相達ス

(177オ)

十一月十八日

御膚簾の儀

十八日
一、御膚簾之儀ニ付、御普請方伺書付札ニ而出、
御書面御膚簾と有之候得共、職分之者御肌衣と唱相仕立申候、右御肌衣之事ニ有之候哉、
右之儀ニ候ハヽ、御達之日限差出候様可致候事、　　　　　一人名前
十一月十六日
右今日摂津守殿被渡候ニ付、即日丹後を以上ル、即日朱書御返答、
『御膚簾トモ御肌衣トモ被称、同物ニ候、』
右之通朱書被出、右十六日之日付之処今日上候儀可相尋旨、且右御肌衣是非今日上ケ不申候而者

不相成候、役人見分之上、職方より内侍所へ可納候、今日之積りニ而、内侍所へ役人罷出居候間、是非今日納候様可申達旨、丹後を以被命、則摂津守殿へ」（177ウ）申達之処、昨日者仙洞御所幷女院御所見分、幷御引渡ニ付、夜ニ入候ニ付、無拠今日ニ相成候、随分今日相納候様心得居候旨被申、丹後を以申上ル、

色紙形張立の事
御所において張立て

一、色紙形張立之事、何方ニ而張立候哉之儀相尋候様被命、摂州へ申入候処、先於御所張立候積り候、今日所々御礼廻りニ而候得ハ、明日評議之上之積り之旨返答ニ付、其段丹後を以申上ル、

柳生主膳正以下四人参上

一、　柳生主膳正
　　　安藤越前守
　　　菅沼下野守
　　　村垣左大夫

右四人参上、今日被召候御礼、且伺御機嫌口上被申聞、当番承り、伝奏衆へ申上ル、無程伝奏衆御出席、休息所上間へ御着座、拝領物之儀被仰渡、

拝領物の儀
柳生等三名

一、十二月花鳥色紙御手鑑　壱帖
　　御絹五疋　宛
　　　　　柳生主膳正
　　　　　安藤越前守
　　　　　菅沼下野守

村垣左大夫

一、十体和歌巻物
　　御絹五疋
　　　　　村垣左大夫

右壱人宛休息所次之間へ罷出ル、拝領物同断持出ル、中詰引之、但御手鑑幷和歌」（178オ）御巻物等者御仕立出来不申候ニ付、御絹五疋広ふたニ入、御手鑑・巻物等中奉書切紙ニ書記、御絹之上ニ乗、

御勘定組頭

御勘定

御作事下奉行

座前ニ置頂戴、畢而中詰引之候也、摂津守殿組与力ハ玄関辺ニ罷出取扱候ニ付、右之品々右与力
梶川与右衛門へ相渡ス、

一、八景和歌色紙　　　　御勘定組頭　鈴木門三郎
　縮緬五巻

右同断、伝奏衆被仰渡、中詰持出、尤次之間敷居際江出し置、門三郎頂戴、畢退ク、中詰引之、
門三郎へ渡ス、勿論御色紙出来無之ニ付、同上之通書付縮緬之上ニ置、広蓋乗候也、

一、六歌仙色紙　　　　御勘定　福野新九郎
　　　　宛　　　　　　　　石尾喜左衛門
　縮緬三巻　　　　　　　　服部又三郎
　　　　　　　　　　　　　勝　与八郎
　　　　　　　　　　　　　高橋八郎右衛門
　　　　　　　　　　　　　米田吉大夫

右同断、伝奏衆被仰渡、右六人とも主膳正誘引ニ而口之間へ罷出ル、拝領物縮緬之上へ書付置、
尤広蓋乗、中詰持出中詰引之、」

（178ウ）

一、六歌仙色紙　　　　御作事下奉行　細井理左右衛門
　　　　宛　　　　　　　　　　竹内半十郎
　縮緬弐巻

右同断、伝奏衆被仰渡、安藤越前守誘引罷出ル、同断也、
右都而御附衆両人とも出席、東側ニ着座也、右相済両卿御退入也、

御徒常仮役
一、銀拾枚
御徒常仮役
大堀庄三郎

支配勘定
一、銀拾枚宛
支配勘定
池永又次郎
藤野茂右衛門
吉見喜之介

御披官
一、銀五枚宛
御披官
竹村七左衛門
飯田茂八郎
大野又右衛門

御徒定仮役
一、銀五枚宛
御徒定仮役
阿久沢平次郎
松嶋只五郎」
（179オ）
中嶋勝之丞
橋本忠左衛門

御普請役元〆
一、銀三枚
御普請役元〆
川嶋藤八

御普請役
一、銀弐枚宛
御普請役
柏原由右衛門

小嶋市五郎
藤谷喜平次
落合又五郎
山口鉄五郎
田村七郎次
仲田藤蔵
下妻郡次郎
倉橋定次郎
岡野新四郎
萩野大八
中村継次郎」

（179ウ）

一、銀弐枚宛　御作事方勘定役

田中幸之介
岡本勇之介
長嶋平五郎
安田平三郎
内田新七

右御附衆役限り被申渡、拝領物詰番（麻上下）持出ル、自分随身ニ而候、退ク、
同列幷御賄頭立合出席、

御作事方小役勤方
定御普請同心組頭
一、金壱両宛

定普請同心組頭
一、金三百疋宛
定普請同心

大棟梁
一、銀弐枚

大工棟梁
一、金三百疋宛

（180オ）

御作事小役勤方
定御普請同心組頭
赤塚重四郎
宇佐美善五郎
池永源次郎
山田忠五郎
定普請同心組頭
大戸権四郎
定普請同心
飛田幸八」
山田吉太郎
細川吉蔵
高橋又蔵
山口市蔵
大棟梁
石尾讃岐
大工棟梁
児玉新八
小森九兵衛

天野佐兵衛

右者書付を以御作事下奉行呼出し、御附衆被申渡、金銀者於勘使所相渡ス、

一、右拝領物御礼、柳生・安藤・菅沼・村垣者当番面会承り、伝奏衆へ申上、今日御料理者不被下、
拝領物斗也、」

（180ウ）

（第一八〇丁裏は白紙）」

（181オ）

十九日

一、色紙形張立之儀、於御場所張立候、掛り役人ハ伏樋直ニ役人相兼相勤腰下札――

右之伺書摂津守殿被相渡候ニ付、日野殿へ右書面之侭上ケ置候也、

一、入夜新殿当番雲州より書面、

渡辺出雲守

勢多大判事様

別紙書付議奏衆より御渡、今晩中摂津守殿へ御達可被成候様被仰聞候、仍得御意候、已上、

十一月十九日

右別紙

剱璽御間御灯釣金之事、明日中御場所江打立可致出来事、

右之趣、水原摂津守へ早々可相達事、

十一月十九日

右之通申来候ニ付、表方被出候書付写取、本紙ニ水原殿へ予壱銘之手紙差添、直ニ当番へ返書被
相添、水原殿へ持せ被達被呉候様頼遣ス、返書ハ当番披見」有之候様申遣ス、

（181ウ）

十一月二十七日

青綺門院御旧地番人居所の儀

青綺門院御旧地内の御文庫この度仙洞御所御用となる

（182オ）

廿七日

一、青綺門院御旧地番人居所之儀ニ付、水原摂津守殿より書面幷御造営懸りより之書面・絵図等被差越、

御造営掛り取次中　　水原摂津守

青綺門院御旧地内番人居所前仕切塀其外〆り附候儀ニ付、御造営懸りより別紙壱通差添候処、絵図面無之而者難相分ニ付、猶又御造営掛り右書面ニ下札ヲ以掛合候処、絵図面認差越候ニ付、則右書面絵図とも相達候、可然可被申上候、以上、

十一月廿七日

青綺門院御旧地内ニ有之候御文庫、此度仙洞御所御用ニ相成候ニ付、御同所番人居所前江仕切塀取建、幷東之方大庭境穴門者、御庭之方より〆り附候歟、尤南之方通役口者両〆りニ致置可申旨、太田備中守殿被仰渡候ニ付、此段為御心得申候事、

十一月

下札　御書面之趣伝奏衆江申達候、自番人居所其外仕切塀取建、幷南之方通役口之処、絵図面御治定御達御座候様いたし度、此段得御意候事、

十一月　　水原摂津守

三波豊前守」

下札　御書面之趣致承知候、則番人居所前仕切塀取建、幷南之方通役口等之絵図面差進申候事、

十一月

柳生主膳正
安藤越前守
菅沼下野守
村垣左大夫

右之絵図、青綺門院御旧地絵図
摂津守殿出仕之上、此儀洞中御用掛へ御達之儀と存候旨ニ而返却、間違ニ而此方へ被相越候趣也、

青綺門院御旧地絵図

廿八日

十一月二十八日
柳生主膳正以下へ御料理を下さる

一、今日柳生以下江御料理被下、先達而於仮御所御褒美被下候節、御料理茂可被下之処、御狭少ニ依而不被下、今日被下、

柳生主膳正
安藤越前守
菅沼下野守
村垣左大夫

右休息所上間へ参着、当番面会、御機嫌伺候上被申述、今日被召候、御礼申聞有之、伝奏衆へ申上ル、御返答申述、御料理二汁六菜、吸物・御酒・台肴・重蓋付等出ル、畢而御菓子・薄茶等、

鈴木門三郎」
(182ウ)
御勘定五人
御陪膳中詰、
御作事下奉行壱人

右同所中之間ニ而、御料理二汁五菜、吸物・御酒・台肴等出ル、給仕詰番、
御作事下奉行勤方壱人
支配勘定三人
御被官三人
御徳仮役四人
御普請役十三人
勘定役五人

右同所西之間ニ而、御菓子二種、三種、先付・吸物・御酒・台肴等出ル、給仕詰番、
但元形ニ而候得ハ、右之分溜り間ニ而可被下候処、此度御内玄関北ニ右之間出来有之ニ付、
右之席ニ而被下、
御作事方小役手代七人
同　同心四人
定普請同心六人
右溜之間ニ而、吸物・御酒・台肴ニ而被下、給仕仕丁、

右之通ニ而相済、」（183オ）

一、水原摂津守殿より書面、
御造営掛取次中　　水原摂津守
高舞台　一式
但高欄廻り者塗乾兼候間、追而可引渡旨、

敷舞台　　一式
同雨儀　　一組
右者楽器御道具之内書面之分、明廿九日九ツ時可引渡旨、右引渡場所者何レニ而可然哉之趣、御造営懸りより申聞候ニ付、先刻於宮中修理職江相達候処、四ツ脚御門内修理職預り蔵前ニ而可請取旨申聞候間、即右刻修理職罷出、請取候様申渡候、右之趣先刻可達処、無其儀此段申達候、尤請取之節、自分共組之者為立会差出候間、被得其意、修理職江可被相達候、

蔀釣細引の儀

一、蔀釣細引之儀ニ付、修理職差出候書付ニ付札相認相達候間、被得其意、修理職へ可被達候、
已上、

十一月廿八日

修理職の蔀釣書付

右蔀釣書付
一、紫宸殿・清凉殿・小御所御格子釣上ケ鉄繋細引詰添有之候儀、御有形ニ御座候処、此度右細引御出来無候、然ル処、此間清凉殿御格子釣せん抜ケ候故、鉄物落候ニ付、右細引出来候様仕度候、最早御引渡後ニも」（183ウ）御座候得共、御手沙汰ニ而出来兼候間、御造営掛ニ而出来候様仕度奉存候、已上、

十一月　　修理職

付札

付札
書面之趣御造営懸り江相達候処、蔀釣鉄物繋細引、宝永度出来之趣不相見候得共、御保之ための儀ニ付、右細引者可相渡候、釣方之儀ハ最早御旧地会所も引払候間、難取計旨申聞候ニ付、此段相達候、

右之趣申来候ニ付落手、承知之段及返答、翌朝修理職部屋へ向ケ、手紙相添持せ遣ス、

廿九日

一、昨夜摂州申来候分修理職へ相達ス、権大夫承知之旨也、

一、摂津守殿被渡、

柳生主膳正

安藤越前守

菅沼下野守

村垣左大夫

水原摂津守

先達而為見合御差越被成候釘隠壱ツ・引手壱ツ致返却候、尤釘隠樽之口者、最初御達し之節より無之候、為念此段御達し申候事、

十一月　下札　御書面之趣承知、落手仕候、

右書付ニ釘隠壱・引手壱相添被渡、修理職江相渡ス、

一、青綺門院様御旧地ニ有之候御有来之御文庫之内御修復ニ付、今日御造営方へ高嶋「（挿入紙）監物立会引渡候旨、監物届出候ニ付、承置、摂津守殿へ申入、此儀摂州より何とも不被申聞候ニ付、様子不存候処、右之趣届出候ニ付、摂州へ申入候処、摂州より可被申越候より未能其儀之旨被申聞候也、

一、高舞台　一式　敷舞台　一式　雨儀　一組　今日四ツ脚御門内修理職預り蔵前ニ而、御造営方より高嶋監物受取届申聞、摂州へ申入、右運送ニ付、四脚御門開之儀、与力梶川与右衛門申越候ニ付、当番へ申入、切手口御門番所へ遣候而開閉候也、」

（184オ）

晦日

一、内侍所御羽車入所狭ク候ニ付、広ケ候様申立有之候、絵図無之候而者難分候間、早々絵図仕立可

差越旨摂津守殿被申、修理職へ申渡ス、後刻出来、権大夫より摂州へ差出ス、右ハ御指図之御間違候歟、御羽直ニ不入申候ニ付、修理職奉行衆より往反も有之、申立ニ相成候由也、修理職ニ而之事ニ而、此方両人ハ先不掛合候也、

十二月一日

十二月朔日

井戸の儀

一、水原摂津守殿被相渡、

修理職より別紙之通書付差出候、所司代江可差出候得共、井戸之儀思召も可有之哉及御内談候事、

十二月朔日

付札

付札　御書面

禁裏御殿内井戸浚其外之儀、修理職より申立候、書面被成御差越、所司代江も可被仰上候得共、井戸之儀者存寄も可有之段、御内談之趣致承知候、然ル処、井戸深サ等之儀ハ宝永度之趣を以此度仕立候得共、此節水清之時節ニも有之、其上天気も相続候故儀と存候、併差当り御差支之儀ニ可有之候事ニ付、明二日懸り之者」（184ウ）為致見分、浚方申付候様取計可申候、其外之儀ハ最早会所向引払候儀ニ付、御造営懸りニ而難致出来候事、

十二月

柳生主膳正
安藤越前守
菅沼下野守
村垣左大夫

十二月五日

修理職申立の書付

御附衆付札

修理職申立之書付
一、御殿内井戸不残浚幷追小井入候ケ所も有之、尤御庭向者相除、
一、東西対屋三仲ケ間物干弐十ケ所埋箱共、
一、広庭東土戸屋根取置ニ相成候様仕度候、
一、芥角　五十
一、所々踏段仕足
右御見分之上、急々御取掛御座候様致度、尤井戸之分ハ渇水之ケ所茂御座候ニ付、別而急々御取掛り御座候様仕度奉存候、已上、
戌十一月　　修理職
御附衆付札　書面井戸之儀ハ、御造営方ニ而取計之旨申越候間、井戸之儀相除ケ所書可被差出候、
取次江」（185オ）
御殿内所々井戸浚追小井入候ケ所も有之由修理職申立、御造営掛り江申談候処、掛り役人見分為致候上、浚方等可申付旨、依之明二日五ツ時掛り役人見分ニ罷越可申旨、御造営掛りより申越候間、被得其意、右場所案内可為致見分之段、修理職江可被相達候、
十二月朔日
右之通ニ付、岡田権大夫江申渡し、右之書付相達ス、尤取次へも有之、書付者写可被返旨申達ス、
右何も当番へ相達し置、

五日

清涼殿色紙形張立の儀

一、摂津守殿被渡、

水原摂津守殿

柳生主膳正
安藤越前守
菅沼下野守
村垣左大夫

清涼殿色紙形於御場所張立之義、先達而御掛合申候処、遷幸後日限可被仰出旨御達し有之候、此節御差支も無之候ハヽ、右色紙仕立為改申度候間、早々日限被仰出候様致度、猶又此段御懸合申候事、

十二月　　書面掛合之趣相伺候事、

右今日伺出候儀、一昨日日野殿淡路守へ被命候ニ付、今日之日附伺帳ニ記上ル、尤安芸を以上ル、

表よりの書付

一、表より被出、」

(185ウ)

清涼殿色紙張立之儀、日之午刻迄者御差支有之候間、午刻後被仰付候、左候ハヽ、日数何程相掛り候哉可申上事、

右御造営方へ可達、水原摂津守へ可申達事、

右之通書付被出候ニ付、摂津守退出後放、手紙相添為持遣ス、

土佐土佐守・鶴沢探索へ別段の褒美を賜う

一、

土佐土佐守

今般　御所之御造営御画御用無滞相勤難有仕合奉存候、然ル処一昨廿三日、於東御役所、御造営奉行衆立会之上、別紙之通御書付を以被申渡、此度夫々御取調ニ而相定り割方御画料之外ニ為御手当、御増銀一統江十五貫目被下置、土佐守・探索へハ別段ニ為御褒美白銀十枚宛被下置、頂戴仕難有仕合奉存候、仍而御届御礼申上候、以上、

戌十二月五日　　土佐土佐守
鶴沢探索

諸棟梁諸請負人共の儀

戌十二月三日、於東御役所、御造営奉行衆立会之上、被仰渡書付写、

土佐土佐守
鶴沢探索

禁裏其外
御所々御造営御用相勤候諸棟梁諸請員人共儀、追々被仰渡之趣相守出精相勤奇特之故を以、去酉十二月中七分通之御手当被下置候付、相応之」利潤も有之由ニハ相聞候得共、猶其後優劣も有之由ニ候得共、一統正路出精いたし、格別出来栄も宜由相聞、一段之事候、依之御褒美、且ハ利潤薄者補之ため、旁壱万五千両被下候間、右之者共出精之次第利潤之厚薄等厚評議之上、夫々割渡可被申候、尤不精成者一向相除候共、是又何も評議次第之事ニ候、絵師共一体出精之内、土佐守・探索儀ハ頭取相勤骨折之由、弥右之通ニ候ハヽ、大工棟梁其外之共、右之類者別段被及御沙汰可然候、

（186オ）

十一月

右之通、松平越中守殿被仰渡候間難有儀可存候、右者其方共一同正路ニ御用出精相勤候御賞美、且者万一足さる方へも有之節等補との事ニ候得ハ、下請下職等之者へ約諾いたし取極置候銀高無相違可相渡者勿論之儀、右之外ニも見込違等ニ而、実々致不足難儀いたし候類ニハ相応致配分遣し、猶余り有之候ハヽ、諸棟梁諸請員人共之全ク徳分ニ可致候、万一諸棟梁諸請員人而已之徳分ニいたし、末々へ不行届候而ハ格別之御仁恵を以御手当被成下候御趣意甚致相違、恐入候儀ニ候間、能々末々迄行届候様、致勘弁取計可申候、右之通厚く御手当有之候処、若中含候趣不相守、一己之利欲而已存、下払等不埒ニいたし置候もの於有之ハ、急度咎可申付条不実之

儀無之様、厚ク相心得可申候事、
但御用中若無益銀銭遣ひ捨、此度御用代引、足さるなと申候類」者、其身之不覚悟ニ而論外之事ニ候、是等之趣意者、去酉四月中委細申含置候間、右を以可相弁候、

（186ウ）

右之書付共差出ス、御礼申述候ニ而承置、鶴沢探索所労ニ付、悴式部罷出、右同様御礼申聞候也、
一、明日御用之儀有之候間、不残罷出候様奥より当番へ申出申聞有之、淡路守へ申遣ス、幷修理職伴之進共・日記役等申渡ス、

六日
一、於男居御差代民部殿出逢被申渡、
一、銀三枚ツ、　勢多大判事
　　　　　　　土山淡路守
右遷幸前済、益御機嫌被為在候ニ付、被下候旨被申渡、頂戴、淡路守依不参者名代ニ而頂戴、
一、銀弐枚ツ、　市野伴之進
　　　　　　　岡田権大夫
　　　　　　　松宮主水
　　　　　　　高嶋監物」

（187オ）

一、金三百疋ツ、　日記
　　　　　　　白川勝之丞
　　　　　　　広瀬左膳
　　　　　　　宇佐美右衛門志

一、鳥目壱〆文ツ、
御用掛り預り詰所常番
池田藤次郎
同対屋口番人
谷村里右衛門
修理職下
橋本平次
同常加勢
米田権四郎

一、同五百文ツ、
大判事部屋番
両人
淡路守部屋番
両人

右何も予へ御渡可申渡旨被申渡、伴之進以下詰所へ呼寄申渡ス、藤次郎以下同断、伴之進より右衛門志迄同伴、以表使御礼申上ル、於表議奏衆奉行衆へ御礼申上ル、」（187ウ）今日御詰合ニ付、翌日申上ル、

一、淡路守へハ手紙相添相達ス、

七日

一、摂津守殿被渡、
一、色紙張立候日限御書面

清涼殿色紙張立之儀、日之午刻迄者御差支有之候ニ付、右刻限過取掛り候ハヽ、日数何程相掛り可申哉之儀被成御承知旨御達ニ付、相糺候処、午刻後取掛り候而も、其日ニ可致出来候得共、若相残り候ハヽ、翌日ニ者皆出来仕候旨ニ有之候、此段及御答候事、

十二月

柳生主膳正
安藤越前守
菅沼下野守
村垣左大夫

右即日表江上ル、

十二月八日
色紙張立日限の儀につき朱書返答

八日

（188オ）

一、色紙張立日限之儀、朱書被出、

『十二ノ八答
委細承知候、然ル処、明九日終日無御差支候間、辰刻より取掛り、明日中張立相済候様可有取計、』

右大原殿御渡、右之通ニ候処、於御場所張立由ニ候、其様子如何ニ致候哉相尋可申聞旨被」命、御場所柄之事ニ候得ハ、修理職ニ而も可被付哉之趣候条被命、依之昨日到来候書面ニ右之通朱書付札致し摂津守殿へ達、右大原殿被申候趣申入、御造営懸役人可付添哉、又ハ組之者付候様ニも可被致候、猶被相調返答可被申旨也、即与力梶川右衛門呼寄被申談候様子也、右ニ付、為心得修理職江申渡ス、

色紙張立の事

一、色紙張立之事、舞台高欄等之事ニ而、摂津守殿より申来、

勢多大判事様　　　　水原摂津守

先刻朱書付札ヲ以奉行衆より被相渡候、清涼殿色紙形張立之儀、早速御造営懸りへ相達候処、明九日朝職人差出、明日中張立之積り申聞候、右之段可然可被申上候、尤懸り役人之内、真野八郎兵衛・梶川右衛門罷出候間、可被得其意候、以上、

十二月八日

御造営懸り

取次中　　　　水原摂津守

別紙書面之通、楽器・御道具其外御翠簾箱とも引渡之儀、御造営懸りより申越候間、組之者差出為請取、修理職江可相渡候間、明九日四ツ時修理職罷出請取候様可被相達候、仍而別紙壱通相達候、以上、

十二月八日

柳生主膳正
安藤越前守
菅沼下野守
村垣左大夫

水原摂津守殿
有田播磨守殿

右之別紙」

（188ウ）

一、太鼓台　弐基
一、正鼓台　弐基
高舞台
一、高欄廻り

一、翠簾箱　　拾三

右太鼓台・正鼓台幷高舞台高欄廻り明九日四ツ時引渡可申候、尤先達而高舞台等四ツ脚御門内修理職預り蔵前ニ而御引渡申候間、此度も右場所ニ而御引渡可申哉、左候得ハ請取之者御差出被成候様存候、但翠簾箱之儀も於同所御引渡申候積りニ有之候、此段御達申候事、

十二月八日

右ニ付承知候段及返答、依之都而修理職江申渡ス、

色紙張立ニ付、真野八郎兵衛・梶川与右衛門罷出候儀、日野殿・大原殿へ申上ル、右ニ付、修理職壱人ツヽ付添事被仰付候由也、

十二月九日

清涼殿の色紙張付

（189オ）

九日

一、清涼殿色紙張付午刻過相済旨、修理職届出ル、与力ハ御椽迄罷出居候由也、楽器受取候旨、是又監物ニ届出ル、」

翠簾箱受取候ニ付、勘使へ相達候処、御道具方ニ而翠簾箱出来ニ付、先入用無之候、番所も無之、旁ニ而難受取旨申聞候、依之先修理職蔵ニ入置候旨、是又申聞ニ付、摂津守殿へ可被申入置旨申渡ス、

仙洞御所裏通り土堀取り跡の埋土の儀

一、摂津守殿被達、　　心覚

仙洞御所裏通土堀取之跡埋土之儀、追々埋候様相見候得共、当時過半埋残り相見候故、いつ頃ニハ不残埋候哉、最初土埋取候節、埋方之儀懸合有之候ニ付、定而無程埋方出来可申と存候得共、出来之比為心得致承知旨存候事、

十二月

付札

付札
御書面　仙洞御所裏通松原内土堀取候跡埋方之儀、当時過半埋残有之候ニ付、幾日頃迄ニ不残埋立候哉御聞合之趣致承知候、右者追々埋方致〔為〕候得共、一体此義者御有来と違壇上等も多有之候故、堀取候程者左右も少埋立不足いたし候、然ル処明地之御場所ニも有之候間、不残埋立候ニも及申間敷、其上
仙洞大庭御掃除之節、木葉・枯枝等取捨有之、自然埋り可申候、此度者多分御入用も相懸り候上之儀ニ付、不残埋立候ニハ川原砂運送いたし候間、左候得ハ、猶又多分之御入用も相懸り候儀ニ付、埋立不足之分ハ其侭ニ差置候様致度候、右之趣御勘弁之上、左様御取計ニ而相済可申哉、若御取計難被成儀ニ御座候ハヽ、拙者共より所司代江申上候様可致哉、
右之趣御答旁此段御懸合申候事、」
十二月　　四人連名

（189ウ）

右被渡、如何可然哉之旨被申、御場所柄之事ニ而候得ハ、埋り候様可然と存候、乍然当時埋り不申処、如何程ニ相成有之候哉不存候段及返答候処、修理職見せニ遣し候ハヽ、可然旨被申、依之主水江申渡ス、見分有之、其様子可被申聞候、水抔溜り多候而者甚如何敷存候旨申渡し置、
一、右之御場所松宮主水見分ニ相越罷帰り様子申聞ニ付、摂津守殿へ直ニ申させ候也、仙洞御所御築地際ニ於少々埋方有之様子而已ニ而、一向埋り不申、水溜り有之候被申由也、右之様子ニ而者、兎角其侭ニ被差出候儀ハ不可然旨、摂津守殿へ予よりも申入置候也、

十日
一、摂津守殿与力与右衛門を以書付被差越、

崇明門の事

一、崇明門之事

年中行事の事

一、年中行事之事

右訳承知有之ニ御座候也、

右摂州出仕之上、右之書付落手之段申入候処、御返答早ク承度旨被申、則右之書付非蔵人越前を以表へ申上置、

柳生・安藤・村垣の三名関東へ帰府

一、　柳生主膳正
安藤越前守
村垣左大夫」

(190オ)

右此度関東へ帰府ニ付、御暇之由ニ而参上、当番面会承り置、安藤・村垣明後日出立、柳生明明後日出立之由也、

一、詰所渡り炭払底ニ成候旨臨時請取候儀、御時節柄難分御造営方ニ而、先達而者受取候儀も有之候ニ付、御賄頭へ及相談、御賄方へ達有之ニ付、常番を以弐俵受取候也、

摂津守よりの書面

一、摂州より書面

御造営懸り
取次中　　水原摂津守

東山院御旧地以下の御普請出来

一、東山院御旧地
一、御同所番人居所
一、御同所出納預り蔵　一棟
一、御同所修理職預り蔵　弐棟

一、青綺門院御旧地
一、御同所番人居所
一、御同所ニ有之候有来御文庫　仙洞御所御用ニ相成、　弐棟
一、御同所ニ有之候　仙洞御所女中蔵ニ相成候、　弐棟
右ケ所之御普請出来ニ付、明十一日可引渡旨惣御門内小屋場ニ相成候地所、太田備中守殿与力江可引渡之旨御造営懸りより申来候間、自分共組之者差出為請取、修理職へ可相渡候間被得其意、右刻為請取、修理職罷出候様可被相達候、且」東山院御旧地番人即刻引移、勤番候様可被相達候、已上、
十二月十日
右之書面淡路守より翌日被達、修理職江申渡有之候旨也、

（190ウ）

十二月十一日

十一日
一、淡州より書面、

昨日伺いの崇明門・年中行事の事

昨日御伺候崇明門・年中行事之事、夜入候得共御沙汰無之、越前迄相尋候処、急キ候趣も随分申入置候得共、何分ニも昨夜ハ御返答不申出候、今日御返答可申出哉、又々催促申込候様同人申聞候事ニ御座候、猶又後刻ニ而も御聞合可被下候様仕度候、已上、
十二月十一日

東山院御旧地以下本日引渡しの儀

東山院御旧地以下今日引渡之儀、昨夜水原殿より申来り、今朝主水江申渡、書面相渡置候、写取帰候筈御座候間、猶又委細御聞可被下候、
青綺門院御旧地ニ　仙洞御用之御文庫引渡者　洞中御附衆又者同役江御掛合之節ニも無之

哉之段返書ニ申遣候、何分修理職差出し候間、猶又其節可申承候段申遣候、此段も主水へ申渡候間、御聞可被下候、

十二月十一日　淡路守

大判事様

尚々御旧地番人勤番之儀ハ番人へ申付候、」

青綺門院御旧地番人之儀ハ、摂津守殿ニ而取計之義と存候段申遣候、已上、

右之通書残有之披見、

一、右ケ所松宮主水罷越受取、番人勤番も申渡有之、

青綺門院御旧地も主水受取候、番人ハ組より勤番之儀申渡し有之候、

御旧地小屋場引渡之事ハ、所司代より組出不申候ニ付、先其侭ニ相成有之候旨申聞有之、右等之儀御附衆へ直ニ可申入旨申渡ス、

右御旧地之鍵差出候ニ付、是ハ今晩退出掛淡路守へ相越可相達、右之趣可申入旨申渡し、鍵者如元主水へ返ス、

一、右青綺門院様御旧地之処如何相成候哉之旨摂津守殿へ申入候処、猶伝奏衆へ可申入歟之旨被申聞候也、

（191オ）

十二月十二日

十二日

一、昨夜到来、御造営掛り　水原摂津守

取次中

小屋場ニ相成候地所、今日引渡之儀延引ニ付、明十二日四ツ時引渡し申候間、修理職右刻

引渡しの儀延引

罷出候而、請取候様可被申渡候、已上、

十二月十一日

右之通申来候ニ付、今日修理職江申渡ス、

（191ウ）

一、今朝自宅へ所司代組之由ニ而小屋場引渡ニ付、罷出候取次中名前承度申し申来候ニ付、」当番名前ハ　御所江相越可被尋之旨及返答差帰ス、予出勤之上承合候処、何も聞合候様子無之旨ニ候処、修理職加勢森主膳罷、出引渡之儀、案内次第相越候積り之旨申聞ニ付、今朝所司代組より右之趣尋来候得ハ、最早可被相越候而可然候段申渡ス、右後刻高嶋監物相越受取候段、松宮主水届出ル、摂津守殿へ申届、主水よりも相届させ候也、

一、崇明門、年中行事障子、右之儀明日日野殿御参ニ而、御返答可有之旨丹後申聞候ニ付、摂津守殿へ其段申入、

十二月十三日

十三日

一、日野殿（資矩）丹後を以被渡、

年中行事御障子

一、年中行事御障子

是ハ年中被行候公事之内、正月より六月表方書之、

自七月至十二月裏方書之、仍號年中行事障子、

崇仁門

崇仁門

此門、弘仁九年被掛額候後、

御諱同字依有之、被放額候故、至于今不号

崇仁門候、称南廊南戸候、此門常ハ不被開候、

門之中央横木有栗形ハ号立ニ而候、右代如賄号
　時公卿掛号於此栗形候、」

（192オ）

右被渡、直ニ摂津守殿江進達、
右去十日申上候と今日被出候と帳面ニ可記旨ニ付、則御普請方伺帳ニ記させ置、明日表へ上候積
り、

十五日
一、摂津守殿被渡、
　一、年中行事之事、
　　御書面一覧仕候、然ル処、年中行事之儀、和歌ニ而御認御座候哉、又者御絵ニ而御座
　　候哉之段、承度奉存候事、
　一、先達而御達し之復旧儀候御書面之内ニハ崇明門と有之、此御書面ニハ崇仁門と御座候ニ付、
　　何れ之方御書損ニ御座候哉、
右摂州被渡、右崇明門之事ニ付、此間此方より上置候書付可申出積りニ而、表承合候処、掛り非
蔵人詰合無之、奉行衆も加勢豊岡殿之由ニ而、埒明申間敷ニ付、其侭ニ差置候也、
一、御末広　三本
　　御絹　　五疋　宛
松平甲斐守
稲葉丹後守
本多隠岐守」

（192ウ）

青山下野守
右御造営中惣小屋場火役勤番ニ付被下、月番伝奏於里亭銘々承来、呼出し被仰渡候也、

十六日

下馬札

一、御用掛り与力より修理職へ申越如此、

一、武家町口御門ニ焼残有之候、下馬札壱枚御造営懸りより差越候間差進候、且取次中へも右之段御通達被成候様摂津守申聞候間、如是御座候、已上、

十二月十六日　梶川与右衛門
山田儀平次
佐久間猶右衛門

岡田権大夫様
松宮主水様
高嶋監物様

下馬札三枚は仮皇居に用いらる

右之通ニ而下馬札壱枚出来候旨主水申出ル、右之札修理職方ニ可被預り置候、焼残四枚之内、三枚者仮
皇居ニ被用、直ニ聖護院宮江被付置候、残壱枚此度預りニ成、尤此札安永九年相改り、近衛殿諸大夫佐竹甲斐守書記有之段記置候ハヽ、可然旨申渡ス、

崇明門・崇仁門間違いの事

（193オ）

一、崇明門・崇仁門間違之事、修理職奉行衆へ昨日ニ而も可申之処、去ル十日表江上候」書付扣も不改、其侭上候儀ニ付、右之書付申出し一覧之上と存、其侭差置候、今日非蔵人越前詰合ニ付、則去十日越前を以上候事ニ付、右之書付被出度候、尤御返答之節崇仁門と出候処、此方も不心付、崇仁門と心得即相達候処、昨日崇明門・崇仁門之間違之儀尋越候ニ付、心付之十日ニ上候書付ハ扣も不改、直ニ其侭上候間、右之書付披見致度候、御出し被下度候旨申入候処、越前も崇明門と心得候、即丹後より掛合之始終崇明門ニ而掛合之事ニ候、如何致し崇仁門と出候侭ニ而、各方へ達之事哉、随分崇明門之積り候、乍然今日奉行衆詰合無之候、明日ハ奉行衆出勤、掛り非蔵人ハ

十二月十七日

詰合無之候間、奉行衆へ直可申入候、勿論崇明門も崇仁門も有之御門ニ候旨、越前申聞有之候也、

十七日

一、年中行事障子幷崇明門之事、御附衆より申来候伺書付大原殿江入御覧、崇明門・崇仁門之間違之事申入、今日掛り議奏衆も御詰合無之、先御受取之旨也、

一、明日御用之儀有之候間、何も罷出旨摂津守殿被申聞、淡路守市野伴之進へ書面ニ而申達、修理職三人江廻状ニ而申達、日記役へ申渡ス、里右衛門・藤次郎事常番へ申渡ス、修理職下之者仕丁頭へ申渡ス、

十二月十八日

御用掛への御褒美

（193ウ）

十八日

一、御用掛り御褒美被下、

　一、銀五枚宛　勢多大判事

　　　　　　　土山淡路守」

　一、銀弐枚宛　勘使

　　　　　　　市野伴之進

　　　　　　　修理職

　　　　　　　岡田権大夫

　　　　　　　松宮主水

　　　　　　　高嶋監物

　　　　　　　日記役

　一、金弐百疋宛　白川勝之丞

　　　　　　　広瀬左膳

宇佐美右衛門志

右於伺公間御附衆被申渡、何も以表使御礼申上ル、此方両人幷修理職四人とも表ニ而御用掛議奏衆奉行衆へ掛り非蔵人を以御礼申上ル、

諸掛り下の者への褒美

一、諸掛り下之者江被下、

一、鳥目弐貫文宛　修理職　橋本平次　米田権四郎

鳥目五百文　役中仕丁頭へ転役ニ付如是被下、　仕丁頭　古谷七郎」

（194オ）

同壱〆文　預り常番　池田藤次郎

同五百文　七郎転役後跡役ニ付如是被下、　対屋口番　谷村里右衛門

右於勘使所受取、於詰所各々呼出し申渡ス、

一、御菓子・吸物・御酒・台肴ニ而被下、　予以伴之進迄

修理職幷日記役、吸物・御酒・台肴ニ而被下、下之者ニハ御酒斗被下、

右日記役之内、白川病中ニ付、同役名代ニ而頂戴有之、

十九日

一、御褒美御礼、両御附衆江伺候而申出、

摂津守よりの書面

一、摂津守殿より書面、
　　御造営懸
　　　　　水原摂津守
　　　取次中
禁裏御構内井戸浚出来ニ付、明廿日九ツ時御造営懸より引渡之儀申越候ニ付、右刻組之者差出し受取候間、其節修理職罷出、組之ものより受取候様可被相達候、已上、
　十二月十九日」
　右修理職へ申渡ス、

十二月二十日

（194ウ）
廿日
一、今日井戸浚出来ニ付、引渡し有之、修理職高嶋監物罷出、請取候也、
右井戸四十余ケ所有之、然ル処清間先之井戸追小井も入候得共、水不浚悪敷候、此上者堀替候より外ハ仕方無之候、魚洗之方ハ宜候得ハ、当分先魚洗之方ノ上ヲ用候歟、何分水多候而浚も得と難出来候、先何と歟沙汰有之候迄其侭ニ致し置可申歟と存候段監物申、御附衆へも右之趣申聞置候也、

十二月二十一日

御門・年中行事御障子の儀につき
付札にて御返答

廿一日
一、御門幷年中行事障子之儀、付札ニ而御返答、昨夜被出、
　年中行事御障子
　　年中行事之障子、歌ニ而も無之、絵ニ而も無之、年中被行候公事之目録ヲ文字ニ而被書付候、
崇仁門と申ハ此書面之通ニ有之候、崇明門と申ハ左近陣座之北方ニ有之候門ヲ申候、陣戸

ト称し候も同事ニ候、常ハ不被開、依事被開候儀も有之候、別ニ子細者無之候、崇仁門トハ其所替申候、

右之通伺書ニ付札ニ被致被出、今日摂津守殿へ達ス、伺帳ニ十四日被出候と、此度又々」被出候と記置候也、

（195オ）

一、今日新宮旬節会也、予参役中、右之通取計候也、

［造内裏御指図御用記　第七冊　了］

造内裏御指図御用記　第八冊

（寛政三年正月五日～同四年十月三十日）

（外題）
「従寛政三年辛亥正月至同四年壬子十月
造内裏御指図御用記」

（内題）
「　　従寛政三年辛亥正月
造内裏御指図御用記」

寛政三年
正月五日
崇明門の事
年中行事御障子の事
正月八日
年中行事障子の御返答未だなし
崇明門
年中行事障子

（1オ）
寛政三年辛亥正月
五日
一、日野(資矩)中納言殿御逢、旧臘伺置候崇明門之事、年中行事御障子之事、右之通之書付上置候処、御取紛ニ而難見由之処、右書付御取置候、崇明門ハ左近陣北之方ニ有之戸ニ而差而子細無之候得ハ、其趣返答有之候而宜哉、何程子細ニ而も有之哉、年中行事障子ニ被記候儀之事ハ明日御返答可有之候、右崇明門之処今一応可承糺旨被命、摂津守殿へ申入候処、崇明門之事左様之御様子ニ候ハヽ、其趣御答ニ而宜候、年中行事障子被記之儀、猶又被仰出候仕度之旨被申、其段日野殿へ直ニ申上ル、右之書付又直ニ上ヶ置、
八日
一、旧臘高丘(紹季)殿へ淡路守より上置候御普請方伺帳、越前を以被返出受取置、年中行事障子之御返答いまた無之、
一、表より被出、
　一、崇明門
　　左近陣座北之方中央戸ヲ以称崇明門、
　年中行事障子
　　今度被書記候者、拾芥抄之趣と者相違候、今度被書記写、明後日可相達候、」（1ウ）
一、先達而被差越候書付、明後日可返却候、
右及延引候間、先及返答候趣、水原摂津守(保明)へ可相達候事、
右日野殿・高丘殿非蔵人番頭代羽倉豊前を以御渡、如例切紙写摂津守殿へ手紙相添持せ遣ス、

正月十日

見分立会日数書帳面

御普請方立会日数

年中行事障子目録書帳面

御普請方伺帳

一、美濃紙壱帖受取、御普請方伺帳減足申付ル、日記役へ申付置、
一、修理職諸向へ立会見分ニ罷出候日数之帳面、権大夫差出ス、受取置、

十日

一、修理職申聞候見分立会日数書帳面引的之勘定書之処書付、今日摂津守殿へ差出ス、

　　御普請方立会見分日数

　　　酉十二月より戌十一月迄

　　廿二ヶ日　　岡田権大夫
　　廿八ヶ日　　松宮主水
　　廿六ヶ日　　高嶋監物
　　　廿九ヶ日　橋本平次
　　五十ヶ日　　米田権四郎」

右之通書付進達、去年ハ度数も少ク候ニ付、一ヶ年不申立候旨也、右之帳面ニハ年数朱書有之候得共、此方より之書付ニハ年数者不相記、右之通記出候也、摂州落手、

（2オ）

一、　年中行事障子目録書帳面壱冊

右丹後を以被出候ニ付、早々写出来候様宇佐美右衛門志へ申達、美濃紙相渡ス、
右写出来次第水原殿へ達之事、淡路守へ申聞置、

一、御普請方より伺出置候書付、跡より可被出候旨、丹後申聞候也、淡州へ申入置候事、
一、御普請方伺帳御乞ニ付、丹後へ渡置、淡州へ申入置、
一、右伺之書晩刻被返出、且又目録書写入夜絵出来ニ付、翌早朝水原殿へ持せ遣ス、則右之書付も返

正月十一日

正月十四日

年中行事障子目録書

内侍所御羽車入れ難きにつき直し出来

女嬬詰所脇掌灯部屋につき宝永度の儀を差図にて出す

却候旨、淡州被申、

十一日

一、昨日被達候年中行事被記候目六書帳写取候而、本紙返上之筈ニ候、此儀可申達之処申落候、何分写取早々返上有之候様可申達旨、昨日之事帳面ニ記有之候ハヽ、右返上之儀書記候様、越前を以被命、摂津守殿へ則其段申達、御普請方伺帳ニ右之趣を以筆記渡置候也、

十四日

一、　年中行事障子目録書一冊

右写取相済候ニ付、返上之由ニ而摂津守殿被相渡、則丹後を以上ル、」（2ウ）

一、内侍所御羽車入前狭、御羽車難入ニ付、直出来之事、先達而修理職より申有之、右御差図間違之儀如何様之訳ニ而間違候哉、其儀相糺可申達ニ而、所司代太田備中守殿被申渡候由ニ而、書付弐通摂州被見、此儀ニ付、日野殿へ直談有之、

一、摂津守殿被渡、　御造営懸り　取次へ

女嬬詰所脇掌灯部屋、此度宝永度之儀差図を以出来候処、御有形ニ致相違候間、御有形之通建継出来可致旨、奥より申置候由、修理職申立候ニ付、其段所司代江申上候処、右御有形通無之候而者難相成等宝永度之形を以御差図取極候者、いつれ之取計ニ候哉、其訳可申上旨、太田備中守殿被仰渡候間、向々相糺いつれ之間違と申儀、書付可被差出候、

正月

右被渡候ニ付、修理職主水へ相渡、如ヶ様とも返答書致し可被見せ旨申渡ス、

右書付写、後刻返却受取置、淡州十六日入披見置、

正月十六日
関東よりの褒美

十六日

一、　黄金弐枚　時服弐重　　水原摂津守

右者　御所々御造営取扱方相勤候ニ付、関東より為御褒美被下候由吹聴有之、当番を以議奏衆へ御吹聴被申、伝奏衆ニハ直ニ被申上候由、尤御所々へも為御礼」被相越候也、

（3オ）

正月二十日
掌灯部屋の返答書

廿日

一、掌灯部屋之返答書主水より差出候書付、淡路守へ及示談、去酉十一月十八日小絵図を以伺出候処、日野殿返答ニ而内々摂津守殿へ申達候事等令加筆、主水へ渡置候哉、修理職ニ而加筆之通ニ書改、今日日野殿へ主水より差出、書面之通摂津守へ可及返答と存候ニ付、入御披見候段申上候処、摂津守殿より被差越候書面御乞之由ニ而主水申聞候間、則書面主水へ相渡し置、

掌灯部屋の事

一、右掌灯部屋之事、御差図出来之節、最初ニ奥へ掛合有之候哉無之哉無之候得共、其方達し無調法ニ候、何分無調法人出来可申候ニ付、広橋殿とも御相談有之候、右ハ敷図仕立之節可掛合之処、無其儀御有形と相違仕、恐入奉存候と申書付出候ハヽ、夫を以奥へ申上、何分無調法人出来不申様之取計広橋殿へ可被計間、早々書付可差出候様被申聞、然ル処去酉十一月十六日五枚之小図ニ相添、申上候書面ニ奥へ掛合申趣ニ書上候処、右之趣今日書付上候而者、右之書付と相違ニ相成候旨申上候処、夫之儀ハ其侭ニ差置、何分右之趣書付上候様被申、随分左様之趣ニ而可相済候ハ、可差出候得共、私一存ニ而も書付難差出候間、淡路守へ申聞及相談可差出候、先御宥免可被

（3ウ）

下候、明日ニ而も可差出旨申上延引之儀申上、右ニ付酉十一月十六日、同月十八日之処、予筆之趣書写書面相添、淡路守方へ」及相談、権大夫・主水へも申達置、右十一月十八日被返候小絵図、

廿二日御普請方より付札ニ而返答候、右之絵図主水相渡し置、

正月二十一日

廿一日

内侍所御羽車入所の事

一、淡路守出仕、主水へも及示談、日野殿へ掛合之事申達、修理職より上置候書付御存寄も候ハヽ、御直し御出し可被下、且昨日被仰聞候書付上候而御附へ之返答之処ハ如何相成候思召哉、及御内談候様申渡ス、

右主水より日野殿へ及掛合候処、内侍所御羽車入所之事相違ニ付尋有之、右之通答殊外御困りニ而、何分無調法人出来無之而者不相成趣、修理職奉行筆頭之事ニ而候得ハ、日野殿御引請ニ成候様子ニ候、左様之処口向ニも又候ケ様之無調法人出来候而者甚気毒ニ付、右之書付出し広橋殿より奥へ掛合、女中向之事ニ候得ハ、掛合之節心付無之旨ニ被成、奥へ引請させ女中之事ニ而候得ハ、左様ニ相成候而も子細も無之事、畢竟口向之処御かばゐ被成候而之御趣意ニ相聞候段、主水内々申聞有之、石間出来有之候処、其儀日野殿御存無之候、仍而出来有之段申上候処、左様ニ候ハヽ、其儀何卒常式月之御入用ニ割合而別段申立無之様ニハ相成間敷哉之旨被申ニ付、成間敷ものニ而も無之旨申上候処、左候ハヽ何卒其趣ニ取計、修理職常式ニ而之取計可仕書付奉行へ出し、此間所司代へ廻り有之候積り、帳ハ摂津守へ及相談取戻し候手段ニ相談候也、依之日野殿予へ被申候書付ニ不及候趣ニ相成候由、主水申聞有之、」

正月二十二日

（4オ）

廿二日

一、日野殿御逢、やはり昨日被仰候通断書出候様被命候ニ付、淡路守及示談、両様下書を以相伺、尤一紙之方ニハ絵図差添候文段ニ付、主水へ遣置候、掌灯部屋御普請方付札有之候絵図取戻し差添、日野殿へ上ル、

男居掌灯部屋、宝永度御敷図之趣ヲ以相仕立候処、御元形と少々相違仕候旨、此義其節一応掛合可申之処、掛合落ニ相成恐入奉存候、其後右御元形之通建増之儀、別紙之通絵図面酉十一月申上、水原摂津守へ掛合候処、御造営方より右図面付札之通申越候事ニ御座候、何分ニも最初宝永度御造営之御敷図之通ニ相心得、其後建増等有之候義、御急旁心附不申掛合も不仕、甚不念之段御断申上候、以上、

亥正月　　　　　　口向御指図掛り

男居掌灯部屋につき宝永度敷図の通りに仕立てる

右絵図相添今一紙

男居掌灯部屋、宝永度御敷図之通ニ相仕立、御元形ト少々相違仕候旨恐入奉存候、此義其節一応掛合可申候処、心附不申甚不念之段幾重ニも御断申上候、以上、

亥正月　　　　　　口向御指図掛り

右日野殿御受取置也、」

（4ウ）

一、日野殿へ懸御目、今日淡路守当番ニ候、委細承知仕居候得ハ諸儀不苦候ハヽ、退出仕度段直ニ申上候処、御承知最早書付も出来有之候、勝手退出可申旨被命候旨、淡州へ入魂、予退出ス、

正月二十三日

廿三日

一、昨日日野殿より何之御沙汰も無之旨、淡州より書面ニ而申送り有之、

掌灯部屋の儀

一、日野殿より越前を以被命、

掌灯部屋之儀、返答書修理職より差出候得共不宜候、此通ニ及返答候様被命、則書付御渡し、掌灯部屋之儀書面之趣、奉行衆江申上候処、如此及返答候様奉行衆被命候段及演述可申旨、左書付如此、

女嬬預り掌灯部屋建継の儀
御差図は建添の分を除き宝永図面
通りに引立て

（5オ）

（頭書アリ、後掲ス）
女嬬預り掌灯部屋建継之儀者宝永後之建添ニ候、此度御差図ハ惣而建添之分相除、宝永図面之通引立候、則右之場所も如宝永図引立、女嬬懸合有之無子細旨申候、然ル所一昨年十一月ニ及此場所焼亡以前有形建継之通ニ無之候てハ御用不弁之旨、女嬬申立候ニ付、以小絵図御造営方へ及内談候所最早出来寄候間、其儀不出来之旨答有之、則其旨女嬬へ答候処、此上ハ不及是非候、何卒相宥御用相弁可試之旨申候事ニ候、其後遷幸即日御用取計候処甚不便、第一火取扱も不宜候故、」一向難相宥旨、今度ハ其趣女嬬御内儀へ相願候由、依之以御手沙汰手軽ク改直之儀、御内儀より被申出、取計候事ニ候、

以右之趣可及答事、

右之通也、且又今日奉行衆摂津守へ被仰候儀も有之候間、右之書付今日摂津守へ可差出候旨是又被仰聞、依之右之通半切ニ相認、奥書之処相止、正月と月附斗致し摂津守殿へ進達宜旨被申、御落手之段可申上之旨申処落手候、乍然所司代如何可被申哉、先請取候旨被申ニ付、其段越前を以申上ル、勿論御書面之通奉行衆へ申上候処、如此可及御返答旨、日野殿被申渡候段、及演述候也、

一、右之書付主水へ渡し、写取せ候也、

一、此間御乞ニ付、主水を以上置候摂津守より差越候掌灯部屋之儀之書付、且又昨日上置候書付幷絵図等、御序ニ御返し被下候様、越前を以申上置、両人扣之六分堺敷図、先達御見分之砌上り有之候、是も御返し被下度段、是又越前へ申聞置、今日日野殿最早退出候得ハ、猶其趣可申入之旨返答有之、右御書付淡路守廿六日当番ニ付、其節達候積り、其侭ニ置候也、

一、右掌灯部屋之儀、摂津守殿書面者日記写させ置候得共、右之趣ニ相成候ニ付、一統之伺帳之文写、

奉行衆へ申上候処、御書面御渡之通写し摂津守へ相違之処、落手仕候ニ付、此段申上候条記させ
置候也、」

正月二十六日

「(頭書)廿六日
一、海北斎之亮、又肴一折、酒代弐朱壱片到来、銀弐朱ハ差返ス、」

二月四日

(5ウ)
二月四日
一、水原殿より当番へ向申来、

当御番
取次中
水原摂津守

別紙壱通相違し可被得其意候、以上、

二月四日

取次へ

仙洞御所裏通り松原土手の北方築立て取掛り

仙洞御所裏通松原土手之内、北之方切抜有之所、来六日より築立取懸り候而、御造営掛より申越候、尤先達而竪図面修理職差出候通、西之方一間程取懐、其土を以右之所築立幷栢共張替候積り懸合置候間、被得其意、夫々江可被申渡候、

二月四日

右被申越候ニ付、落手承知之段及返答、右之書付松宮主水へ相渡候処、右ハ先頃絵図ニ付札致し、松木植替候而も付申間敷旨申置候、所詮付不申候、畢意更ニ不取極候而も見立も申間敷候、土居壊候処も木ノ無之処懐、其土を以東之方築立候而右土不足候ハヽ、何方成とも堀取足候築立候ハ、可然候、芥往来之儀、巾広無之候而も不苦事ニ候旨申上置候処、右之書面之趣ニ而ハ、修理

山科より小松を取り寄せ植えること

二月九日

内侍所御羽車置所

（6オ）

職付札ニ而申上候とハ趣意違之旨申」聞ニ付、摂津守殿へ其趣申入、尤右之絵図先頃摂州予へ被見候節、修理職付札へ申上候、申状置ニ候、中之植替候とも付申間敷候、松無之而も苦ヶ間敷歟、是非無之而者見違候様子ニ候ハヽ、山科より小松取寄植候而も可然旨、其節ニ御及返答置候ニ付、其趣猶又及演述之処、御返答方へ可被談旨被申、

九日

一、摂津守殿被見、　御附江

内侍所御羽車置所御有形之趣を以向々掛合相済、最初御指図出来之処、此度被加壇上候間、丈尺相違有之候哉、御羽車難納候ニ付、無勝手御建添之儀修理職奉行衆より申出候間、摂津守より御造営掛江被申談候処、会所引払候後故取計難致旨申聞候ニ付、猶又御場所摂津守見分之上仕様差略等勘弁有之、御羽車納候迄之取繕ニ而相済候様修理職奉行衆へ申談、御入用積為取調候処、別紙帳面之通吟味、高銀五百八拾目余之御入用を以仕立可申旨、修理職申聞候由、右之趣ニ而無御拠儀ニ付、猶又御取締掛りニ而直段吟味之上、御手沙汰御入用を以仕立候様修理職江可被申渡哉、又ハ定御修理方来而仕立候積可被取計哉、麁絵図御入用積等被差出候、取計方之儀被申聞候処、右者何レ之間違ニ候哉、其訳可被申聞旨相達候ニ付、修理職奉行衆江尚」

（6ウ）

又委細被申談候処、別紙書付被指出候由、右書付写一包・麁絵図一枚・御入用積帳壱冊被指出候書面共懸一覧候、右者間数間違御差図不行届段被申立候上者、無御拠儀にも有之候間承届候、御取締掛ニ而直段吟味之上相当ニ相見へ候之間、申立録高五百八十四匁七分壱厘ニ而、御手沙汰御入用を以仕立候積、可被取計候、

二月

禁裏女嬬詰所脇掌灯部屋につき宝永度造営の御差図通りに出来

（7オ）

御附江

禁裏女嬬詰所脇掌灯部屋、宝永度御造営之節之形を以御差図申出、其通り出来候、然ル処御有形宝永度御普請之後模様有之候ニ付、此度も御有形之通建継出来無之候而者、御差支有之由申出候ニ付、御入用積修理職江被申付之処、別紙帳面之通吟味高銀弐百弐拾目余ニ而仕立候様申聞候間、右之通無拠趣相聞、御場所柄之儀ニ付、猶又御取締掛りニ而直段吟味之上、御手沙汰御入用を以仕立候様修理職江可被申渡哉之旨、尤御手沙汰御取締御入用之儀者御取締掛に而直段吟味之上被申付候儀ニ而、別段被伺候儀者無之由ニ候得共、御造畢間も無之、乍聊御模様替之儀ニ付、麁絵図御入用積等被指出取計方之儀被申聞候処、右者何れ之間違ニ候哉、其訳可申聞旨相達候」ニ付、御造営掛り取次を以修理職奉行衆へ尚又委細申達有之候処、別紙之通修理職奉行衆被申聞候由取次申聞、別紙書取指出候由、右写壱通・麁絵図壱枚・御入用積帳壱冊被差出し候書面逐一覧候、右者此度御差図者惣而建添之分相除、宝永図面之通引立候儀、則右之場所も如宝永図引立女嬬へ掛合有之無子細旨申候之由、然ル処去々酉年十一月ニ及此場所焼亡以前御有形建継之通ニ無之候而者、御用不弁之旨女嬬申立候ニ付、以小絵図御造営方江内談有之候処、最早出来寄候間、其儀不致出来候旨答有之、則其旨女嬬江被答候処、此上者不及是非、何卒相宥御用可相弁様可議之旨申候事ニ候之由、其後、

遷幸即日御用取計候処、甚不弁、第一火取調も不宜候之故難相宥旨、今度ハ其趣女嬬御内儀へ相願候由無拠訳相分減候上者、火之元取扱不弁之儀者押而其侭にも難指置候ニ付、承届候之間、吟味銀高掛紙之通百九拾九匁六分八厘之御手沙汰御入用を以仕立候積、可被取

計候、

二月

吉田元陳　同大炊

御附への書状二通を写し取る

右弐通とも写取本紙返却、修理職へハ以書付則被申渡候旨被申聞、尤右之通日野殿へ可申上之旨被申聞、右修理職へハ右之通ニ認、修理職へ申渡之趣ニ」奥書有之、則監物申届候也、依之日野殿へ可被申上候御羽車之事、最初より直応対ニ候、掌灯部屋之儀、此方より可申上候得共、各より可被申上候、別段ニハ申上間敷候間、宜可被申上候条、翌日松宮主水江申渡ス、

（7ウ）

二月十日

清間銅壺の事
見廻り部屋の事
賄所雪隠の事

十日

一、清間銅壺之事、見廻り部屋之事、賄所雪隠之事、

右ハ賄頭より申立有之小絵図仕立両人江差出候様摂津守殿被申候ニ付、此儀又々容易ニ難出来候と存候段申候処、御羽車掌灯部屋之当りニ可被取計旨被申、又々断書相添候と申ものニ候哉之旨申処、其積り之旨被申候ニ付、其段申聞候段松宮主水申聞ニ付、摂州左様被申候ハヽ、先麁絵図仕立可被申旨申渡ス、

新在家御門見透しにつき目板を打つ

一、新在家御門見透候ニ付、目板打候様御幸之節見透候由ニ候、右之御門ハ御道筋よりハ筋違ニ而候得ハ、見透之事有之間敷存候、勿論已前ハ有之間敷候、見透候ハ中立売柄悪敷見透可申と存候、新在家目板致し候得ハ、中立売御門ハ猶更出来不申ハ相成間敷候、猶外御門相調可申旨、是又主水申聞候也、右新在家口御門番人より申立候書付、御附衆より主水へ被渡候由也、

三月十九日

三月十九日

一、南都新渡茶碗招箱入、縮面一打一連、一樽三折、

右相送ル、受納為□□預りを以口上ニ而申遣ス、」

(8オ)

一、御用被仰付候絵師共、追々自画相送り候輩も少々有之候也、

十一月二十七日

十一月廿七日

一、賢聖御障子御出来程合不相知、右之縁裂町奉行御造営掛菅沼下野守殿預り有之候得共、手入等不行届、色合等も如向可相成哉ニ付、禁裏御所江納置度旨申聞ニ付、伝奏衆へ被申上候処、右裂御用掛江相渡し御造営掛り議奏衆へ可上旨万里小路殿被申聞候、近日取寄候ハヽ、可相達候間、議奏衆之内御造営掛りへ可差上之旨、大谷肥前守殿被申聞、承り置、

十一月二十九日

賢聖御障子縁裂

帳役

日記役

廿九日

一、賢聖御障子縁裂　五巻唐錦也、紙包也、一包也、

右町奉行より到来候由ニ而、於伺公間肥前守殿被相渡相改候処、何も丈数書之付札有之、右丈数相違も有之間敷候得共、為念改候ハヽ、可燃哉之旨被申候ニ付受取、勘使帳役粟津平五郎江申渡し無振屋久左衛門呼寄相改候様申達、晩刻迄見合候得共、久左衛門不罷出候、日記役広瀬左膳幷平五郎へ五巻一包相渡改之事申聞置、

(8ウ)

十二月一日

帳役・日記役へ申達しの丈数調の儀

十二月朔日

一、昨日帳役幷日記役広瀬左膳江申達し置候丈数調之儀、昨夕無振屋久左衛門罷出相」改候処、余少々相違ニ付、今日茶屋事等相始無振屋立会、猶又相改候処、少々ハ尺も出候得共、右之内少々之相違有之由、則書付差出し有之、

御唐錦の丈数の書付

御唐錦

三丈八尺六寸　　壱巻
内五寸不足
弐丈九尺九寸　　壱巻
内壱寸五分不足
三丈三尺四寸　　壱巻
内三寸不足
弐丈九尺五寸　　壱巻
壱丈六尺九寸　　壱巻
右弐巻者丈数有之候、
五巻惣丈
拾四丈七尺三寸五分
右之通書付肥前守殿江相達し、不足之趣申入町奉行へ今一応被掛合候上ニ而挨拶可被申聞、其上ニ而議奏衆へ可上之旨被申、裂ハ此方ニ預り置候也、」

十二月九日
唐錦の儀

(9オ)
九日
一、唐錦之儀於表口議奏広橋前大納言殿江懸御目委細申上候処、奉行へ可附候旨被仰聞、非蔵人を以修理職奉行御詰合之儀相尋候処、今日者御詰合無之遠江申聞ニ付、肥前守殿へ其段申入丈数紀之書付写進達ス、

十二月十日
十日
一、今日日野殿へ懸御目唐錦之儀申上ル、御受取可被成間則御渡申ス、非蔵人備中江渡ス、書添之事

被命相認、肥前守殿へ入披見、随分此通ニ而宜旨被申候ニ付、則日野殿へ上ル、

唐錦五巻

　唐錦　　五巻

右賢聖御障子御出来程合難相知候ニ付、

禁裏御所へ納め置きたき旨を申聞く

禁裏御所江納置度旨菅沼下野守申聞候ニ付、伝奏衆へ申上候処、御造営掛議奏衆へ可差出
之旨被申聞候ニ付、差進候間、御用掛議奏衆へ可被差上候、

　亥十二月

右之通書付上ル、且丈尺書付者朔日書記之書付肥前守殿より下野守殿へ被達候処、右之書付之下
野守殿返答書付札ニ而有之、其侭肥前守殿被相渡候ニ付、其通相写、是又今日日野殿へ差出ス、

御唐錦

　御唐錦」（9ウ）

三丈八尺六寸　　壱巻
　内五寸不足
弐丈九尺九寸　　壱巻
　内壱寸五分不足
三丈三尺四寸　　壱巻
　内三寸不足
弐丈九尺五寸
壱丈六尺九寸　　壱巻
　右弐巻者丈数有之候、
五巻惣丈

下札

紫宸殿分の賢聖御障子縁

寛政四年三月七日

六分堺御指図一帖を修理職より表へ進上

拾四丈七尺三寸五分

下札

書面致一覧候、右丈数さし方ニより少々つゝ相違も可有之候得共、一体何寸も有之候間、賢聖御障子御仕立之節不足之儀ハ無之候、其節ニ至り万一出来兼候ハヽ、拙者方ニ而取計可申候、併御所向御預り被置候儀ニ付、寸尺相違ニ而如何」敷思召候ハヽ、寸尺付札付替差進可申候、以上、

十二月　　　　菅沼下野守

（10オ）

右之通写を以上ル、日野殿御落手也、

一、右錦五巻とも如右丈数之付札有之、其内之付札、

紫宸殿分

賢聖御障子縁　　入丈五丈八尺弐寸之内『六』

弐丈九尺五寸

右付札朱書等之儀、肥前守殿より尋置候得共、聞合も不被致之旨也、其侭ニ而上ヶ置、

寛政四年壬子三月七日

一、先達而新殿見分之砌両人扣六分堺御指図壱帖修理職より表へ上置候処、御差留ニ相成、其以前度々御返し被下候様申上候得共、不被返出候、此間又々非蔵人安芸へ相頼置候処、今日被返出、表ニ有之御指図ハ八分堺ニ付、御弁利不宜時候、此六分堺ニ而御調等有之候、印も無之何方之扣

とも不相知御留置ニ相成候、今日被返出候得共、又々御乞之儀も可有之候間、左様可心得旨被命候由ニ而相渡候ニ付受取、引出し江入置、造内裏御指図御用掛り勢多大判事、土山淡路守、控と付札ニ記し付置、」

三月十一日

摂津守よりの書面

この度復旧した紫宸殿・清涼殿・廻廊等はいつ頃より中絶したかとの問い

（10ウ）

十一日

一、摂州より書面、

勢多大判事様　有田播磨守

今度御造営之節被復旧儀候ヶ所紫清両殿・廻廊等之儀者、いつ比より致中絶、此度御再興之儀ニ候哉、御差図之節被取調候趣も候ハ、承度候、御報被申越可有之候、以上、

三月十一日

右之儀相調候儀無之難相知候ニ付、其段及返答、

中絶の時期は不明との回答

有〔田脱〕播磨守様　勢多大判事

今度御造営之節被復旧儀候ヶ所紫清両殿・廻廊等之儀者、いつ比より致中絶、此度御再興之儀ニ候哉、御差図之節被取調候趣も候ハ、御報可申上旨御紙面之趣承知仕候、其節取調候儀無御座候ニ付、いつ比より中絶之儀ニ御座候哉相分不申候、別段被仰出候儀も無御座候、仍御報如此御座候、以上、

三月十一日

右之通及返答、尤為念修理職へ打合せ之処、此儀被仰出候儀無之候旨、主水申聞候也、」

七月十三日

賢聖御障子御絵出来につき関東より到来

（11オ）

七月十三日

一、賢聖御障子御絵出来ニ付関東より到来、依之伝奏衆江可被上之旨被申上候処、明後日迄被預置候、明後日御請取可被成旨両卿被仰聞候、右之品御役宅より持せ来候間受取置可申旨、有田播磨守殿

被申聞、依之修理職松宮主水へ申渡し、於御内玄関受取せ、詰番ニ引せ直ニ伺公間へ持せ候品、予主水より摂州へ進達、右之箱小サキ箱ニ而封有之、則御附衆開封有之、勿論太田備中守殿より両御附衆宛所之書付也、内之封ハ両伝奏名宛備中守殿名前也、則備中守殿より御附衆へ之書面差添有之、右外包開封之侭被相渡候ニ付予受取、詰所江引取無図文匣江入、当番へ預ヶ置、

七月十四日

賢聖御障子につき住吉内記に仰せ付け

十四日

一、昨日関東より到着之賢聖御障子絵之儀、太田備中守殿より御附衆へ之書面ニ色紙泥絵と有之候、御障子之御絵之儀ニ而者無之と被存候、明日伝奏衆御参ニ候ハヽ早速可上申候、依御幸御附衆両人とも遅参被致候、両卿御参候ハヽ、可上之旨申聞候段両卿へ可申上候、賢聖御障子御絵と申上候得共、書面之趣ニ而者御障子之御絵ニ而者無之、御色紙泥絵と申越候段可申上之旨播磨守殿被申、淡路守承り置有之、

賢聖御障子御絵者住吉内記と絵師へ被仰付候旨、播州噂有之、

七月十五日

十五日

一、賢聖御障子色紙泥絵入箱封之侭有田播磨守殿被申聞候趣を以、今日当番鳥山」（11ウ）越前守より伝奏衆へ上ル、御受取也、後刻御附衆へ右之段申入候也、

九月一日

賢聖御障子御絵関東より到着につき本日伝奏衆へ申上ぐ

九月朔日

一、賢聖御障子御絵出来関東より到着ニ付、今日菅沼下野守殿・有田播磨守殿御役宅ニ持せ罷越候由、右御絵伝奏衆へ被申上、此御所江可上之旨ニ候ハヽ、後刻御内玄関へ持せ可罷越候間退出見合、請取可申候、若伝奏衆里亭へ被取寄候と申事ニ而候得ハ、御里亭へ可被達せニ付、見合不及退出可申候、播磨守殿ニハ右之儀ニ付早退出被致候、右伝奏衆江伺之儀ハ肥前守殿被伺、御差図之処、

予へ可被申達旨播磨守殿被申聞、退出有之、
右後刻伝奏衆へ被相伺候処、万里小路殿御里亭へ可被差進旨御差図ニ付、即播磨守殿へ其段被達候、依之予勝手ニ退出候様肥前守殿被申聞候也、

二日

九月二日
賢聖御障子の御絵昨日万里小路里亭に到着

一、賢聖御障子御絵、昨日万里小路殿御里亭へ被達候旨、播州被申聞、
右御障子仕立之儀、何卒其於御場所仕立申度候、左候得ハ其間ハ御場所御引渡ニ而、御造営場所之取扱ニ相成候様致度段、菅沼下野守殿より伺有之、伝奏衆へ被申置候由、遷幸之上之事ニ而候得ハ、六ケ敷御事ニ而も可有之哉、此儀難成候ハ、口向ニ而或ハ修理職細工場又ハ口ノ休息所歟、御修理小屋も狭少ニ而難相成ニ而、」播州被申聞、当時伶人楽屋御入用ニ者有之間敷候得ハ、伶人楽屋ハ如何可有之哉之旨、当番越州・予等より及返答、此場所至極可然旨申、

（12オ）

九日

九月九日
賢聖御障子を紫宸殿において仕立てるべく紫宸殿引渡しの儀

一、賢聖障子仕立於紫宸殿仕立度、右ニ付紫宸殿其間御造営場所へハ引渡有之候歟之儀、菅沼下野守殿伺有之候処、御聞届ニ而御造営場ニ可被相渡旨、今日伝奏衆返答有之候旨播磨守殿被申聞承置、淡州へも噂申入置、

十月

十三日

十月十三日
住吉内記上京し賢聖障子の書き足しを仰せ付けられる

一、関東絵師住吉内記
右此度上京ニ而、賢聖障子御書足被仰付候、其上右御障子仕立出来候上者スレ等之処、於御場所繕も被仰付候筈候、右之段伝奏衆へ及御掛合、右之趣ニ相成候旨為心得、播磨守殿被申聞候也、

十月十五日

賢聖御障子の負文亀・獅子・狛犬等彩色の儀

賢聖御障子を紫宸殿において仕立てるため御造営方へ引渡し

（12ウ）

十五日

一、賢聖御障子負文亀・獅子・狛犬等彩色之儀ニ付、右之裏絵之様子拝見仕度旨住吉内記相願、下野守殿被申、右之御絵御下ヶ被下度旨伝奏衆へ申上有之候、依而被出候ハヽ、御用掛り之事ニ候得ハ、大判事へ御渡し可有之旨申上置候旨、播磨守殿被申聞、

右御絵内記方江御下ヶ相成候得ハ宜候得共、万一裏絵御見分難成候と申事ニ而も候ハヽ、下野守内記召連参、於休息所拝見させ候様ニも可相成候、此方御下ヶ被下候様ニ」内記見分申上候様ニも致させ可申歟之趣ニ付、其儀も申上置候、口向外も無之候得ハ、休息所口ノ間抔差支候儀ハ有之間敷歟之旨被申、何も差支之儀ハ無之候、休息所口之間可然と存候段及返答、

右之趣ニ候処、今日九条殿元服ニ付、

女一宮様より御祝儀二種壱荷被為進、御使之儀　女院御所より申来候ニ付罷越候ニ付、播磨守殿へ申届候処候処、（ママ）右賢聖障子之儀伝奏衆へ申上、今日被出候ハヽ、大判事へ可被渡筈ニ申上置候間、右御使罷越候内罷出候ハヽ、当番へ御渡有之候様申上置候ハヽ、可燃旨被申候ニ付、非蔵人安芸を以播磨守より申上候儀、予

女一宮様御使ニ九条殿迄罷越候、若其内ニも御出之儀ニ候ハヽ、当番へ御渡可被下之旨申上候処御承知候、今日可被出哉難計候、何分御承知候旨正親町殿被申由返答有之、播州へ其段申入置、当番讃岐守へも申入置、

申刻比相済帰り参、右之儀今日者被出間敷、明日可被出候旨伝奏衆被仰出、播州へ当番より申達之由、予へも右之趣申達候様被仰渡候旨、讃州申聞有之、

一、右賢聖御障子於紫宸殿仕立候、其内ハ紫宸殿御造営方へ引渡、御造営場所ニ相成候、伝奏衆も御

承知ニ而相済候、然ル処昼之内御造営方入込仕立候、夜分之儀他所之者入置候儀ハ難成筋ニ候、然ル処鼠抔之処不安心ニ候得ハ不寝之番附不申候而者相成間敷候、誰番ニ付候而可燃哉之旨播州相談ニ付、鼠之儀ハ甚不安心ニ候、下部ハ相成申間敷、先御使番ニ而も可有之歟、乍然随分心付居可申候得共、万一之儀有之」候而者番之者無調法ニ成候、是ハ何とそ御勘弁有之候様致度ものニ候、御門之処ハ道喜門歟、西ノ穴門歟、左右之腋門等通行之積り、先達而神嘉殿之節ハ右西ノ穴門番所出来、出入改有之候内ハ御普請方引渡有之候、此度之処御造営方へ引渡之由ニ而候得ハ、何と歟致方ハ有之間敷哉之旨申候処、昼之内ニ随分引渡切候而宜候得共、夜分之処御殿続之事ニ而候得ハ、他所之者差置候筋ニ而者無之候得ハ因りものニ候、御使番差出置、毎朝毎晩修理職より御造営方へ請取渡之斗方ニ不致候而者相成間敷哉之旨被申聞候也、

（13オ）

十月十六日

賢聖御障子の書き足し・仕立て今月中に出来の由を伝奏衆へ申上ぐ

（13ウ）

十六日

一、於表伝奏正親町前大納言殿御逢、賢聖御障子之内、裏花鳥之絵弐枚被渡候、委細之儀御附へ可被達候間、表口へ可参之旨申達候様被仰聞、右之御絵伺公間江持参、播磨守殿へ申入、則表へ被参、於側席膳部部屋、両卿御出逢ニ付中詰付置、予伺公之間帰り包物之取計も可有之ニ付、中詰付置詰所へ帰り、勘使帳役を以絹油単弐ツ取寄、且又右之御絵入候箱之儀、長持ニ而も難入候得ハ、外ニ相応之箱有之間敷哉、段々調候得共、所詮可入箱無之由ニ付、翠簾箱之内少サキ方可燃之旨御賄頭とも及示談、凡大サ引合せ之処、中位之箱可入様子ニ付、先相極簾入替候積り帳役へ申達し置、

一、右賢聖御障子御書足幷仕立皆出来、当月中ニハ出来之由ニ付、伝奏衆へ申上候」処、何之御差支も無之旨被申候、夫ニ付ハメ込有之御障子撤、椽放塗直し致させ可申ニ付、差掛先此方へ差掛度旨申上候処、何時ニ而も取放候様被仰候、右椽取放仮椽ニ而も付、当分ハメ置可申哉之旨伺候処、

最早無程仕立ニ掛り候事ニ而候得ハ、仮椽取付当分ハメ置候程之間も有之間敷候得ハ、夫ニハ及間敷候歟、乍然此儀ハ一応申談御返答可被成候旨被申候、右椽取放候者半日漸一日中ニ取放候、其間御造営方職人入込取放、此儀等修理職奉行江伺可申旨被申候ニ付、弥幾日と極候ハヽ、修理職より奉行衆ニ伺せ取計之積り、猶修理職へ可申渡候得共、右之趣候間、其通可心得旨播磨守殿被申聞、則修理職松宮主水へ被申渡候也、何分今一応幾日と申事差図有之候而仰付候積り申談候也、

絵の端に合紋を付す

一、賢聖御障子図名順裏絵合紋之図両卿御渡、此図へ合紋と被出候裏絵へ合紋と引合可申候、相違ハ無之筈ニ候得共、為念被出候旨ニ而被相渡候間、得と引合合紋相違無之哉可糺旨播磨守殿被申、右之図被相渡候ニ付、伺公間上ノ間ニ而松宮主水両人立会引合候処、獅子・狛犬有之候絵ノ左右ノ裏絵ニ而⬡✡如此合紋絵ノ端ニ有之、被渡候図と引合候処、右之紋有之、相違無之様子ニ而如此之印之処、符合仕候段播州申入、左候ハヽ、両卿へ右之図返上可申、尤合紋之通相違無之段可申上候旨被申候ニ付、於表御逢之儀申入候処、右之図返上之事ニ候ハヽ、以非蔵人可申旨被命候ニ付、右図面合紋と御絵合紋と引合候処、此両合紋と引合符合仕候、弥左様之御事ニ而候ハヽ、相違者不仕候旨申上候、其通之図者御落手ニ候段、御返答正親町殿より有之、此節右御絵被示出候、文匣等迄」（14オ）返上致し候也、

一、右之御絵入候箱無之ニ付、簾箱之積り之儀播州へ申入、宜計候旨被申、然ル処菅沼下野守組同心為請取御内玄関へ罷出ル、松宮主水掛合之処、枠持せ参周蔵よりも掛合有之、油紙枠屋祢等も有之様子之由、依之廊下へ右之枠取寄、油紙ニ而絹ゆたん之上包水渇ニ而括封付枠へ入、主水を以同心へ相渡、

右同心　土屋小三郎

右之者へ相渡候也、下野守殿より播磨守殿へ書面有之、右之返書周蔵へ播州被相頼、則周蔵取扱

候而返書同心江相達し返ス、ゆたん弐ツ遣候事、返書ニ認させ候旨播州被申、右御用ニ付播州ニハ下野守殿へ被相越候ニ付、早々退出有之候也、

右今日之様、翌十七日淡州当番ニ付、委細申聞置候也、

十月十七日

賢聖御障子の儀につき参上

十七日

一、菅沼下野守殿

賢聖御障子之儀ニ付参上、於休息所御附衆面談有之、当番淡路守挨拶罷出ル、

右仕立之儀ニ付、伺書如此、

紫宸殿賢聖御障子の絵出来

（14ウ）

菅沼下野守

紫宸殿賢聖御障子御絵出来ニ付、当月中張仕立候様被仰出候旨御達ニ付、明十八日御造営掛り之もの職人共召連御場所江罷出、右御障子仮張はなし取御椽之内損有之分者見分之上相下ヶ御手入申付」度存候、花鳥之御絵認足之分来廿五日迄ニ出来いたし候之間、御場所請取候儀ハ来廿四日請取申度存候、

一、紫宸殿内ニ而御張立為致候而者、大勢入込御場所よこれ等出来いたし候而者不宜、併御張立格好御障子立合せ等有之候間、右御場所江茂立入不申候而者御用難弁候間、右御用中紫宸殿幷伶人楽屋御造営方江受取申度候、左候得ハ日々御場所引取候節諸品右楽屋へ入置、御造営方ニ而封印付置可申候、紫宸殿之儀ハ日々引取候節修理職江御場所引渡置申度存候、伶人楽屋之儀ハ御造営方江請取切ニ致し度存候、

右之通ニ付、明十八日何時御場所へ罷出可申哉、刻限之儀被仰聞候様致度存候、其節拙者義も罷出候心得罷在候、仍此段及御掛合候、

十月十七日

別紙之通、御造営懸り往来之儀、日御門代より東土戸左腋門開キ置、紫宸殿江往反之積り
御差支無之哉之事、

一、先達而差出し置候賢聖御障子之縁地五巻、此節」（15オ）御下ヶ御座候様菅沼下野守より申聞候事、

十月十七日

右弐通、修理職を以御附衆へ修理職奉行衆へ伺有之、

明日紫宸殿引渡の儀

一、明十八日紫宸殿引渡候儀、午刻後之由御附も被相廻候、此方共も相廻り候ハ、可然旨、播州申聞
有之、

十月十八日

十八日

一、早朝修理職奉行日野中納言殿より使故、今日巳刻より午刻迄之内罷出居可申候、若予不罷出候
ハ、淡路守へ可被申達旨、口上ニ而被申越候ニ付、随分罷出可申旨及返答、

右ニ付例刻出仕之上罷出居候段、非蔵人安芸を以申上ル、

一、　　勘使市野伴之進

右御造営掛りニ而候得ハ、紫宸殿引渡之節罷出候ハ、可然旨、播磨守殿被申聞、如何様共之旨及
返答、則申渡し有之候也、御賄頭木村周蔵も罷出申度趣、播州へ掛合有之様子ニ而罷出候様被申
達候由也、

錦五巻
賢聖御障子の縁地

一、　錦　五巻

右賢聖御障子縁地、於表口日野殿・大原殿御出逢御渡し有之、受取、於伺公間播磨守殿へ申入、
右之縁地後刻引渡之節於御場所相渡し候ハ、可然候間、予相廻り候節持せ可相廻旨被申聞、詰所

江引取置、右錦去十二月十日日野殿へ上ヶ置候錦五巻也、」

（15ウ）

一、昨日播磨守殿修理職を以奉行衆へ被伺候弐通之書付、日野殿・大原殿御渡、伺書面之通何も御聞届ニ候間、其段修理職へ申達、書付可差返旨被命、落手、右之趣播磨守殿へ申入、書付者修理職へ差返し候段申入、則岡田権大夫へ右之趣申渡し、書付弐通とも相渡ス、

一、　　　　　　　　　　　　　　　　　菅沼下野守殿

午刻過日御門代之方へ参上之趣ニ付、御附衆紫宸殿へ被相廻、修理職権大夫案内、予幷伴之進・周蔵等相廻ル、何も名義門より入左腋門外下野守殿参上有之、権大夫罷越案内ニ而紫宸殿へ参上、其外中井藤三郎・内藤重三郎、且御造営掛之輩、与力・同心等罷出ル、両御附衆以下紫宸殿西階より昇ル、何も刀ハ殿内へ入置、予錦預りニ持せ参西階ニ而受取、於御殿内播磨守殿へ進達、直ニ播州より下野守殿へ被渡、一円見廻り被相渡候也、右相済御障子職方之ものはすし候也、御附衆始何も引取候也、

紫宸殿引渡し

右引取之上ニ而只今紫宸殿引渡候段、予を以御附衆より奉行衆へ届有之、尤今勝手間取可申候、御障子取解候人夫出掛候ハヽ、修理職罷出御殿受取候上、其段御届ヶ可申上候積り之旨、番頭代豊前へ申聞置、右之趣ニ而御附衆肥前守殿被残、播州退出也、

紫宸殿一円見分

後刻人夫出掛候ニ付、紫宸殿可返渡旨下野守殿より使口上ニ而御附衆へ申来、修理職へ申達案内致させ被相廻、予・伴之進も相廻ス、直ニ伶人楽屋へ参ル、紫宸殿引渡之儀被申、肥前守殿権大夫へも達、権大夫此上紫宸殿一円見分有之、〆口〆引取積り予直ニ引取候也、表へ之届ハ権大夫より申届候筈也、」

（16オ）

一、昨日花鳥之絵弐枚包下野守殿へ相達候、絹ゆたん弐つ下野守殿より返上有之、即周蔵落手有之候

十月二十二日
賢聖御障子残り分本日出来
紫宸殿御造営方へ引渡の儀

十月二十三日
明日紫宸殿御造営方へ引渡の儀

也、

廿二日

一、賢聖御障子残り之分今日可被出候、修理職御奉行へ掛合之処、今日可被出之旨ニ候、定メ而各方へ可被出候、請取人罷出候ハヽ、相渡候積り可致旨之旨、播磨守殿被申聞承置、

一、廿四日紫宸殿御造営方へ引渡之儀、此間御造営方へ引渡候事ニ付、廿四日ハ修理職より御造営方へ引渡候積り、表ニハ去十八日相渡候積りニ相成有之趣奉行衆ニも被心得居由ニ候、依之廿四日ニハ御附衆ニ不被廻候、各方ニも廻りニハ及間敷と存候、仕立方出来候上、御造営方より此方へ引渡之節ハ御附衆可被相廻候、各方ニも可被相廻候而可然旨、播磨守殿被申聞、右之趣ニ付、菅沼下野守殿ニも引渡相済候上被出候心得ニ候旨也、

一、賢聖障子残之分、表裏絵不残於表修理職奉行衆修理職主水へ被相渡、外ニ名順合紋等之図被出、於口向為念引合候様被命、主水申聞候ニ付、於伺公間都合四巻ニ致し箱ニ入有之候処取出し、播磨守殿予・主水立会名順幷裏絵合紋等引合せ相違も無之ニ付、如元箱江入、水縄掛封付置、右之名順合紋之図ハ相違無之旨ニ而、主水より表へ返上、」

（16ウ）

菅沼下野守殿組同心

一、　櫛橋

右賢聖御障子為請取御内玄関へ参ル、主水面会、右之箱入仕丁ニ而御玄関迄出し、主水より相渡ス、持人等用意ニ而罷出候也、

廿三日

一、明廿四日紫宸殿御造営方へ引渡候儀、修理職より引渡ニ成候ニ付、御附衆も為引渡ハ不被相廻候、

此方共も相廻り候ニハ不及旨、播磨守殿被申聞候、依之出仕ニハ不及候段、淡州江為心得書面ニ而申達ス、

十月二十四日
紫宸殿御造営方へ引渡し

廿四日
一、今日辰刻紫宸殿御造営方へ修理職より引渡相済候段、権大夫届出ル、承り置、
一、　菅沼下野守殿
右引渡相済後参上、伶人楽屋へ被参候由也、両御附衆退出之節権大夫案内ニ而、右伶人楽屋へ被相越候様子也、

十月二十五日
花鳥絵の書き足し出来

廿五日
一、花鳥絵書足出来ニ而上り有之、右之御絵今日修理職奉行衆より修理職へ御渡し松宮主水受取、播磨守殿へ達ス、御造営方へ御附衆より被達候也、
一、御附両人とも退出、掛ハ造営場へ被相越、市野伴之進等も相越候様子也、」

（17オ）

十月二十六日
絵師は僧体多し

廿六日
一、　住吉内記
賢聖御障子張立ニ付御絵之繕等も有之、罷出相勤居候、夫ニ付弟子抔も召連罷出居候、右弟子之内僧体有之候、勝手ニ召連候而も苦ヶ間敷哉之旨播磨守殿被申、是者御造営場所之事ニ而候得ハ随分苦ヶ間敷事と存候、乍併御所庭内之事ニ而候得ハ、鳥渡伝奏衆へ噂ニ而も被成被置候方ニ而も可燃哉、勿論絵師之儀何も僧体多、平日御用被仰付候得ハ罷出承り候事ニ而候得ハ、何とも御沙汰無之、召連候而も不苦儀ニ而も可有之候得共、御造営場なから御場所柄之事ニ而候へハ、鳥渡御噂候而も被仰候而可燃と存候段、及返答置、

右伝奏衆へ被申上候処、不苦旨御返答有之候旨、後日播州被申聞、

十月三十日

賢聖御障子の御絵表裏とも張仕立て出来につき御造営方より引渡し

晦日

一、賢聖御障子御絵表裏（花鳥）共張仕立出来ニ付、今日御造営方より引渡し有之、依之未刻過、両御附衆幷予・土山淡路守・御賄頭木村周蔵（掛りニ而者無之候得共、御附衆差図ニ而相廻ル、先日之通、）・勘使市野伴之進・修理職岡田権大夫等相廻ル、（常服也、）明義門より入、紫宸殿西階より昇り、御椽通り東廻り正面より入、町奉行菅沼下野守・内藤重三郎其外御造営掛り何も東階より昇り参入、下野守殿東門ニ而御障子表裏とも出来方見分有之、相済候、」（17ウ）於つめ場所下野守殿より御附衆へ被引渡相済、下野守殿始何も被引取、右相済、御附衆始何も引取、修理職奉行衆へ岡田権大夫を以罷申之由、

修理職奉行衆見分

一、修理職奉行衆見分相済、議奏衆見分有之、右相済、宜出来之段、議奏衆より御附衆へ挨拶有之、依之御造営方へ御附衆へ右御挨拶之趣被達相済候段、播磨守殿被申聞候也、

伶人楽屋も引渡す

一、伶人楽屋右御用ニ付御造営方へ渡し置候処、御用相済候ニ付今日引渡も有之、権大夫請取、伶人楽屋奉行江返し渡ス、双方より詰所江申届有之、

一、関東絵師　住吉内記
儒者　芝　彦介

右等も罷出候也、（芝彦介儀京住儒者之処、先年関東江被召、当時在府、此度賢聖御障子御用ニ付、上京被仰付、先地より在京ニ而、右御用取扱之よし也、）

賢聖御障子名順

一、此度賢聖御障子名順

賢聖障子東四間

賢聖障子東四間

一間

二間

三間

四間

（18オ）

（18ウ）

一間

二間

三間」

四間

馬周」

房玄齢

杜如晦

魏徴

諸葛亮

蘧伯玉

張良

第五倫

管仲

鄧禹

子産

蕭何

伊尹

傅説

大公望

賢聖障子西四間

一間

二間

三間

四間

（19オ）

（19ウ）

賢聖障子西四間

一間

二間

三間

四間

仲山甫」

季勣

虞世南

杜預

張華

羊祐

楊雄

陳寔」

班固

桓栄

鄭玄

蘇武

倪寛

董仲舒

（20オ）

文翁」
賈誼
叔孫通

［造内裏御指図御用記　第八冊　了］

論考

裏松固禅『大内裏図考証』の補正について——内藤広前の補正本を中心に——

詑間　直樹

はじめに

寛政度の復古内裏造営において有職故実家裏松固禅が果たした役割は非常に大きなものであった。固禅の内裏に関する広範な知識は、その主著『大内裏図考証』を編修する過程などで培われたものと言える。

有職故実の研究の中で、建築及び調度の分野においては、固禅の『大内裏図考証』を凌ぐ研究はいまだ出されていない。しかし、これを全面的に補正した人物がいた。内藤広前である（寛政三年（一七九一）〜慶応二年（一八六六））。広前は江戸時代後期から幕末にかけて活躍した国学者の一人で、和学講談所出役ともなった。号は「賢木園」。生涯多くの編著を残しているが、尾張藩主徳川斉朝の命により『大内裏図考証』の全校訂を完成させたことで、特にその名が知られている。(1)

現在、内藤広前が『大内裏図考証』の校訂作業で用いた被校訂本、及び校訂の成果としての補正本は名古屋市蓬左文庫に所蔵されるが、近年、京都府立総合資料館に所蔵される『大内裏図考証』の一写本が広前自身の控えとして所持していた補訂本であることが同館より紹介された（以下、これを内藤本と称する）。しかし、この内藤本については未だ詳細に検討されておらず、また蓬左文庫本についても再検討の余地があるものと思われる。そこで本稿では、蓬左文庫本と内藤本の両本の検討を通じて、内藤広前が作成した補正本『大内裏図考証』の成立過程を改めて考えてみたい（以下、両本の巻次等については、適宜、表1を参照しながら論を進める）。

一、蓬左文庫本『大内裏図考証』の再検討

(一)　被校訂本

蓬左文庫本『大内裏図考証』（請求番号　四七―六）は全九十六冊で、被校訂本六十五冊と補正本三十一冊とに分かれる。以下、それぞれについての書誌や特徴を確認しておくこととする。(2)

被校訂本六十五冊は次のような構成である。

正編……五十一冊
　内訳　引書書目　一冊
　　目録（上・中・下）　三冊
　　巻一上〜巻三十　四十七冊（巻三上は欠）
続編……十四冊
　内訳　別録上下　二冊
　　別録一〜十　十冊
　　続録　一冊

表1 蓬左文庫本（被校訂本・補正本）・京都府立総合資料館本（内藤本）の一覧

巻次	巻名	蓬左文庫本		総合資料館本	故実叢書本
		被校訂本	補正本	内藤本	
		65冊	31冊	46冊	
引書目録	引書目録	1	1		
総目録	総目録				目録
目録上	目録上	2	2		
目録中	目録中	3	3		
目録下	目録下	4	4		
一上	都城　左京	5	5	1	巻1上
一下	都城　右京	6	6	2	巻1下
二上	宮城　上	7	7	3	巻2上
二下	宮城　下	8	8	4	巻2下
三上	朝堂院　上	（欠）	9	5	巻3上
三中	朝堂院　中	9	10	6	巻3中
三下	朝堂院　下	10	11	7	巻3下
三附録上	大嘗宮　上	11	12	8	巻3附録上
三附録中	大嘗宮　中	12	13	9	巻3附録中
三附録下	大嘗宮　下	13	14	10	巻3附録下
三附録 続録	大嘗祭斎場所　以下	64（続録）	15	46〔50〕（止）	巻3附録続録
四上	豊楽院　上	14	16	11	巻4上
四下	豊楽院　下	15	（欠）	12	巻4下
五	武徳殿	16	17	13	巻5
六	外郭	17	18	14	巻6
七	中和院	18	19	15	巻7
八	蘭林坊	19	20	16	巻8
九	内郭	20	21	17	巻9
十上	紫宸殿　上	21	22	18	巻10上
十下	紫宸殿　下	22	23	19	巻10下
十一上	清涼殿　上	23	24	20	巻11上
十一中	清涼殿　中	24	（欠）	21	巻11中
十一下	清涼殿　下	25	25	22	巻11下
十二上	後涼殿　以下	26	26	23	巻12上
十二下	射場殿　以下	27	27	24	巻12下
十三	仁寿殿　以下	28	28	25	巻13
十四	宜陽殿　以下	29	29	26	巻14
十五上	東軒廊　以下	30	（欠）	27	巻15上
十五下	敷政門　以下	31	（欠）	28	巻15下
十六	綾綺殿　以下	32	（欠）	29	巻16

巻次	巻名	蓬左文庫本		総合資料館本	故実叢書本
		被校訂本	補正本	内藤本	
		65 冊	31 冊	46 冊	
十七	常寧殿　以下	33	(欠)	30	巻 17
十八	五舎	34	(欠)	31	巻 18
十九	神祇官	35（上） 36（下）	(欠) (欠)	32（乾） 33（坤）	巻 19
二十上	太政官　上	37	(欠)	34	巻 20 上
二十中	太政官　中	38	(欠)	(欠)〔35〕	巻 20 中
二十下	太政官　下	39	(欠)	(欠)〔36〕	巻 20 下
二十附録	太政官　附録	40	30	(欠)〔37〕	巻 20 附録
二十一	外記庁	41	(欠)	35〔38〕	巻 21
二十二	侍従所	42	(欠)	35〔39〕	巻 22
二十三	中務省・式部省	43	(欠)	(欠)〔40〕	巻 23
二十四上	大学寮　上	44	(欠)	37〔41〕	巻 24 上
二十四下	大学寮　下	45	(欠)	38〔42〕	巻 24 下
二十五	治部省　以下	46	(欠)	39〔43〕	巻 25
二十六	宮内省　以下	47	(欠)	40〔44〕	巻 26
二十七	弾正台　以下	48	(欠)	41〔45〕	巻 27
二十八	左近衛府　以下	49	(欠)	42〔46〕	巻 28
二十九	神泉苑　以下	50	(欠)	43〔47〕	巻 29
三十	真言院	51	(欠)	44〔48〕	巻 30
別録	中和院装束	59	(欠)		
単	紫宸殿附録	60	(欠)		巻 10 附録
乾	清涼殿附録	61	(欠)		巻 11 附録
坤	清涼殿附録	62	(欠)		巻 11 附録
全	温明殿別録	63	(欠)		巻 16 附録
附録	屏風　天	54	(欠)		別録
附録	屏風　地	55	(欠)		別録
附録	斗帳	58	(欠)		巻 32
続・附録	摂関已下第　一	(欠)	(欠)		
続・附録	摂関已下第　一	65 止	31 止	45〔49〕	巻 31
別録	御屏風文字	52	(欠)		御屏風文字
別録	御屏風文字	53	(欠)		御屏風文字
別録	御屏風文字	56	(欠)		御屏風文字
別録	御屏風文字	57	(欠)		御屏風文字

※内藤本の冊次について、〔　〕内の冊次は整理ラベルの冊次を記した。
※参考として故実叢書本（1901 年刊）の巻次も併記した。

続大内裏図考証　一冊

被校訂本の法量は第五十三冊までと第五十四冊以下とで異なり、前者が縦二七・七㎝、横二一・〇㎝であるのに対し、後者は縦三〇・六㎝、横二一・九㎝とやや大判になっている。六十五冊のうち引書書目・目録以外の冊はほぼ全冊にわたり「広前按……」などの形で、本文及び頭書において朱書等による校訂注が多く記される。

元表紙は渋引表紙であり、巻一上からの各冊には元表紙にその冊の引用史料名一覧を貼り付け、朱の合点等を施す。ただし、第五十二・五十三・五十六・五十七冊の四冊には、引用史料名の貼り紙や朱の注記はない。この四冊の内容は、鴨毛御屏風文字のかたどりを記したものである。後補表紙は青色表紙で、題簽にて「大内裏図考証」と記す。正編・続編ともに大部分が揃っているが、巻三上（朝堂院上）は欠本となっている。また、巻十九（神祇官）が上下の二冊に分けられている。

後述するように、この被校訂本は、文政九年（一八二六）冬に屋代弘賢から尾張藩に持ち込まれた写本に基づいて文政末年から天保初年頃にかけて作成されたものと考えられる。また被校訂本の内、例えば巻七（中和院）には、広前の按文を記す箇所に「中清書ニくわしく改め首書す」、「六間くわし〔く脱〕中清書ニ首書す」、「一丈三尺くわし〔く脱〕中清書ニ首書す」などの注記が見える。これらを補正本の同じ箇所で確認すると、それぞれ詳細な注記が書かれているので、被校訂本においては、補正本を「中清書」本と見ていたことが想定される。一方、補正本の内表紙の注記からは、被校訂本を「元本」と呼んでいたことがうかがえる。

㈡　補正本

補正本三十一冊は以下のような内容である。

正編……二十九冊

内訳　引書書目　一冊

目録（上・中・下）　三冊

巻一上～巻二十下附録　二十五冊（巻四下、巻十一中、巻十五上～二十下、二十一～三十は欠）

続編……二冊

内訳　巻三附録の続録　一冊（ただし配列は正編巻三附録下の次に置く）

続大内裏図考証　一冊（内容は「摂関以下第」の「世尊寺」以下）

補正本の法量は縦二九・九㎝、横二〇・九㎝。後補表紙は被校訂本と同様、青色表紙で題簽にて「大内裏図考証 補正 一上」などと記す（各冊とも「補正」は朱書）。

第一冊目「引書書目 補正」の内表紙には「天保七年七月廿二日校合すむ」という朱書がある。また第四冊目の「目録 補正 下」では現在欠失している巻十九につき「巻十九〈乾坤〉」と記している。

記載形式上の特徴は、料紙の下から約四分の三までのスペースに裏松固禅の『大内裏図考証』本文を書き写し、残りの上約四分の一に補訂史料や広前の按文等を首書の形で記していることである。

また、補正本の第五冊目に当たる巻一上には、巻頭の五丁にわたり「大内裏図考証補正のはしかき」というものが記されている。これは福田氏も指摘されているように、内藤広前を中心とした補正作業の経緯を記述したものである。やや長文になるが、それを次に引用する（便宜、(A)～(D)の記号を付して改行した）。

大内裏図考証補正のはしかき

(A)延暦といふとしの十まり〔あ脱〕三とせといふに、山城国の葛野の郡に、大宮はしらふとしきたて給ひ、常磐かきはにうこきなき宮所をそしめ給ひにける、そのころ世にハ平安城と申けるとかや、今ハつたえて大内裏とも申奉る此宮を、おもほし立しろしめしけるハ、桓武天皇とそ申奉る、そハ今より千とせあまり三十とせあまり二とせの昔になんありける、その御時よりそ世々のみかとひとつ宮にあめの下しろしめしける御定とはなさしめ給ひにけり、それはた世々をへて宮をハ宮としなから、その大城のうちに、またかり宮をこゝかしこと遷し給ふことくハなりにけり、閑院の内裏、三条、二条あるハ、堀川院なんといひて、あまた所々御代ことにかへ給ふ、これを里内裏とそ申奉る、それかやかてうつろひつゝ今の大宮にそ及ひましく〱ける、

(B)寛政の頃かとよ神なからなるみかとの御こゝろにしもおほしめしけることこそ、あなかしこかけまくもかしこきかも、かの平安城の大宮

ハいかにありけらしとむかしをしのハしけにの給ひけるを、その御時に、裏松の固禅入道とか申奉るこの大内裏図考証三十巻五十冊、また別録とて拾巻をそえり、出て奉まつれりとそうけ給り伝へ奉る、こゝに将軍家につかへ奉る屋代の弘賢と申かこの御殿へもかよひたてまつれり、**それか文政といふとしの九とせにあたる冬のころか**、この五十巻・別録十まきをも具して奉れり、こハいかにめつらかなるものならん、見よとておふせことうけ給ハり、をかミ奉るに、けに聞伝へたるよりもかしこくつハらに、えりとゝのへたるものにそありける、かゝるふミをして御文くらに納めおき給ハれ、なかき世の屋たからとも申へし、しかりとてこのまゝに納めたまハゝ、後の世に見ん人のまとひとハなるめり、いかにとなれハうち見るに、文字のたしかならぬはたことわりのおたやかならぬそましけりける、こハこのぬしのしわさにハあらし、うつしもて伝へたるときのあやまちにそありけらし、あなをしのわさやとなけき奉れハ、いかにもしてとゝのへ奉れとの給ふ、

(C)されはよわか皇国学に志しあつく大宮のうちとのことにもくわしくつとめつとむる広前とか申ものありけるとそうけ給ハる、それなんめしてこゝろミんとてめせハ、あなかしことてつゝしみうけ給ハる、これか申伝るもぬしの給ふことく、あなをしのわさやといふ、さらハこれをたゝさんにハいかにかするとゝへハ、まさしくこれに引もちひたるもとつ文にかえり見たゝしたらんにハ、何事かこれに過さらん、かつハふるきあとある年中行事てふ絵巻ハさることにて何かしくれかしのふる絵物かたりにありとある宮のかたもてうつしてゝ、こゝに宮室図とて、かの入道のものし給へるものありけり、それも年中行事絵巻よりはしめて、ふる絵もの語画もてうつしいてたるものなから、世に伝へたるハ画からをあまりにはふきたれハ、宮殿・楼閣のおもむきもさたかならす、さて広前かかくいふにそありけるにて、こたひハその画からをはふかす、そのうへにことを加へてものし奉りたりけり、そのうへに大宮のまたき図ひきそへて奉らハいと見やすかるへしとことふ、その故を申奉れハ、よかなりとておふせこと承給る、

(D)さてこの文奉れる**あくるとしのきさらきの程より**、おのか家にあるし志て、二とせはかり、ひるハすからに夜をかけてそつとめける、さるほとに何くれとなく御くらのふミとも数多もていてつミたるか中にハ、ことに尊きもありけり、よのつねならぬ、かくつちのあらひもあらハいかにかせましと、セちに心くるしけれハ、ひろき御殿の人気遠きあたりにうつしもてセまほしとねかひ奉るまに〳〵、寝殿の南西の向ひなる所に校合所といふ所をそ設たまひつゝ、そこにておのか下つかさなる人たち五人、六人と、かの広前と昼すからいそしみつとめ奉りし、**十あまり二とせそつもりにける比程ハ**、やゝ**なかのきよかき**もいてき、それかたゝしも大かたにいてきにけり、さてこそよなきたからの御ふミとハなりけれ、かくてハおほやけのかためともなり、後のよの人のまとひもあるましくそおほゆる、あなかしこ、〳〵、

かく申奉るハ、このことゝりあつかひ申へきむねうけ給ハる山本の長方、**天保九とせといふとしの睦月はかり**のことにてそありける、

まず、(A)では平安遷都から里内裏の時代を経て江戸時代の土御門内裏までの沿革が記される。次に(B)では、寛政度の復古内裏造営が成り、裏松固禅の『大内裏図考証』が朝廷に献上されたことを述べ、ついで屋代弘賢により文政九年(一八二六)の冬、尾張藩に『大内裏図考証』の写本三十巻五十冊・『同別録』の写本十巻がもたらされたこと、しかし、写本による誤りがあって惜しいので、山本長方(尾張藩の人物)が整えることを命じられたことが記される。なお、ここで屋代弘賢が尾張藩にもたらした『大内裏図考証』の写本は、現在の蓬左文庫本の被校訂本そのもの、もしくはその基となったものに相当するものと考えられる。さらに(C)では、内藤広前を召して補正を行わせることとし、補正においては、引用されている原典に当たり確認する、多くの古い絵巻物を見て写しおく、大宮の全図も作成するなどの方法を採ることが記される。[3]そして(D)では文政十年(一八二七)以降の補正作業が述べられる。すなわち、同年二月より二年ばかりは山本家において昼夜ともに作業が行われたが、藩の文蔵から文書を持ち込むうちに狭くなってきたので、御殿の寝殿の南西に校合所を新設し、そこにおいて山本の配下五、六人と内藤広前とで作業を続けた。それから十二年ほど経ったこの度、中清書も幾分出来し、その校正も大方できてきた。これは天保九年(一八三八)正月のことであるという。

なお、福田氏は以上のような補正作業の経過に加え、「天保八年の始めには「再校」が終了し、続いて三月から「中清書」が開始され」と述べるが、この内容については「はしがき」に見えないので、補正本の内表紙等に書き込まれた年月日などに拠って記されたものと思われる。しかし、その典拠を具体的に示されていないので、こうした補正本の内表紙の注記を改めて確認する必要があろう。

(三) 補正本の注記

補正本内表紙の注記を例示すると、次のようなものがある(便宜、a以下の記号を付す)。

○巻一上(都城　左京)

a「天保四年正月九日読合はしめ、十一、二日了、十四、五、六日図校了、」(貼り紙、朱書)

b「巳(天保四年)五月九日再三改了、

不審五ヶ所あり、尚可改、其外出来也、」（貼り紙、朱書、ａと同紙）

ｃ「**中清書**再校合、酉（天保八年）九月五日始ム、如此タイシヤ墨ヲ以テ注本文、則再校の印也、已下倣之、廿三日校了、」（打ち付け書き、代赭墨）

ｄ「首書当本ニすへシ、書入添而、十月十七日校合も了、」（打ち付け書き、代赭墨）

ｅ「古画巻入用

年中行事　五月　近衛騎射図　一枚

一遍上人絵伝之内七条市町図、四条河原図、

已上三枚

」（打ち付け書き、代赭墨）

ｆ「類典校了、不当のもの多し、三月廿一日しるす、」（貼り紙、朱書）

ｇ「大内裏図考証　一上」（打ち付け書き、墨書）

○巻十上（紫宸殿　上）

ａ「首書校合了、」（内表紙表に貼り紙にて朱書）

ｂ「卯（天保二年）八月廿六日出来、」（同前、ａと同紙）

ｃ「巳（天保四年）九月廿六日□□廿六日、廿七日、廿九日□□十月三日、七日読合了、」（同前、ａと同紙）

ｄ「折紙元本ニよりて吟味之事、他ハ皆出来、午（天保五年）三月十三日書、」（同前、ａと同紙）

ｅ「**中清書**再校、戌（天保九年）四月廿七日始メ、閏四月三日了、書直し十枚あり、」（内表紙表に打ち付け書、代赭墨）

ｆ「類典と校了、不当のもの多し、三月十日しるす、」（内表紙表に貼り紙にて朱書）

ｇ「絵巻類　年行　御暦奏　内宴

朝覲　踏歌　賭弓　献菖蒲　弓場始

承安五節

伴大納言絵

古額□本　　　　」（打ち付け書き、代赭墨）

○巻十下（紫宸殿 下）

a「卯（天保二年）八月□五日出来、」（内表紙の裏に貼り紙にて朱書）

b「巳（天保四年）十月十二日始メ、十一月三日図とも校合了、」（同前、aと同紙）

c「午（天保五年）五月三日書改メ出来、」（同前、aと同紙）

d「未（天保六年）六月十二日鈴木江渡ス、」（内表紙表に貼り紙にて墨書）

e「十九日首書添、」（内表紙表に貼り紙にて朱書、dと同紙）

f「元本首書吟味添、筆者へ渡スへし、五月十九日」（同前、dと同紙）

g「未（天保六年）六月廿七日首書出来之上、校合了、但末之方三四ヶ所いまた首書可注見合有之、幷本文元本無之、不審之条々沢山有之
　候、追而吟味之事、」（内表紙表に貼り紙にて朱書）

h「**中清書**再校、戌（天保九年）閏四月廿一日始メ、廿四日了、書直し八枚あり、出来之事[4]」（内表紙表に打ち付け書、代赭墨）

i「絵巻類　年行　内宴
　　朝覲　踏歌　献菖蒲
　　弓場始　除目終夜図　左仗図也、
　五節舞
　　七枚可入也、
　　　七枚之内、壱枚書入、余ハ可除也、□ハ上巻ニ不残あわ□也、」（打ち付け書き、代赭墨）

これらの注記によれば、天保二年より補正本が出来し、そこから天保九年までの間において、読み合わせ、校合、再校などの作業が順次行われたこと、『礼儀類典』との校合がなされ、各種絵巻類の写しが行われたことなどがうかがえる。そこで、右に例示した三巻も含め、補正本の内表紙等に記載されたこれらの各種の注記の記述をまとめ、表2を作成した。この表より、各巻につき、出来、読み合わせ、校合、再校などを抽

出すると次の如くである。

○出来

・巻七　天保二年（一八三一、卯年）八月十九日
・巻十下　同年　八月二十五日
・巻十上　同年　八月二十六日
・巻十二下　同年　九月二十八日
・巻十一上　天保三年（一八三二、辰年）七月二十三日

○読み合わせ（始め）

・巻一上　天保四年（一八三三、巳年）正月九日
・巻七　同年　八月二十一日
・巻十上　同年　九月二十六日
・巻十二下　天保五年（一八三四、午年）三月十三日
〜
・巻四上　天保七年（一八三六、申年）四月

○校合

・巻十下　天保四年（一八三三、巳年）十月（始め）
・巻十四　天保五年（一八三四、午年）五月
・巻二十附　天保七年（一八三六、申年）三月
・巻三附　同年　四月
・引書目録　同年　七月

年・月	代　緒　墨　書	年・月
天保7・7		
天保8・3		
天保8・3		
天保8・3		
天保4・正 天保4・5	中清書、再校合、酉　九月五日始ム、〈如此タイシャ墨ヲ以テ注本文、則再校の印也、已下倣之、〉 廿三日校了、 首書当本ニすへし、書入済□、十月十七日校合も了、 古画巻入用／年中行事五月近衛騎射図一枚、……	天保8・9
	酉　九月廿四日、中清書再校始メ、廿八日了、 首書あり、書入済并校合了、酉十月十七日、	天保8・9 天保8・10
	酉　十一月廿三日、中清書再校了、	天保8・11
天保7・8	□〔十ヵ〕月十九日校始メ、十一月十九日了、	(天保8・10ヵ)
天保7・6～7 天保8・2～3	酉　十一月廿日、中清書之□〔再ヵ〕校始メ、十二月七日了、	天保8・11～12
天保7・8	中清書再校、酉　十二月廿三日始メ、戌二月三日了、下札七枚、三月六日書直シ校了、	天保8・12～天保9・2
天保7・7～9	中清書再校合、 戌　二月四日始メ、十四日了、後考へき下札五枚アリ、	天保9・2
天保7・4～7	中清書再校合、 戌　二月十六日始メ、十八日一見了、廿一日本書ニ当り、且分合算勘了、書直し筆者ニ渡スへし、書直シ十四枚也、 絵巻物類なし、 出来之分、戌　三月十七日、	天保9・2 天保9・3
天保7・4 天保7・7	中清書再校合、 戌　二月廿二日始メ、廿四日了、廿五日本書ニ当り、追差図入レ了、書直し筆者ニ渡スへし、〈但書直七枚アリ、〉 絵巻物類なし、 出来之分、戌　四月五日、	天保9・2 天保9・4
天保7・4	中清書再校合、 戌　二月廿四日始メ、廿九日了、書直しなし、 絵巻物類なし、 出来之分、戌　二月廿九日、	天保9・2
天保7・5 天保7・5～6	中清書再校合、 戌　二月廿九日始メ、三月五日了、書直しあり、筆者ニ渡スへし、〈書直済、校了、四月十日、〉 絵巻物類なし、 出来之分、戌　四月十日印、	天保9・2～3 天保9・4 天保9・4
天保7・4 天保7・4～5 天保7・8 天保7・9	中清書再校合、 戌　三月六日始メ、十日了、書直しあり、筆者ニ渡スへし、〈済、四月十八日、〉 絵巻類なし、 出来之分、戌　四月十九日、	天保9・3 天保9・4 天保9・4
天保6・10 天保7・4	中清書、再校　戌　三月十七日始メ、廿二日了、書直し二枚あり、筆者ニ渡スヘシ、……	天保9・3
天保7・8	中清書、再校　戌　三月廿二日始メ、四月三日了、 書直し十四枚あり、筆者渡スヘシ、	天保9・3～4

表2　蓬左文庫本「補正本」の注記

冊次	巻次	巻名	朱書
1	引書目録		天保七年七月廿二日校合すむ、
2	目録　上		酉　三月十七日校了、三月十九日毎巻目録校了、
3	目録　中		酉　三月九日校了、三月廿日毎巻目録校了、
4	目録　下		酉　三月十四日校了、三月廿日毎巻目録校了、
5	一　上	都城 左京	「天保四年正月九日読合はしめ、十一、二日了、十四、五、六日図校了、」（貼紙） 「巳　五月九日再三改了、／不審五ヶ所あり、尚可改、其外出来也、」（貼紙） 「類典校了、不当のもの多し、／三月廿一日しるす、」（貼紙）
6	一　下	都城 右京	
7	二　上	宮城 上	
8	二　下	宮城 下	申　八月七日、不審ありて再校始ム、十三日図及首書共校了、
9	三　上	朝堂院 上	申　六月廿二日より再校始メ、〈書直シ多ニ……此再校ス、〉七月十七日了、 酉　二月十三日図及首書等書入、校合了、三月七日、
10	三　中	朝堂院 中	首書いまた校无、申　八月十四日、首書・図とも再校了、
11	三　下	朝堂院 下	天保七申年七月再校合すむ、図尚可考、九月十九日書直□□□校了、
12	三　附録上	大嘗宮 上	申　四月七日校始メ、十三日了、七月五日書損之分書直し済、七月廿三日又々校了、首書なし、
13	三　附録中	大嘗宮 中	申　四月十三日校〔始脱〕メ、十八日了、 申　七月廿五日、図及脱文直し校了、
14	三　附録下	大嘗宮 下	申　四月十九日校始メ、廿一日了、
15	三　附録 続録	（続編）	申　五月廿三日より校始メ、廿八日了、幷図校済、図者中に書改むへきあり、 同廿九日書直し之分、□□□ニ渡ス、六月八日書直し出来、
16	四　上	豊楽院 上	書損書改之上、校合了、申四月三日、 四月廿七日読合了、五月三日図校合了、 元本首書校了、**当本**江書入へし、申八月十六日、 **当本**首書了、校了、九月廿四日しるす、
	（欠）	（豊楽院 下）	
17	五	武徳殿	未十月廿八日、図及書直しに筆者小沢江渡ス、 申四月書直し済、幷校了、 首書二、三ヶ条あり、これはのちに書入へし、……
18	六	外郭	天保七申年八月校合すむ、但し図猶可考、 八月廿四日図校了、しかるに書改……あり、

年・月	代　緒　墨　書	年・月
天保2・8 天保4・8 天保7・6～7 天保7・7	中清書、再校　戊　四月十日始メ、十六日校了、十八日首書不残考へ書入了、 但元筆者書損多有之所ハ見へ□けれハ書直ス、〆廿三枚筆者ニ渡スへし、	天保9・4
天保7・12	中清書、再校　戊　四月十九日始メ、廿二日了、 書直しなし、出来之分、戊　四月廿二日、	天保9・4
天保7・6	中清書、再校　戊　四月廿三日始メ、廿六日了、閏四月四日より□□改メ……、十日了、 書直し廿一枚あり、下り札二枚、	天保9・4～閏4
天保2・8 天保4・9 天保5・3	中清書、再校　戊　四月廿七日始メ、閏四月三日了、書直し十枚あり、	天保9・4～閏4
天保2・8 天保4・10 天保5・5 天保6・6 天保6・6	中清書、再校　戊　閏四月廿一日始メ、廿四日了、書直し八枚あり、出来之事、	天保9・閏4
天保2・3～4 天保3・7	中清書、再校　戊　閏四月廿五日始メ、五月朔日了、書直シ廿一枚あり、下ケ札四枚、	天保9・閏4～5
天保5・5	中清書、再校　戊　五月六日始メ、九日了、十枚の書直しあり、〈出来之事、〉	天保9・5
天保7・9	中清書、再校　戊　五月九日始メ、〈十日・十一日・十二日・十三日休、〉十五日昼ニ了、書直シ十三枚あり、	天保9・5
天保2・9 天保5・3 天保5・4～5	中清書、再校　戊　五月十五日未剋より始メ、十六日申上剋了、書直シ十二枚あり、	天保9・5
天保5・5 天保6・6 天保8・2	中清書、再校　戊　五月十六日未ノ下剋始メ、十七日申中剋了、書直し九枚、	天保9・5
天保5・5～6	中清書、再校　戊　五月十八日始メ、十九日未剋過了、書直し七枚あり、	天保9・5
天保7・3	中清書、再校　戊　五月廿八日巳上剋より未下剋校了、書直八枚、下ケ札なし、 絵巻なし、	天保9・5
天保7・4	中清書、再校　戊　六月十日、午中剋より未上剋了、〈斎院図一枚、〉 元本、首書沢山ありといへとも、不残書入ニ不及候、その故ハかかる類加筆する時ハ、不尽事也、故止了、	天保9・6

冊次	巻　次	巻　名	朱　　　書
19	七	中和院	「卯　八月十九日出来、 〈巳　八月廿一日読合始メ、廿三日・廿五日・廿七日・廿九日了、／九月二日・三日・四日・五日図考了書損出来、□十一日書直初メ、〉」(元表紙ウラ貼紙) 天保七年六月再校合すむ、図何れしも悪し、尚校合すへし、同七月廿日図校了、しかれとも末の図不審あり、尚考へし、 首書再見了、当本江書入へし、申七月十日、七月廿六日しるす、／首書済、但拙考の首書少し残りあり、
20	八	蘭林坊 以下	首書出来、申　十二月三日校了、
21	九	内郭	申　六月十日書損書直シ後、再校始メ、十二日了、尚図再校すへし、
22	十　上	紫宸殿 上	卯　八月廿六日出来、 巳　九月廿六日……（十月）七日読合了、 折紙元本ニよりて吟味之事、他ハ皆出来、　午　三月十三日書、
23	十　下	紫宸殿 下	「卯　八月□五日出来、 巳　十月十二日始メ、十一月三日図とも校合了、 午　五月三日書改メ出来、」(元表紙ウラ貼紙) 未　六月十二日鈴木江渡ス、十九日首書済、 元本首書吟味済、筆者へ渡スヘシ、五月十九日、 未　六月廿七日首書出来之上、校合了、但末之方三、四ヶ所いまた首書可注見合有之、幷本文元本無之、不審之条々沢山有之候、追而吟味之事、
24	十一　上	清涼殿 上	卯　三月十日首書筆者江渡ス、廿三日首書出来、四月六日校合了、 「□　二月十五日書損直して、又十八日校合済、 辰　七月廿三日出来、〈巳十一月□日読合初メ、同卅日読合了、／校合直し、十二月六日より九日了、〉」(貼紙)
	(欠)	(清涼殿 中)	
25	十一　下	清涼殿 下	午　五月二日首書出来、同十九日読合了、□出来之分也、 「□　□月□日読合了、〈二月十五日本文直し済、／　二月十八日図直し済、〉
26	十二　上	後涼殿 以下	四月十八日首書ニ渡ス、廿二日首書出来、 首書いまた□校合、申九月十三日首書校了、
27	十二　下	射場殿 以下	「卯　九月廿八日出来、午三月十三日読合始ム、」(貼紙) 首書ヲ筆者ニ渡スヘシ、午　四月廿六日、五月二日、首書出来、
28	十三	仁寿殿 以下	「礼儀類典不當条、有半、」(貼紙) 「この冊……・多し、所々書改むへし、〈首書校了、酉二月□□、〉／□□元本首書再見了、仍て筆者ニ渡へし、午五月十八日しるす、」(貼紙) 「未六月首書幷本文直し済候處、相改メ、尚書直し有之候者、□筆者江渡ス、 十月三日津坂より、 図直し首書校済、〈十一月十三日しるす、／酉二月十日□□、首書□□□校了、」(貼紙)
29	十四	宜陽殿 以下	午　五月廿一日校合始メ、六月四日了、同五日直し済、書改へき所、三・四枚有之、図校六日了、 引用元本無之、不審之条々、　経俊記
30	二十　附録	太政官附録	申　三月廿二日校始メ、廿五日了、
31	続編　附録	摂関以下第 二	申　四月五日、津□坂　校合了、

・目録上中下 天保八年（一八三七、酉年） 三月

〇再校

・巻一上　天保八年（一八三七、酉年） 九月（始め）

〜

・続編附録　天保九年（一八三八、戊年） 六月（終了）

以上の整理より、改めて補正本作成の経緯をまとめると次のようになろう。

一、被校訂本に基づいた補正本の最初の作成は天保二年（一八三一）から翌三年にかけて行われた。これが「出来」と記されるものである。

二、次に補正本の「読み合わせ」が、天保四年（一八三三）から天保七年（一八三六）にかけて行われた。

三、「読み合わせ」と併行して、天保四年から天保八年頃にかけて「校合」が行われた。この「校合」はまず本文について順次行われ、その後、天保七年に「引書書目」、翌八年に「目録」上・中・下についても行われた。

四、「読み合わせ」及び「校合」がひと通り済んだ後、天保八年（一八三七）より「再校（合）」が開始された。これは翌九年までの約一年間ほどで行われたようである。先に掲出した巻一上の注記cの割注に「如此タイシヤ墨ヲ以テ注本文、則再校の印也、已下倣之」とあるように、再校の結果は「タイシヤ墨」(5)によって記されていることが分かる。

五、注記に見える「当本」は補正本、「元本」は被校訂本をそれぞれ示すものと思われる。また「中清書」の注記は中清書本という意味で、補正本そのものを指すものと考えられる。

二、京都府立総合資料館所蔵内藤本『大内裏図考証』の検討

本節では、京都府立総合資料館に所蔵される内藤本『大内裏図考証』（整理番号　和・三三一・四二）について検討を加える。当本は『大内裏図考証』の写本研究の中でこれまで殆ど触れられてこなかったものであるが[6]、その内容を詳細に検討すると、蓬左文庫本補正本の欠失部分を補えるなど、注目すべき写本であることが判明した。そこで以下、内藤本『大内裏図考証』について検討したいと思う。

㈠　内藤本の概要

まず内藤本の書誌について記す。全四十六冊で、袋綴じの冊子本。法量は縦二六・九cm、横一九・三cm。表紙は薄茶色で丸形花文様が付される。引書目録や全体の内容目録に相当する冊はなく、第一冊が巻一上から始まる。ただし、各冊ごとに冊内目録はある。現状の第四十五冊がいわゆる続編の「摂関已下第二」に相当し、第四十六冊が「巻三附録　続録」に相当する以外は、内容的に全て正編に属するものである（表1参照）。

各冊とも表紙には「都城　左京」（巻一上）など内容が打ち付け書きされ、また新旧二種の整理ラベルが貼られている。この二種の整理ラベルはいずれも冊次が一から五十まで与えられており、当本はある時期まで五十冊あったものであろう。しかし、現状では、第三十五冊（巻二十中）・第三十六冊（巻二十下）・第三十七冊（巻二十附）・第四十冊（巻二十三）に相当する四冊が欠けている。したがって、第三十四冊よりあとの実際の冊次は、ラベルの冊次から三、あるいは四を引いたものとなる。

各冊には内表紙があり、例えば第一冊（巻一上）には左端に「大内裏図考証　一上」と代赭墨で記され、また「墨付八十三丁」と墨書される。右端には「天保八、酉、九、廿三日、中清書校合了」と代赭墨で書かれている。またその左には、

古画

年中行事 五月 近衛騎射図　二枚

一遍上人絵伝之内　七条市町図

四条河原図

已上四枚

と代赭墨で記されている。この第一冊の内表紙は、表紙に糊付けして貼られていたものが糊離れしているためこうした記述が読めるのであるが、他の冊の内表紙は全て表紙に貼り付けられたままである。しかし、第二冊の内表紙にも「酉、九月廿四日、中清書再校始メ、廿八日了」の朱書、「墨付六十六枚」の墨書が確認でき、他の冊の内表紙にも「一校了」などの朱書が見える。これらの注記は、前節で記した蓬左文庫本補正本の注記と同様のものであることが注目される。

また、巻十九（第三十三冊）と巻三十（第四十四冊、現状の冊次。以下同様）を除き、各冊の本文冒頭には「藤原朝臣広前謹補正」の署名がある。この書名は他筆の冊の方が二十八冊と多いが、広前の自署も十六冊確認される[7]。一方、本文は全体的に他筆であるが、巻四上（第十一冊）・巻四下（第十二冊）・巻七（第十五冊）の三冊は広前の自筆とみられる。また首書（頭注など）のうち、墨書の部分は他筆が殆どであるが、代赭墨で書かれたものは広前の自筆とみられる。なお各冊とも本文の前にある冊内目録から丁数番号が付されている。

蔵書印は各冊ごとに「賢木園文庫」（長方形朱印、縦六・六cm、横二・五cm、賢木園とは広前の号）及び「神木舎記」（方形朱印、縦二・八cm、横二・七cm）の二種が捺されている。またこれ以外の印記として「京都府図書印」（方形朱印、縦四・五cm、横四・五cm）、「京都府文庫」（長方形朱印、縦七・六cm、横二・五cm）、「京都府立総合資料館蔵書印」（方形朱印、縦四cm、横四cm）の三種がある。

なお、内藤本では、第三十一、三十二、三十三、三十四、三十五、三十六、四十五冊の計七冊において、上部に大きな破損が存する。

記載形式上の特徴としては、料紙の下から約四分の三のスペースに裏松固禅の『大内裏図考証』本文を書き写し、残りの上約四分の一に補訂史料や広前の按文等を首書の形で記している。これは、蓬左文庫本『大内裏図考証』の補正本（三十一冊本）と同じ形式であり、内藤本が蓬左文庫本補正本と密接な関わりがあることを示している。広前の蔵書印、広前の自筆の署名に加え、広前の手で本文が書写された冊があったり、自筆の付箋も散見されることから、京都府立総合資料館が紹介するように、内藤本は広前所持本であることは間違いないと思われるが、さらに言えば、内藤本は補正本の写本あるいは校訂本の可能性があろう。この点については次項で改めて検討する。

当本の伝来については、上記の各種蔵書印や新旧整理ラベルが手がかりとなる。まず蔵書印からみると、「賢木園文庫」や「神木舎記」から、内藤広前自身が所蔵していたものであるが、その後は、集書院の蔵書印「京都府図書印」[8]、そして京都府庁旧一号書庫の蔵書印「京都府文庫」が捺されているので、

内藤広前↓某↓集書院↓府庁旧一号書庫

という伝来が想定できる。次に新旧整理ラベルについては、旧整理ラベルは京都府庁旧一号書庫の所蔵本に対して貼られたものとみられている。一方、新ラベルは京都府立京都図書館が昭和二十六年以前に受け入れた本に対して付されたものという[9]。ついで同図書館より、昭和三十八年に開館した京都府立総合資料館へ移管がなされ、現在に至る。

(二)内藤本と蓬左文庫本との比較

次に、内藤本と蓬左文庫本補正本とを比較検討したい。

本文の書き方を見ると、その字詰め及び行詰めは内藤本と補正本は同じである。ただし内藤本の巻一上（第一冊）は内表紙のあと白紙が十丁あり、次の丁から「大内裏図考証第一之上目録」が記されるが、上述の如く、補正本では内藤本の白紙部分に相当する箇所に「大内裏図考証補正のはしかき」が五丁にわたって存する。この意味するところは、内藤本が作成された段階において、補正本にあるような「はしかき」を記す、あるいは写す意図があったものの、それが行われなかったということであろう。

また、本文の校訂や首書などの様子について、巻七（中和院）を例として両本を比較すると、次のような諸点が指摘できる。

①補正本の中で朱書により校訂している箇所（文字、行詰め等）が、内藤本ではその校訂に従って正されている。

②補正本で代赭墨によって記されている首書（頭注等）は、内藤本では墨書されているところが多い。

③補正本の中で記された広前の按文について、内藤本ではさらに文字や文章を修正する指示が存する。

④広前の按文につき、故実叢書本と補正本・内藤本それぞれとを比較すると、故実叢書本は、補正本よりも、内藤本において修正された箇所や追加された注記と同じ部分が多い。例えば、内藤本巻七第二十二丁で「広前按……」の書入を×で消していたり、同巻第三十五丁の首書を二重線で消していたりしている。これらは補正本ではそのまま記載が残っているが、故実叢書本では内藤本での指示どおり抹消されている。

このように、字句の校訂から見ると、内藤本は補正本の一写本であり、また補正本を校訂した本であるとも言える。従来、故実叢書本の底本を蓬左文庫本の補正本とする考え方もあったが、校訂の状況を詳細に検討すると、蓬左文庫補正本よりもむしろ内藤本の方が故実叢書本に近く、内藤本のような補正本を写した（あるいは校訂した）写本が故実叢書本の底本とされた可能性が高いと思われる。

(三) 内藤本の意義

前項までの検討をふまえ、ここでは内藤本の意義について論及する。結論から先に言うと、内藤本の最大の意義は、蓬左文庫本の補正本の欠失部分を多く補えることである。

表1により両本の巻次の対応を確認すると、補正本に欠けていて内藤本に存在する巻次は、四下（豊楽院 下）・十一中（清涼殿 中）・十五上（東軒廊 以下）・十五下（敷政門 以下）・十六（綾綺殿 以下）・十七（常寧殿 以下）・十八（五舎）・十九上（神祇官 乾）・十九下（神祇官 坤）・二十上（太政官 上）・二十一（外記庁）・二十二（侍従所）・二十四上（大学寮 上）・二十四下（大学寮 下）・二十五（治部省 以下）・二十六（宮内省 以下）・二十七（弾正台 以下）・二十八（左近衛府 以下）・二十九（神泉苑 以下）・三十（真言院）であり、冊次としては都合二十冊にも及ぶ。そして、これら補正本に欠けていて内藤本に存する二十冊の内容を故実叢書本の当該諸巻と比較すると、いくつかの点が指摘できる。次にそれを例示する。

○巻四下（豊楽院 下、第十二冊）

第十丁表に「以上座次史生等左右相分訖、諸司六位」の挿入指示が代赭墨で記されているが、明治三十四年の故実叢書本にはなし。

第十丁裏に「両国標（中略）寛平雨儀、王卿立顕陽堂、五位以上立」の挿入指示が代赭墨で記されており、これは故実叢書本にも記入がある。

第二十五丁表に「広前按、……」の按文が代赭墨で記されており、故実叢書本にも同様の記入がある。

第二十五丁裏に「広前按、……」の頭注が代赭墨で記されているが、故実本にはなし（ただし昭和四年の故実叢書本補訂版にはこの頭注あり）。

第四十一丁表に「広前按、……」の頭注が代赭墨で記されており、故実叢書本にも同様の頭注がある。

第五十三丁裏〜五十四丁表に「広前按、……」の頭注が代赭墨で記されているが、故実叢書本にはなし（ただし昭和四年の故実叢書本補訂版にはこの頭注あり）。

第六十一丁裏〜六十二丁表に「広前按、……」の頭注が代赭墨で記されているが、故実本にはなし（ただし昭和四年の故実本補訂版にはこの頭注あり）。

○巻十一中（清涼殿中、第二十一冊）

「朝餉間」の項の中で、朱書で「而御座此時、女房参入有其憚、仍召蔵人也、上格子、御夜御殿間、女官所奉仕也」の挿入指示があり、故実叢書本ではその通りに挿入されている。

「上戸」の項の中で、朱書で「年中行事画及」の挿入指示があるが、故実叢書本にはなし。

「神仙門異説」の項の中で、「按、所謂上戸者当時里内製矣」の朱書があるが、故実叢書本ではこれがなく「（下略）」とする。

「小庭」の項の中で、「又曰、（上略）或於小庭仰之、大索例歟」が代赭墨で挿入されており、故実叢書本ではこれを本文に記す。

○巻十八（五舎、第三十一冊）

「山吹」の項の中で、「山吹のはなに」に続いて、貼紙にて「已下不分明なるも善本を得て書入へし」と代赭墨で記されているが、故実叢書本では「かうしを折て、……」の一文を記す。

○巻二十二（侍従所、第三十五冊）

「四面砌」の項の中で、「江次第」を「山槐記曰、治承二年、正月廿日、乙卯、（上略）」と代赭墨で直している。そして、故実叢書本ではその直しの通りに本文が記載されている。

○巻二十四上（大学寮 上、第三十七冊）

「西舎」の中の図面において、「広前按、……」の按文が代赭墨で記されており、故実叢書本にも記載がある。

○巻二十四下（大学寮 下、第三十八冊）

「弘文院」の項の次に記す「広前按、……」の按文の文章中、「首書を加えて」の文言が、故実叢書本では「玆にしるして」となっている。

これらの点から言えることは、故実叢書本が内藤本の挿入指示やその他の校訂通りに訂正されている箇所もあれば、そうなっていないところもあるということである。したがって、内藤本が故実叢書本の直接の底本とは考えにくいが、補正本の失われた巻次における広前の補正作業を知る上では、やはり内藤本の存在は重要であると言えよう。なお、故実叢書本では巻三十二として「武徳殿御帳」以下、また別録として「御屏風之巻上」と「御屏風之巻下」を収録するが、これらは内藤本にはない。

また、内藤本に欠けていて補正本に存する巻は巻二十附録（太政官 附録）であり、両本ともに欠失しているのは、巻二十中（太政官 中）・二十下（太政官 下）・二十三（中務省・式部省）である。

さて、内藤本のもう一つの意義として指摘できるのは、これまでにも述べてきたように、故実叢書本に近い写本であるということである。故実叢書は今泉定介により明治三十二年（一八九九）より刊行が開始されたが、その中で「大内裏図考証」は明治三十四年（一九〇一）から刊行された。[10] 次に引用する「故実叢書緒言」（『故実叢書 本朝軍器考』所収）は、故実叢書刊行に至る経緯を示すものであるが、故実叢書本「大内裏図考証」の底本を考える上でも注目すべきものである（傍線は引用者）。

回顧すれば今より四、五年前の春の頃なりき、二、三の学友と相会して何くれと談話しつるついで、世国史国文の学ぶべきを知りながら、法制故実の学問を貴ぶべきを知らざるに似たり、（中略）余その後研究の必要ありて故実に関する古書をつぎつぎ謄写せしめたりしに、いつの程にか数函に満てるに至れり、然れどもこれ固より九牛の一毛たるに過ぎず、昨年の五月にや、此等の古書をひとり秘め置かんも学界に益なきを感じ、彼の二、三の学友にもはかりて、いよいよ出版せんことを吉川書肆に告ぐ、然るに書肆亦深く余が素志を賛し、爾来材料の蒐輯に心を注ぎ、或は人を京都にはせて大内裏図および考証等を購ひ、或は自ら一の関に赴きて本間温和君の蔵本を借覧するなど、いはゆる東捜西索つとめたりといふべし、かくて本年十月に至りて終に出版の事を世に公にすることとはなり、

（中略）

又東京帝国大学総長より大学の図書館および史料編纂の蔵本につきて校訂・謄写の事を許可せられ、益を得ること甚だ多し、これ亦余の永く忘るること能はざる所なり、

本書校訂の方法は、（中略）此の書、かく一定の方法を以て校訂することを得ざれば、一書の巻首ごとに其の書の解題および校訂の大要をしるす事としたり、

明治三十二年十二月　　今泉定介識

この中に、「人を京都にはせて大内裏図および考証等を購ひ」とあるように、故実叢書において『大内裏図考証』を刊行するため、今泉は人を京都に派遣して「大内裏図」や「考証」（大内裏図考証）の写本を購入したことがうかがえる。

すなわち、故実叢書本「大内裏図考証」の底本は、名古屋にあった蓬左文庫本『大内裏図考証』の補正本ではなく、明治三十一、三十二年頃まで京都に存した補正本の写本であったことになろう。これが内藤本そのものではないと思われるが、内藤本に近い写本が今泉により購入され、故実叢書の底本に用いられたものと考えられる。

なお、「大内裏図考証小伝」（『故実叢書　大内裏図考証』首巻所収）には、

此の書は、大内裏の結構をわかちて、（中略）沿革・制規等を精細に考証し、（中略）各部に其の図を示して構造の様式を証せり、殊に近世博覧多識を以て称せられたる広前翁が厳密なる校訂・補正を加へたれば、大内裏の研究には本書を除きて復他に求むべからず、唯惜しむらくは写本を以て伝えしため、往々にして魯魚の誤あり、故に今、宮内省本および図書館本等によりて比較校訂し、尚疑はしきは原書に遡りて訂正したり、（中略）

此の書、校正は井野辺厳水・高橋万次郎・穂苅信乃の三氏おもに其の労をとらる、ここに記してその芳情を謝す、

と記され、「宮内省本」及び「図書館本」等によって校訂を行ったこと、校正には井野辺厳水・高橋万次郎・穂苅信乃の三名が主に当たったことなどが知られる。「故実叢書緒言」の後段傍線部分も考え合わせると、比較校訂した「図書館本」は東京帝国大学図書館本を指すものと考えられ

る。また「宮内省本」は、裏松固禅が寛政九年（一七九七）に朝廷へ献上した献上本かと思われる(11)。

おわりに

本稿では、裏松固禅『大内裏図考証』の補正について内藤広前による補正本を中心に検討を行った。その結果、蓬左文庫本の補正本の作成過程、広前自身が所持していた補正本の校訂写本たる内藤本の重要性などが明らかとなり、また、現在流布している故実叢書本の成立に至る経緯を概観することができた。

かくして裏松固禅が著した『大内裏図考証』は、内藤広前の補正を経ることにより内容的に一層確かなものになったと言えるであろう。ただし、広前の補正がなされた当時、藤原貞幹門下の山田以文が次のように批判していたことも留意しておくべきかもしれない。

> 此節、大内考証ヲ、尾張ノ人煩文ヲ除、誤ヲ正シ、改正スヘキ由ヲ伝承ス、是全ク此書未訂ノ書ヲ世ニ弘メテ、入道殿《裏松固禅》ノ御名ヲ汚ス狡児ノ所為ナリ、抑入道君、造内裏御用ニ日ニ参内、片時モ校正ノ暇ナク、既ニ貞幹没後ナレハ、真実校正ヲナス人モナクナレハ、空ク未訂ノマ、ニテ入道殿モ卒去シ玉ヘリ、尤御寿命アラハ校正シ給フベキ也、此子細ヲ知スシテ、妄ニ此書ノ疎漏ヲ誹謗スルハ、不当ノ論ナリ(12)、

註

1　内藤広前については、「大内裏図考証小伝」（『故実叢書　大内裏図考証』首巻、一九〇一年）に「内藤広前、はじめ広庭と称せり、賢木園は其の号なり、幼より学を好み内外の書籍読破せざるはなし、長じて和学講談所出役たりしが、後これを辞して一意研学に従事せり、文化中、尾張侯の為に大内裏図考証を校訂し、其の誤を正し、足らざるを補ひ、新に全図九巻を製作し、これを添えて以て完璧としたり、刊行の大内裏図考証即ちこれなり、翁、又水野家のために丹鶴叢書を編輯し、八代集作者伝を作り、又国史拾遺二十巻を著し、慶応二年歿せり、年七十九」と記されている（ただし、この中で「文化中」とあるのは「文政中」の誤り）。また、大川茂雄・南茂樹編『国学者伝記集成』（大日本図書、一九〇四年）、逸見仲三郎編『慶長以来国学者史伝』（青山堂書房、一九二六年）、西井

芳子「内藤広前」（『平安時代史事典』角川書店、一九九四年）等も参照。

2 蓬左文庫本『大内裏図考証』を紹介し、内藤広前の補正作業を検討した研究として、福田敏朗「『大内裏図考証』の成立について―裏松固禅の製作と内藤広前の補正―」（『京都府埋蔵文化財論集』第一集、一九八七年）がある。以下、本稿で福田氏の研究について触れる際は、すべてこの論文による。

3 裏松固禅も大内裏図・朝堂院図など各種図面を作成していたことについては、詫間直樹「裏松固禅の著作活動について―『大内裏図考証』の編修過程を中心として―」（『書陵部紀要』五五号、二〇〇四年）において指摘した。またⒸ部分の割書に見える「宮室図」については、藤田勝也『近世故実家による公家住宅研究の実態ならびにその学史的意義に関する研究』（平成一八年度～平成一九年度科学研究費補助金　研究成果報告書、二〇〇八年）、赤澤真理「絵師が編纂した住宅史料にみる復原考証の確立」（『源氏物語絵にみる近世上流住宅史論』中央公論美術出版、二〇一〇年）などを参照。

4 福田氏はa～hの注記について「巻十上　紫宸殿」の冊に書き込まれた年紀とするが、これは「巻十下」が正しい。また福田氏は「（天保七年）申八月十四日類典の校合はじめ十七日了　不審のもの多し」も挙げるが、この記載は「巻十上」あるいは「巻十下」に見えない。

5 「タイシヤ墨」の「タイシヤ」とは「代赭」であり、すなわち茶色を帯びた、だいだい色、赤土色を指す。

6 京都府立総合資料館が公開している京都北山アーカイブズの「資料解説（文献課一七年度追加分）」において、当本が次のように紹介されている。

これは、国学者で幕臣でもあった、内藤広前（ひろさき）（寛政３（１７９１）年～慶応２（１８６６）年）による補訂本で、「賢木（さかき）園文庫」（賢木園とは広前の号）、「神木舎記」という二種の蔵書印が捺されています。広前は尾張藩主徳川斉朝の命により『大内裏圖図考證』を考訂し、全図を制作して斉朝に献上しました。現在この補訂本は名古屋市蓬左文庫に所蔵され、『大内裏圖図考證』としては最も広く流布している、故実叢書本の底本となったものと考えられています。当館の所蔵本には、広前の蔵書印が押印されていることから、広前が自身の控えとして所持していたものではないかと推察されます。

ただし、本文で述べるように、蓬左文庫本が故実叢書本の直接の底本となったとは考えにくい。

7 署名につき、広前自筆の冊は第一～四、十一～十三、十五、十七、十八、二十～二十三、三十一、三十四の各冊、他筆の冊は第五～十、十四、十六、十九、二十四～三十、三十二、三十五、三十六、三十七～四十三、四十五、四十六の各冊である（いずれも現状の冊次）。

8 京都府立総合資料館文献課「明治初期の蔵書（一）―学習院・漢学所の蔵書―」（『資料館紀要』七号、一九七九年）の付図による。また同課「明治初期の蔵書（三）―集書院の蔵書―」（『資料館紀要』一二号、一九八四年）には「京都府立総合資料館所蔵　旧集書院蔵書目録」が掲載され、この中に「〈風俗史〉／大内裏図考證（写）　天保年間　四六（和三三一・四二）Ｘ」と記されている。

9 京都府立総合資料館文献課の松田万智子氏のご教示による。

10 「大内裏図考証」は故実叢書第二輯として十四冊が刊行された。首巻・巻一は第六回として明治三十四年十一月に、巻三・巻四は第七回として同年十二月に、巻五から巻八は第九回として明治三十五年三月に、巻九から巻十三は第十回として同年五月に、それぞれ刊行されている。

11　侍講局の「侍講日記」（宮内公文書館所蔵）明治十二年（一八七九）六月二日条には、「大内裏図考証　五十冊　壱箱」を吹上御文庫に送ることが記されている。これが献上本と思われ、現在は宮内庁書陵部が所蔵する。

12　静嘉堂文庫所蔵『山田以文雑著』（全六十三冊、八五―五八）の第四十四冊「山田遺穂草藁」に固禅の業績を記した「四十三　裏松入道殿学問の事」があり、その頭書にこの記載がある。

近世中期における御殿造営——緋宮御殿造作を中心に——

長坂　良宏

はじめに

近世の京都御所造営については、藤岡通夫『京都御所』や平井聖編『中井家文書の研究　内匠寮本図面篇』の二つが、その先駆けかつ代表的な先行研究に挙げられるであろう(1)。その後の御所造営に関する研究は主に建築史や美術史学から多くの研究成果が出されており(2)、今回刊行された『造内裏御指図御用記』を用いた研究も多く存在する。

一方、近世史学に目を向けると、御所造営については、藤田覚氏の研究が挙げられる(3)。藤田氏は、寛政の内裏造営について、建築史以外での先行研究として、衣笠安喜氏、尾藤正英氏を挙げ(4)、両者ともに「費用を惜しまず古制に則った」御所造営を行ったという記述が共通している事を指摘し、御所造営に関する通説的理解の修正及び寛政期の朝幕関係の解明を行った。交渉過程を詳細に検討し、幕府による造営が、決して「費用を惜しまず古制に則った造営」などではなく、幕府の当所の案としては、焼失以前と同じ規模の御所を造営する事にあったこと、しかし、結果的には、松平定信、幕府側が朝廷側に押しきられる形で、復古的な造営をせざるを得なくなった事を明らかにし、定信は朝廷の強い姿勢に警戒心を抱き、これ以降の朝廷の新規の要求を拒否することを決意し、所司代以下に指示を与えた事を指摘している(5)。

この藤田氏の研究により当時の御所造営を巡る朝幕交渉の詳細が明らかにされたが、その後、こうした内裏造営、あるいは近世に多く見られる院御所、東宮御所、女院御所等の御所造営の分析が、当該期の朝幕関係を視野に入れてなされた研究は非常に少ない。近世は生前譲位の通例が復活した事により、院御所、東宮御所、さらには新院御所と御所が群立する状況が存在した。それにより各御所ごとの番衆編成や新家取り立てが行われた事はすでに指摘されている所だが[6]、こうした御所群立にも拘わらず、禁裏御所以外の御所あるいは御殿造営に関する研究はほとんどないのが現状である。禁裏御所だけでなく、近世で多く見られた御所ないし御殿造営、さらには御所運営を検討・分析していく事で、近世の御所・御殿造営の実態やその変遷が明らかになると考える[7]。そこで本稿では、近世期に多く造営された御所造営・御殿造営及び御所修復の一事例として、宝暦期に行われた緋宮の御殿造営について取り上げたい。また本稿で用いる史料は『大日本近世史料　広橋兼胤公武御用日記』が中心となる[8]。この史料は当時武家伝奏を勤めていた広橋兼胤の公武日記であり、特に注記がない場合は本史料からの引用である。また史料の闕字・平出については省略した。

一、青綺門院からの緋宮別居と御殿造営の意向

最初に、緋宮御殿の造営とその造営過程について見ていきたい。まず緋宮について述べておく[9]。緋宮は桜町天皇の第二皇女として、元文五年（一七四〇）に誕生した。母は女御舎子（二条吉忠の娘、後の青綺門院）である。幼名を以茶宮、後に緋宮となる。弟に八穂宮、後の桃園天皇が居る。寛延三年（一七五〇）三月、緋宮が十一歳の時に親王宣下を受け、智子と名付けられた。その後皇太后となっていた実母の青綺門院への所領増地を、朝廷が幕府へ願い出た際、同時に智子内親王へも三百石の御料進献を願い、同年十月、幕府は青綺門院へ千石、智子へ三百石を進献している[10]。

内親王となった緋宮は、その後生母である青綺門院と同居していたが、緋宮の成長に合わせ、別居、御所造営という話が朝廷内で持ち上がっ

てくる。

一、大御乳人被申、昨日大典侍局（筆者注・姉小路定子、以下筆者注は略す）被参女院御所之処、緋宮段々御成長被遊候間、近年之内御別居被遊度被思召候、宜御沙汰被遊被進候様ニ被仰進ニ而、被仰出候、宜取計候、尤今年中抔と申儀ニ而も無之、格別御急と申訳ニ而ハ無之候へ共、関東往復等も可有之候間、先此節被仰出候、御所ハ礼成門院（孝子内親王）御在所之旧地可被造作候、併彼御敷地狭少ニ候間、北隣七条家敷地被召上、右両敷地ニ御殿被建度候、七条江被下候替地等之儀、宜取計被仰出之由也、尚右京大夫（京都所司代松平輝高）へ申談、関東江も可懸合申之由申入了、（宝暦七年九月二十日条）

これによれば、緋宮の別居については女院（青綺門院）からの仰せであった事がわかる。女院は大御乳人を通じて、武家伝奏に対し、緋宮の別居と御殿造作を幕府と協議するよう命じている。当該期は桜町院が死去し、院が不在の時期であり、青綺門院が天皇家の家長的な立場にあったが[11]、今回の内親王の別居という問題がそうした立場からなのか、あるいは生母の立場からなのかは判然としないが、緋宮の別居及び御殿造営は青綺門院から武家伝奏へ仰せが出され、それを受けた伝奏が幕府と交渉していく事になる。また後半部分では緋宮の御殿を礼成門院の旧地に造作する事が示されている。尚、礼成門院については後述する。

伝奏はこの仰せを受け、二十四日に京都所司代松平右京大夫輝高の元を訪れ、この女院の意向を伝えている。そして十月二十九日には再び所司代の役宅を訪れ、緋宮別居の事の心覚の書付を渡している。それが以下の史料である。

一、両人向右京大夫亭、面謁、緋宮御方御別居之事申談、心覚之書付渡之、

一、緋宮御方是迄女院御所ニ被成御同居候得共、段々御年齢も被長候ニ付、御別居被有之候様ニ被遊度御沙汰候事、

一、御別居敷地者、後光明院女一宮礼成門院、旧地可被用候、御建物者、先年被除置候桜町院御旧殿之御建物ヲ以、従関東御引立料被進御造作有之候様ニ被遊度候事、

一、礼成門院旧地之分ニ而ハ狭少ニ而御手支有之候間、右旧地之北隣七条右馬権頭居宅地被召上一所被相加度候、礼成門院御居住之節も敷地狭少ニ付、被成御難渋候趣ニ候故、今度者何卒右之通地面被広度候事、

一、七条居宅地被召上候得者、相応之替地被下、并引立料も七条江従関東被下候様ニ被遊度候事、

一、今度緋宮御別居類例、後光明院女一宮寛文元年比より御沙汰有之、同三年別殿江御引移と相見江候得共、関東江其節被　仰進候様之儀者、相考候得共難相知候事、（宝暦七年十月十月二十九日条）

緋宮の御殿は、先の史料にもあるように、礼成門院の旧地を用いる事が示されていたが、ここではさらに寛延三年に死去した桜町院の旧殿の建物を用い、さらに幕府より引立料（支度金）をもらい、造作をしてもらいたいとの朝廷側の考えが示されている。また四か条目では、今回の別居の「類例」として、後光明院女一宮の先例が挙げられている。この後光明院の女一宮こそ、先に出てきている礼成門院の事である。女院号宣下前は孝子内親王と言い、後光明天皇の遺児であった。彼女は江戸時代の皇女に多く見られる摂家へ嫁ぐ事や、出家もせず、天和三年（一六八三）に内親王宣下、宝永五年（一七〇八）に一品に叙され、さらに享保十年（一七二五）に死去した後、准三宮宣下、女院号追号と当時としては極めて異例の待遇を受けている。摂家へ嫁ぐ事なく、また剃髪する事もなかったという点は、まさに緋宮と同じであり、このことから朝廷は今回の緋宮の別居、御殿造営の先例を孝子内親王の事例に求めたものと考えられる。

十一月に入り、武家伝奏は再び所司代役宅を訪れる。そこで所司代から次のような提案を出される。

一、右京大夫示云、緋宮御敷地凝花洞之中ニ而被構候儀ハ成間敷歟、為心得尋之由也、両人答云、件地除地幸之事なから、件地ハ是迄一向不被用被除置候地故、決而及沙汰候而も相成間敷哉与両人存之由示之、右京承諾、（宝暦七年十一月十九日条）

所司代は緋宮の御殿を凝花洞の中に建てる事は可能かどうか武家伝奏に尋ねている。凝花洞とは、後西院御所にあった庭園の事を指すが、所司代がこうした提案をなぜしたのかは不明である。伝奏はこれに対し、凝花洞はこれまでずっと使用されず「除置」かれた地であり、決して用いる事はできないと返答している。所司代はこれを承諾するが、その後、もう一人の武家伝奏である柳原光綱へ礼成門院の旧地ではなく、後院（桜町院）御所の敷地の中を用いるのはどうかと提案している。所司代は礼成門院の旧地を使用するという朝廷側の示した造営場所にやや難色を示しているのである。しかしこれには理由があった

一、緋宮御殿、桜町院御在世中指図をも被仰付、八条前中納言（故院伝奏八条隆英）御預申之由、被聞食候、後院到来年被引払候節、右御指図ニ合候テ可然処可指上候、乍然右之御指図之通ニ而ハ御狭少ニ有之候由被聞食候間、其外ニ二間三間ほと被建度思食候間、是又可指上候由也、申領承了、（寛延三年九月二十二日条）

一、謁宣旨局、被示云、緋宮御殿故院御好之御指図ニ而ハ甚御狭少ニ候間、夫ニ旧殿之中被建添度思召ニ付、旧殿之中可被用処〃八条前中納言江被仰付、御吟味之上御指図被仰付、此所〃〃ト申儀可被仰出候間、両人右之段心得候而宜言上可取計之由、被仰出之由也、（寛延三年十二月十九日条）

青綺門院より緋宮別居の仰せが出される七年前、すでに緋宮御殿の事について、その場所や広さが検討されており、それはすでに桜町院が存命中に院伝奏であった八条隆英に指示を出していた事がわかる。しかし、その指図では「狭少」であり、桜町院の旧殿の中で利用できる場所を八条隆英に改めて女院から命じている事がわかる。寛延三年段階の所司代は輝高の前々任者の松平豊後守資訓であったが、所司代の引継ぎでこうした事情を把握していた可能性は捨てきれないであろう。元々桜町院御殿の中で建てるという朝廷の意向があったからこそ、輝高は礼成門院の旧地に建てるという朝廷の意向に疑問を感じたのではないだろうか。

二、桜町院の御殿造営場所の「思召」と造作場所の朝幕交渉

明けて宝暦八年、女院より次のような仰せが出される。

一、大御乳人被申、緋宮御方御別居被遊候而三百石之御料ニ而ハ、甚可為御不足候、尤自禁中御手当可被進候得共、何とそあまり過分之御心付無之候様ニ被有之度、於女院御沙汰ニ候、何とそ両人致了簡、御不自由無之様ニ可取計由、大典侍殿被申之由也、両人得と遂示談、右京大夫へ可申談候由申入置了、（宝暦八年正月六日条）

以前幕府から進献のあった三百石では不足で、禁裏より手当はあるが、緋宮の不自由のない「心付」を幕府側へ要望するよう、武家伝奏へ命じている。伝奏はこれを承知し、所司代と相談する旨を伝えている。

一方前節で見た緋宮御殿の場所であるが、大御乳人を通じて女院から改めて仰せが出される。

一、大御乳人被申、旧冬右京大夫心付ニ而両人迄申候緋宮御別居御［敷地］、［女］院御［所之］御傍後院之中［ニ］而被構候儀ハ成間敷哉之事、女院へも内［々］被伺候［処］右京大［夫心付］尤ニハ思召候へ共、故院之思召も礼成門院之旧地を可被用思召ニ候間、礼成門院［之御］旧地［之］方御心寄せニ思召候趣ニ候間、右京心付尤ニハ候へ共、礼成門院御敷地之方と可及返答、大典侍局被示了、（宝暦八年正月九日条）

尚、当該史料の［ ］は、校訂者によるものである。ここからは礼成門院の敷地に御殿を造営するのは故院、つまり桜町院の「思召」でもあり、また女院自身も礼成門院の旧地を希望しているため、所司代へは礼成門院の旧地を用いてもらいたいと返答するよう伝奏へ命じている。

しかし寛延三年段階での緋宮御殿はあくまで旧院の中の造営であり、さらに桜町院の「思召」もまた異なっていた。

一、有召参女院御所、小督被出会被示云、緋宮御殿以旧殿之中合指図可指上之由、即御指図被出之、是ハ故院思召ニ而被仰付候御指図、八条前中納言御預申、尚又女院之仰ニ而末々之所取付、新御指図之由也、

（宝暦元年七月二十五日条）

割書部分では、緋宮御殿は旧殿の中で造営する事が故院の思召であると書かれており、それを受け、女院が旧殿の中で、桜町院の指図に合う場所を吟味するよう伝奏は命じられているのである。つまり、寛延から宝暦初頭においては、緋宮御殿は旧殿内に建てる事が故院の「思召」であったが、宝暦八年、御殿造営を幕府と協議する段階では、その「思召」が礼成門院旧地内に建てる事に変わっているのである。

この宝暦元年と同八年で故院の「思召」に齟齬が生じている事は、決して見過ごせない点と考えるが、この「思召」の違いは、青綺門院の意向によるものであろう。女院は寛延三年の「官位御定」の際に、故上皇に関わるべき事は自分に伺うべき事を指示しており[12]、また緋宮御殿造営については、当時の関白近衛内前主導ではなく、女院主導である事はこれまで見てきた通りである。推論になってしまうが、旧殿中に緋宮御殿の適当な場所がなく、結果的に礼成門院の旧地を用いるという「思召」に変更したのではないだろうか。

この後、緋宮は一品宣下を受け[13]、徐々に別居への準備が整っていくが、幕府からは造作について一年以上も返答がなく、女院から催促するよう命じられた伝奏は、所司代へ催促を行っている[14]。尚、この御殿造作の交渉とともに、緋宮への「合力」についても幕府と交渉しているが、それについては次節で検討を行う。

朝廷からの催促を受けて、幕府より緋宮の敷地について返答が届く。それが以下の史料である。

一、緋宮御屋敷地、礼成門院旧地ニ北隣七条家可被加御沙汰［松平］右京大夫在役中及御内談候、其後河内守上京以後［も］右之儀度々懸合有之候、今度関東より申越候ハ、七条家居宅地被召上候儀者如何之御沙汰ニも候間、礼［成］門［院旧地］計ニ而御手狭ニ候ハゝ、東山院・承秋門院（東山天皇中宮・幸子女王）・後院・八十宮（霊元天皇皇女・吉子内親王）旧地之内ニ而御別居被在之候様ニハ［不］相成候哉、今一応両人江可談之由申来候、礼成門院御在世中、甚御手狭ニ而始終御難儀被遊候へ共、御居馴被遊候上之事故、御堪忍ニ而相済候、仍此度ハ自最初右之御沙汰□□［北］隣七条家迄被加度思召候段ハ是迄数度申遣候処、又復右之通申来、殊此度ハ七条家居宅地被召上候儀ハ如何之御沙汰抔と申来候上［ニ候間］此上ハ北隣を被加度思召、何とぞ御手狭を申候外ニ申遣方も可有之哉、礼成門院旧地儀、桜町院思召と申達置候へ共、桜町院御在世ニ而ハ明地ハ礼成門院旧地［之外］無之候、当時ニ而ハ後院ニ相成候事候故、今一往御取しらへも可被為有之哉、礼成門院旧地計ニ而御堪忍可被遊と申遣候而ハ、何とやら北隣を被加度御沙汰、御堪忍も成候儀を先被仰立候様ニ相聞江、気毒存候、是等之意味合も得と御□□［有］之候様ニ致度段、以周防（若松盛定女）大典侍殿（姉小路定子）へ申入了、河内守（京都所司代井上正経）差越書付入披見了、（宝暦九年八月十九日条）

この史料からは、幕府の緋宮御殿造作に対する考えが非常によくわかる。まず前任の所司代である松平輝高の時代にすでに内談していたが、礼成門院の北隣にある七条家の居宅を召し上げるのはなぜなのか。礼成門院の旧地が手狭ならば、東山院や承秋門院、後院（桜町院）、八十宮の旧地でも良いのではないかと武家伝奏に尋ねて来ている。これに対して伝奏は、礼成門院の御在世中にすでに手狭で難儀をかけていたが、住み馴れていたため、我慢をしてもらっていた。今回はそうした事がないよう、最初から七条家の敷地を加えて御殿を造作したい。そうした桜町院の思召はこれまで何度も伝えてきている、と反論している。これに対しさらに幕府から、手狭以外で七条家の居宅を召し上げる理由を挙げてもらいたい。また桜町院の思召というが、桜町院が御在世中は、明地は礼成門院しかなかったが、現在は、桜町院の場所もあるので、もう一度取り調べをしてもらいたい。そうでなければ礼成門院の北隣を加えたい、そこだけを召し上げる事に目的があるのではないかと勘ぐられてしまう、とあり、この幕府からの意見を伝奏は周防を介して大典侍へ申し入れている。

幕府側は礼成門院の旧地を使用する事ではなく、その隣にある七条家の敷地を召し上げてそれも緋宮の敷地へ加える事へ疑問を呈しているようである。具体的になぜその点に幕府が反対しているのか不明ではあるが、新たに七条家の敷地の確保や屋敷の造作もあるため、財政的な側面があったのかもしれないが、断定はできない。

伝奏から幕府の意向を受けた女院は、緋宮御殿を礼成門院旧地に建てる事を諦め、後院の中に建てる事とし、その旨を大典侍を介して伝奏に伝えている。[15] 結局朝廷側の希望は幕府に拒否され、寛延三年から宝暦元年当時の自らが出した意向に戻される事になったのである。伝奏はすぐに所司代へ伝達し、表向きに御内慮を出す事になったのであった。[16]

三、緋宮御殿への「合力」・人的構成と朝幕交渉

前節で御殿造作の場所決定まで見てきたが、ここではそれと同時並行で行われていた緋宮への幕府からの「合力」「心付」についても合わせて見ていきたい。

最初に緋宮への合力について伝奏から所司代へ内談したのは、管見の限り次の史料である。


礼成門院江自関東為御合力米現米弐百石・為御服料毎年金百両関東ゟ被進候、緋宮御別居被遊候ハヽ、御知行高三百石ニ而取米六《五》拾六石餘候間、御服料金弐百両被進候様ニ致度候、且先達而申達候通、御引建料六十貫目・御雑用料百貫目之事、是又弥右之通被進候様宜有取計示之、（宝暦十年五月七日条）

朝廷側からは、礼成門院の「類例」から、「御服料」として金二百両とさらに引建料六十貫目、雑用料百貫目を希望している。そしてこの朝廷からの要望は幕府により認められ、「御服料」や「引立料」、「御雑用料」などが進上される事が伝達されている。[17]
次に緋宮別居にあわせて、その女房たちへの「合力」について見ていきたい。

一、大典侍殿周防を以被申出、緋宮御別居ニ付、自此御所為御合力米、女二宮（栄子内親王・霊元天皇皇女）御例之通現米百五十石被進候様、且又上臈江之御切米十六石是又被進候様自女院御所被仰進候、上臈江之御切米ハ例も聢と無之候へ共、被遣度候、尚致吟味可申上候、尤

右之申渡方ハ、自内儀御附へ可被申哉、自両人可申渡哉、是又被聞度由也、尚いつれも致吟味、自是可申之段、申入置了、（宝暦十年十一月九日条）

大典侍姉小路定子より武家伝奏に申し渡されたのは、緋宮別居にともなう禁裏御所からの「合力」米についてであった。さらにここでは緋宮別居の「類例」として引いた礼成門院ではなく、霊元天皇皇女である栄子内親王の先例を用いている。栄子内親王は、霊元天皇の第三皇女であり、二条吉忠へ嫁いでいる。おそらくは二条家へ嫁いだ際に、禁裏より栄子内親王（二条家）へ「合力」として現米百五十石が渡されたのであろう。さらに続けて緋宮の上臈へは切米十六石を下賜するよう願っている。これを受け伝奏は、同日中に禁裏取次である土山武眞へこの二つの例について勘考するよう命じている。土山は勢多とともに禁裏取次の役職にあるが、当時緋宮の取次にもなっていた(18)。おそらくはこの関係から、土山へ調べるよう指示がでたのであろう。また女二宮への合力米は六月に五十石、十一月に百石与えられていた事が記載されており、半年ごとで分けていた事がわかる。

一、緋宮御別居ニ付、従禁裏年々為御合力米百五十石、外ニ為上臈給十六石被進候様被遊度御沙汰ニ候、尤右之段ハ自御内儀可被仰出候得共、先両人より申談候、無御指支様ニ可被取計候由、御附（長田元鋪・田村景林）へ示之、両士云、御指支有之間敷候、併尚得と致吟味可申之由也、十六日、無御差支由御附申了、

百五十石ハ　二条綱平［御簾］中女二宮（栄子内親王）へ被進候例、

十六石ハ　適当之近例無之候、承秋門院ニ召仕候女房、御事之後致薙髪、伏見貞建親王御息所姫宮（秋子内親王）へ相勤候、右之者共へ夏冬為御用米八石充、自御台所御内儀江差上、御内儀ゟ姫宮へ被進、右之者共へ被下候、松月・智芳・清心是例似寄候事ニ候由示之、（宝暦十年十一月十三日条）

この史料からは、まず土山が調べてきた先例を伝奏から禁裏附武士である長田元鋪、田村景林へ相談し、禁裏附より（関東へ申し出ても）差し支えがない旨の返答を得ている事が指摘できる。禁裏附武士は禁裏の奥向を統括し、取次がその補佐を担っていた事が明らかにされており(19)、禁裏からの出費となる合力米については、禁裏附と緊密に相談をし、かつ報告していたのであろう。次に「先例」については、百五十石の方は、栄子内親王の例を挙げているものの、十六石の方は、適当な例がなかったようであり、承秋門院へ仕えた女房が薙髪後に、伏見宮貞建親王御息所

の秋子内親王の所で勤めた際に「御内儀」（禁裏奥向を指すものと考えられる）から夏と冬に八石ずつあてがわれていた「例」を類例として挙げている。禁裏附からの内諾を得た伝奏は、十七日に大典侍へ報告し、いつでも（表向きに）この合力米について願い出ても問題ない旨を伝えている。この後、この「合力」について幕府側が反対したという記事は見られないため、おそらくは朝廷の希望通り認められたのであろう。しかし、これは新規の出費ではなく、あくまで禁裏御所からの出費である事に留意しておく。

緋宮の移徙が同月二十一日に迫る中、女院から次のような仰せが出される。

一、依召女院御所へ参上、謁小督（西洞院範子）、緋宮御別居後、是迄非常附・中詰両人被仰付有之候、今三人加増何れにても、五人ニ相成候様、且又緋宮御用之節使番御傭、無御手支無之様ニ宜取計被示、其旨以周防長橋（梅渓直子）へ申入了、（宝暦十年十二月十五日条）

女院からは緋宮が別居後、これまで二人であった非常附中詰を三人増員し、五人にしたい事、また緋宮の御用の際には、使番を雇い差し支えがないようにしたいとの意向が示される。ここからは緋宮が別居後も不自由のないようにとの女院の意向が窺える。さらに十六日には、小督を通じて再び女院からの仰せが出される。

一、緋宮御別居後も御附何角申御世話候様ニ、自御内儀被仰付候様ニ被有之度、小督申候趣、周防へ申入了、（宝暦十一年十二月十六日条）

ここでいう「御世話」とは、その後にある「御内儀」からもわかるように、奥向の事であろう。つまり、緋宮御殿の財政面については、引き続き禁裏附に任せたいとの女院の意向であった。おそらくは、緋宮御殿の財政が逼迫等した際に、禁裏あるいは女院御所からスムーズに出費できるよう、奥向きを統括している禁裏附へ頼んだのであろう。この後禁裏附からは幕府からの緋宮別居に際する「手当」について把握しておきたいとの要望が伝奏へ出され、伝奏は宝暦九年十一月に当時の所司代井上河内守よりの書付の写しを渡している。(20)また実際に禁裏から緋宮への支出について禁裏附が統括している事がわかる史料も確認できる。

一、淡路守を以御附申云、緋宮江被進卅貫目、此節御入用ニ候間可相渡哉之由御内儀へ窺候処、勝手ニ可相渡由被　仰出候間、取次へ相渡候間、申届之由也、（宝暦十年六月八日条）

ここでは禁裏から緋宮へ進上される支出を、御入用が多いがそのまま渡してよいか御内儀へ伺っている事がわかる。ここからは、決して常に進上をしていたのではなく、禁裏財政へも配慮しつつ、そのバランスを常に考えて禁裏附が行動していた事が指摘できよう。こうした点からも禁裏附が緋宮御殿の財政面及び幕府よりの支出を把握・統括しているといえるのではないだろうか。

さらに移徙前後の事について、議奏である葉室頼要から以下の事が示される。

一、来廿一日緋宮新殿ヘ御移徙ニ付、其前後彼宮御世話之儀、平松右衛門（時行）ヘ被出候由、葉室示了、

一、同供奉之北面八人可申付之由、葉室被示了、（宝暦十年十二月十七日条）

緋宮の御世話役に平松時行が命じられた事、さらに新御殿への移徙の際、北面八名に供奉を申し付けた事がわかる。この北面とは女院北面の事を指しており、また平松時行はかつて女院肝煎を勤めていた(21)。議奏からの示された件ではあるが、女院の意向が大きく働いていた事は間違いないであろう。

最後に緋宮への「御服料」について見ておきたい。

一、御附申、緋宮江自関東御服料銀二百枚、去冬押詰御別居被遊候間、去年分銀百枚進上、従今年銀二百枚秋・冬両度ニ可被進上候段、関東より申来之段伊予守（京都所司代阿部正右）申候、仍申聞之由、宮御方江御附参上、右之段役人共迄申達候由也、同役参女院御所、滋崎迄被申入了、（宝暦十一年六月三日条）

本節の最初にもこの「御服料」については取り上げたが、その際には金二百両となっていたが、ここでは銀二百枚となっている。また銀二百枚は、秋と冬の二度に分けて進上される旨が(22)、所司代より示され、禁裏附が緋宮方へ参上し、その旨を伝えている。こうした手当については、どのような形で支給されたのかが見落とされがちであるが、緋宮への「御服料」は秋と冬でおそらくは銀百枚ずつが進上されたものと考えられる(23)。

四、緋宮御殿の造作過程

最後に緋宮御殿の完成までの過程を見ていきたい。宝暦九年八月に旧院御殿の中に緋宮御殿を建てる事で決着した。それを受け、さらに具体

的な造作について話し合われている。

一、周防（若松盛貞女）被示、緋宮御敷地間数之事先達而伺候ニ付、両局（小督局・石井局、西洞院範子・綾小路有子）迄被申入候処、後院之中女院御続南方ニ而凡二千坪程、御構仕切可致之由申来之間、其通可取計、大典侍殿被申由也、（宝暦九年十月七日条）

緋宮の御殿場所は後院の中で、女院御所と続きの場所にある二千坪ほどの所へ構えるように、女院より仰せが出されている。また翌月には来年の夏までには完成してもらえるよう、伝奏へ沙汰を出している。(24)

次に具体的な造作過程であるが、御殿は全てが新規造作という訳ではなく、色々なやりくりをして完成したものであった。

一、旧院御［建］物緋宮御殿ニ被除置候建具、女院之取次へ可相渡幷敷地二千坪之事、新上西門院（鷹司房子・霊元天皇中宮）御門畳置有之、其門緋宮［御門］ニ可用候［由］淡路守（土山武眞）・出雲守（渡邉珍亮）へ申渡了、（宝暦九年十二月四日条）

まず緋宮御殿を建てるために、旧院の建物から取り除く建具の引き渡しの事について女院取次へ申し渡しが行われている。また新上西門院の御殿に使用されていた御門を緋宮御門へ用いるように禁裏取次の二人へ命じている。このように全てを新規で行うのではなく、少しでも支出を抑えるよう、代替できるものは代替していたものと考えられる。(25)また御殿造営場所の後院内の材木やその損傷の調査を伝奏は取次へ命じており、材木も全て新規ではなかったようである。

一、緋宮御殿新造ニ付、後院材木不足・損等無之哉、淡路守・出雲守へ申付為致吟味候、数々之材木故、儲仮小屋、致点検候ニ付、右仮屋・人部［夫ヵ］料四貫目餘、右出口之事淡路守・出雲守尋候、不能両人了簡候、緋宮御引建料之内江も難入候、宜被了簡候様、御附へ申達了、（宝暦十年六月十一日条）

材木がどれだけ足りないか、また（代替できる）材木の損傷を調べるよう伝奏が取次へ命じている。また後半部分では、この調査にかかる費用をどのように処理すれば良いか禁裏附と相談している。その後どのようになったのか不明であるが、このような造作に使用する材木等は禁裏取次が担っていた事がわかる。これは緋宮御殿造作の時だけでなく、禁裏取次の職に従事する朝廷の官人は各御所の造営の際にその実務を担当しており、取次の職掌の一つと考えられる。(26)

一、緋宮別殿差図幷大工庄五郎、積書、淡路守・出雲守へ相渡、材木等取出得と遂吟味、積書可指出、申付了、（宝暦九年十二月十一日条）

ここでは緋宮御殿の指図と大工庄五郎による（御殿造作の）積書が禁裏取次へ渡され、材木等の調達をしっかり吟味するよう、伝奏から取次へ申し付けられている。大工の庄五郎という人物がどのような者なのかはわからないが、禁裏出入りの大工の可能性は高いだろう。

明けて宝暦十年、緋宮御殿の造作にかかる費用が判明する。

一、緋宮御別居御造作積高、

弐百八貫五拾目　枡屋治左衛門

百六拾八貫五百目　大工庄五郎

凡［五］貫目計り［引］可申、残百六拾三貫五百目計、

別積、

大和屋八郎兵衛

百弐拾壱貫五百目　井筒屋長右衛門

右之内、六拾貫目自関東被進、残六拾一貫目餘不足、御道具料之内三拾貫目可被出、其残卅一貫餘之処、御取替と成共いたし、早御造作ニ取懸候様可有了簡、御附へ申談、積高帳面一冊相渡了、（宝暦十年四月二十九日条）

ここに出て来る枡屋治左衛門や井筒屋長右衛門、大和屋八郎兵衛について詳細がわからないため、今後の課題となるが、おそらくは材木問屋等であり、造作にかかる見積もりを禁裏取次が提出させたものと思われる。この中から最も安い井筒屋の百二十一貫五百目で、幕府より進上の六十貫を差し引いても、まだ六十一貫五百目ほど不足であるため、（緋宮の）御道具料から三十貫目を出す事とし、残りの三十一貫余りは、御取替などで対処し、早急に造作に着手してもらうよう、伝奏は禁裏附へ相談をしている。ここで出て来る「御取替」とは、おそらくは取替金の事であろう。取替金とは、禁裏の賄料不足を補充するため、貞享三年（一六八六）に幕府から禁裏へ四千両の立替えが行われた事が始まりとされ、享保年間頃より各御所へ多額の取替金を貸し付けていた。貸し付けといっても、返納はほとんどなく、負債額は増す一方であったようである。またこの取替金は老中へ伺う事なく、所司代の判断で調達できるという特徴があった(27)。朝廷は、この所司代の判断で自由に用いる事ができる取替金で、不足分を補ってもらいたいと禁裏附に相談しているのである。

この朝廷からの申し入れに対し、禁裏附は次のように返答している。

一、緋宮御別殿御造作不足出方之事、様々及相談候へ共、不能了簡候、是迄女院御同居中小堀数馬（京都代官小堀邦直）御預申候御知行三百石借付金之中ニ而、不足之所被補候様ニハ成間敷哉之由、長田越中守申之、両人答云、此金之儀ハ難申候、此金相成候へハ御附へ不及相談候へ共、此金ハ被出間敷存候、何とそ其外ニ而了簡も有間敷哉、両人存付も有之候間、明日尚可申談之由示之、（宝暦十年五月五日条）

禁裏附はこの造作の不足分について、緋宮が女院と同居中に京都代官である小堀へ預けておいた知行所三百石の貸付金の中から、不足分を出せないかと提案している。この貸付金であるが、緋宮が幕府からあてがわれた三百石は京都代官が管理していた。おそらくは、この知行所からの収入を担保として京都代官が金子の貸付を行っていたものと考えられる[28]。それに対して伝奏はその金は使う事はできないと返答し、また相談したいと述べている。なぜその金子を使う事ができないと伝奏が述べているのか不明である。

そしてこの翌日、伝奏は再び禁裏附と相談を行う。

一、緋宮御造［作］御不足金三十貫目餘之事、御附了簡も無之、於両人も外ニ手段無之候、右御別居ニ付［而ハ］、自禁裏も少々之御手充被遊進候御沙汰ニも候間、幸此御補五百両、年々関東［ゟ］被進候御神事料之内ニ而被進候様ニハ成間敷哉、当御代御再興之御神事も無之候へハ、年々積り可有之候、此段河内守へ宜被申談之由、越中守へ談、田村不参、越州承諾、八日河内守江内談候、追而可返答之由也、（宝暦十年五月六日条）

伝奏は不足の三十貫目余りを、年々幕府より禁裏の御神事に使うため進上されている五百両の積み立て分を充当する事を禁裏附へ相談し、禁裏附はこれを承諾している。割書部分で、伝奏は八日に所司代の元へ相談に訪れている事がわかる。十一日に禁裏附より所司代の返答を聞く。それが以下の史料である。

一、御附中、緋宮御普請料卅貫目不足之処、自禁裏被進候様ニ致度由両人申之趣、河内守へ申談候処、致承知、小堀数馬へ申付、例格之御取替之趣ニ而金五百両可差出候、宜取計候、金子ハ御附受取、御用懸之取次へ可相渡由也、（宝暦十年五月十一日条）

ここで再び「御取替」という文言が出てくるが、おそらくこの五百両も取替金の中から出ていたものと考えられる。そしてあくまでも金子は禁裏へ一度進上され、それから禁裏附の手を経て、（緋宮の）取次へ渡すという手段が取られている。これは緋宮の「御服料」という名目ではなく、禁裏への進上という名目ならば、取替金を出せるという論理と全く同じであろう。(29)新たに不足分を補うための新規支出は認められないが、禁裏への進上、あるいは禁裏にすでに進上している、という事であれば、名目上は禁裏へ進上という事にし、実質は緋宮への進上という形を今回も取っている事が指摘できる。

おわりに

最後に本稿で明らかになった点についてまとめておきたい。

緋宮の御殿造作は、最初は桜町院御所内に建てるというのが、故桜町院の「思召」であったが、その後、礼成門院の旧地に建てるという「思召」に変更された。これは女院である青綺門院の意向によるものと考えられる。また、桜町院御所内では緋宮御殿を建てるだけの敷地を確保できなかったのも一因であろう。朝廷側が礼成門院旧地へ建てる事を希望したが、幕府はそこに隣接する七条家の土地召し上げを問題視し、結局最初の「思召」であった旧桜町院御所内に造作する事になった。

御殿造作と並行して、緋宮やそれに付属する女房衆に対する「合力」については、朝廷側は「類例」を発見する事で、幕府へ「合力」を要望し、幕府側もこれに応えている。また造作するための出費は、所司代が独自に判断し使う事ができる「取替金」を用いる事で、朝廷の要望に可能な限り応えていた。この両方の幕府の対応の差異は、単なる財政的な問題ではなく、公家の居宅を召し上げるという事が、朝廷の予想以上に幕府が問題視していた事が指摘できる。それがどのような理由によるものなのかは今後の課題である。

すでに先行研究で指摘されているように、今回の緋宮御殿造作へも禁裏取次である土山・勢多の二人が造作費用や調査等を行っていた事が本稿から明らかとなった。特に土山は緋宮の取次にもなっている。一方で史料上に出てきた大工や商人たちがどのような人物なのかは今後の課題である。これは多くの御所及び御殿造営・造作を分析する事で、こうした造作へ関与した町人や商人などが明らかになると考える。

また今回の緋宮の御殿造作は、青綺門院の意向が強く働いていた事が指摘できる。元々は父である桜町院が緋宮の別居を考えていた事は史料からわかるが、それを引き継いだのが青綺門院であったといえるだろう。伝奏は当時の摂政である近衛内前からの指示ではなく、女院の指示により幕府と交渉している事も、その証左と言えよう。

一方幕府は最初の造作場所へは難色を示したものの、その後は朝廷からの金銭援助や「取替金」を用いた合力など、基本的には朝廷の要望に応じている。当該期が朝幕協調体制である事もその一因と言えるが(30)、この後すぐに東宮御所の造営が行われており、それも合わせて改めて検討する必要があると考える。

註

1 藤岡通夫『京都御所』(彰国社、一九五六年)、平井聖編『中井家文書の研究 内匠寮本図面篇』一巻~十巻(中央公論美術出版、一九七六年~一九八五年)。

2 島田武彦『近世復古清涼殿の研究』(思文閣出版、一九八七年)、武田庸二郎・江口恒明・鎌田純子編『近世御用絵師の史的研究――幕藩制社会における絵師の身分と序列――』(思文閣出版、二〇〇八年)。後者については、日本近世史における朝幕関係・身分制といった各分野の研究と美術史を積極的にリンクさせており、作家論・作品論という従来の美術史研究とは異なる事を付言しておく。また抄録ではあるが、『造内裏御指図御用記』の翻刻も掲載されている。

3 藤田覚「寛政内裏造営をめぐる朝幕関係」(『日本歴史』第五一七号、一九九一年)、後同著『近世政治史と天皇』(吉川弘文館、一九九九年)に所収。

4 衣笠安喜「幕藩制下の天皇と幕府」(後藤晴編『天皇制と民衆』、東京大学出版会、一九七六年所収)、尾藤正英「尊王攘夷思想」(『岩波講座日本歴史13 近世5』岩波書店、一九七七年所収)。

5 前掲注3藤田『近世政治史と天皇』一五三頁。

6 山口和夫「天皇・院と公家集団――編成の進展と近世朝廷の自律化――」(『歴史学研究』七一六、一九九八年)、村和明『近世の朝廷制度と朝幕関係』(東京大学出版会、二〇一三年)。

7 例えば佐藤雄介「近世女院御所の財政運営」(『日本歴史』第七九一号、二〇一四年)は女院御所(恭礼門院)を題材に、その口向や賄所について詳細な分析を加えている。

8 既刊十一冊(二〇一四年現在)。底本は東京大学史料編纂所所蔵の『兼胤記』である。第一巻から第四巻までは東京大学出版会より刊行されている。以降は東京大学史料編纂所からの刊行である。本稿で使用するのは主に第七巻(二〇〇四年)、第八巻(二〇〇七年)、第九巻(二〇〇九年)、第十巻(二〇一一年)、第十一巻（二〇一三年）の五冊である。
9 以下の文章は、久保貴子「江戸時代―武家社会のはざまに生きた皇女」（服部早苗編『歴史のなかの皇女たち』小学館、二〇〇二年）を参考にした。
10 尚、緋宮へ進献の三百石及び女院への増地千石は、旧院御料の内から進献されたものである（『広橋兼胤公武御用日記　一』寛延三年十月二十一日条）。
11 久保貴子『近世の朝廷運営』（岩田書院、一九九八年）、同「近世天皇と後宮・側近」（『岩波講座天皇と王権を考える　第二巻　統治と権力』（岩波書店、二〇〇二年所収）。
12 前掲注9久保『近世の朝廷運営』二〇九頁。官位御定については、橋本政宣「寛延三年の「官位御定」をめぐって」（『東京大学史料編纂所紀要』二、一九九一年、後同著『近世公家社会の研究』（吉川弘文館、二〇〇二年）所収）を参照。
13 宝暦九年正月十四日条。尚、緋宮の「類例」とされている孝子内親王も一品宣下を受けている。
14 宝暦九年二月十四日条。
15 宝暦九年八月二十日条。
16 宝暦九年九月二十六日条。
17 宝暦九年十一月十四日条。
18 宝暦四年九月三日条。
19 奥野高廣『皇室御経済史の研究　後篇』（中央公論社、一九四四年）。
20 宝暦十一年十一月二十七日条。
21 平松は大宮の頃より肝煎を勤めていた。詳細については女院御所研究会「平松時行『女院御用雑記』（宝暦三年）―翻刻と解題（一）」（『論集きんせい』第三十号、二〇〇八年）を参照。
22 前任の井上正経に代わり、宝暦十年十二月より、阿部正右が勤めていた。
23 緋宮への「御服料」は後に緋宮が宝暦十二年（一七六二）七月に後桜町天皇へ践祚した際に、朝幕間で懸案となっていた。すでに銀百枚が進上されていたが、践祚のため残りの百枚の進上は取りやめになっていた。しかし伝奏は同年十一月に残り分も支給してほしいと所司代と交渉している点が指摘されている。尚、この時、所司代は、緋宮への「御服料」という名目ではなく、禁裏御用の為という名目で要望してもらえば、「取替金」を利用して提供する事は可能であると伝えている（佐藤雄介「十八世紀の京都所司代と朝廷―取替金を中心に―」（『論集きんせい』第二十九号、二〇〇七年）参照）。
24 宝暦九年十一月十九日条。
25 後に新上西門院の門扉の大きさが合わないため、礼成門院旧地の門を使う事に変更されている（宝暦十年六月七日条）。

26　詫間直樹編『京都御所造営録――造内裏御指図御用記（一）』序説（中央公論美術出版、二〇一〇年）。
27　前掲注19奥野著書、前掲注23佐藤論文。
28　前掲注23佐藤論文では、取替金の財源として、京都代官が貸し付けていた銀の利息を各御所の表立たない入用のために使っていた事が明らかにされている。
29　前掲注23佐藤論文。
30　高埜利彦「江戸幕府の朝廷支配」（『日本史研究』三一九、一九八九年、後同著『近世の朝廷と宗教』（吉川弘文館、二〇一四年）所収）。

寛政度内裏造営と裏松固禅

詫間　直樹

はじめに

寛政度復古内裏造営において裏松固禅が果たした役割の重要性については常に説かれるところであるが、ここでは、この度翻刻を行った『造内裏御指図御用記』やその他の固禅に関わる史料に基づき、寛政度内裏の造営経過、及びその中での固禅の動向について再検討したいと思う。

一、固禅の経歴と内裏焼亡

初めに裏松固禅の経歴について、誕生から天明八年（一七八八）内裏焼亡までの間における概略を『裏松家譜』等の史料から記しておく(1)。固禅は元文元年（一七三六）十一月前内大臣烏丸光栄の末子として誕生。名を光世という。その後、延享四年（一七四七）七月、前権中納言裏松益光の養子となって裏松家を相続する。同年十二月、従五位下に叙され、寛延二年（一七四九）十月に十四歳で元服し、また昇殿を許され、左兵衛佐となる。宝暦五年（一七五五）正五位下に叙され、翌六年には右少弁に任じられる。宝暦八年（一七五八）三月、二十三歳のときに蔵人に補され、翌四月に左少弁となる。

しかし同年七月、いわゆる宝暦事件に連座し、同月二十四日、竹内式部の学流に連なったことにより遠慮の処分を受け、出仕を止められる（『近衛家記録』、『八槐記』）。さらにその二年後の宝暦十年（一七六〇）四月二十九日、遠慮は免じられるも、所労と称してなお出仕すべからずとされ、養子相続を願い出た後は落飾を願い出るべしとの沙汰が下された（『八槐記』、『定晴卿記』、『植房卿記』）。このため、光世は同年五月に四辻実長の子謙光を養子とし、七月二十日に落飾して、法名を固禅と称した。時に二十五歳である。

その後、固禅は有職故実の学問、中でも皇居に関する故実研究に身を投じた。研究の開始時期及び契機については、明和二年（一七六五）もしくは同三年頃、固禅は高橋宗直（一七〇三〜八五）が著し流布していた紫宸殿・清涼殿の考証と図とに触発され（2）、それが禁中全体に及んでいないことから総体的に考証しようと思い立ったとみられる（3）（『無仏斎手簡集』寛政四年五月二十日付書状）。固禅が三十歳頃のことである（4）。

固禅が出行を許されたのは、安永七年（一七七八）六月二十五日である。そして天明四年（一七八四）には固禅の代表的著作の一つである『皇居年表』を摂政九条尚実に献上しており、このころから、固禅の内裏に関する故実研究が朝廷内で評価されつつあったことがうかがえる（5）。また、『大内裏図考証』の執筆が本格化され、その一次稿本が作成されるのも同じ時期である。

そうした折、天明八年正月三十日に京都で大火が発生し、内裏も焼亡することとなった。朝儀復興の流れの中で、朝廷ではこの機会に内裏を平安朝の復古様式にて再建しようとしたが、そこで注目されたのが裏松固禅であった。同年三月十六日、固禅は参内を許され、同月二十五日に参内した。そして、四月一日には朝廷より内裏造営に関して諮問に預かるべしとの命を受ける。このような抜擢は、これ以前より固禅の内裏殿舎等に関する有職故実の研究が公家社会において高く評価されていたからにほかならない。このとき固禅はすでに五十三歳となっていたが、それまでの自身の故実研究を実際に活かすことができる場を得たことで、大いなるやりがいを感じたのではないかと思われる。

以下、裏松固禅と内裏造営との関わりを検討するに当たり、その前提として、次節ではまず寛政度の内裏造営経過についてみておきたい。

二、寛政度内裏の造営経過

寛政度内裏の造営経過については、『京都御所造営録』第一巻から第五巻の各「序説」においてそれぞれ概要を記したが、ここでは同記以外の史料も含めて造営経過を確認しておきたい。

(一)『寛政御造営最初記』より

天明八年正月の内裏焼亡後、同年五月には老中松平定信が総奉行としてこの度の内裏造営について朝廷側と調整を行うため京都に上洛した。同年中のこうした動きに関わる史料として、『寛政御造営最初記』(6)がある。次にその内容の一部を抄録して掲げる(便宜、A・B・Cの符号を付した。傍線は引用者。以下同じ)。

【A】

洛外仮皇居不穏便之間、儀式可被行之殿舎已下於造営出来者、早々可被為在還幸御沙汰ニ候、但紫震殿・清凉殿是迄之通ニ而事具候儀ニ者候得共、紫震殿壇上茂無之、母屋・廂間数も不足ニ而、御大礼之節者勿論、常ニ被行付候節会等之公事之節も、聊宛御差支有之、威儀不被全備ニ付、年来年来如旧制修造被為在度被思召候得共、御時節も無之候ニ付、被黙止、被宥行来候、此度者所詮新造之事ニ候間、如旧制造立被為在度被思召候、悉皆此通之思召ニ而者、曽以不被為在候得共、於紫震殿者丈尺・高低等如旧制造立被為在度御沙汰ニ候、仍旧制幷今度新造之図面為見被下之候、此趣ニ而御造立有之候得者、聊宛之御差支も無之、威儀被相調候而、誠以深可為叡感候、尤材木品等之儀者、強而御好も不被為在候、於清凉殿も儀式専被行候御殿候間、是又被模旧制度被思召候、是又図面為見被下候、其条御沙汰ニ付、尤紫宸殿・

清涼殿之儀御治定之上、其添之御差図可被為在御沙汰候、右之趣、先其元迄悉及御内談候様ニとの御沙汰候、御差支も無之候ハヽ、猶又表立関東へ御内意可被仰進候事、

禁裡是迄御構南門四脚門之内狭少ニ而、御規式・御作法之節、御差支共有之候得共、強総而被宥用候、既ニ去年十一月大嘗会之節なとも彼是御差支有之候、御作法難相調候ニ付、南門前之大路を仮ニ被相用、暫ハ諸人往来被相止候而、御規式有之候、此度御造営被被（衍）為在候節、右南門四脚門前大路幅を御構内江被入候様被遊度御沙汰ニ候、右大路之替場者、凝華洞之此（北カ）方を被割用度旨ニ候、仍別紙絵図面差添、先其元迄及御内談候、

（中略）

申　四月

右之書者広橋家より松平和泉守殿江被下遣候を、和泉守殿より松平越中守殿江被差遣候写也、

右一枚、従或家恩借写之、甚以秘記也、急々令謄写、誤字繁多用捨、一覧可有者也、

于時天明申（八年）十一月　松岡辰方

【B】

廻廊之事

上古者四面ニ築地有之、其内ニ四面廻廊有之候、厥廻廊之南面之門を承明門ト称シ候、其内左右ニ春興殿・安福殿有之候、其外東ハ宜陽殿、西射場殿ナト有之、御〆リ宜候、依之紫宸殿御帳八字ニ被褰候而茂、庶人窺見候儀無之候、近来者東西御〆リ無之候間、御帳如法不被褰候ニ付、諸臣之作法御覧難相成候、春興・安福両殿御再建御大造之事故、不被及其儀、両殿之所可被建廻廊御直候、

石灰檀（壇）之事

天子毎朝御拝、於此所被為有候、御敬神之儀故、以土築之准地上、於此所被為有候事、

（中略）……（※塵壺之事、承明門・南門二重之事、簀子下通行事、漢竹・呉竹架事、空柱之事、鳴板之事が記される）

広橋家ヨリ被差越候書付、本書写此書斗者越中守より所司代江申遣候所、此書面来ル、御一見之上、可（ママ）書面者、越中守江御返し可有之候、

【C】

御自分様御上京之節被仰候禁裏御造営之絵図、其外書付等被調、相済候者、品々差進候ニ者思召候、差進次第、於其御地茂被成御調候旨、被仰下致承知候、則別紙書付之通、致進達之候、以上、

七月九日　松平和泉守（乗完）

松平越中守（定信）様

覚

一、此度御差図・仕様之覚書　一通

一、御普請仕方伺帳　一冊

伝奏衆被差越之旨、御附之者より差出候書付写一通入　一袋

絹襖

一、昆明地〔池〕障子之図　三枚　一袋

簀子縁

一、紫宸殿
清涼殿　妻飾絵図二枚　一袋

一、禁裏新造之御指図一枚　一枚　一袋

「一、(行間補書)紫震殿
清凉殿 御指図　一枚
一袋」

一、御門其外仕形御指図　十五枚
一袋

一、承明門之図　一枚

一、南殿 棟包、
妻飾 之図　一枚

是ハ最初之図ニ而、不用ニ相成申候、

以上、

Aは、議奏で御造営御用掛に任じられていた広橋伊光の天明八年四月の書状である。「右之書者広橋家より松平和泉守殿江被下遣候を、和泉守殿より松平越中守殿江被差遣候写也」とあるように、本書状は京都所司代松平和泉守乗完へ宛てて出されたものであるが、所司代よりさらに江戸にいる総奉行松平定信へ送られた。Bは「廻廊之事」ほか清凉殿関係や承明門などにつき説明を加えた文書であり、Cは定信が上洛時に作成・提出を求めた内裏関係の各種図面類の目録である。すなわち、Aは定信の上洛前の四月、Cは定信が上洛して江戸に戻ったあとの七月に同人へ送られた文書であり、ともに朝廷側の復古内裏造営に関する意向を幕府に伝えるものとなっている。

これまでの研究でも、本史料によって、寛政度造営の際に一部古制を採用するのは、従来の内裏が手狭で実用上困っており、御大礼の節はもちろん、常に行う節会等の公事に差支えがあること、それゆえ紫宸殿・清凉殿を旧制をもって造りたいこと、南門南側の大路を敷地に取り込んで儀場を広くしたいことなどの要求が出されたことが指摘されているが(7)、ここで特に注目したいのは、Aにおいて「去年十一月大嘗会之節なとも彼是御差支有之候」とあり、従前の内裏が大嘗祭などの大祭で不便があったと具体的に述べられている点である。そこには十七歳という若い年齢ながら朝儀の御作法を支障なく執り行いたいと望まれる光格天皇の強い意志がうかがわれる。後述のごとく、ここにこそ寛政度の内裏造営が復古様式採用へと動いていく要因があったのではないかと思われる。

また、松平定信が京都にて関白鷹司輔平と調整した際、定信は前回（宝永度）同様の内裏を再建する意向を伝えたが、Cによれば、定信の帰府後、改めて「禁裏御造営之絵図、其外書付等」として紫宸殿・清涼殿・承明門などの図面類が送られており、天明八年七月段階で、幕府側は、朝廷ひいては天皇の並々ならぬ覚悟のほどを知らされた。最終的には定信の奏上を受けた将軍家斉が決断をして、この度の復古内裏造営が許容されたものと考えられる。

㈡『蒙斎手簡』より

『蒙斎手簡』は、固禅の故実研究を補佐した藤原貞幹（一七三二〜九七）が、松平定信のブレーンたる柴野栗山に宛てた書簡集である。[8] 今回の内裏造営で朝廷の復古様式再建要求が通ったことに関し、『蒙斎手簡』56、天明八年六月九日付書状に、

元来紫清両殿ハ、古代ノ体ハ八省院・豊楽院なとゝハ相違之義ニて、至て質素成ものニ御座候、金銅ノ金具なと一向ニ見へ不申候、別て此度ハ釘隠迄も古来之鐵ヲ用し事御吟味御座候へハ、叡慮及殿下之思召入之通ニ御成就候ハ、嘸々倹素之事ならんと被存候、

とある。また『蒙斎手簡』39・41、天明八年六月二十四日付書状に、

宝永造内裏之節、御常御殿等先々ニ相替り美麗ニ相成候様ニ被仰出、南殿等は返テ麁抹ニ相成候由、（中略）此度ハ南殿等御復古、御常御殿等ハいか体ニ御麁末ニ而も相済候事との叡慮之由、南殿・中殿・承明門等復古有之候所、金銅ノ金具等も無之、質素之儀叵有事共ニ御座候、（中略）

入道様《裏松固禅》日々御参内、（中略）先々金銅ノ金具・色々彫物ナドノ無益ノ事共ハさらりと相止申候へは、用途ハハブケ候て、叡慮のまゝ御落成候へかしと奉存候、

とある。すなわち光格天皇は日常住まわれる御常御殿は粗末でもよいから紫宸殿・清涼殿等を復古様式にて造営してもらいたいとの叡慮であり、またそれら殿舎では金銅の金具等は使用せず質素である旨が強調されている。松平定信が当初朝廷の復古要求を拒んだことに対し、朝廷側は改

めて質素を強調する論理を提示したものであろう。天明八年六月時点で、光格天皇及び関白鷹司輔平の復古にかける強い意志が幕府側に再度示されたものであり、このようなことが幕府に復古を認めさせた大きな理由であったと考えられる。藤原貞幹は、参内して朝廷の諮問に与ることとなった固禅より、こうした情報を得ていたのであろう。

復古内裏造営につき幕府からの決定が京都にも伝わったのか、『蒙斎手簡』の同年十月と十一月には次のような書状がある。

新造皇居之事、入道様大御苦労ニ而、修理職方ノ図ノ清写八月下旬諸司《ママ》代へ出申候様ニ乍陰承知仕候（中略）皇居復古之所々叡慮之通りニ出来候へかしと承り伝候、（『蒙斎手簡』32、天明八年十月付書状）

禁中御造営之儀、本月（十一月）中旬之初被仰出、世上表向にて承知仕候ニ相成申候、御造営懸り儀《ママ》奏方御出精之事共、就中入道様年来御考索之事共御用ニ相立、御てからの事共大慶仕候、御復古之所々実以奇代之盛事、（『蒙斎手簡』37、天明八年十一月二十一日付書状）

前者では内裏の復古造営箇所については叡慮の通りに出来そうだということが伝えられており、また後者からは（復古様式を採用した）内裏造営の儀については（天明八年）十一月中旬の初めに仰せ出されたこと、すなわちこのとき正式に復古内裏造営の通達があったことがうかがえる。世上では表向きにてそれを承知したということになっているが、その陰には広橋伊光など議奏で御造営御用掛の出精があり、また、とりわけ裏松固禅の年来の考証が役に立ち、お手柄、大慶の旨を貞幹は記している。

(三)『造内裏御指図御用記』より

次に『造内裏御指図御用記』から知られる内裏造営経過の具体相について記しておきたい。

天明八年

紫宸殿や清涼殿の再建につき、固禅の平面による復元を立面として設計するために、天明元年六月には、中井家棟梁の岡嶋上野掾や絵図大工数名が修理職に出向し、構造に関する考証や建図の作成が開始された。しかし、岡嶋の見解は必ずしも朝廷側の趣向と合わず、対立することもあったので、同年十二月に至り、岡嶋に替えて朝廷の修理職大工である木子播磨が登用された。本年十一月五日条にみえる修理職の書付には、岡嶋上野掾は武辺の者ゆえ古儀等には不案内とも記されている。以後、実際の建築においては木子を中心に進められることとなる。[9]『造内裏御指図御用記』はこの年の四月七日条から記録が始まる。同日、勢多章純と土山武辰が造内裏御指図御用掛を仰せ付けられたこと、五月二十六日に総奉行松平定信と京都所司代松平乗完が内裏焼地を見分したことなど、初期の造営の様子が知られる。

寛政元年

寛政元年の三月から六月にかけて、内裏を始め仙洞御所・大女院御所・女院御所の地形築き堅めが行われた。この作業は京都内外の老人・子供らに日給を与えて築き堅めさせる方式を採用したことから、「御仁政」と評されるものであったことが注目される。また、同年三月以降、朝廷の造内裏御用掛と幕府の御造営方との情報伝達手段として、「承知帳」・「伺帳」・「御造営方伺帳」という三種の帳面が使用され始めた。これらは『造内裏御指図御用記』の記録内容が次第に増えていった同年三月以降、造営の決定事項のみを書き出して綴った記録とみられている。[10]本史料には、こうした各帳面を用いたやりとりの記事が頻出し、朝幕間の意志伝達の上で有益なものになったようである。

寛政元年中には、閏六月十九日に内裏敷地の縄張、同月二十一日に木造始日時定、七月四日に木造始・地曳、同月二十八日に居礎・立柱日時定（禁裏執次詰所日記）、八月十三日には居礎・立柱（内侍所・紫宸殿・清涼殿・常御殿・小御所の各殿舎）という各建築儀礼が行われた。内裏の建築工事はこの頃から本格化することとなる。

寛政二年

寛政二年に入ると、紫宸殿・清涼殿・常御殿・小御所などの主要殿舎はもとより、その他の建物も順次建築工事が進められていく。また、この年の前半には小御所や参内殿の上段の框を検討したり、常御殿において二重床・二重天井などをどのように採用するか[11]、清涼殿東庭の漢竹・呉竹につき竹の種類・高さ・本数をどうするかなどを詳しく検討しているように、各建物を実際に使用、もしくは居住することを念頭に置いて細部にわたる設計・施工が図られている。

寛政二年の後半には、八月二十六日の上棟、九月二十六日からの安鎮法修法、十月十五日の地鎮祭、十一月四日の新造内裏見分、翌五日の引渡しと造営が順調に進み、十一月二十二日、ついに光格天皇が復古内裏に遷幸するに至る（禁裏御所御用日記）。なお、『造内裏御指図御用記』からは障壁画・各障子などの作成経緯も詳細に分かるが、この点については、各巻の「序説」及び翻刻した本文を参照されたい。

以上のような造営経過を踏まえ、次節では固禅が造内裏の過程においていかなる考証を行い、またどのように関与したのかを具体的にみていきたい。

三、固禅の考証と関与

(一)『蒙斎手簡』『無仏斎手簡集』より

初めに、前節までで取り上げた『蒙斎手簡』及び『無仏斎手簡集』により、固禅の関与のあり方を検討する。ここでは、内容から造内裏御用関係と遷幸御用関係の二つに分けて整理したい。造内裏御用関係では次のようなものがある。

造内裏御用関係

a「裏松入道様御参内、（中略）全ク僧体にて御座候、（中略）三月廿五日始而御参内、四月上旬迄日々之様ニ御参り被成候、御用向キ最初ハ殊外被秘候事ニ御座候へ共、内裏造営ノ御用と申候事ハ顕然之事御座候、古代皇居ノ図一鋪急々御用と被仰出、後宮を除キ申候而出来仕後、献上被成候、六畳斗ノ図ニ相成申候、（中略）其後格別ニ御用無御座候御様子ニ御座候所、先月（五月）中旬以来、種々御考索之事共被仰出、毎々御参内御座候」（『蒙斎手簡』53、天明八年六月九月付書状）

b「裏松入道様御参内被仰出候ニ付、為御祝御状即日差出申候、則御返書御届申上候、御書中被仰進候通、年来御精学・御考索之事共御用ニ相立候時節到来、御互ニ大慶仕候、表向造内裏御用懸被仰出候儀、仰之通、古来有職ノ人多御座候へ共、殿舎研窮之人とても無御座

候所、廿年来御考索之図及御考証も此度之火災ニも残り申候而、御用ニ相立候義、仰之通、誠ニ造化不測之事と奉存候」（『蒙斎手簡』55、天明八年六月九日付書状）

c

「造内裡一件、入道様御かかり合之分もいまた相しまり不申候、結構全体之義と微細ノ末事ノ御吟味と一緒ニ相成、御混雑之事共ニ御座候、南殿ハ大方かた付申候へ共、修理職及棟梁を始御懸りの儀奏方も慶長以来ノ結構先入有と成候て、一寸図ノ出来も間ニ合不申候、度々及改写候様子ニ相見申候、何分五百年来絶候事故、事々物々御吟味ニ相成、御図もいまた相揃不申様に相聞へ申候」（『蒙斎手簡』40、天明八年六月二十四月付書状）

d

「新造皇居之事、入道様大御苦労ニ而、修理職方ノ図ノ清写八月下旬諸司代《ママ》へ出申候様ニ乍陰承知仕候」（『蒙斎手簡』32、天明八年十月付書状）

e

「裏松公、去年《寛政元》二月朔日より御造営御用に日々御参内、此節に至り一日も欠なく御勤被成候、紫宸・清涼二殿等御復古之考索の御用等は、先達而相済申候得共、其外に種々御考索の事共被仰出、漸此節に至り少々御手透に相成申候」（『無仏斎手簡集』寛政二年三月十三日付書状）

f

「裏松公一件、となた様ニ茂御一同御悦之事、於私茂至悦仕候、去年二月朔日已来、禁裏御造営御用ニ付、先月下旬迄日々御参内、一日茂不欠ニ御勤被成、此節ニ至少々御手透相成申候」（『無仏斎手簡集』寛政二年四月二十九日付書状）

これらから、まず天明八年三月二十五日に固禅が参内し、以後四月上旬まで日々参内していたこと、急ぎの御用として「古代皇居の図」一鋪を後宮を除いて作成し献上したこと、五月中旬からは「種々御考索の事」すなわち多様な勘物の提出を命じられ、その度ごとに参内していたことなどがうかがえる（a）。また固禅が二十年来研究してきた皇居の「図」及び「御考証」が天明の大火では焼けずに残り、それがこの度の御用に役立ったことが記される（b）。さらに、天明八年六月下旬の時点で固禅の関わった御用が未だ終わらず、「結構全体」と「微細末事の御吟味」とが一緒になされていたため、混雑していたことが述べられ、紫宸殿については大方決着がついたものの、修理職や棟梁を始め議奏も慶長以来の結構が先ず念頭にあって図面の作成も間に合わない状況となっている様子がうかがえる（c）。加えて、朝廷が同年八月下旬に「修理職方の図」の清書を京都所司代へ提出するようになっていること（d）、固禅が寛政元年二月一日より本年三月に至るまで一日も欠かさず禁裏御造営御用を勤めたことなどが記されている（e・f）。

遷幸御用関係

次に内裏完成に伴う天皇の遷幸御用については、以下のようなものが確認できる。

g「裏松公ニ茂、一昨年《寛政元年》来禁裏御造営及遷幸御用御引受之事共、一日茂無欠御勤被成、今春ハ御手透ニ相成申候、御造営復古之所々、城外遷幸御行粧等、数百年来中絶之事共、全ク裏松公御一人之御考索にて相調申候」（『無仏斎手簡集』寛政三年二月六日付書状）

h「裏松公御安泰御造営御用相済申候処、又々御遷幸御用ニ而御参内」（『無仏斎手簡集』寛政二年六月九日付書状）

i「裏松公（中略）何分此節、御造営・御遷幸御用向キ相混し、何事もとりしまり不申候」（『無仏斎手簡集』寛政二年六月二十日付書状）

j「裏松公遷幸御用茂大方御仕舞分之御様子ニ御座候」（『無仏斎手簡集』寛政二年七月二十日付書状）

k「御遷幸御用ニ付、裏松公日々御参内、一向ニ御在宿無之候故、御吟味も一日々々と延引相成申候、重陽比ニハ御手透ニ相成可申与被存候」（『無仏斎手簡集』寛政二年八月二十一日付書状）

l「先便日本史御登被下慥ニ落手仕候、裏松公御吟味御とりかゝり御油断も無御座候得共、近来又々御遷幸御用裏松公一人ニ帰し申候」（『無仏斎手簡集』寛政二年十月二十日付書状）

固禅は寛政元年以来、禁裏御造営御用に加えて遷幸御用も引き受けていたことが記されているが（g）、遷幸御用の方は、御造営御用の方が一段落した寛政二年六月頃に本格化し（h・i）、翌七月下旬頃には一旦決着がついたこと（j）、しかし、また八月から十月にかけて遷幸御用で多忙となったことなどが分かる（k・l）。

固禅はこの度の復古内裏再建において御造営御用に精勤したのみならず、遷幸御用についても尽力した。それは「御遷幸御用裏松公一人ニ帰し申候」（l）とも記されるほど大きな功績があったのであり、寛政二年十一月二十二日、光格天皇の新造内裏遷幸と内侍所渡御が無事に終了した。なお、遷幸に関しては、固禅の著作として『新造内裏遷幸次第』や『新造内裏遷幸次第部類』なども伝存しており、[12] 固禅の考証の一旦を垣間見ることができる。

(二) 「裏松家史料」より

東京大学史料編纂所には、特殊蒐書として「裏松家史料」約一千点が所蔵されている。この中には、裏松固禅の代表的著作たる『大内裏図考証』、『皇居年表』等の稿本・草稿類や、固禅が書写・蒐集した史料が伝わっているが、それに加え寛政度造内裏に関する勘文類(目録・指図・書状なども含む)が多く存することが注目される。

こうした勘文類の調査・研究により、以下のような特徴が指摘されている。[13]

・「裏松家史料」のうち、冊子以外で作成年次が明らかな史料の大部分は勘文類であること。

・勘文類の中には、勘文案のほか、勘文献上目録、添付の指図、議奏など関係者からの書状、諮問の経過を記した覚書なども含まれる。

・こうした勘文類の年記は天明七年から享和三年に及ぶが、中でも天明八年のものが非常に多いこと。

このうち三点目の特徴をさらに詳しくみると、天明八年でも特に五月から七月の間に勘文の作成・献上が集中していることが注目されている。「裏松家史料」の勘物・勘文をまとめた表1によれば、全七十一例のうち、天明八年のものは三十八例、さらにそのうち同年五月から七月のものは二十九例が確認できる。

この意味するところは、同年五月に幕府の内裏造営を担当する老中松平定信が上洛して、関白鷹司輔平と内裏造営についての会談を行うことになっていたため、朝廷側がその時期に焦点を合わせ、復古内裏再建の強い姿勢を表明すべく固禅に多くの勘文類を作成させたものであろう。[14]

一方、寛政元年以降、「裏松家史料」においては勘文類の数が急に減少する傾向も指摘されている。その理由としては、固禅が直接内裏造営の指揮を担える立場になったためという説[15]もあるが、『造内裏御指図御用記』を見る限り、固禅による直接的な造営指揮等は確認できない。天明八年中に復古内裏造営が決定したため、翌寛政元年の時期に入ると、前年のような量的な勘文作成を必要としなくなったからではないかと考えられる。こうした勘物の作成・献上については、先に掲げた『蒙斎手簡』や『無仏斎手簡集』の記述内容とも符号するところがある。

表１　裏松家史料勘物・勘文一覧

No.	仮番号	年　代	内　容
1	436	天明 7.10. 晦	殿舎壇
2	315	天明 8.5.8	記録所
3	303	天明 8.5.17	宜陽殿壇、石壇、承明門壇
4	439	天明 8.5.19	宜陽殿幷下侍・主殿司宿
5	402	天明 8.5.20	賢聖障子、通障子、布障子、日月花門扉形、清涼殿簀子幅、鳥居障子、廻廊瓦葺、片庇ノ門
6	406	天明 8.5.21	南階巽階丈尺
7	438	天明 8.5.23	昭陽舎、凝花舎
8	407	天明 8.5.25	紫清両殿高低、左仗座南架石橋、黒戸廊東面小半蔀
9	423	天明 8.6.7	殿上下戸
10	302	天明 8.6.11	昆明池障子
11	444	天明 8.6.11	清涼殿前溝幅
12	305	天明 8.6.12	榑風軒瓦、節形穴
13	325	天明 8.6.16	上戸小蔀、賢聖障子、南殿御帳、議所座幷床子座前壇
14	414	天明 8.6.19	紫宸殿南階開柱幷土戸
15	336	天明 8.6.20	南殿南階、清涼殿格子・覆簾・御手水間・小障子
16	311-13	天明 8.6.20	年中行事障子寸法
17	318	天明 8.6.22	紫宸殿・清涼殿格子、殿下直廬階幷沓脱
18	440	天明 8.6.24	清涼殿北廂蔀、年中行事障子
19	316	天明 8.6.27	尋常版
20	328	天明 8.6.28	荒海・昆明池御殿障子
21	422	天明 8.7.3	紫宸殿桧皮葺、台盤所、侍下戸
22	404	天明 8.7.4	殿上上戸
23	329	天明 8.7.6	東寺金剛珠院花釘
24	408	天明 8.7.8	紫宸殿母屋西面壁、東北廊壇、金剛珠院寝殿
25	409	天明 8.7.9	公卿座南面蔀
26	433	天明 8.7.17	宜陽殿蔀外上
27	417	天明 8.7.19	内裏桧皮屋不葺合事、壁栈
28	442	天明 8.7.23	政官侍、大臣宿所、次将座
29	332	天明 8.7.24	宜陽殿東孫庇東面板戸
30	304	天明 8.7.28	紫宸殿懸樋、敷政門等前摺、殿上侍前溝、宜陽殿壇上、陣座軒廊之樋
31	333	天明 8.8.11	東軒廊空柱立所、左近陣前空柱立所、紫宸殿東面空柱下伏溝
32	405	天明 8.9.20	紫宸殿柱経
33	420	天明 8.10.21	記録所
34	311-14	天明 8.10.24	灯籠・大宋御屏風寸法
35	411	天明 8.10.25	清涼殿灯籠
36	446	天明 8.10.26	馬形障子
37	403	天明 8.11.3	賢聖障子色紙形、大宋御屏風員数
38	448	天明 8.11.6	小鷹狩装束
39	416	天明 8.11.17	清涼殿妻戸、石灰壇平長押
40	308	天明 9.1.21	賢聖障子高さ
41	317	寛政元.2.14	承明門以下諸門貫木懸金
42	324	寛政元.2	紫宸殿南面庇屋
43	410	寛政元.2	殿上北母長押自壁寸法
44	412	寛政元.2	小板敷寸法
45	435	寛政元.3.4	紫宸殿軒之出・隅庇・階隠・上宮階下座
46	319	寛政元.5.10	南殿高御座、同母舎南面上長押高下寸法
47	443	寛政元.6.7	敷政門以下冠木
48	327	寛政元.6.18	諸殿礎石
49	312	寛政元.2.23	朝餉間小障子
50	428	寛政元.6	賢聖障子戸番幷掛金
51	432	寛政元. 閏6.2	御簾
52	337	寛政元. 閏6.17	夜御殿東面障子
53	320	寛政元. 閏6.18	台盤所畳、紫宸殿御帳表筵以下鋪設、御持仏殿
54	330	寛政元.7.22	床子
55	401	寛政元.9.2	三位文章博士草進宣命
56	323	寛政元.10.17	御屏風障子色子形
57	424	寛政元.10.22	清涼殿障子色紙色目
58	429	寛政元.10.23	左仗座寄障子
59	334	寛政元.11.4	清涼殿北面畳
60	418	寛政元.11.13	院殿上御倚子
61	426	寛政元.11.21	清涼殿畳
62	441	寛政元.12.15	議所座、公卿座
63	321	寛政 2.1.7	清涼殿ほか障子
64	419	寛政 2.2.16	清涼殿御障子
65	430	寛政 2.3.2	賢聖障子
66	309	寛政 2.11	放免桙
67	310	寛政 4.1.26	飛香舎代
68	447	寛政 4.4.18	飛香舎代
69	326	寛政 10.7.14	祈年祭御歳社
70	415	享和 2.9	祥偽律事
71	421	享和 3.10.21	阿蘇大宮司改姓

※ 西村慎太郎「寛政期有職研究の動向と裏松固禅」（註１科研報告書）所載の表五を改変して転載。

(三)『入道固禅注進勘物』より

静嘉堂文庫には『入道固禅注進勘物』（二冊、請求番号五三七―三〇）という固禅の勘物を集成した史料の写本が所蔵される。本史料は横丁の二冊本で、上冊（縦一五cm、横二一・四cm、本文墨付五三丁）と下冊（縦一五・一cm、横二二・一cm、本文墨付五八丁）とに分かれる。後補表紙には「入道固禅注進勘物　上（下）」と題簽を付し、元表紙には「入道固禅裏松光世注進／勘物　上（下）」と墨書する。上冊は清涼殿の建築・鋪設・調度について各種文献が引用され、各々につき固禅の按文が記されている。また項目ごとに朱点が打たれている。下冊は紫宸殿・宜陽殿・門廊・雑に分かれ、それぞれ上冊と同様の体裁を有する。なお下冊には奥書があり、次のように記されている。

此二冊者、寛政新造内裏之時、處召於入道固禅之勘物也、予竊部分之五面令模写者也、

寛政二年冬十月　　大江俊矩（朱印）

本史料は、この度の内裏がほぼ完成した寛政二年（一七九〇）十月の時点で写されたものであることが注目される。これを書写した大江俊矩は北小路俊矩（一七六八〜一八三二）で、松尾社司秦相栄の子、のち北小路俊冬の養子となった人物である。寛政二年当時は非蔵人で二十三歳。固禅との関係は必ずしも明らかではないが、同族に北小路祥光がおり、この祥光の実父日野資枝は固禅の弟に当たる。そうした関係から、俊矩も若くして固禅の有職研究に関心が深かったのであろう。静嘉堂文庫には、同じく俊矩が寛政元年六月に写した『清涼殿図考証[16]』（裏松固禅著、一冊、請求番号五三八―四）も所蔵され、俊矩の固禅への傾倒ぶりがうかがわれる。

さて、『入道固禅注進勘物』の上冊・下冊それぞれの構成を示すため、項目名のみを列記した表2を作成した。項目名には「清涼殿」「紫宸殿」「宜陽殿」「門廊」「雑」ごとに番号を付し、小項目には△を付けた。また小書は〈　〉で括り、参考情報は※を付して（　）内に記した。

表2　入道固禅注進勘物の構成

上冊「清涼殿／殿上　渡廊　下侍」

1・清涼殿天井之事
2・清涼殿簀子幅
3・清涼殿西面格子非半蔀
4・清涼殿覆簾事
5・荒海障子事〈図副〉
6・塵壺蓋事
7・櫛形穴事
8・清涼殿前御溝幅事
9・昆明池障子
　△表ノ絵
　△裏ノ絵
　△色紙形
10・昆明池障子以絹可張之歟事〈図副〉
11・御手水間事
12・小障子
13・御手水間之北間事
14・殿上前空柱幷神仙門前橋
15・殿上下戸図（※図面の記載もあり）
16・下侍事
17・主殿司宿事
18・長橋之壇〈敷図副〉
19・長橋北面溝
20・清涼殿御障子以絹張之事
21・清涼殿北庇蔀事
22・台盤所北一間西面事
23・殿上侍前溝事
24・昼御座幷西廂之外絵事
25・清涼殿弘廂灯楼数之事同蘇芳綱之事
　△同灯楼之体
　△同灯楼以紗張之事
　△同釣金事
　△同灯心布之事
26・漢竹架在所事
27・呉竹架在所事
28・馬形障子以布張之事
29・馬形障子画事
30・渡殿馬形画之事
31・殿上北面母屋之下長押自壁出□寸法事
32・清涼殿母屋西東面東廂共南面唐画本文事
33・清涼殿御障子和画準拠例
34・荒海障子表画
35・画工僧俗相交例
36・清涼殿御障子唐絵之所大和絵之所事
37・清涼殿御障子以画工之事
38・年中行事障子之事
39・渡殿馬形障子絵之事
40・石灰壇炉蓋之事
41・塵壺在所幷寸法事
42・鳥居障子
43・夜御殿東面南間幷添障子事
44・鳥井《ママ》障子画図事
45・布障子画図事
46・清涼殿御障子画図事
47・清涼殿畳事〈惣可鋪広筵或差筵也〉
48・清涼殿御障子色紙形色目
49・主殿司宿敷物事
50・荒海障子画事
51・荒海障子之事
52・〈荒海障子画〉長脚人長臂人事
53・渡殿高遣戸之下石階事
54・高遣戸寸法事
55・清涼殿布障子墨絵之事
56・昆明池御障子裏小鷹狩荒海御障子裏宇治網代等絵事
57・小障子竹雀猫等画事
58・清涼殿大和絵事（※図面の記載もあり）
59・〈清涼殿〉御帳台〈御几帳以下附〉
　△壁代
　△大床子〈御円座等附〉
　△御台盤〈台附〉
60・〈殿上〉御倚子
　△奏杖
　△簡
　△幕
　△硯
　△台盤
61・〈台盤所〉御倚子
　△簡
　△台盤
62・清涼殿御障子鳥居上小障子画事

63・石灰壇四季御屏風画事
64・節会日殿上幷前庭立烏瓶子事
65・清涼殿和歌題次第
66・座上下之事（※図面の記載もあり）
67・御色紙形寸法（※図面の記載もあり）
68・〈清涼殿〉翠簾懸釘〈被止蛭鎰幷懸鐶〉
（※図面の記載もあり）
69・櫛形高低事
70・清涼殿北抜板鋪
71・清涼殿翠簾
72・清涼殿翠簾寸法
73・呉竹
△河竹
74・殿上日給簡事

下冊　「紫宸殿」、「宜陽殿／軒廊　陣座官人床子座」、「門廊」、「雑」

「紫宸殿」

1・紫宸殿御帳丈尺事
2・南殿南階無階隠事
3・南殿南階開柱之事
4・同開柱立所事
5・紫宸殿南面樋幷東西面宇津保柱
6・紫宸殿南階欄高サ幷欄外階ノ幅
7・賢聖障子事
△障子ノカタチ
△同高サ
△以絹ハル事
△以板造之事
△同絵　同裏絵
△障子之戸
△柱寄
△〈小間〉通障子
△東面ノ布障子
8・小安殿布障子考
9・紫宸殿東南階
10・土戸事〈図副〉
11・紫宸殿母屋西面壁事
12・同東北廊壇事
13・紫宸殿樋事
14・紫宸殿東西空柱下伏溝事
15・紫宸殿桧皮葺之事
16・紫宸殿前桜橘在所事
17・賢聖障子色紙形事
18・大宋御屏風員数事
19・紫宸殿御帳
△寸法之事
△帷之事
△地敷中敷中敷表筵等之事幷或東西行或南北行鋪之事
△天井之事準拠例
△御倚子寸法幷茵
△黒柿事御倚子幷褥
△螺鈿御倚子
△毯代幷麟形鎮子事
20・賢聖障子〈高サ惣許八尺許〉
21・東西階隠柱之事
22・東西階隠柱之事
23・南殿南面軒ノ出ノ事
24・南殿四隅ノ庇ヲ古図隅庇ト注ス又階隠ト注ス而雖称階隠其実為隅庇之由先達テ注進既畢〈今度古図写二枚献之〉（※古図二枚の図面の記載もあり）
25・紫宸殿（新造）
26・古文書賢聖障子
27・紫宸殿軒樋所為銅樋哉之事
28・南殿高御座事
29・南殿御装束蔀上之事
30・御簾事
31・紫宸殿御帳表筵以下鋪設事
32・賢聖御障子色紙形色目（※図面の記載もあり）
33・御色紙形寸法（※図面の記載もあり）
34・紫宸殿翠簾懸様

「宜陽殿／軒廊　陣座　官人床子座」

1・宜陽殿壇
2・宜陽殿土廂西面石橋在所不同事
3・大臣宿所
4・大臣宿所南間
5・大臣宿所小板敷
6・同東面遣戸事
7・公卿座
8・議所

9・議所座事
10・次将座
11・政官侍
12・上官床子
13・議所北政官侍
14・陣座土庇之上小蔀
15・床子座南面壇事
16・軒廊壇
17・軒廊西端及北面溝幷陣前溝
18・宜陽殿公卿座南面蔀事
19・同座南北二間事
20・宜陽殿公卿座以下蔀可為外上哉否事
21・宜陽殿又廂東面戸事
22・宜陽殿西面壇上丈尺事〈図副〉
23・陣座軒廊以下之樋事
24・東軒廊南北面各依被懸樋空柱立所事
25・左近陣座南面同空柱立所事
26・宜陽校書等殿鋪設事
27・陣座寄障子事
28・左近陣寄障子事（※図面の記載もあり）
29・宜陽殿公卿座〈図三枚副〉（※図面の記載もあり）
30・宜陽殿饗勧盃之人路経壇上事

「門廊」

1・承明門壇
2・日月華門扉之事
3・日華門壇
4・日月華門扉形
5・片庇ノ門
6・敷政門事
7・無名門前石橋溝筋幷廻廊外江水抜伏樋溝之所々之事
8・廻廊瓦葺準拠例
9・布政幷神仙等門前橋事
10・廊之門有額方幷不懸額方等各有冠木事
11・承明門壇石壁之柱事

「雑」

1・宮殿金物事
2・上古天井之結構
3・紫宸殿清涼殿格子内揚而不半蔀事
4・殿下直廬階幷沓脱事〈擬凝花舎〉
5・尋常版置所事
6・尋常版以木作之事
7・尋常版寸法事
8・宣命版置所事
9・宣命版以目石作之事
10・金剛珠院寝殿事
11・内裏桧皮屋不葺合事
12・記録所事〈図副〉
13・内裏塀屋黒塗事
14・四季御屏風三尺或四尺事
15・小鷹狩装束事
16・門限車轍図（※図面の記載のみ）
17・車寸法之事
18・網代車〈廂上白同載之〉
　△簾事〈五緒附〉
　△物見簾事
　△下簾事
　△畳事
　△摺事
　△雨皮事
　△鞦
　△綱
　△鞭
19・零駕
20・負書亀
21・饅頭形之事
22・床子事〈大弁前机附図三枚副〉
23・御持仏殿事
24・色紙形之事
25・色紙形之事
26・額縁彩色事
27・床子寸法事
28・龍尾道石階事
29・引帷事
30・御色紙形下画事
31・皂縵頭巾
32・懸壁代耳金事

表2の各項目と「裏松家史料」にある勘物類（先掲の表1）とを比較してみると、『入道固禅注進勘物』に記載された各勘物は、「裏松家史料」に個々に存する勘物類と同様のものが多いことが指摘できる。すなわち、表2からこれに該当する項目番号を挙げると、上冊「清涼殿」では2、4、5、7、8、9、11、15、21、24、38、42、47、48などであり、下冊「紫宸殿」以下では、「紫宸殿」3、7、9、10、13、15、18、28、30、32、「宜陽殿」1、3、7、8、10、11、18、20、21、24、「門廊」1、4、5、「雑」5、6、7、10、11、12、22となる。したがって、『入道固禅注進勘物』は「裏松家史料」の中の各勘物類と関わりが深く、固禅自身がこうした内裏造営関係の勘物類をとりまとめた可能性もあろう。「裏松家史料」の目録の中には、現在は所在不明となっているが、「寛政造内裏勘物」（二冊）と記されるものがあり、これがかかる勘物類を集成した史料であり、静嘉堂文庫本『入道固禅注進勘物』の原本に相当する可能性もあると思われる。

次に表2の各項目と『大内裏図考証』に記される内容とを比較してみると、両者には共通するところが見受けられる。例えば、「清涼殿」では41「塵壺在所幷寸法事」が「謹案、在所・寸法共以不著明雖然略従所見注進如左、年中行事秘抄云、殿中東南隅、有地爐、雲図抄　元日御薬、季御読経、……」と記されるのに対し、『大内裏図考証』では「塵壺在所、及寸法　諸図書○年中行事秘鈔曰、殿中東南隅、有地爐、……○雲図抄　元日御薬、季御読経、……」とある。また73「呉竹」でも「倭名鈔曰、文字集略云、笞〈音、甘……〉」と記されるが、『大内裏図考証』でも「○倭名抄曰、笞竹、文字集略云、〈音、甘……〉」とある。さらに「紫宸殿」の15「紫宸殿桧皮葺之事」でも「謹案、紫宸殿瓦葺之事、所見無之、□左経記寛仁元年九月七日、内裏始葺桧皮云、……」とあるが、『大内裏図考証』では「○左経記曰、寛仁元年七月三日、……○又云、同年九月七日、造宮桧皮、始葺、云々」と記されている如くである。

このような関係から、『入道固禅注進勘物』に記された各勘物は、『大内裏図考証』の記載内容に基づいて作成されたものがあったことが指摘できる。またそれは、「裏松家史料」として伝存する各種の勘物も、ベースとなったものは、それまで固禅が稿本として作成していた『大内裏図考証』の内容であったということができよう。

(四)『造内裏御指図御用記』より

最後に、『造内裏御指図御用記』よりうかがえる固禅の活動を改めてまとめておきたい。これまでの『京都御所造営録』第一巻から第五巻の各

「序説」と一部重複するところもあるが、以下に本史料に現れる「裏松入道殿」「入道殿」などの記事を掲出する（便宜、①～⑬の番号を付す）。

寛政元年

① 寛政元年正月十九日条

……修理職幷絵師幷播磨等召連相廻ル、日野殿・堤殿・高丘殿幷裏松入道殿等御逢、……

② 同日条

一、東寺之慶賀門丈尺取ニ可懸旨堤殿被命、修理職二人江申渡候、右慶賀門大宮通ニ有之候二ケ所ノ門之内、北ノ方ノ門之由、裏松入道殿被申聞、何も承知、

③ 二月十日条

一、裏松入道殿

右御指図御用掛ニ而者無之候得共、古代之儀存知之人故、出勤被免、依之彼是掛合等有之候、何も江応対も有之候、……

④ 六月二十七日条

一、今日承明門・日月花門木形拝見被仰付ニ付、……

辰刻過御物置へ可廻旨、安芸を以被仰出、申渡、……

高丘殿被相詰、……木子父子寸法を取、

裏松入道殿被相詰暫見合居、権大夫壱人差置、予引取、

⑤ 閏六月三日条

一、四脚門以上之門ニハ腰長押ハ無之、……

右此度伺出候木形日月花門ニ腰長押有之、八ツ脚ニハ腰長押ハ無之筈之由、其節裏松入道被申居候、……

⑥ 閏六月二十日条

一、清紫両殿・廻廊・承明門・日月花門等木形も上り候、……

右諸ケ所之儀、入組候場所ニも木形ハ如何有之事哉之趣、裏松入道噂も有之趣相聞候ニ付、木形ニ而何有之哉之旨、内々摂州へ噂申置、……

このうち、①では勢多章純が修理職や絵師などと共に各所を巡り逢った人物の中に、裏松入道殿もいたことが記される（寛政元年正月十九日）。また③によれば、固禅は御指図御用掛ではないが「古代之儀」を存知する人であるゆえに出勤が許されており、種々「掛合」も行っており、どのようなことにも応対ができるという（同年二月十日）。固禅の役割と立場を的確に表した内容である。②は内裏造営の参考のため東寺の慶賀門の丈尺を取ることとなったが、その門の位置を固禅に諮問しているものである（同年正月十九日）。

さらに、④では、承明門・日花門・月花門の木形が出来上がり、木子父子が寸法を取った際、固禅もその場に詰めており暫く見合っていたこと（同年六月二十七日）、⑤では、日華門・月華門の木形に腰長押があるも、固禅は八脚門に腰長押なき由を申していること（同年閏六月三日）、⑥では清涼殿・紫宸殿・廻廊・日華門・月華門の木形の入組場所につき、裏松入道に伺っていること（同年閏六月二十日）などが記されている。この④⑤⑥からは、寛政元年六月・閏六月の段階で、この度復古様式にて再建される清涼殿・紫宸殿・廻廊・日花門・月花門につき木形を検討材料として固禅に伺いを立てている様子が読み取れる。固禅は寛政元年以降、日々参内していたらしいので、内裏造営上の問題が起これば、折にふれて諮問に預かり、適宜自らの見解を披露し、造営の進展に貢献していたのである。

寛政二年

⑦　正月二十八日条

一、　小御所御下段草案（註略）壱包　　　　勝山琢元

右御渡之敷図ニ而者東側之処不足ニ付書足仕候、……且又御敷図之通之内、人物不足之処も御座候ニ付、其処者付紙ニ認置候、御不用ニ候得ハ御取放ニ相成候様之積りニ仕奉伺候、右之儀ハ内実者広橋殿幷裏松入道殿御指図ニ御座候旨、右何も土佐守申聞差出ス、何も受取置、

⑧
三月二十二日条
一、　朝賀絵草案　　海北斎之亮
右書改昨日上置候処、猶又所々付札ニ而被返出、付札之通改候而可伺之旨但馬を以被渡、土佐守呼寄申渡ス、付札之通難分候ハヽ、裏松入道殿へ聞合候ハヽ、可然趣、但馬申聞候ニ付、土佐守へ申達、勿論入道殿へ伺候旨認上候儀ニ候、……

⑨
四月二日条
一、小御所庇東面
　朝賀之図草案　　土佐守門人　海北斎之亮
右先達而草案上候処、所々付札被付被出候ニ付、則改差上伺候、御付札大極殿へ付候付札合点不参候ニ付、入道殿ニ承合候処、少々間違も有之様子故、何分先以御好之趣ニ而別紙絵図認入候、……

⑩
四月三日条
一、昨日上置候朝賀之草案委細之儀豊岡殿忘却候間、今一応委細可申上候旨但馬を以被命候ニ付、此儀割合せ之儀土佐守彼是演述有之、……全体此儀ハ付札之事土佐守も不得其意候ニ付、入道殿へ御尋申入候処、中山殿被申ニ付、入道殿付札被致候得共、是ハ間違之儀ニ候旨委細被申、何分広橋殿へ申入候処、入道殿差図ニ而者無之候、其趣ニ而広橋殿へ可申旨被申ニ付、広橋殿へ土佐守不審之儀とも申入候処、中山殿存違歟間違之様子ニ入道殿へ聞合候様被申ニ付、内実入道殿へ御尋申上候処、ケ様之趣ニ而御差図ニ而者無之候得共、広橋殿へ可申旨被仰候ニ付申上候条申上候、……

⑪
四月十六日条
一、　追儺絵草案　　狩野正栄
右書改出来之由ニ而土佐守持参、……
右ハ内々広橋殿・入道殿等入御覧、御承知之由、十七日参集ニ付、十五、六日頃ニ差出旨、……

⑫
八月五日条

一、竹台之竹、下枝有之候竹ニ而無之而者不相成由、右下枝有之ハ、漢竹者関白殿当所仮御殿裏ニ多有之候、呉竹ハ当村之内裏松入道殿住居之裏ニ有之由、追而修理職見せ可被遣候間、当村庄屋へ掛合置候様日野殿被命、……

⑬ 九月十五日条

一、淡州より申送り、

一、参集来ル廿日之旨、

一、唐花色紙形　三枚

御治定申出ル、昆明池障子下絵

駒牽　　下絵

御付札出来書改、今一応可相伺旨、但内々裏松殿へ聞合可申様申聞、

右之分将監へ相渡ス、請書今日持参候筈、

⑦では、小御所下段の敷図草案につき、広橋伊光と共に固禅からも御指図があったことが記される。いずれも土佐守が申し聞いている（寛政二年正月二十八日）。また⑧⑨⑩でも、小御所庇東面の絵の草案として画かれた朝賀図につき、固禅に諮問している様子が記されている。⑧では海北斎之亮が書き改めた小御所の朝賀絵の草案について、付札の通りでは分かり難いので、固禅に伺っている（同年三月二十二日）。⑨では小御所庇東面の朝賀の図草案について大極殿に付された付札に合点がいかないため固禅に尋ねている（同年四月二日）。⑩によれば翌日も引き続き朝賀の図草案につき固禅に伺いを立てている（同年四月三日）。

⑪では狩野正栄による追儺絵草案の書き改めが出来につき、広橋伊光と固禅に内々にそれを見せていることが確認できる（同年四月十六日）。また⑫では、清涼殿の漢竹・呉竹のうち、呉竹に関しては、固禅が住まう住居の裏にあるので、追って修理職に参考として見せようとしていることがうかがえる（同年八月五日）。さらに⑬では、清涼殿の昆明池障子下絵につき、付札にて書き改めが指示されてきたが、その前に、内々に固

禅に聞いて確かめようとしていることが分かる（同年九月十五日）。固禅は、内裏造営上の問題に加え、こうした障壁画の絵様作成過程等においてもいろいろと諮問に預かり、造営の進捗に不可欠な人物となっていた。

『造内裏御指図御用記』にみえる固禅の動向は断片的ではあるが、そこで確認される記事からだけでも、固禅がこの度の造内裏において朝廷内で指南的役割を果たし、殿舎や門廊等はもとより、障壁画・各種調度の面においても、自身が有する豊富な有職故実の知識によって復古内裏全体の再建に大きく貢献したのである。

おわりに

以上見てきたように、裏松固禅は、寛政度復古内裏造営の過程において、常に見識を求められる立場にあったと言えよう。それは、『大内裏図考証』の編修に裏打ちされた皇居建築や各種調度などに関する有職故実の幅広い知識があってのことであり、この度の内裏再建は、こうした固禅の知識が、実際の建築に反映された特殊な事例となった。固禅にとってみれば、自らが長年研究してきた皇居関係の故実が机上のものに止まらず、現実の復古内裏再建、朝儀復興等に役立ったことに対して深い満足感を得たのではなかろうか。

寛政度の復古内裏造営という大事業は、それを実現しようとする強い意志が光格天皇を始め朝廷全体にあったことが前提とはなるが、その時、朝廷側に裏松固禅という識者が存在したことによって初めてなしえたものと言えるであろう。固禅の研究を終始助けた藤原貞幹は、内裏完成の翌年の書簡で次のように記している。

入道様、（中略）火後以来一日も無御不参御務、奇代之盛事、御再興等之事ニ至り、実ニ御一人之御力ニて成就、大御手柄と可申歟、（『蒙斎手簡』84、寛政三年正月十四日付書状）

復古内裏完成の後、寛政六年（一七九四）五月、固禅は朝廷から『大内裏図考証』の献上を命じられる。そして、それより内容の精査を行いながら、ついに寛政九年十二月十日、『大内裏図考証』三十巻五十冊を朝廷に献上するに至る。[17]時に六十二歳。また翌年には、内裏造営以来の御用勤仕及び『大内裏図考証』献上の功により、朝廷より下賜金を賜わる。

固禅は若くして宝暦事件による挫折を経験したが、その後は自らが志す内裏殿舎の故実研究を大成させ、晩年には復古内裏の実現と『大内裏図考証』献上とを成し遂げるに至った。さらに『大内裏図考証』の献上以後もその校訂に力を注いだが、文化元年（一八〇四）七月二十六日に没し、六十九年にわたる稀有なる人生を閉じたのである。

註

1　裏松固禅の経歴や業績についてまとめた研究としては、櫻井秀「裏松光世とその著作」上・下（『歴史地理』二八巻四号、二九巻六号、一九一六・一七年）、西井芳子「裏松固禅とその業績」（『平安博物館紀要』二、一九七一年）、吉田早苗「裏松固禅と「裏松家史料」について」・同「裏松固禅活動年譜（稿）」（科学研究費補助金研究成果報告書『近世公家社会における故実研究の政治的社会的意義に関する研究』研究代表者吉田早苗、二〇〇五年）などがある。

2　高橋宗直は江戸中期の故実家。本姓は紀。御厨子所預・若狭守の職にあった。清涼殿と紫宸殿を考証した『清紫両殿図』『清紫両殿図考証』以外にも、『太政官庁図考証』『宝石類書』など多数の編著がある。天明五年（一七八五）に八十三歳で没する。

3　詫間直樹「裏松固禅の著作活動について——『大内裏図考証』の編修過程を中心として——」（『書陵部紀要』五五号、二〇〇四年、のち註1科学研究費成果報告書に再録）。なお『無仏斎手簡集』は、固禅の研究を補佐した藤原貞幹が彰考館総裁立原翠軒に宛てた書簡集で、その原本は天理図書館に所蔵される（請求番号一一一三）。刊本には『日本芸林叢書』九（六合館、一九二九年、鳳出版、一九七二年復刊）がある。

4　なお、鈴木敬三「裏松光世」（『国史大辞典』吉川弘文館、一九八〇年）では、固禅の謹慎中、「多く伊勢山田の縁戚のもとに寄寓して、文献・古絵図・絵巻物・遺跡資料を博捜し」たと記すが、伊勢山田に寄寓したということの根拠は不明である。

5　詫間直樹『皇居年表』の編修過程について」（註1科学研究費成果報告書に所収）。

6　『寛政御造営最初記』は宮内庁書陵部所蔵。一冊（函号二〇八—六五六、松岡家旧蔵本）。法量は縦一二・八㎝、横一九・四㎝（横丁）。外題は「寛政御造営最初記」、内題は「寛御造営最初記」で、紙数は本文墨付八丁、遊紙が前後に各一丁ある。印記は本文第一紙に「松岡家之蔵」の長方形朱印があり、天明八年の松岡辰方による書写奥書が記される。

7　藤岡通夫『京都御所』（彰国社、一九五六年。新訂版は中央公論美術出版より一九八七年に刊行）、平井聖編『中井家文書の研究　内匠寮本図面篇』七（中央公論美術出版、一九八二年）。また『寛政御造営最初記』については、藤田覚「寛政内裏造営をめぐる朝幕関係」（『近世政治史と天皇』吉川弘文館、一九九九年）

でも論及されている。

8 『蒙斎手簡』は、藤原貞幹が柴野栗山に宛てた書簡集であり、現在は抄録本として伝わる。写本は立原翠軒所蔵本を小宮山楓軒が書写したものが静嘉堂文庫に小宮山楓軒叢書(八五―七〇)として蔵され、その写しが国立国会図書館にも所蔵される。国会図書館本を底本とした翻刻として、松尾芳樹「藤原貞幹書簡抄『蒙斎手簡』上・下」（『京都市立芸術大学美術学部紀要』三七号・三八号、一九九三・九四年）がある。なお、本稿において『蒙斎手簡』の各書簡を引用する際には、この松尾論文で付された整理番号を記す。

9 岩間香・植松清志・中嶋節子・谷直樹「復古様式の造営過程と中井役所棟梁の岡嶋上野掾―寛政度内裏に関する研究（二）―」（『日本建築学会計画系論文集』五八八号、二〇〇五年）、栗本康代・植松清志・岩間香・谷直樹「禁裏修理職大工の木子家―寛政度内裏に関する研究（三）―」（『日本建築学会計画系論文集』六五二号、二〇一〇年）。

10 註7藤岡著書、岩間香・植松清志・谷直樹「寛政度復古清涼殿の内部空間と名所絵障子」（『建築史学』四四号、二〇〇五年）。宮内庁書陵部所蔵『造内裏幷遷幸一会』（二十一冊）の中に「御造営御用承知帳」（一冊、函加番号五一五―二）が存する。

11 植松清志・岩間香「寛政度内裏における復古様式の企画・設計過程に関する研究」（『住宅総合研究財団研究論文集』三三号、二〇〇七年）、栗本康代・松栄町子・岩間香・植松清志・谷直樹「寛政度内裏における常御殿の設計過程について」（『日本建築学会大会学術講演梗概集（九州）』二〇〇七年）、栗本康代・植松清志・岩間香・谷直樹「寛政度内裏における常御殿の設計」（『生活科学研究誌』一〇号、二〇一一年）など。

12 『新造内裏遷幸次第』の写本は国立公文書館（一四五―一〇〇七、甘露路本）や宮内庁書陵部（二六四―一二ほか）に所蔵される。『新造内裏遷幸次第部類』の写本も宮内庁書陵部（柳―二五九ほか）に所蔵される。

13 註1吉田「裏松固禅と「裏松家史料」について」、西村慎太郎「寛政期有職研究の動向と裏松固禅」（註1科学研究費成果報告書に所収）。

14 註1吉田「裏松固禅と「裏松家史料」について」。

15 註13西村「寛政期有職研究の動向と裏松固禅」。

16 静嘉堂文庫所蔵『清涼殿図考証』一冊（五三八―四）は、本文墨付三十五丁。内容は『大内裏図考証』巻十一上・中・下（清涼殿上・中・下）にほぼ同じであり、その抄出本とみられる。ただし中・下の部分は、本書では記載順序が異なるところがある。奥書に「此一冊、以或人之蔵本写之畢／寛政元年六月　江俊矩（朱印）」とあるので、大江（北小路）俊矩が寛政元年（一七八九）六月に書写したものである。この写本の存在により、『大内裏図考証』は部分的ではあるが、献上以前の寛政元年の段階で、すでに他家へ貸出がなされ、書写が許されていたことが知られる。

17 献上本の『大内裏図考証』は、現在、宮内庁書陵部に所蔵される（全五十冊、函号五五四―二一）。

107, 111, 116, 124-126, 129-130, 132, 135, 158-159, 161, 163-165, 216, 218, 220-222, 235-236, 241-243, 253, 262, 268, 271, 300, 304, 310, 338, 340, 350, 362, 365
［五巻］24-25, 29, 31, 36, 38-40, 51-55, 58, 85-86, 129-130, 133-134, 136, 138, 142, 160, 162, 175, 178, 187-188, 258, 263, 265, 269, 274-275, 288, 290-291, 315, 317, 326-327
万里小路政房（万里小路前大納言）
［一巻］7, 31-32, 70, 156, 211, 244, 267, 269-270
［二巻］61, 210
［三巻］76, 92, 202, 209, 222, 384
［四巻］92
［五巻］139, 238, 263, 272, 276-277, 288, 336, 342
水原保明（水原摂津守）
［一巻］5, 7, 31-32, 48, 109, 132, 203, 219, 222, 252, 279, 287
［二巻］6-7, 14, 18, 20, 48, 60, 78, 83, 89, 124, 140, 162, 164-166, 176, 191, 193, 218, 235, 249, 257, 263, 266, 272, 278, 282, 287, 291, 297, 299-300, 313-314, 337, 348-349, 352
［三巻］7, 14, 35-36, 43, 63, 72, 82, 84, 102, 104, 115-117, 120, 122, 145, 160-163, 172-173, 182-184, 187-188, 190, 193-195, 198, 200, 206-207, 211, 236, 239, 241, 251, 258, 261-262, 264-265, 268-269, 275, 316, 322, 329, 335, 339, 341, 343, 350, 355, 358-362, 365, 367, 388, 398, 423
［四巻］5, 13, 17-18, 31, 35, 56, 90, 108-110, 113-114, 130, 157-158, 161, 165, 173, 175-176, 180, 191, 197, 199, 201, 205-206, 208-210, 212, 216, 219, 238, 246-247, 249, 251, 255, 257, 261, 263-264, 275, 288, 292, 295-296, 309, 311-312, 320, 330, 332, 345, 352-353, 359, 370
［五巻］6, 16, 21, 25, 30, 55, 57-58, 80-81, 102, 110-111, 120, 122-123, 125-126, 132, 146, 148, 160, 165, 167, 171, 176, 180-181, 185, 187, 190, 200, 202-205, 214, 216-217, 226, 233, 238, 244, 246-247, 249, 255, 264, 268-271, 279, 281, 286-287, 290, 296-297, 299, 301-302, 304, 309, 312, 314, 320, 325, 328, 330, 332

ら行

両女院
［一巻］26, 126, 147, 177, 250
［二巻］10, 131, 168, 172, 229, 328
［四巻］8, 49

81, 86, 112, 127, 167, 173, 195, 220
［一巻］20, 29, 45-46, 81, 84, 86, 91, 97, 117, 122, 130, 134, 147-149, 154, 156, 170-173, 187, 189-190, 194, 196, 205-206, 211, 215, 224-225, 230-231, 233, 239-242, 246, 248, 251-255, 257, 261-263, 266, 270, 278-279, 294, 308-309, 319, 323, 348-351, 354, 358
［三巻］5, 7, 9, 20-22, 26-27, 36, 39, 42, 48, 81, 91-92, 101, 108, 112-113, 120, 123, 129-131, 152-153, 159-160, 163-164, 173-174, 176-178, 181-182, 184, 193-194, 197, 199-200, 202, 204-208, 210, 212, 214, 224, 228, 236-237, 240, 242-244, 246-247, 249-254, 262, 264, 269, 272-273, 275, 295, 304-306, 322, 355-357, 363, 383-385, 387, 389-390, 397, 401-403, 407-408, 410-411, 416, 420-422
［四巻］27-28, 39-40, 46-47, 52, 56-60, 70-75, 167-168, 199, 209-210, 215, 224-226, 228, 233-235, 249, 263, 276-277, 305, 313, 330, 354-355, 364
［五巻］63, 80, 94, 117, 120, 128-130, 158, 174, 179, 185-187, 197, 208-209, 214-215, 222, 258, 304, 339, 343, 347

松木宗子（大准后）
［一巻］8

松平定信（松平越中守）
［一巻］23, 26, 30-31, 56, 96, 126
［二巻］91
［三巻］6, 325
［五巻］305

松平乗完（松平和泉守）
［一巻］23, 30-31, 82, 298
［二巻］5-6, 9, 30, 35, 60, 71, 83, 112, 116-117, 258
［三巻］9, 12-13, 22, 30
［四巻］242

松宮主水
［一巻］6, 15-16, 25, 28-29, 33-34, 42, 44, 50-52, 54, 66, 73-75, 85, 90, 106, 123-126, 128, 135, 138, 151, 153-156, 158, 187, 191, 196, 202, 204, 214, 216, 218, 229-230, 232, 247, 269, 276, 282, 286
［二巻］13, 27, 75, 81, 86, 93, 100, 113, 119, 123, 149, 175, 194, 197, 250, 269, 299-300
［三巻］8, 23, 25, 32, 35, 39-40, 44, 54, 59, 70, 80, 91, 106, 113-114, 117, 146, 189, 192-193, 196, 199, 203, 223, 304, 331, 338, 374, 400, 404, 414-415, 418, 426
［四巻］8, 24, 73, 210, 212, 225, 233, 249, 262, 288, 310, 325, 350
［五巻］13, 50, 82, 86, 109, 123, 125, 131, 139-140, 158, 180, 197, 203, 221, 258, 265, 270, 273, 306, 311, 314-315, 317-318, 326, 332, 335, 341, 345, 350

松室丹後（非蔵人丹後）
［一巻］6, 26, 30, 34, 38, 42-43, 46, 65, 67, 70, 73, 81-82, 95, 102, 105, 150, 166, 219, 247-249
［二巻］58-59, 61, 67, 76, 81, 84-85, 87, 91, 95, 97, 101, 106, 129-130, 149, 153, 156, 163, 175, 179, 185, 191, 194-196, 203, 209, 213, 215-217, 223-224, 226, 231, 234, 236-237, 240-241, 243, 246, 263-264, 266, 269, 276-277, 279, 282, 291, 298-301, 307, 318-320, 322, 346-347, 351, 358
［三巻］7-8, 10-12, 14, 30, 81, 95, 105-106, 113, 120, 123, 129-131, 134, 159-161, 172-174, 177, 184-186, 197, 200, 203, 205, 224-226, 228, 230, 235-237, 239-242, 247-248, 253, 307, 317-318, 336-337, 339, 344-346, 348-349, 354-355, 357-358, 361, 379-380, 387, 389, 407, 410, 413, 416-417, 420-421
［四巻］20, 23, 45, 51, 75-76, 88, 92-93, 98,

63-64, 73-75, 78-79, 81, 195, 198, 202-203, 226, 232, 234, 258, 275-276, 278, 317, 326, 333
［三巻］31, 57, 64-65, 69, 92, 131, 153-154, 156, 159, 164, 176, 206, 210, 215, 229-230, 243, 249, 252, 260, 262, 280, 306, 323, 340, 348, 372, 374, 378, 380, 389, 397, 401, 409
［四巻］8, 27, 49-50, 55-57, 128, 170-173, 175-176, 179-180, 206-207, 210, 215-216, 225, 231, 242, 245, 256-258, 260-261, 264, 267-268, 272, 284, 290-291, 311, 313, 325-326, 352, 358
［五巻］24, 26, 60, 66-68, 74, 77, 86, 103, 108, 110, 116-117, 119, 124-128, 130, 139, 158, 160, 181, 198, 212-213, 220, 225, 232, 249, 251, 253, 257, 261, 263, 265-267, 272-274, 276-277, 279-281, 284, 286, 296, 304, 310, 315, 325, 327-331, 335, 337-339, 347-348
広橋伊光（広橋前大納言）
［一巻］7, 10, 26, 57, 65, 69, 96-99, 101, 108, 125-126, 159, 164, 190, 197, 211, 214-216, 224, 227, 253, 262-263
［二巻］7, 9, 13, 45, 48, 57, 76, 94, 198, 214, 258, 274, 302, 313, 315, 319-320
［三巻］22, 30-31, 35, 60, 142, 144-145, 152-154, 179, 184, 239, 249
［四巻］27, 51, 59, 76, 78, 196, 198, 221, 291
［五巻］29, 31, 37, 45, 94, 99, 103-104, 108, 110, 130, 137-139, 188, 222, 234, 245, 251, 257, 263, 328-329, 337
藤嶋但馬（非蔵人但馬）
［一巻］5-6, 10-12, 15-16, 20, 23-24, 26-28, 30-34, 36-44, 46-49, 51-56, 60, 64-67, 71, 73-75, 79, 84, 86, 94-95, 97-99, 102, 107, 112, 114, 116, 122, 128, 133-135, 139, 148, 150-153, 155, 158-159, 162, 167, 170, 172-173, 196, 215, 217, 219-220, 224, 233, 265, 271, 274, 284, 297
［二巻］31-33, 36, 43, 46, 50, 55-58, 74, 77, 82, 84-86, 91-100, 103, 107-108, 110-117, 119, 122-126, 130-131, 133-134, 137-138, 140-155, 162-167, 170-174, 176, 178-180, 184, 193-197, 203-204, 217-218, 223, 226, 228, 231-232, 239-240, 242-247, 249-253, 257, 259-268, 271-274, 276-279, 285-287, 290-291, 294-296, 298, 301-302, 304, 306, 310, 313, 321-325, 328-332, 334-337, 344, 347-349, 351-352, 354, 358
［三巻］5, 11-15, 20, 24-27, 30-33, 36, 39-40, 43-44, 49-50, 53-54, 56-58, 61, 64, 69-72, 77, 87, 106, 113-114, 117, 120-122, 133-134, 138-140, 142-146, 153, 155, 214, 254-255, 258, 262-263, 265-275, 279, 295-296, 304-307, 316-317, 321-322, 324-325, 331-337, 361-363, 365, 367-368, 371, 374, 421-422, 425
［四巻］9-10, 12-13, 15, 17, 22, 24-32, 34-37, 39, 41-44, 47, 57-62, 67-69, 72-76, 81, 83, 88-89, 98-99, 105-111, 115-118, 123-125, 127, 156, 158-162, 166-167, 198-203, 224
本上主税
［一巻］6

ま行

町口是彬（町口大判事）
［一巻］5-8
［二巻］135
［三巻］47
町口元孝（町口越中守）
［一巻］25
［四巻］81
松尾安芸
［一巻］6, 18, 26, 34, 36, 44, 53-54, 56, 72,

123-125, 128-129, 133-134, 136, 145-147, 159-160, 189, 191, 195, 199, 203-205, 207, 209-210, 228-230, 243, 253, 255, 276-277, 281, 285, 287, 292-293, 304-307, 309, 311, 313-315, 321-322, 326, 329, 334-338, 360, 371
［五巻］12, 19-20, 31-32, 35-36, 38, 40, 43, 46-48, 51-52, 59-60, 89-90, 92, 111, 116, 119, 124, 127-128, 171-173, 201-202, 232, 255, 304-305
豊岡和資（豊岡中務大輔）
［一巻］26, 50, 171, 177-179, 185-186, 200-203, 213, 216-219, 221-223, 226, 261, 264-265, 272, 274, 276, 284
［二巻］13, 45-46, 48, 54, 56-58, 62-64, 66-67, 73, 75
［三巻］156-158, 229, 231, 236, 243, 249, 255, 259, 323, 362, 402
［四巻］36, 179-180, 196-198, 210, 216-217, 229, 231, 243, 245, 323, 340-341, 344, 355, 362
［五巻］30, 41, 51, 57, 105, 184, 202, 257, 263, 265, 269, 316
鳥山吉晃（鳥山越前守）
［一巻］9, 163, 256
［三巻］115
［五巻］223, 341

な行

中井主水
［一巻］7, 23-24, 29, 36, 39, 41, 51, 54-55, 58, 60-61, 65-67, 72-75, 81-82, 96-98, 105, 107-108, 112, 117-118, 124, 165-166, 172, 174, 179-180, 200, 203-204, 207-208, 211, 240, 243, 268-270, 275, 277, 279, 282, 290, 295-297
［二巻］10-11, 16, 45, 48-49, 57, 64, 135, 141, 147, 150, 156, 164, 173, 177, 179, 209-211, 257, 274-275, 319
［三巻］30, 33, 35, 69, 79, 85, 135, 142, 161, 210-211, 339
［五巻］147, 348
中山忠尹（中山中納言）
［一巻］27
［二巻］14
中山愛親（中山前大納言）
［一巻］7, 26, 57, 187, 201, 268
［二巻］13
［三巻］31
［四巻］198, 355
［五巻］129, 139, 257, 263
西池木工権頭
［一巻］25
［三巻］47
［四巻］80
［五巻］199, 209
二条舎子（大女院、青綺門院）→両女院
［一巻］26, 126
［二巻］13, 134, 137, 175, 188
［三巻］144, 146, 213, 242, 267, 306, 371
［四巻］55, 90, 123, 190
［五巻］108, 258, 297-298, 301, 313-314

は行

日野資矩（日野中納言）
［一巻］11, 13, 15, 26, 30-31, 35-36, 43, 47, 50, 52-55, 57-60, 71, 87-91, 95, 98, 100-104, 106-107, 112-113, 115-117, 120-122, 124-125, 127-128, 130, 132-135, 139-143, 147-148, 150, 152-165, 167-173, 175-176, 181-184, 186, 190-191, 193-194, 197, 203-206, 210-217, 220, 223-225, 231-240, 242-248, 250, 255-258, 263, 265, 268, 270-272, 282, 284-286, 295-296
［二巻］13, 16-17, 20, 23-24, 26-28, 31, 35-36, 39-40, 43-44, 47-49, 51-53, 56-59,

［五巻］12, 22-25, 41, 55, 63, 80, 104, 108, 110, 117-118, 120, 123-124, 127, 132, 134, 138, 150, 162, 165-166, 171, 177, 180, 196, 200, 219, 227, 229, 239, 261, 284, 313, 326-328, 330, 342, 346, 350
千種有政（千種宰相中将）
［一巻］26
［二巻］14
［四巻］293, 297, 300, 351, 364
［五巻］37, 130, 139, 257, 263
土山武辰（土山淡路守）
［一巻］5, 7-8, 10, 47, 83-84, 97, 109-110, 113, 131, 133, 144, 150, 152, 166, 182, 185, 188, 242, 252, 255-256, 258, 260, 293
［二巻］7, 13-14, 22, 31, 34, 41, 69, 74, 86, 100, 111, 164, 229, 257, 291, 315, 354, 358
［三巻］7, 53-54, 59, 70, 79, 112-113, 120, 162, 172, 177, 181-182, 184, 186-188, 193-195, 198, 206-207, 211, 237-238, 240-241, 253-254, 261, 293, 329, 343, 355-356, 365, 383, 387, 389, 404, 406, 414-415, 418, 426
［四巻］7-8, 24, 30, 60, 72, 74-75, 107, 110, 123, 129, 132, 157-158, 167, 175-176, 182, 201, 205, 219-220, 226, 233, 298, 320, 332, 345, 368
［五巻］43, 80, 83, 123, 131-132, 140, 190, 200, 208, 223, 226, 230, 244, 256, 258, 265, 306, 318, 340, 351
堤栄長（堤前宰相）
［一巻］5, 11, 13-14, 16-18, 20, 23-24, 26-30, 35, 42-44, 48-50, 55, 57, 89-91, 108-109, 111-112, 116, 122, 135-136, 151, 165, 167, 203, 209, 226-227, 265, 270, 274, 276, 284
［二巻］13-14, 27, 31-32, 52, 54-56, 58, 60, 62-64, 66-67, 73, 79, 82, 168, 195, 336
［三巻］31, 243, 248, 383-384
［四巻］6-7, 56, 219-220, 284, 341, 344, 351-352, 367-368
［五巻］42, 116, 130, 139, 196, 257, 263, 265, 278
土佐守 →土佐光貞
［一巻］11, 26-29, 31, 49, 102, 112, 114
［二巻］33, 60, 62-63, 66-69, 73-77, 79, 82, 106, 108, 111, 147, 196, 198, 203-204, 207, 210, 222-223, 225, 236-237, 242, 245, 252, 254-255, 261, 263-264, 268, 285, 291, 295, 320-321, 334-335, 346-347, 349, 351
［三巻］5, 15, 22-23, 130, 135, 138, 208, 210, 213, 216, 223, 225, 228, 260, 266, 279, 296, 318, 335, 356, 376, 407, 411, 424-425
［四巻］7, 15-16, 36-37, 39-41, 51-53, 56-60, 68-69, 76-77, 79, 90-93, 98, 107, 110-112, 115-116, 118, 123-127, 129-130, 132-133, 135-137, 146-147, 155, 160-162, 164, 167, 185, 189-190, 196, 198, 206, 210, 220-221, 226-230, 233, 243, 276-277, 281-283, 296, 299, 306, 311, 318, 321, 327, 333-336, 347, 350, 356, 360-362, 364, 371
［五巻］19, 24, 26, 29, 31, 35, 37-38, 41-43, 46-48, 52-54, 59, 61, 66-67, 74, 76-78, 80, 87, 89, 93-94, 96-97, 116-117, 127-128, 174, 177-178, 185, 200, 255, 304-305
土佐光貞（土佐土佐守）
［一巻］11, 19, 24, 27-29, 31-32, 34, 48, 51, 102
［二巻］33, 36, 55, 57, 59, 62, 66-69, 73-74, 76, 78-79, 82, 103, 147-148, 196, 198, 203, 207, 210, 221, 236, 242, 244, 250, 252-253, 255, 261, 263-264, 287, 291, 294, 334, 346
［三巻］22, 129, 131-132, 138, 209-210, 212, 214, 216, 223, 225, 249, 253, 264, 266, 268, 296, 317, 322, 335, 355, 358, 363, 410
［四巻］35-36, 41, 44, 51-52, 55, 57, 59, 76-77, 90-93, 98, 106, 111-113, 116,

［二巻］13, 19, 56, 71, 86, 123, 134-135, 166, 253, 300
［三巻］23, 47, 49, 53, 59, 61, 70, 101, 108, 121, 163, 242, 371, 400, 404, 414-415, 418, 426
［四巻］25, 36, 57, 69, 80, 108, 176, 221, 243, 300
［五巻］15, 22, 32, 39, 123, 131, 139-140, 180, 202, 205, 258, 265, 270, 273, 301, 306, 315, 317-318, 320, 326

鷹司房子（中宮）
［一巻］9

高屋康昆（高屋遠江守）
［一巻］6, 8
［二巻］34, 37, 135, 173
［三巻］47

建部広般（建部大和守）
［一巻］7, 57, 61, 70, 76, 80-81, 83, 93, 113, 117, 131-132, 140, 143-144, 146-147, 152-153, 155-158, 160, 162-163, 165, 170, 172-173, 175, 177-181, 184, 186, 188-189, 192-193, 200-201, 203-204, 222, 229, 247, 249-250, 252-253, 260-261, 264-265, 267-270, 275-278, 287
［二巻］6, 10, 14, 19-20, 50, 53, 75, 77, 311-314, 317, 351
［三巻］33, 35-36, 186, 190, 193, 198

田中大膳
［一巻］5-6, 14, 34
［三巻］47

田中大炊
［一巻］43, 55-56, 90, 98, 107, 241
［三巻］76
［四巻］52
［五巻］135, 163, 165-166, 168, 179, 216, 218

淡州 →土山武辰
［一巻］6-10, 16, 18, 26-30, 33-34, 36, 38-40, 42, 44-47, 50-51, 55, 58-61, 63-67, 69-72, 75-76, 79, 81, 86, 93-94, 105, 108-110, 112-114, 116, 125-132, 135-136, 139, 142-143, 145, 148, 150, 152-153, 156, 158-161, 164, 167-168, 170, 172-173, 176-177, 179, 181-182, 185, 189-190, 192-193, 196-198, 200, 206, 208-211, 213-215, 220, 222-227, 232-235, 238, 240-242, 244, 246, 248, 250, 253, 259, 262-263, 264-265, 267-269, 272-276, 279-281, 285, 287, 289-291, 293-295, 297-298, 300
［二巻］5-10, 13-14, 16-17, 19-21, 23, 28, 32, 34-35, 37, 39, 41, 43-45, 47-50, 53, 56-57, 59, 61, 65, 70, 79, 82, 85-86, 88-89, 91, 94-95, 97, 99, 102, 108, 110, 113-114, 116-118, 124, 126, 129, 131, 133-134, 146, 148-150, 153, 163-167, 170, 173, 184, 193, 197, 204, 207, 210-212, 221, 228, 230, 236-239, 245, 248, 250, 252-254, 268-271, 279, 285, 302, 310, 315-316, 318, 325, 334, 354
［三巻］14, 23, 25-26, 32, 39, 49, 61, 65, 70, 72, 75-76, 82, 86-87, 90, 101, 104, 106, 110, 112, 114, 123, 130-131, 142, 144, 152, 159, 162-163, 175, 177, 180-188, 194, 196, 199-200, 202-204, 206-208, 210, 228, 231, 237-240, 242, 244-245, 253-254, 256, 263, 265, 273, 279-280, 293-295, 317, 324, 333, 340-341, 357, 360, 362, 371, 374, 376, 382-383, 389-390, 397-399, 408, 409-410, 414, 420, 426
［四巻］8, 15-16, 22-24, 26-27, 47-48, 55-56, 60, 62, 74-75, 83, 98, 105-106, 112, 137, 147-148, 156, 159, 184, 205-206, 211, 216-217, 219, 244, 249, 256, 262, 270, 274, 291, 314, 330-331, 333, 336, 340, 344, 349, 351, 353, 355

279-280, 282-283, 285, 295-297, 299-300
［二巻］6-7, 10, 12-13, 17, 34, 38, 42-43, 48-49, 56, 58, 66-67, 69, 71-72, 74, 76-83, 87-90, 92-100, 102-103, 105-108, 111-115, 117-119, 122-126, 129-135, 138, 140-142, 144-148, 150-154, 156, 163, 165-167, 169-177, 179-180, 182-185, 187-189, 191-193, 195-199, 202-205, 207, 209-211, 213-215, 217, 219-221, 223-228, 230, 232, 234-235, 237-239, 241-244, 246-251, 254-259, 262-264, 269, 272, 277-280, 282-283, 285-287, 290, 296-306, 309-311, 314, 316-319, 321-322, 326, 328, 332-334, 336-338, 344-346, 348-349, 352, 354-355, 357-358
［三巻］6-7, 9, 12, 14-17, 19-20, 22-27, 29-30, 33-37, 39-40, 43-44, 48, 50-51, 53-55, 57-60, 63, 65, 67, 71-72, 75-80, 82-87, 89-95, 100-102, 104-107, 109-111, 113, 115-116, 121, 124, 127-129, 131, 135, 141, 145-146, 151-154, 157-159, 161-164, 173-174, 179, 181-185, 193, 200, 203, 206, 210-211, 222, 225, 228-230, 232-236, 240, 247, 253, 255, 258, 261-262, 264-267, 272, 279-280, 295, 305, 312, 314-317, 321, 323, 325, 332, 334, 337-338, 340-341, 344-346, 350, 354-355, 357, 361, 367, 372, 374, 377-380, 382-384, 388-390, 394, 396, 399-403, 406-409, 412-413, 416-417, 420, 422, 424-427
［四巻］5-10, 15, 17, 19, 22-25, 29, 32-36, 40, 44, 46, 49, 54-55, 57-58, 61, 69-70, 73-77, 80-83, 89-92, 99, 106, 108-110, 113, 116-117, 128, 130, 135, 148-149, 155-159, 163, 165, 167-168, 170-175, 179-180, 182-184, 191-192, 197, 199-201, 203-204, 207-213, 215-216, 218-219, 222, 224, 228, 231-233, 235-237, 241-244, 246, 248-251, 253, 256-258, 260-266, 268, 270-272, 274-275, 284-285, 289-292, 295, 299, 309-312, 314, 319-326, 330, 332, 334, 338, 340, 341, 344, 348, 350-352, 355-359, 364-365, 372
［五巻］6, 11, 13-15, 17, 20, 27, 29, 30-33, 37, 39-41, 45-46, 49-53, 55-57, 61, 63, 66, 80-82, 84-86, 88, 90, 93-94, 98, 102-105, 109-110, 116, 118-125, 129, 133-135, 137, 139, 147-149, 158-159, 161-164, 167, 169-171, 173-175, 179-184, 186-188, 190-193, 196-198, 200, 202-204, 206-214, 216-217, 219-226, 228-237, 240-241, 243-247, 250-254, 256-261, 263, 265-266, 269-281, 284-288, 290-292, 296, 298, 301-302, 304, 307-311, 314-318, 320-321, 325-329, 331-333, 335
園池房季（園池前大納言）
［一巻］26

た行

高丘紹季（高丘三位）
［一巻］11-18, 20, 22-26, 28-31, 33-35, 44, 46-48, 50, 57, 59-60, 63, 67, 71-74, 78, 89, 91-93, 95, 100-102, 106, 111-112, 115-116, 135, 142, 148, 165, 167-168, 171, 184, 190-191, 239, 260-261, 264, 272, 284, 286, 290, 294-295
［二巻］7, 9-10, 13-14, 31, 58, 62, 64-65, 76-77, 125, 168, 336, 349
［三巻］31, 243, 247-249, 258-259, 323, 362-363
［四巻］73-74, 183, 242, 246, 256-258, 262
［五巻］33, 41, 51, 55, 129, 182, 187-188, 198, 204, 234-235, 325
高嶋監物
［一巻］6, 9, 25-26, 55, 64, 75, 151, 153, 155, 173, 216, 247, 271, 285, 290

か行

勧修寺経逸（勧修寺中納言、勧修寺大納言）
［一巻］7, 26, 57, 68, 73, 96, 157, 177, 179, 184, 195, 214
［二巻］13, 267, 31
［三巻］31, 38, 80, 85, 154, 156, 239, 249, 338
［四巻］169, 229, 240, 293, 300
［五巻］128
甘露寺篤長（甘露寺中納言）
［一巻］26
［二巻］9, 14
［四巻］135
木子播磨（木子、播磨）
［一巻］240, 242-243, 294-299
［二巻］16-17, 23, 26-27, 31-33, 35-36, 42, 44-45, 48-52, 77, 79, 89, 94-95, 97-101, 107-108, 113-116, 121-122, 124-125, 130-131, 134, 138, 140-142, 147, 150, 167-168, 170, 185, 188, 190, 194, 205, 207, 209-212, 217-220, 226, 230-233, 237, 239-240, 242, 258, 261, 267, 269, 271, 273-276, 295-296, 301, 307, 310, 319, 321, 324-325, 330, 344-349, 351-352, 357
［三巻］8-10, 25-27, 36, 51, 56-57, 61, 64, 86, 92, 103, 135, 204, 208, 210, 227, 235, 242, 254, 266-268, 270, 345, 348-349, 363, 367, 372, 374, 387, 419, 421
［四巻］44-45, 58-59, 67, 76-77, 99, 111-112, 121, 135, 162, 201, 203, 225-226, 242, 244, 252-253, 256, 266, 284, 289, 346
［五巻］22, 30
北野和泉守
［一巻］25
恭礼門院（女院）→両女院
［一巻］7-8, 26, 126, 189
［二巻］12, 14-15, 34, 136-137, 169, 175, 217, 249-250
［三巻］110, 144, 146, 192-194, 204, 260, 399
［四巻］135, 257, 288, 292, 297
［五巻］77, 135, 165, 193, 286, 288, 291, 343
久世通根（久世三位）
［一巻］26
［二巻］14

さ行

幸子女王（承秋門院）
［一巻］8-9
四条隆師（四条三位）
［一巻］27
［二巻］14
嶋内匠允
［一巻］25
持明院基輔（持明院前宰相）
［一巻］25
勢多章純（勢多大判事）
［一巻］5, 8-9, 31-32, 47, 83-84, 109, 113, 131, 133, 144, 150, 166, 182, 185, 188, 201, 242, 252, 255-256, 258, 260, 293
［二巻］5, 7, 13-14, 22, 31, 41, 69, 74, 86, 102, 111, 164, 229, 257, 291, 314-315, 323
［三巻］7, 54, 59, 79, 100, 113, 182, 184, 186-188, 193, 195, 198, 211, 237-238, 241, 254, 261, 293, 329, 343, 355, 365, 374, 383, 404, 406, 414-415, 426
［四巻］8, 24, 30, 110, 128, 157-158, 175-176, 205, 219, 312, 320, 332, 336
［五巻］5, 12, 43, 80, 83, 123, 131-132, 140, 190, 200, 244, 256, 258, 265, 296, 306, 309, 318, 340
摂津守 →水原保明
［一巻］5, 8, 12, 25, 42, 44, 47-48, 109-110, 132, 143-145, 187, 201, 203, 222, 252,

人　名

あ行

飛鳥井雅豊（飛鳥井中納言）
［一巻］25
愛宕通晴（愛宕三位）
［一巻］25
油小路隆彭（油小路左兵督）
［一巻］26
［二巻］14
［五巻］23
池田長恵（池田筑後守）
［一巻］6, 109-110, 268-270, 284-285, 287, 289
［二巻］9-12, 18-20, 23, 37, 57, 71-72, 82
［三巻］34, 63, 69, 136-137, 266
生駒佳嗣
［一巻］12, 15, 18, 43, 48, 54, 65, 71, 73-74, 157
［五巻］99
石山基陳（石山三位）
［一巻］26
［二巻］14
一条富子（准后）
［一巻］5
井上主膳
［一巻］5
［三巻］47
梅園実縄（梅園前宰相）
［一巻］27
［二巻］14
裏松固禅（裏松入道殿、入道殿）
［二巻］31-32, 52, 349
［三巻］8, 37
［四巻］51, 167, 196, 198, 221
［五巻］77, 178
大原重尹（大原三位）
［一巻］26, 35-36, 50, 92-93, 100, 165, 174-175, 190, 206-209, 214, 216, 225, 227-228, 230, 233-234, 239, 244, 248, 261, 265-266, 272, 276, 278-281, 286, 291
［二巻］13-14, 44, 50, 69-70, 75-77, 82
［三巻］32, 243, 249, 380
［四巻］172-173, 183-184, 225, 249, 334
［五巻］98, 136-137, 221, 257, 263, 265, 308, 310, 318, 347-348
大原重度（大原前中納言）
［一巻］27
［二巻］14
岡嶋上野掾（岡嶋上野大掾）
［一巻］23-24, 29, 33, 37, 39-41, 43-44, 46-48, 50-54, 59, 61, 70, 75, 78, 96-97, 104, 108, 115, 124-129, 133, 139, 141, 147-149, 151, 153, 159, 163, 165, 168, 175, 178-179, 183, 196-197, 201-204, 206, 210-211, 213, 220, 224-225, 227, 230-240, 242-243, 246, 260, 264, 268, 275, 277-279, 282-283, 285, 296, 299-300
［二巻］11, 16-17, 24, 27-28, 30, 33, 48-49, 76, 94, 97, 125, 130, 132-133, 167, 171-172, 187-188, 196-199, 255, 264-265, 271, 273-274, 277, 306, 319
［三巻］52, 79-80, 85, 90, 110, 210
［四巻］70
岡田権大夫
［一巻］6, 10, 25-26, 67, 151, 153-154
［二巻］13, 86, 174, 204, 299, 309
［三巻］23, 59, 70, 146, 196, 242, 267, 306, 371, 400, 404, 414-415, 418, 426
［四巻］7, 109, 210, 288
［五巻］131, 139-140, 215, 218, 226, 230, 233, 258, 265, 273, 303, 306, 317-318, 326, 348, 351

ま行

万里小路殿仮亭

［一巻］31-32

無名門

［一巻］18, 22, 137, 218, 221, 223, 237, 273, 299

［二巻］123, 140-142, 148, 156, 171

［三巻］248, 280, 390

［四巻］111

［五巻］242

明義門

［一巻］18, 22, 79, 137, 218, 223, 237

［二巻］88

［三巻］248, 280

［五巻］241, 351

や行

要法寺

［一巻］23-24, 58, 96-97, 108, 219, 220, 277

ら行

立柱

［二巻］145-146

［三巻］105-106, 108-109, 111, 115, 117-119, 323, 339, 341

伶人楽屋

［一巻］102-103, 129, 138

［五巻］151, 153, 157, 195, 209, 226, 342, 346, 348, 350-351

わ行

渡廊

［一巻］18, 21, 23, 136, 270-271, 273

［二巻］129-130, 201, 213, 269

［三巻］39, 48, 50, 122, 236, 248, 262-266, 272-273, 280, 282, 299, 303, 379

［四巻］213, 218-219, 232, 235, 275-276, 289, 291, 295

［五巻］204, 208, 210, 242

［五巻］351
東軒廊
［一巻］19, 22, 137, 167-168, 228, 299
［二巻］86
［三巻］39, 358
［四巻］275, 291
［五巻］10, 264
東廂
［一巻］13-14
［二巻］32, 121, 139, 318
［三巻］216-217, 221, 275, 277, 296-297, 306, 311, 363
［四巻］53, 76, 86, 164, 195, 207, 204, 228, 328, 340, 348
［五巻］59, 75, 176, 289
東山院御所
［一巻］9
非蔵人
［一巻］5-6, 10-11, 23, 26, 38, 57, 60, 63, 73, 106, 116-117, 135, 137, 140, 148, 155-156, 172-173, 201, 209, 284
［二巻］14, 20, 29, 84, 87, 113, 131, 134, 154, 156, 184, 194, 198, 211, 218, 265, 269, 317
［三巻］19, 27-29, 31, 35, 54, 65, 69, 72, 95, 113-116, 134, 146, 153, 155, 200, 206, 214, 234, 237, 240, 242-244, 250, 254, 259-261, 266, 269, 274, 277-278, 319, 328, 349, 370, 375, 377, 382, 385-386, 391, 413, 417
［四巻］7, 27, 32, 44, 75, 166-167, 172-173, 179, 183, 196, 198, 216, 223-224, 228, 230-231, 268, 275, 315, 338, 346, 351-352, 367
［五巻］12, 19, 63, 84-86, 98-99, 110, 116, 121, 127-128, 130, 139-140, 163, 179, 207, 212-213, 222, 232, 234, 251, 256-257, 261, 263-265, 267, 312, 316-317, 319, 325, 337, 339, 343, 345, 347
非常附
［一巻］26, 27
［二巻］14
昼御座
［三巻］329
［五巻］242
日御門
［一巻］8, 63, 119, 123
［二巻］18-21, 23, 28, 61, 65, 127, 137, 140, 145, 147, 259, 270
［三巻］30, 33, 35-36, 65, 325
［四巻］350
［五巻］233, 347-348
敷政門
［一巻］19, 22, 137, 218, 221-223
［二巻］48, 142
［三巻］9, 41-42, 74, 248, 285, 287
［五巻］241
宝永度
［一巻］63, 65, 120, 176, 281
［二巻］47, 83, 92, 147, 256, 258, 263, 296, 328
［三巻］43, 47, 58, 76, 106, 134, 336-337, 354-355, 357, 360-361, 367, 423
［四巻］5, 49, 69, 71, 80, 114, 171, 223, 247-248, 260, 329, 339, 343, 348, 364, 370
［五巻］11, 13-15, 25, 39, 41, 61, 110, 121, 124, 126, 133, 142, 149-150, 156, 158, 160, 182-183, 196-197, 199, 209, 227, 232, 249, 270, 300, 302, 327, 330, 334
程村
［一巻］10, 15, 18, 29, 34, 37-38, 41-42, 56, 59, 61, 65, 71-72, 86, 96, 102, 122, 184-185, 219, 238, 245-246
［二巻］44, 48, 52, 64, 308
［三巻］123

［一巻］18, 20, 27, 41, 55, 90-92, 171, 275
［二巻］47, 58, 80, 142, 191, 200, 206, 345, 348-349, 351, 357
［三巻］6, 8, 12, 15, 20-21, 36-37, 39, 44, 56-57, 87-88, 248, 288
［四巻］165
［五巻］242
日月花門扉
［一巻］10, 20
日月門
［一巻］33
日花門
［一巻］19, 22, 27, 35, 76, 79, 86-87, 89-90, 92-94, 130, 137, 140, 142, 148, 159, 163, 171, 177, 213, 220
［二巻］47, 355
［三巻］12-13
［五巻］139
女院御所
［一巻］8, 126, 147, 177, 189, 250
［二巻］10, 12-15, 34, 131, 134, 136-137, 168-169, 175, 217, 229, 249-250, 328
［三巻］110, 144, 192-194, 204, 260, 399
［四巻］8, 49, 135, 257, 288, 292
［五巻］77, 135, 165, 193, 286, 288, 291, 343
女院御所新御殿御差図御用掛
［一巻］7
女院新造御用掛
［一巻］26
布障子
［二巻］63-64, 70, 74-75, 109, 121-122, 192, 318, 322-325, 328, 331-332, 334, 336-339, 343-344, 346, 353, 357
［三巻］216-217, 221, 320, 326, 352, 355, 360-361, 391-392, 417
［四巻］29, 44, 241, 244-245, 256-257, 338, 340, 344, 346, 354, 360-362
［五巻］26, 59-60, 71-74, 242
猫（障子）
［二巻］192, 252, 254-255, 263-264, 268
［三巻］22, 96
［五巻］36, 47-48, 200-201
年中行事御障子
［二巻］11, 192
［三巻］96, 350, 353
［四巻］99, 116, 118, 313, 316
［五巻］63, 79, 81, 242, 315, 318, 320, 325-327

は行

階隠
［一巻］14-16, 136, 223-228, 230, 232, 236
［二巻］16-17, 23, 26, 31-32, 36, 50, 52, 77, 81, 87, 100-102, 115, 119, 122-125, 131, 133, 138, 140, 145, 167-168, 171, 180, 307, 318, 323
［三巻］247, 254, 261, 263
［四巻］204
破風
［一巻］27, 46, 48-51, 54-55, 78, 130, 142, 148, 150, 168, 171, 176-178, 213, 217-218, 221-225, 232, 238-239, 246, 265
［二巻］95, 105-106, 114-115, 117-118, 121, 152, 155, 167-168, 171, 175-177, 181-182, 200-204, 206, 213-214, 220, 268, 270, 272-274, 276-277, 289, 303-304, 308
［三巻］12-13, 20-21, 36, 39, 44, 62, 72, 76, 146-148, 150, 152, 168, 305, 321, 342, 346, 375, 380, 401, 409
［四巻］114, 214, 242, 251, 309, 339, 341, 345, 349-350, 357
［五巻］236, 240, 244, 249
東階
［一巻］13-14, 226
［二巻］200, 206, 214-215

123, 130, 135, 142, 146, 161, 210-211, 223, 242, 258, 262-263, 306, 331, 339-340, 342, 346
［四巻］18, 47, 49-50, 54, 61-62, 66-69, 71-72, 135, 162, 166, 180, 217, 226, 232, 251, 257, 264, 275, 284, 290-291
［五巻］11, 17, 22, 25, 61, 64-65, 76, 139, 147, 188, 193, 207-209, 219, 272, 277-280, 295, 305
主殿司宿
［一巻］18, 21, 136
［二巻］129, 269
［三巻］42, 300, 371-375
［五巻］17, 242

な行

内侍
［一巻］42, 50, 57, 73, 81, 95, 101, 103, 112, 114-115, 136-137, 148-149, 152, 173, 181, 211
［二巻］20-21, 29-30, 88-90, 93, 97, 99-100, 102-103, 106, 110, 112-113, 117-118, 128, 131, 134, 139, 143-144, 149-150, 153-154, 156, 163, 165, 171-172, 176-177, 181, 190, 201, 204, 206, 211, 213-214, 217, 231-232, 234-237, 239, 242, 246, 248, 250-251, 256, 258, 260, 264-265, 268, 270, 272-274, 276-277, 289-290, 296, 298, 302-304, 306, 308, 310-315, 317, 319-321, 324, 330, 334, 336, 349, 351-355, 357
［三巻］30, 35, 58, 62, 72, 75-76, 97, 102-103, 105-107, 115, 117-119, 122, 124, 147-148, 167-168, 178, 219, 221, 231, 233, 242, 245, 247, 249, 254-255, 261, 263, 270-271, 274, 278, 305, 318, 320, 323, 326, 335, 339, 341-342, 346, 348-349, 357, 359, 361, 368, 370, 374, 380-381, 385, 387, 390, 393-394, 397-401, 403, 407-409, 412
［四巻］10, 20, 24, 26, 28, 43, 44, 47, 60-61, 66-68, 73-74, 82-83, 89, 106, 114-117, 123, 149, 165-166, 170, 172-178, 180, 183, 203, 214-216, 219, 232, 235, 249-250, 252-254, 257, 262, 264, 266-268, 271-272, 274-275, 288, 290, 292, 296, 303, 309-310, 325
［五巻］5-6, 10, 15, 21, 25, 61, 88-89, 95, 107, 113, 126, 139, 144, 151, 157, 161, 173, 185-187, 194, 196, 199-201, 225, 231, 236, 240-241, 248-249, 257, 264, 272, 275-276, 278, 280-283, 285-286, 291, 301, 327, 329, 333
中井方
［一巻］29, 36, 39, 51, 54-55, 61, 73, 81, 108, 165, 180, 208, 269, 275, 277, 279, 295-296
［二巻］10, 141, 147, 164, 179, 257, 274-275
［三巻］142
中井主水役所
［一巻］23-24
長橋廊
［一巻］35, 89, 227-228
［二巻］201-202, 214
［三巻］37
鳴板
［五巻］111-112, 239
西階
［一巻］13-14, 33, 197
［二巻］215
［五巻］348, 351
二重天井
［四巻］135, 148, 155, 161-165
二重床
［四巻］135-136, 148, 161-165, 199, 201-202, 204-205, 209, 218, 222, 225, 227, 284, 289
日月花門

265-266, 271, 277, 305, 318-321, 326-327, 330, 351, 353, 359, 367-368, 375, 381, 387, 401, 408

［四巻］6-7, 9-10, 12, 49, 58-62, 67-69, 71-72, 76-77, 82, 130, 132, 136, 148-149, 162-164, 195, 197, 199, 201-202, 204-205, 210, 218, 222, 225, 227-228, 241, 261, 263-264, 268, 270, 277, 281, 284, 289, 294, 296, 298, 301-302, 304-305, 307, 311, 315, 320, 327, 330, 335, 338, 346, 348-349, 354, 359-360, 364, 367, 369-370

［五巻］5-6, 14, 20, 23, 25-27, 29, 31, 39-42, 45, 49, 60-62, 64-65, 76, 79, 82, 84-86, 91, 95-96, 102-103, 126, 136, 139, 145, 161, 165, 191-192, 199-200, 203, 207, 219, 226, 230, 236, 240, 243-244, 253, 264, 267-269, 272-273, 275-276

殿上

［一巻］16-18, 21, 35, 106, 197, 218, 221, 223, 227, 233-235, 274, 299

［二巻］48, 54, 78-79, 104-105, 110, 114, 123, 128, 130, 134, 139-140, 142, 148, 152-154, 156, 160, 167-168, 170-172, 179, 190-191, 193-195, 202, 204, 224, 258

［三巻］6, 12, 24, 26, 30, 36, 39, 42, 44, 53, 58, 71-72, 74, 76, 180, 183-185, 188, 216, 236, 240, 268, 275, 296, 299-300, 310, 372, 377-379, 387, 390, 424-425

［四巻］316

［五巻］32, 59, 67, 73, 75, 94, 188, 198, 243, 252, 288-289

殿上台盤所之間

［一巻］17

［三巻］267, 269

殿上取合

［一巻］16

［二巻］201, 213

殿上之間

［一巻］16-17, 136

［二巻］181

［三巻］147-148

東西出廂

［一巻］13-14

東西廂

［一巻］136

［二巻］114, 129

［四巻］21, 25

東西廊左近陣座

［二巻］19

東西腋

［一巻］35

［二巻］265, 267, 269, 287

東寺

［二巻］32, 35, 52-53, 56, 73, 218, 223, 226, 242

［三巻］8, 10

東北廊左近陣座

［一巻］22, 137, 227, 229-232, 236

［三巻］247, 280

棟梁

［一巻］11, 14, 16, 23-27, 29-30, 33, 37, 39-41, 44, 46-48, 50, 54-56, 61, 63-64, 67, 70, 73, 78-80, 84, 86, 94, 98, 101, 105-106, 114, 124, 126-127, 130, 132, 134-135, 139, 141-142, 147-148, 150-151, 153, 157-158, 161, 163-175, 177, 179-180, 183-185, 193, 196-197, 201-206, 210-213, 217-218, 224-225, 227, 229-231, 233-237, 239-240, 242-243, 260, 264, 275, 277, 282, 285, 290, 294-296, 299-300

［二巻］10-11, 47, 52, 79, 101-102, 108-109, 112, 118, 140, 177, 186, 190, 193-194, 215-216, 228, 249, 254-255, 274, 296, 302, 320, 333, 346

［三巻］15, 24, 33, 35-36, 42, 48, 51-53, 56, 66, 69, 79, 83, 87-88, 95, 107, 117-118, 121,

288, 292, 295, 297
［二巻］9-10, 12-15, 18, 34, 37, 41, 87, 127, 131, 134-137, 147-148, 163, 172-175, 198, 245, 311, 314, 320, 328
［三巻］36, 43, 58, 64, 100, 110, 113-114, 117, 121, 140, 185, 204, 260, 323, 339, 341
［四巻］49-50, 54, 190-191, 247, 260, 276, 282, 287-289, 291, 330
［五巻］83, 135, 139, 142, 165, 227, 261, 279, 286, 291, 297, 310-311, 313, 332

仙洞御所御造営御用掛
［一巻］5
［二巻］13

仙洞御所新御殿御差図御用掛
［一巻］8

宣仁門
［一巻］22, 137
［二巻］51, 142
［三巻］9, 247, 280
［四巻］51

造内裏御差図御用掛
［一巻］5, 24
［五巻］340

造内裏御殿御絵図
［一巻］30

造内裏御用掛
［一巻］7, 9, 26, 151, 153

造内裏奉行
［一巻］26

た行

大臣宿所
［一巻］19, 22, 86, 89, 91-92, 137, 142, 177, 198
［三巻］41, 358
［五巻］241

竹台
［一巻］10, 19, 27, 184-185
［二巻］92-93, 95, 97, 99, 110
［三巻］322, 392
［四巻］179-180, 183, 316
［五巻］77, 86, 99, 108, 117, 119, 124, 127-128, 130-132, 174, 195, 199, 201, 210, 221, 242

通障子
［一巻］10, 19, 51
［三巻］75, 244

土渡廊
［一巻］18, 22, 137, 227, 229-230, 232-239, 242, 246, 266, 270, 299
［二巻］167-168, 170, 172, 179, 190-191, 202, 214, 224
［三巻］26, 36, 72, 248, 280
［五巻］242

土渡廊土間小板敷
［一巻］18

土廂
［一巻］19, 22, 151, 227, 229-232, 236
［二巻］45, 51
［三巻］41, 74

常御殿
［一巻］52, 62, 119, 136, 169-171, 183, 225-227, 231, 245, 247-248, 272, 274, 276-280, 282, 284-286, 290-291
［二巻］45, 47, 53, 65, 79-80, 84, 93, 103, 106, 111-112, 115-118, 123, 140, 151-152, 156, 169, 177, 178, 181, 184-185, 190, 198, 201-202, 205, 212-213, 217, 222, 227-228, 235-237, 256, 259, 265, 277, 303, 306, 308-310, 313, 316, 324-325, 329-330, 332, 345-348, 352-353, 355-356
［三巻］15-20, 23-25, 30, 36, 40, 50, 52, 60, 75, 97, 102-103, 105-107, 115, 118-119, 124, 139, 145, 147-149, 155, 160, 166-168, 172, 178, 183-184, 187, 201, 203, 205, 208, 214, 217-221, 227, 235, 248-249, 251, 254, 258,

［三巻］42, 71, 74
新造内裏絵図
［一巻］30, 47, 55-56, 59
崇仁門
［二巻］302
［五巻］315-318, 320-321
崇明門
［二巻］143
［五巻］312-313, 315-318, 320, 325
簀子椽
［一巻］25
［二巻］200, 206, 214, 281, 296, 298, 307, 330
［三巻］275
［四巻］264-266, 268, 270-271, 275-276, 291, 295
青鎖門
［一巻］18-19, 22
清紫両殿
［一巻］73, 93, 95-96, 99-100, 104, 115, 122, 127, 131, 143, 148, 171, 176, 181, 184, 200, 218, 234, 264, 287, 297
［二巻］52, 54, 106, 118, 144, 172, 178, 246, 260
［三巻］36-37, 177-178, 203-206, 231, 234, 274, 277, 297, 303, 306-307, 314, 381, 398
［四巻］233, 253, 256, 258, 262, 300
清涼殿
［一巻］16, 18, 21-23, 33, 36, 42, 46, 48, 51, 55-56, 64-65, 73-76, 79-80, 87, 89-91, 93, 95, 100, 102, 106, 136, 141-142, 150, 165, 174, 177, 182, 185, 196, 198, 218, 227-229, 233-239, 242, 261, 265-266, 268, 270-271, 274, 276, 282, 285, 299
［二巻］11, 16, 25, 32, 36, 45-47, 53-56, 63-64, 70, 79, 84, 90, 92-95, 98-99, 108-109, 111-112, 115, 119, 121-123, 125, 128-130, 134, 141-142, 145-146, 148-154, 167-170, 172, 175-176, 178-179, 181, 183, 190-193, 195, 197-206, 211-214, 217, 219, 221, 223, 226-227, 231, 237-239, 241-242, 246, 256-257, 261, 266-267, 269, 273, 285, 334, 336-337, 339-340, 358
［三巻］24-25, 27, 30, 35-36, 44-45, 52-53, 58, 75-76, 89, 95-96, 104, 115, 118-119, 124, 147-149, 178, 180-181, 183-185, 188, 204-205, 207-209, 216-217, 220, 228-229, 235-236, 240, 247-248, 251, 256, 262-272, 275-277, 282, 296-297, 303, 305, 307-308, 311-312, 314, 316, 319, 322, 328-329, 350, 352-353, 382, 387, 390-392, 401, 424
［四巻］11, 17, 21-23, 28, 36-38, 40-42, 44-45, 49-50, 52-53, 56, 66, 77, 149, 164, 179, 183, 195, 204, 207, 210, 213, 218-219, 228, 232, 241-242, 244-245, 249, 255, 265, 281-282, 289, 297, 299, 301, 304-306, 311-312, 314-318, 321-323, 326, 328-329, 331-332, 334, 360, 362, 365-366, 368, 371-372
［五巻］6, 10, 15-17, 22, 26, 33, 36, 40, 47-48, 54-56, 58-59, 61, 74, 81, 90, 95, 128, 139, 145, 172, 176, 179, 181, 193, 199, 201-202, 204, 208, 210, 219, 221, 232, 234-235, 242-243, 245, 252, 255, 257, 264, 269, 300, 304, 308-310
清涼殿御椽
［一巻］25
［二巻］214
清涼殿之西取合
［一巻］35
仙花門
［一巻］18, 22, 137, 218, 223, 237
［三巻］248, 280
［五巻］241
仙洞御所
［一巻］8, 65, 124, 126, 188, 212, 267, 269,

396-399
［四巻］210
［五巻］34, 261-262, 272, 279, 301
修理職役所
［一巻］18, 36, 40-41, 62, 118, 126, 158, 173, 211, 215, 240, 282
［二巻］39, 78, 179, 351
［三巻］193, 318
［四巻］126
［五巻］84, 89
政官侍
［一巻］19, 22, 137, 147
［二巻］51
［五巻］106
床子座
［一巻］19, 22, 88, 137, 196-197
［二巻］51, 269
［三巻］41, 74
［五巻］242-243
上棟
［一巻］74
［二巻］145-146
［三巻］76
［四巻］81
［五巻］61, 95, 120, 128-129, 132, 137-139, 142, 149, 165, 207-208, 256
承明門
［一巻］18-19, 22, 33, 41, 57, 79, 87-92, 94, 99-100, 130, 133, 137, 148, 159, 171, 181, 221, 275, 284, 297-298
［二巻］25-27, 32, 35-36, 45-46, 48, 52, 54, 58, 68, 80, 131, 133, 140, 143, 145, 191, 200, 206, 345, 348-349, 351-352, 355, 357
［三巻］6, 12-13, 15, 20-21, 30, 35-37, 39, 43-44, 53-54, 56, 62, 72, 77, 87-88, 122, 177-178, 248
［四巻］165, 168, 220, 227, 229, 256
［五巻］139, 227, 241, 264
承明門絵図
［一巻］29
承明門之図
［一巻］31
所司代
［一巻］14, 18, 23-24, 30-32, 37-39, 43, 56-59, 71, 75, 78-79, 96, 108, 113, 124, 126, 142-145, 147, 153, 158, 162, 168, 173-175, 178-179, 184, 189, 191, 194-195, 200, 202-204, 206-207, 209-210, 213-217, 219-220, 224-225, 245, 248, 250, 263, 275-276, 283, 296, 298
［二巻］11-12, 14, 16, 22, 24, 28-29, 34-35, 37, 41, 50, 52, 56-57, 61, 65-66, 71-72, 80, 83, 90-91, 108, 110, 112-114, 125, 132, 135, 188, 311
［三巻］6, 12-13, 22, 30, 57, 65-66, 69, 106, 115, 120, 188, 192, 234-236, 246, 268, 325-326, 341, 413
［四巻］56, 61, 91, 171, 207-208, 260, 262, 288, 290, 339, 366, 368
［五巻］13, 51, 83-84, 95, 111, 116, 134, 145, 207-208, 226-227, 229, 263-265, 286, 302, 311, 314-315, 327, 329, 331
諸大夫之間
［一巻］17
［二巻］262
［三巻］276
神嘉殿
［一巻］15-16, 83, 103
［五巻］344
神仙門
［一巻］18, 22, 218, 221, 223, 273, 299
［二巻］48, 142
［三巻］42, 248, 285, 287, 358
［五巻］242
神仙門廊
［一巻］18, 22, 137, 222, 271

202-204, 209-211, 213, 215-218, 220-222, 224-226, 228, 230-231, 236-239, 241, 249-250, 252, 255, 257-258, 260, 262, 266-272, 274-275, 277-278, 283-284, 290-292, 296, 298-310, 313, 317-319, 321-324, 326, 329, 332, 334, 344-349, 351, 354-356

［三巻］5, 7-9, 11-12, 19, 21, 23-27, 30-33, 35-36, 42-44, 47-49, 51-60, 63-65, 69-72, 74-76, 78-80, 84-86, 89-90, 100-102, 104-109, 111-118, 120-122, 124-125, 127-131, 135, 138-140, 142-146, 151-153, 155-156, 159, 161-162, 164, 175-177, 179, 181-183, 185, 189-190, 192-196, 198-200, 202-208, 210-212, 214, 216, 222-224, 227-230, 232-233, 235-242, 248-256, 258, 261-269, 271, 273, 275, 277, 279, 282, 294-295, 304-306, 314-315, 317, 321-326, 331-333, 336-338, 340, 342-346, 348-349, 357, 362-363, 371, 377-378, 380, 383-384, 387-390, 395-404, 406, 409, 412-417, 419-421, 424, 426-427

［四巻］7-10, 12, 16, 18, 20, 22, 24, 26-28, 32, 35-36, 39-41, 43, 46-47, 50, 55-59, 61, 70, 76, 79-81, 83, 88, 98, 108-109, 111, 115, 117, 124, 136, 148, 151, 155-156, 158-160, 162, 166-167, 172, 176, 180, 182, 184, 198-199, 201-203, 215, 217, 219-229, 233-235, 237, 243-244, 248, 250, 253, 256-258, 260-262, 264-268, 270-276, 284, 288-289, 291-293, 297, 299-300, 309, 319, 321, 323-324, 333-334, 340-342, 346, 348, 350, 354-355, 357, 359, 367

［五巻］13-14, 22-26, 29, 33, 38-39, 41-43, 46, 53, 55-56, 61, 63-66, 76-77, 82-84, 86-87, 92-95, 97, 99, 102-103, 105-106, 108-109, 111, 116-129, 131-142, 148-149, 154, 156, 159-160, 162-167, 169, 171-173, 177-180, 184-185, 187-188, 191-192, 195-200, 202-203, 205-206, 208-209, 212-221, 223, 225-233, 236, 238-240, 244, 247, 249-251, 255-256, 258-260, 262, 264-271, 274, 276-281, 285-288, 300-303, 306-315, 317-320, 326-330, 332-335, 339-342, 344-351

修理職加勢

［一巻］12, 280

［五巻］315

修理職御用掛

［一巻］12, 61, 64-65, 115

修理職奉行

［一巻］6-7, 12, 26, 43, 47, 57-58, 65, 70, 108, 155, 294

［二巻］5, 7, 9-10, 13-14, 23, 29, 43, 83-84, 88, 96, 99, 125, 168, 175, 180, 265, 323, 336, 357

［三巻］22, 31, 33, 35, 43, 48-49, 54, 57, 64, 77, 95, 100, 108-109, 113-114, 117, 120-121, 128, 146, 183, 198, 200, 206, 214, 243, 247, 249, 255, 259-260, 264, 273, 323, 338

［四巻］46, 56, 73, 80, 98, 112, 135, 164, 172-173, 196, 216, 249, 262, 310-311, 320, 335-336, 345, 350

［五巻］30, 33, 58, 98, 102, 110, 116, 125-126, 129-130, 133, 136, 160, 173, 185, 204, 219, 225, 234, 249, 255, 257, 263, 265, 267, 278, 283, 287, 302, 317, 329, 333-334, 337, 345, 347, 349-351

修理職奉行加勢

［三巻］35, 323

修理職奉行造内裏奉行加勢

［一巻］26

修理職部屋

［一巻］36, 196, 263, 270, 282, 297

［二巻］131, 134, 172, 182, 260, 265

［三巻］40, 50, 62, 73, 85, 125, 373, 375,

［三巻］41, 74, 88, 247, 280
［四巻］149, 344
［五巻］106, 241
紫宸殿
［一巻］11, 13-14, 18, 22-23, 27-28, 31, 33, 38, 40, 42, 46, 48, 50-55, 57, 73-81, 87, 89-91, 93, 95, 98-102, 104-106, 134, 136-137, 142, 150, 160, 167, 176-177, 182, 185, 194, 197-198, 223-230, 232-236, 239, 249, 261, 265, 274, 276, 278, 281, 284-285
［二巻］16, 23-24, 31, 45, 47, 50, 52-54, 64, 77, 81, 86-88, 92-94, 98, 100-101, 107, 112-116, 118-125, 128-131, 133, 142, 152, 155, 167-168, 170, 172, 179-181, 183, 190-191, 194, 201, 207, 209-213, 215-219, 224-226, 230-231, 233-234, 238-239, 243, 246, 248, 253, 256-257, 262-263, 266-267, 269-270, 272-273, 275-280, 282, 287, 296, 298, 302, 305, 307, 312-313, 317-318, 320-321, 323, 325, 329-330, 333, 347, 351
［三巻］30, 35, 37, 43, 65, 75-76, 95, 104-105, 115, 118-119, 123, 129, 131, 147-150, 178, 235, 247-248, 251, 266-267, 270-272, 275-276, 297, 305-306, 311-312, 329
［四巻］82, 87, 92, 98, 149, 203, 208-209, 232, 242, 249-250, 265, 281, 311, 316-317, 352-354, 359, 371-372
［五巻］5, 10-11, 22, 33, 46, 54, 57-58, 61, 63, 79, 81, 87, 95, 106, 139, 161, 163, 176, 179, 182, 188, 199, 209, 215, 219, 222, 230, 235, 243, 264, 300, 339, 342-343, 346-351
紫宸殿之絵図
［一巻］36, 38, 40, 42
［四巻］208
［五巻］219
紫清両殿
［二巻］277
［三巻］247, 377
［四巻］66, 242, 251-252, 256, 264, 268, 270-271, 275, 297, 309, 322
［五巻］6, 32, 39, 41, 56-57, 64, 180, 210-211, 214, 221, 226, 234-235, 244, 247-248, 340
仕丁部屋
［一巻］20
［二巻］182
［三巻］34, 37-38, 62, 74, 85, 125, 141, 158
［四巻］7, 9, 12, 342
地鎮
［一巻］157
［五巻］46, 50, 186, 189-190, 202, 209-210, 223-224, 226-227, 229-230
下侍軒廊
［一巻］19, 22, 137, 271
［二巻］167-168, 170, 172, 179, 190-191, 195, 224
修理職
［一巻］5-7, 10-12, 14, 16, 23-26, 28-30, 32-34, 36, 38, 40-48, 51-55, 57-59, 61, 63-67, 69-71, 73-74, 79-84, 86, 91-92, 95-98, 101-104, 107-109, 111, 115-119, 121-125, 127-128, 131, 133-136, 138-142, 144, 147-148, 150-160, 162-163, 165-166, 168-173, 176, 179, 181, 183, 185-186, 188, 190-196, 198, 200-202, 204-211, 213-220, 222-223, 226, 229-231, 240-243, 246, 248-249, 257-258, 260-261, 264-265, 267, 269-272, 274-282, 284-285, 287-291, 293-300
［二巻］5-10, 12-18, 20, 24, 27-32, 34-35, 37-50, 52-53, 56-67, 69-73, 77-78, 80-85, 87-89, 91-100, 103, 106-107, 110-117, 122-123, 126, 130-131, 134-136, 138, 140-142, 144, 147-154, 164, 166-174, 178-179, 183-187, 190, 193-194, 196-198,

71-72, 83-84, 94-95, 105, 108, 113, 130-131, 135, 142, 154, 156-157, 174, 176-177, 197, 205, 208-209, 254, 256, 274, 278, 316, 337, 344, 349, 367, 370-371, 379-380, 386-388, 422, 425
［四巻］5, 7, 9, 15, 23-25, 27, 31, 33, 41, 43, 47, 89, 110, 125, 136, 181, 184, 198, 210, 226-227, 231, 235, 249, 267, 314, 319, 356, 364-365, 370
［五巻］14, 19, 22, 50, 52, 85, 87, 98-99, 102, 110, 118-119, 121, 126-128, 131-133, 136, 142, 149, 156, 158, 160, 162, 170, 186, 196, 256, 259, 261, 263, 267, 269-271, 278, 286, 329-330, 342-343, 349
口向役所
［一巻］7, 60, 63, 75, 113, 248, 251
［三巻］197, 199, 202, 204, 270, 274, 278, 371, 382
［四巻］16
［五巻］269, 271
黒戸脇小半蔀図
［一巻］28
月花門 →日月花門
［一巻］19, 22, 27, 35, 76, 87, 89, 94, 130, 137, 141, 148, 159, 221
［二巻］47, 355
［三巻］12, 21, 85
［五巻］139
賢聖障子
［一巻］10, 19-20, 194
［二巻］33, 54-55, 60, 62, 64, 281, 308
［三巻］217, 354
［四巻］82-84, 86-88, 92, 98-100, 105-106, 116, 294, 297, 313, 316, 362
［五巻］6-8, 54, 58, 61, 138, 162, 181, 242, 255, 257, 262, 336, 338-344, 349, 351, 353
小御所
［一巻］47-48, 136, 177, 183, 249, 276, 278
［二巻］84, 104, 111-112, 115, 123, 129, 151-152, 181, 184-185, 190, 194, 196, 201-205, 212, 214, 217, 228, 256, 277, 318, 331, 334, 336-338, 343-344, 346, 353, 357
［三巻］30, 36, 75, 98, 115, 118-119, 139, 147-149, 166-167, 178, 205-206, 214, 217-221, 231, 238, 248, 250-252, 274, 277, 297, 303, 311, 318, 320, 326-327, 329, 332-336, 352-353, 363-364, 368, 381-382, 387, 393, 410-411
［四巻］8, 11, 14, 28, 47-48, 51-52, 66, 68, 76, 91, 98-99, 105, 129, 149, 164, 196, 202-205, 228, 295, 300-301, 305-307, 328, 333, 336-338, 340, 344, 347-348, 360-361, 365
［五巻］14, 24, 27, 31, 36-37, 47, 49, 51, 62, 77, 79, 93, 95-96, 101, 139, 145, 151, 153, 157, 222, 228-229, 243, 264, 300
御差図御用掛
［一巻］5-8, 10, 12, 24, 47, 65, 115, 192
［二巻］52
［五巻］340
小部屋
［一巻］20, 108, 143, 145
［四巻］350
小堀方
［一巻］36, 54-55, 61, 82, 191, 229-230, 283
［二巻］10
［三巻］416
［四巻］182, 184
軒廊陣座
［一巻］35

さ行

仁寿殿
［一巻］27
次将座
［一巻］19, 22, 90, 137

関白
［一巻］11, 153, 184, 248, 250
［二巻］10
［三巻］119
［四巻］55
［五巻］66, 77, 108, 208, 214, 216, 221
議所
［一巻］19, 22, 79, 90, 134, 137, 198, 249
［三巻］41, 74, 88, 247, 280
［四巻］149, 344
［五巻］106, 241
議奏
［一巻］5, 7, 26-27, 34, 39, 47-48, 57, 69-70, 72, 109, 112, 133, 155, 161, 164-165, 167, 172, 179, 187, 194, 201, 204, 206-207, 214, 226, 240, 245-246, 252-253, 262, 289-290, 294
［二巻］5, 7, 9-10, 13-14, 22-24, 33, 44, 52, 67, 88, 94, 96, 122-123, 125, 168, 179-180, 184, 220, 262-263, 265, 279, 313, 323
［三巻］12, 29-31, 35-36, 69, 91, 114-115, 131, 155, 160, 173-174, 226, 229, 231, 234-235, 240, 244, 250-251, 253, 255, 258, 260, 315, 323, 368, 381, 392, 417
［四巻］29, 46, 68, 171, 173, 180, 183, 206, 215, 243-244, 258, 291, 293, 314, 316, 323, 326, 340, 367
［五巻］98, 110, 129-130, 134, 140, 142, 160, 182, 188, 204, 220, 234, 251, 258, 263, 265, 267, 284, 296, 307, 318-319, 328, 336-338, 351
北軒廻り廂
［一巻］17
北弘廂
［一巻］18, 21
校書殿
［一巻］27
宜陽殿
［一巻］27, 35
［二巻］45, 51, 53, 70, 128, 142, 269
［三巻］8, 41, 71, 261-263, 267-268, 272
［四巻］51, 300
［五巻］17, 51, 59, 112, 198, 241, 242
宜陽殿廂
［一巻］19, 22
公卿座
［一巻］19, 22, 90, 137, 249
［三巻］41, 88-89, 358, 375
［四巻］149, 344
［五巻］10, 112, 241-242
公卿之間
［一巻］17
［二巻］152, 181, 183
［三巻］30
［五巻］17
櫛形
［一巻］10, 19-20, 27
［二巻］178, 333
［三巻］55, 199
［四巻］314-316, 318, 322, 329
［五巻］243
口向
［一巻］6-7, 22, 30, 33, 36, 43-44, 47-48, 55-61, 63, 66, 69-73, 75, 81, 84, 88, 90-91, 93, 96-97, 100, 106-108, 111-113, 115-116, 120-123, 128, 131-132, 135, 139-140, 143-144, 146-147, 150, 152, 155, 158, 162, 166, 175, 180, 182, 184, 197, 202-203, 207-208, 214, 216-217, 225-226, 236, 245-247, 250, 253-256, 258, 263-264, 266, 276, 281-282, 284, 290
［二巻］44, 78, 91, 111, 113, 137, 154-155, 162-163, 165, 169, 174-175, 180, 182, 194, 206, 232, 243, 251, 258, 262, 265-267, 273, 283, 291-292, 295, 302, 326, 345
［三巻］6, 31-33, 35-36, 43, 54, 59, 65, 69,

［二巻］182, 265
［三巻］34, 37, 38, 62, 74, 85, 125
［四巻］342
御附
［一巻］5, 11, 24, 31, 39, 57, 61, 70-71, 82, 93, 108, 121, 148, 152-153, 155, 160-161, 195, 222, 230, 250, 260, 262, 284,
［二巻］5, 9, 49, 65, 71, 114, 135, 166, 169, 171, 180, 238, 256-257, 272, 281, 300, 303, 307, 318, 330, 333
［三巻］33, 35, 49, 53, 55, 58, 75, 88, 93, 95, 141, 159, 160, 163, 173, 184, 186-187, 199, 206, 234, 237, 255, 316, 347
［四巻］189, 267, 310-311, 318, 355
［五巻］11, 40, 92, 98-99, 139, 146, 170, 245, 254, 264, 265-267, 329, 333-334, 344, 347, 350
御附衆
［一巻］5-7, 12, 21, 24, 41, 43-44, 47, 55-56, 64, 70, 75, 79-83, 90, 93, 113, 117, 120, 129, 131-132, 135, 140, 143, 145, 147-148, 158, 160-164, 169, 172, 176, 181, 184, 186, 190-192, 204, 210, 221, 230, 240, 247, 248, 253, 262, 265, 268, 275, 277, 280, 282-285, 287, 289-291, 295, 298-300
［二巻］5-10, 14-16, 18, 22-23, 27-30, 32, 34, 37-41, 43-45, 49-50, 57, 59, 61, 64, 66, 69-72, 74-75, 80, 82-84, 88, 90, 94-95, 100-101, 113, 118, 125, 127, 144, 147, 151, 168-169, 171, 188-189, 198, 211, 221-222, 231, 235, 237, 238, 292, 297, 305, 309, 333, 357
［三巻］6, 23, 24, 30, 34-35, 43-44, 53-54, 58, 65, 69, 72, 77, 81-82, 90, 95, 110-112, 135, 141, 151, 164, 190, 192-193, 199-200, 210, 222-223, 263, 305, 323, 417, 426-427
［四巻］27, 48, 56, 59, 80-81, 188-190, 192, 224, 226, 244, 262, 270, 289, 293, 299
［五巻］12, 97, 99, 108, 125-126, 139-140, 142, 150, 162, 167, 175, 177, 202, 210, 216, 218, 256, 267, 269-271, 286, 288, 292, 294, 296, 303, 313-314, 318-320, 335, 341, 346-351
御花畑
［一巻］8, 131, 220, 222, 267, 269, 291
［二巻］16-18, 126, 198
［五巻］190, 195-196
御手始
［一巻］11, 12

か行

廻廊
［一巻］18-19, 22, 41, 57, 73, 79, 87-93, 100, 102, 114, 122, 130-131, 133-134, 137, 174, 177, 181, 218, 221-223, 244, 246, 265, 271, 275
［二巻］26, 36, 51-52, 58, 80-81, 88-89, 98, 124, 172, 191, 200, 206, 266, 277, 309, 345, 347, 351-352, 355, 357
［三巻］6, 13, 21, 30, 35-37, 44, 318
［四巻］165, 256, 371
［五巻］10, 94, 139-140, 213, 227-228, 241, 264, 340
花山院殿亭
［一巻］7
花壇奉行
［一巻］12, 100, 106, 183
［二巻］265
［四巻］52, 161
［五巻］99, 103, 108, 135, 165-167, 173, 179, 209, 213, 215, 218, 259, 270
官人座
［一巻］19, 22
［二巻］137
［三巻］51, 74

総 索 引

事 項

あ行

荒海障子
［二巻］64, 70, 109, 183, 192, 322-325, 328, 331, 334, 337-338, 340
［三巻］97, 216, 353-355, 360-361, 392
［四巻］11, 28-29, 36-37, 41, 44-46, 53, 195, 204, 207, 228, 245, 249-250, 253, 256-257, 361, 363
［五巻］59, 69, 176, 242, 288-289
安鎮
［五巻］6, 44, 50, 106, 190, 195, 197, 203, 207, 248, 257
安福殿
［一巻］27
石灰壇塵壺
［一巻］10, 19
［二巻］249, 251, 254, 260
院御所
［一巻］6, 9
［二巻］37, 135
［四巻］81
院御所御差図御用掛
［一巻］6
絵図師
［一巻］11-12, 44
絵図引
［一巻］16, 20, 29, 33, 36, 40-42, 45-46, 63-65, 85, 96-97, 116, 132-133, 135, 148, 158, 179-180, 182, 185, 189, 191, 193, 197-198, 200-201, 203-206, 208-210, 216, 218, 224, 240, 247, 265, 272, 277, 279, 281-283, 293, 295
［二巻］16, 113, 143, 166, 188, 220, 324
［三巻］16, 86, 135, 142, 145, 174, 182, 205, 207, 211, 222, 227, 237, 269, 357
［四巻］20, 72, 105, 176, 203, 210, 212, 248, 251, 253, 325
［五巻］109, 188, 241, 272-273, 278, 281
大絵図
［一巻］20, 29, 30, 33, 41-44, 55, 104, 106, 156, 190, 259, 276
［二巻］56
［四巻］255
［五巻］98, 106, 109, 111, 117
大女院御所
［一巻］126
［二巻］13, 134, 137, 175, 188
［三巻］146, 213, 242, 267, 306, 371
［四巻］55
御使番部屋
［一巻］20, 62, 85, 118, 144

[編著者略歴]

詫間 直樹（たくま・なおき）

1959年香川県生まれ。広島大学大学院文学研究科博士課程前期修了。現在、宮内庁書陵部編修課勤務。

主な著作

『皇居行幸年表』（続群書類従完成会、1997年）、「裏松固禅の著作活動について—『大内裏図考証』の編修過程を中心として—」（『書陵部紀要』55号、2004年）、「平安後期国家論の一視点」（『歴史評論』693号、2008年）、「里内裏一条院の沿革と構成」（『書陵部紀要』62号、2011年）など。

長坂 良宏（ながさか・よしひろ）

1980年群馬県生まれ。学習院大学大学院人文科学研究科博士後期課程単位取得満期退学。現在、国立公文書館勤務。

主な著作

「近世摂家相続の原則と朝幕関係」（『日本歴史』721号、2008年）、「近世中期における摂政・関白の権限と朝廷「政務」」（『歴史科学と教育』27号、2009年）、「近世太政大臣の補任の契機とその意義」（『近世の天皇・朝廷研究』2号、2009年）、「文化期の朝廷と幕府」（『日本史研究』590号、2011年）など。

京都御所造営録

—造内裏御指図御用記（五）©

平成二十七年二月十五日印刷
平成二十七年二月二十八日発行

編者 詫間直樹
発行者 小菅勉
印刷 藤原印刷株式会社
製本 松岳社

中央公論美術出版

東京都中央区京橋二丁目八―七
電話〇三―三五六一―五九九三

ISBN978-4-8055-0656-1